安徽省志

Chorography of Anhui Province

国家税务志

State Taxation

(1994—2005)

安徽省地方志编纂委员会办公室
Compilatory Commission of Anhui Chorography

方志出版社
Publishing House of Local Records

图书在版编目（CIP）数据

安徽省志.国家税务志：1994—2005 / 安徽省地方志编纂委员会办公室编.— 北京：方志出版社，2016.12
ISBN 978－7－5144－1648－0

Ⅰ.①安 Ⅱ.①安 Ⅲ.①安徽省 — 地方志②国家税收 — 税收管理 — 概况 — 安徽省 — 1994—2005 Ⅳ.①K295.4

中国版本图书馆CIP数据核字（2015）第174745号

安徽省志·国家税务志（1994—2005）

编　　者：安徽省地方志编纂委员会办公室
责任编辑：王笃银

出 版 人：冀祥德
出 版 者：方志出版社
地址　北京市朝阳区潘家园东里9号（国家方志馆4层）
邮编　100021
网址　http://www.fzph.org
发　　行：方志出版社发行中心
电话　（010）67110500
经　　销：各地新华书店
印　　刷：安徽新华印刷股份有限公司

开　　本：889×1194　1/16
印　　张：26.5
字　　数：562千字
版　　次：2016年12月第1版　2016年12月第1次印刷
印　　数：0001～1500册

ISBN 978－7－5144－1648－0　定价：320.00元

安徽省地方志编纂委员会

曾任安徽省地方志编纂委员会成员

主　任：王金山（2006.12—2009.3）

王三运（2009.3—2012.5）

李　斌（2012.5—2013.6）

副主任：（按姓氏笔画为序）

王　信　田唯谦　仲建成　吕振凡　孙亚军　朱文根

吴　行　张武扬　张岳峰　夏邦文　董介林　谢广祥

委　员：（按姓氏笔画为序）

马新民　王　洵　王宇铭　王守亚　王佛生　王林建
王学银　王宜斌　方志华　邓顺华　叶如强　朱　宁
任兆祥　刘　泉　刘成典　刘志祥　刘战平　江刘伍
江明安　毕美家　孙永吉　李　明　李玉华　李抗美
李迎春　李明阳　李维勇　杨本清　杨绿章　肖桂兰
吴　浩　吴　静　吴韦人　吴世平　吴桂和　余　群
汪华东　汪建国　汪炳瑜　沈　毅　张　永　张少国
张正耀　张华建　陈　平　陈亚萍　陈运才　陈素伟
林　红　罗　宏　罗建国　罗曙生　金　燕　俞凤翔
周　庆　周建春　郑　宏　郎　涛　赵卫弘　胡　冰
施立业　洪治社　洪禹候　秦亚东　聂庆义　聂皖辉
莫　欣　夏育才　徐礼国　徐家声　郭　敏　郭本纯
高　莉　高俊文　高维岭　黄玉明　黄发友　黄红文
黄家华　曹承锋　崔海燕　董　庆　蒋传华　蒋福亮
楚建平　蔡建平　樊　勇

《安徽省志》总编室

主　　任：朱文根

副 主 任：刘成典　吴　静　王守亚　严　希　吴良琴　王　晖

成　　员：（按姓氏笔画为序）

王富宏　计媛媛　史五一　朱海滨　孙　平　苏爱梅

杜中文　李宇涵　杨永成　余祖本　张　军　张　慧

周小平　胡　利　胡卫星　黄志军　章慧丽

《安徽省志·国家税务志》审稿组

初　　审：吴良琴　孙建彬

复　　审：刘成典　闻小勇

核　　审：朱文根　谢一湖

审查验收

安徽省人民政府

《安徽省志·国家税务志》编纂委员会

主　任： 胡道新（2007.8－2013.1）
龙岳辉（2013.1－2015.12）
张德志（2015.12－2016.10）

副主任： 洪治社　韩　杰　曹　剑　谢一湖　刘伯羽　徐光伟
胡立文　周玉海　倪廷辉　张宝江

委　员： 刘炳生　张芦生　谢国良　孙华清　沈先贵　杨昌华　赵啸谷
宋桂林　刘成跃　洪　鸣　张贤才　朱祥胜　汪国云　汪宝平
张光耀　柯　俊　袁先柏　闻小勇　陈丛俊　冯家明　何章礼
潘建美　陈　平　靳　琳　江立中　张文仓　杨清芬　曹龙华
姚修良　叶向东　曹礼清　张文华　杨传森　王金铸　查永泉
姚　芳　傅红云　杨德生　惠　群　张昌德　戴如明　王洪洲
窦跃圣　吴俊明　王　震　陈　超　戴泽清　张福伟　杨华富
阚明华　方　凯　钱　奂　江　静　宋　震　季学宝　周明俊

编　辑　室

主　　　编： 洪治社（2007.8－2009.8）
刘伯羽（2009.8－2012.2）
谢一湖（2012.2－2016.10）

执行副主编： 孙建彬

副　主　编： 柯　俊　袁先柏　闻小勇

编　　　辑： 郑雨辰　黄兴庆　李　勇　胡亚纬　屠士辉　刘静静
梁明金　许蒙亚　夏文婷　余增辉　耿亮亮

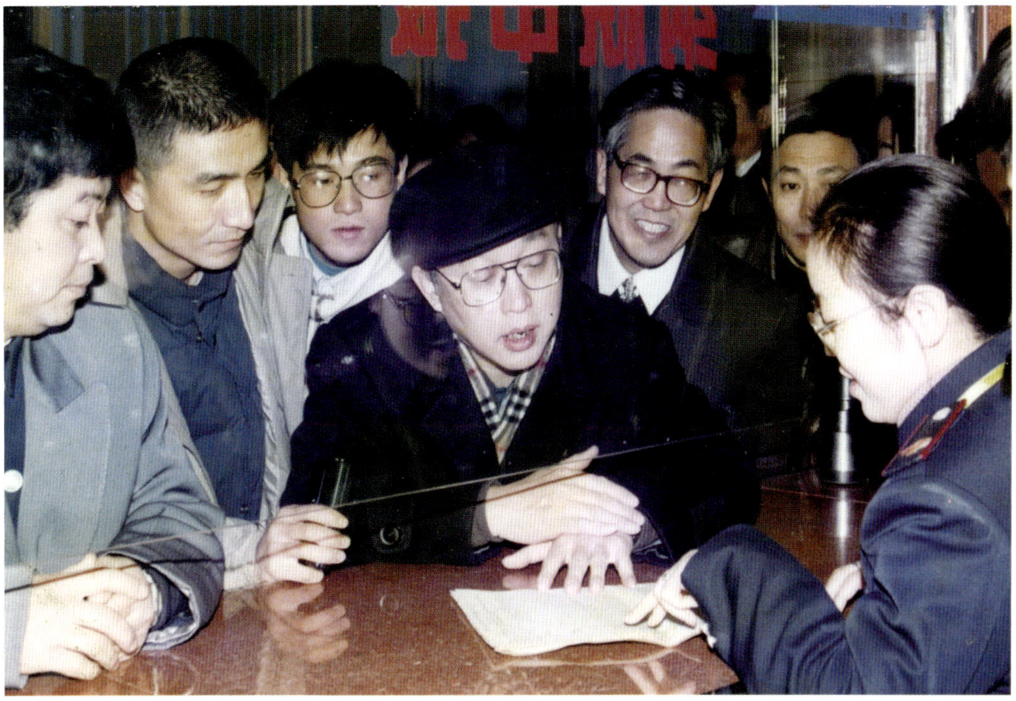

1997年1月9日，国家税务总局党组书记、副局长项怀诚（中）到淮南市国家税务局办税服务厅调研

1998年9月，国家税务总局局长金人庆（右二），先后到合肥、安庆等地基层税务部门考察、指导税收工作

2003年7月16日，国家税务总局局长谢旭人（前右二）到蚌埠市国家税务局基层办税服务大厅考察调研

2003年7月22日，国家税务总局党组副书记、副局长（正部长级）钱冠林（中）到合肥市国家税务局第四分局考察调研

1997年9月21日，国家税务总局副局长程法光（左二）到合肥市国家税务局第三分局调研税收工作

2005年9月8日，国家税务总局副局长崔俊慧（右三）到安徽省国家税务系统干部培训中心筹建现场考察

2005年6月5日，国家税务总局副局长许善达（中）到芜湖县信用社就拓展税款征收渠道开展调研

2005年4月23日，国家税务总局纪检组长贺邦靖（中）到安徽奇瑞汽车集团有限公司考察

2005年1月23日，国家税务总局副局长王力（中）到芜湖市国家税务局办税服务厅调研税收工作

2004年8月26日，国家税务总局总会计师宋兰（左二）在巢湖市居巢区国家税务局调研

2003年12月29日，省委书记、省人大常委会主任王太华（前右二）在省委常委、省委秘书长张学平（左一）陪同下到省国税局机关调研

1999年4月4日，全省国税系统万余名税干走上街头，开展税法宣传咨询活动。省委常委、常务副省长汪洋（右二）到税收咨询服务台看望参加活动人员

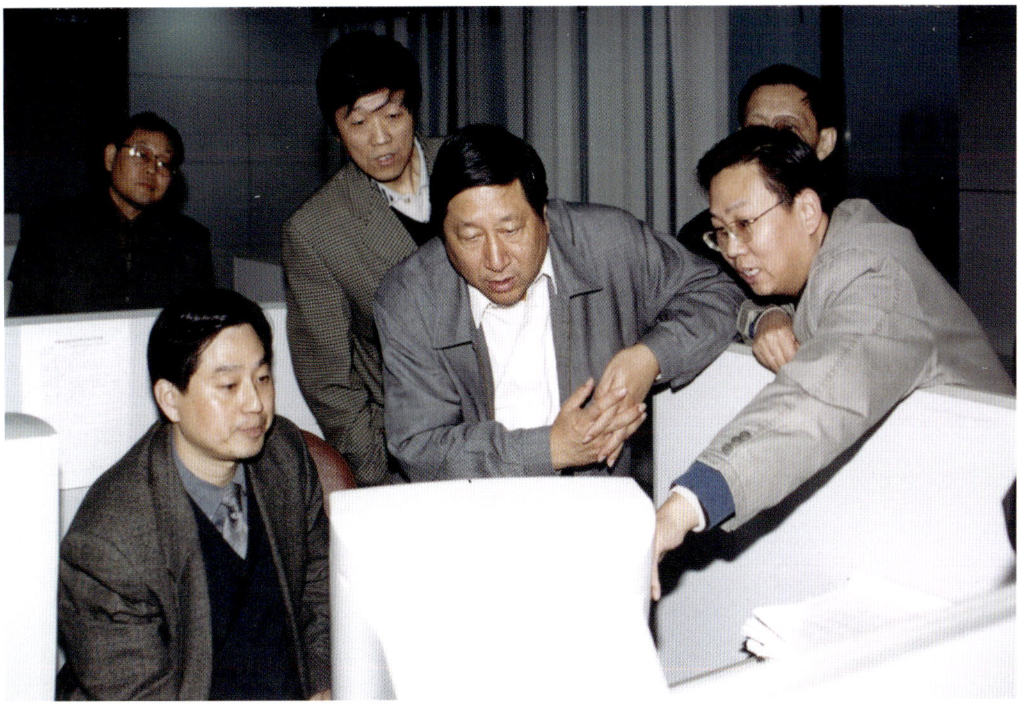

2001年11月20日，省委常委、常务副省长张平(中)到省国税局机关进行税收工作调研

2005年7月17日，省委常委、常务副省长任海深（左三）到省国税局观看省国税局视频会议系统，并通过该系统与部分市局负责人进行交流

1992年11月11日，安徽省人民政府税务局局长马千里（左四）到全椒县柴油机厂调研

2000年12月28日，省国税局局长程伯勤（右一）到宣城市基层国税分局调研、指导工作

2004年10月22日，省国税局局长胡道新（前右二）到芜湖市国税局办税服务厅查看税收信息化建设和运用情况

2003年 9月 27—28日，全省国税系统基层建设工作会议在合肥召开

2004年 9月 25—27日，全省国税系统税收征管工作会议在合肥召开

2005年 8月 3日，全省国税系统“构建和谐安徽国税”工作会议在合肥召开

1995年9月15日，省国税局派出了120人组成　参赛队伍，参加由省直工委组织承办　“省直机关纪念抗日战争胜利50周年歌咏比赛”

2003年11月28日—12月1日，全省国税系统首届乒乓球联赛在合肥举办

2005年 11月 21—23日，全省国税系统首届篮球赛在合肥举办

1999年10月1日，夜色下　省国税局机关办公大楼

2004年7月，省国税局机关获得共青团中央、国家税务总局联合授予　“十年全国青年文明号活动优秀组织奖”

2005年6月，国家税务总局授予省国税局“全国税务系统开展宏观税收政策课题研究工作先进单位”

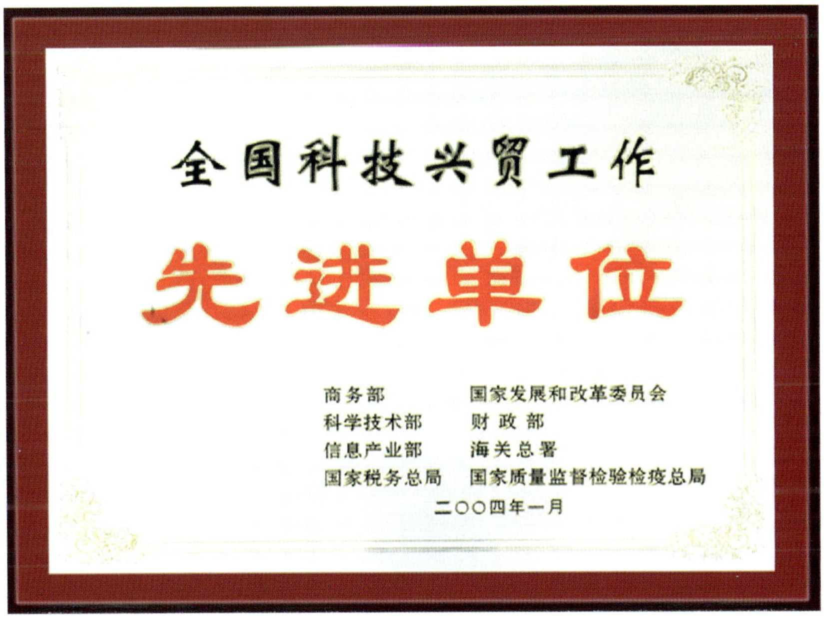

2004年1月，省国税局荣获商务部等8部委联合表彰“全国科技兴贸工作先进单位”

1994—2005年年底，全省国税系统有45个单位被中共安徽省委、安徽省人民政府授予“安徽省文明单位”称号

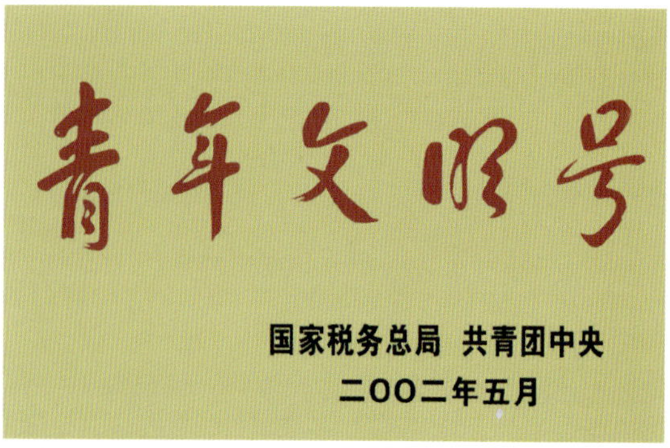

1994—2005年年底，全省国税系统有5个单位被国家税务总局、共青团中央联合授予“青年文明号”单位

1997年5月1日，霍邱县国税局税务干部夏士珍获全国“五一劳动奖章”

1999年4月15日，庐江县国税局黄万成被共青团中央、国家税务总局等十二部委授予“中国优秀青年卫士”称号

2005年3月8日，省国税局领导班子成员看望荣获安徽省“三八”红旗手、全省国税系统“十佳”女税官

总 凡 例

一、《安徽省志（1986—2005）》以马克思列宁主义、毛泽东思想、邓小平理论、“三个代表”重要思想和科学发展观为指导，坚持辩证唯物主义和历史唯物主义，全面、客观、系统地记述1986—2005年间安徽省自然、政治、经济、文化、社会等方面的情况。

二、本志贯彻国务院《地方志工作条例》《安徽省地方志工作条例》，依法修志。

三、本志遵循中国地方志指导小组《地方志书质量规定》，力求存真求实、客观公正、全面系统，寓观点于记述之中。

四、本志各分志名称为《安徽省志·××志（1986—2005）》。

五、本志记述的地域范围为2005年的安徽省行政区域；时间上限为1986年，下限为2005年，少数分志的时限根据情况作适当上溯或下延，特色分志不设时限。

六、本志采用述、记、志、传、图、表、录等体裁，以志为主。各分志一般为篇章节条目体，部分为章节条目体，个别分志根据实际需要采用条目体。

七、人志人物坚持生不立传的原则。除人物志外，各分志坚持以事系人、人随事出的原则，不设人物录、人物简介。

八、本志采用规范书面语体文、记述体。表述力求严谨、朴实、简洁、流畅。语言文字、标点符号、计量单位等使用规范，按国家规定执行。

九、本志资料由各承编单位搜集整理，文中不注明出处。

十、本志采用省统计部门公布的法定数据，没有列入统计范围的，采用业务主管部门的统计数据。

十一、本志所涉组织、机构、法律法规、文件、会议等专有名称，第一次使用时用全称，简称括注于全称之后。各类译名以新华通讯社译文为准。

十二、本志所用地图均以安徽省测绘部门和有关部门绘制或审定的为准。

十三、本志设总凡例，各分志设凡例。

凡　例

一、安徽省、市、县国家税务局组建于1994年。因此,本志上限起自1994年,下限止于2005年。

二、本志采用述、志、图、表、录等体裁,以志体为主,表、图随文而设。

三、本志根据行业构成及特点设置章、节、目,按国税主体业务横排门类、纵述史实。

四、单位称谓采用规范化的简称。安徽省国家税务局简称安徽省国税局或省国税局。市(地)、县(市、区)国家税务局简称市(地)、县(市、区)国税局。

五、本志资料主要来源于省国税局档案室和有关处室、直属机构、事业单位和各市国税局,部分数据取自《安徽国税年鉴》。

目　录

Contents

概 述

随着改革开放的不断深入,社会主义市场经济体制逐步完善,税收作为国家宏观调控经济的重要杠杆,其地位和作用愈显重要。1993年,中国实行分税制财政管理体制改革,按照中央与地方政府的事权划分,合理确定各级财政的支出范围;根据事权与财权相结合的原则,将税种分为中央税、地方税和中央地方共享税,设立国地税两套机构实施税务管理。

安徽省国家税务局是安徽省主管国家税收工作的部门,由国家税务总局实行垂直管理,主要负责全省中央税和中央地方共享税的征收管理工作。自1994年国税机构设立以来,安徽省国税部门解放思想,锐意改革,勇于实践,开拓创新,坚持从时代要求和形势需要出发,分析新情况,总结新经验,解决新问题,创新促发展。积极组织税收收入,完善税收制度,坚持依法治税,强化税收征管,大力实施科技兴税,加强基层和队伍建设,为全省经济和社会事业发展做出了积极贡献。

深化税制改革,税收制度日臻完善。按照国务院"统一税法、公平税负、简化税制、合理分权、理顺分配关系、规范分配方式、保障财政收入"的指导思想,全面改革流转税制,建立以增值税为主体,消费税、营业税并行,内外统一的流转税制;改革企业所得税制,统一内资企业所得税;开征土地增值税,全面调整资源税。经过调整、优化,初步建立以流转税、所得税为主体,其他税种相配合的多税种、多环节征收的复合税制体系。

流转税类方面。实行统一增值税,扩大征税范围,适应商品的生产、批发、销售环节;简并税率,基本税率17%,低税率13%,出口环节实行零税率。小规模纳税人适用6%的征收率,后调减为4%。把纳税人划分为一般纳税人和小规模纳税人,1997年7月起,省国税局对一般纳税人实行分类管理。2003年,个体工商户增值税起征点调整,销售货物和应税劳务分别为省辖市月销售额3000元和2000元,县及县以下2500元和1500元,按次纳税的为每次(日)销售额200元。2004年1月1日起,起征点调整为销售货物的月销售额5000元,销售应税劳务的月销售额3000元,按次纳税的每次(日)销售额200元。消费税是税制改革中新设置的一个税种,是对特定消费品和消费行为在特定环节征收的一种间接税。1994年1月1日开征,品目包括烟、酒和酒精、化妆品、护肤护发品、贵重首饰及珠宝玉石、鞭炮焰火、汽油、柴油、汽车轮胎、摩托车、小汽车等11种。1995年1月1日起,金银首饰消费税改在零售环节征收,税率调整为5%。营业税改革后缩小了征税范围,调整了税目名称,简并了税率。金融保险业营业税税率从1997年1月起由5%提高到8%,1998年1月1日起由国税局和地税局共同征收,国税局负责征收高于5%税率部分。

所得税类方面。统一内资企业所得税,实行33%的比例税率。纳税人年应纳税所得额在3万元以下(含3万元)的,减按18%税率征收;年应纳税所得额在3万元到10万元(含10万元)之间的,减按27%税率征收。2000年1月1日起,独资、合伙性质的私营企业改征收个人所得税。从2001年1月1日起,对一些汇总纳税的中央企业,包括部分银行和保险公司,以及汇总纳税企业的子公司、分公司,就地预征70%,年终由总公司集中清算。2002年1月1日起,新登记注册的企事业单位所得税由国税机关征收管理。外商投资企业和外国企业所得税税率为30%,附加征收3%的地方所得税,综合负担率为33%。1999年11月1日起,恢复征收储蓄存款利息所得个人所得税,税率为20%,实行代扣代缴。2005年12月1日起,教育储蓄存款利息所得免征个人所得税。

财产行为税方面。2001年1月1日起,开征车辆购置税取代车辆购置附加费,税率10%,由交通部门代征。2005年1月1日起,车辆购置税由国税部门负责征收。

规范机构设置,税务管理有效加强。1994年8月15日,安徽省国家税务局成立,正厅级建制。内设13个行政处室,2个直属机构,4个事业单位。至8月26日,全省国税系统机构分设组建完成,下设16个地区(市)国税局,68个县(市)国税局,全系统近1.2万人。1995年,按照建立征收、管理、稽查既相互分离又相互制约的征管格局的需要,省辖市、县(市)国税局分别设立征收分局、稽查分局。1997年,省国税局规范基层机构名称、设置,各税务分局不设税务所,基层税务机构由1119个减少到675个。1997年12月,省国税局根据总局"三定"方案调整机构设置,内设行政处室调整为12个,稽查分局更名为稽查局,增设直属征收分局;对基层税务机构进行全面调整和大幅精简,减幅达40%。1998年,省国税局按照"精简、统一、效能、适当集中"的原则进一步规范基层税务机构。2000年10月,根据国家税务总局对安徽国税机构改革批复精神,省国税局内设处室精简为9个。为加强税收法治,2001年9月设立政策法规处,与办公室合署办公。全面实施了市、县局机关改革,市县局机关内设机构分别精简了27.3%和16.7%,人员编制分别精简了25%和15%。同年12月,省国税局与省地税局联合组建安徽省注册税务师协会,有效加强税务代理行业管理。2004年,省国税局选择芜湖、六安、泗县、霍山、泾县、石台等两市四县开展税务管理重组机构改革试点。2005年10月,适应税收征管模式转变和经济社会发展变化,省国税局根据总局批复规范机构设置,至12月,省国税局内设12个行政处室,2个直属机构,另设巡视工作办公室、机关党委办公室、离退休干部管理办公室,设5个事业单位,保留黄山培训中心、九华山培训中心,增设蚌埠培训中心、网站管理办公室、数据处理办公室。通过改革,机构设置和职能划分更加适应税收信息化和专业化税收征管改革要求,税务管理高效顺畅。

推进征管改革,征管质效大幅提升。1994年全省税务系统推行"征收、管理、稽查"三分离或"征管、稽查"两分离的征管模式。1995年,国家税务总局提出征管改革总目标,在20世纪末建立起"申报、代理、稽查"三位一体的税收征管模式,主要内容是建立以"自核自缴"为基础的申报纳税制度,广泛利用税务代理,普遍应用计算机监控,建立强有力的税务稽查系统。省国税局选择20个基层税务分局进行征管改革试点,各试点单位共确定自核自缴纳税人7200多户,占试点单位企业总户数的90%。1996年省国税局在全省国税系统推行"以申报纳税和优化服务为基础,以计算机网络为依托,集中征收,重点稽查"的30字征管模式,建立纳税人自行申报纳税制度和服务、监控、稽查和组织体系。全省共选择133个分局(所)进行了改革试点,试点单位覆盖纳税人6万多户,试点单位申报率、入库率由改革前的80%左右提高到90%以上。1997年,明确建立"一个制度、四个体系"的改革任务,即:完善纳税人自行申报纳税制度,建立税务机关和社会中介组织相结合的管理服务体系,建立以计算机为依托的征收监控体系,建立以征管功能为主设置机构划分职能的组织体系,建立人机结合的稽查体系,并分解细化为22项具体工作。围绕征管改革和机构调整,转换个体私营经济税收管理模式,建立"专管员划片固定管户"制度。为将个体私营经济税收管理划分为管理服务、征收计会(税款征收和税收会计核算、统计、分析)、税务稽查三个系列,对个体户推行建账建制。实行查账征收,试行个体户微机定税;2000年省国税局在石台县试点深化农村税收征管改革,通过整合农村征收机构、初步形成"集中征收、一级稽查、多种申报和征收方式并存"的征管新模式,之后在泗县进行县城及农村地区的征管改革试点,县局为直接执法主体,实现城区及周边地区所有纳税人和全县一般纳税人的集中征收。税收征管质量明显提升,全省企业和个体纳税人按期申报率分别达98%和95%,入库率在90%以上。2001年起,全省国税系统开展新一轮征管改革,重点加强税收征管信息化建设。按照专业化管理的思路,在地级市市区分别设立征收、管理、稽查机构,在县市城关和县以下农村地区,适度收缩征管机构。推行多种申报方式,全面实行一级稽查。2002年省局选择芜湖、淮南、石台、泗县,分类进行改革试点,芜湖、淮南两地综合征管系统相继上线运行。2003年,省国税局在总结试点经验的基础上,采用省级数据集中的模式推行综合征管系统。2004年,税收征管模式在"30字"基础上,增加强化管理内容,实行税收管理员制度,解决"淡化责任,疏于管理"问题,2004年4月1日,安徽国税在全国率先以省级集中模式成功运行中国税收征管信息系统,初步形成法治、科学、严密、高效的税收征管体系。依托信息化,全省国税系统进行业务重组,实行办税申请"一站式",办税服务"一窗式",信息采集"一次式",档案管理"一户式",业务运行"一网式",税务管理"一级式"。2005年,全省企业登记率达99.98%,个体登记率达99.87%;企业按期申报率为97.75%,个体按期申报率为94.49%;企业按期入库率为95.80%,个体按期入库率为98.84%;欠税增减率为0.89%;按户滞纳金加收率为99.27%,按金额滞纳金加收率为97.18%;按户次处罚率为94.44%,按金额处罚率为64.76%,征管质量和效率大幅提升。

坚持统筹兼顾,国税事业全面发展。加强工作统筹,探索管理创新,逐步形成以"十一项工程”为主线,以构建和谐安徽国税为主题,以依法治税为主业,以干部队伍为主体的“四主”工作思路。税制改革、征管改革和管理创新促进税收收入持续增长,税收法治不断推进,纳税服务不断优化,税收信息化程度显著提高,基层面貌明显改观,干部队伍素质整体提升,安徽国税全面发展。

税收收入快速增长。坚持以组织收入为中心,严格依法征税,强化税源监控,加强预测分析,科学组织收入,实施科学化、精细化管理,税收收入规模壮大,增速加快,质量提高。1994 年至 2005 年,全省国税系统共组织收入 2005.7 亿元,年度收入规模由 1994 年的 67.9 亿元,增长到 2005 年的 351.2 亿元,年均增长 16.1%,高于同期全省生产总值现价增幅 2.5 个百分点。年度收入规模从 100 亿元到 200 亿元用了 7 年时间,从 200 亿元跨过 300 亿元台阶仅用了 2 年。全省国税宏观税负由 1994 年的 5.1% 升至 2005 年 6.7%,2005 年全省工业增值税与工业增加值之间的增长弹性系数为 1.2,商业增值税与社会消费品零售总额之间的增长弹性系数为 1.4,处于理论最优区间。全省国税收入的持续、稳定增长,为全省改革和建设事业提供了可靠的财力保障。

依法治税稳步推进。全省国税部门把依法治税作为税收工作的灵魂贯穿始终,健全法制体系,完善执法标准,规范执法行为,加强执法检查,明确执法责任,强化监督制约,严格责任追究,严厉打击涉税犯罪,开展税收司法救济。开展日常税法宣传和税收宣传月活动,广泛宣传税收法律、法规和有关政策,改善税收法治环境,提高税法遵从度。开展税收专项检查、专案检查和对群众举报案件、协查案件的查处,1994 年至 2005 年,全省国税稽查部门共检查纳税户 43.98 万户(次),查补税收收入 68.93 亿元,增强税收执法刚性,打击涉税违法犯罪行为。在省政府组织的全省税收执法保障联席会议制度的基础上,与公安部门建立打击涉税犯罪联席会议制度。规范执法行为,强化执法监督。2002 年 7 月,全省国税系统实施税收执法责任制,对执法过错行为予以行政处理和经济惩戒。2005 年 12 月,全省推行税收执法管理信息系统,细化分解考核指标,突出预警功能,强化过程监控,减少了执法过错,提高了执法质量。畅通法律救济渠道,1994 年至 2005 年,全省共收到税务行政复议申请 86 件,依法受理 72 件,税务行政诉讼应诉 23 起,行政复议与诉讼的质量和效率明显提升。

纳税服务不断优化。树立服务观念,增强服务意识,坚持“尊重纳税人、相信纳税人、还权纳税人、服务纳税人”的工作思路,落实税收政策,提升服务水平,促进经济社会发展。加强办税服务厅建设,统一办税服务厅标识,规范窗口设置,合理划分功能。建立首问责任制、办税辅导制、纳税咨询制、办税公开制等各项制度,推出限时服务、延时服务、预约服务等服务项目。简化行政审批,下放审批权限,清理涉税资料,先后取消纳税人各类表证单书 439 种,减少办税环节 24 项。改进征收方式,实施多元化申报,试行同城办税,推广邮政代售、代开发票和代征个体“双定户”税款工作。开通“12366”纳税服务热线,搭建网上办税系统,推行网上办税,服务手段由传统手段向信息化手段转变。树立“经济是源、税收是流,源远才能流长;经济是本、税收是末,固本才能强末;经济是根、税收是叶，根深才能叶茂”的税收经济观，服务和服从于经济发展，全面落实各项税收优惠政策。“十五”期间，全省共办理出口货物退（免）税155.92亿元，退税进度全国领先。2004年，按国家政策规定的上限调高增值税起征点，全省17.6万户、近70%的个体户免缴增值税。发挥政策导向作用，支持企业发展，促进社会就业，开辟“减免税审批工作绿色通道”，为1535户企业减免所得税3.98亿元，帮助2.32万下岗失业人员实现再就业。

税收信息化程度显著提高。全省国税系统大力实施科技兴税战略，加快金税工程建设，信息化建设快速发展，金税网络连通各级国税机关，信息系统广泛应用，从日常征收业务扩大到征管各个环节，从单纯数据采集扩大到信息综合利用，将计算机应用于税收管理全过程。1996年，全省国税系统拥有各类计算机1000余台、纳入计算机管理的纳税人9.44万户、处理税款43亿元，2005年分别达到15203台、42.3万户和346.9亿元。1995年，金税工程开始建设，1996年1月，全省增值税防伪税控和大面额交叉稽核系统投入运行，全省税收主干广域网联通，并入全国税收广域网。2003年，金税二期工程“一个网络、四个系统”基本建成，增值税纳税申报“一窗式”管理模式全面推行到位，金税二期监控范围覆盖所有增值税一般纳税人。2004年4月1日，全省国税系统综合征管系统（简化版CTAIS）整体上线运行。2005年，省国税局制定金税工程建设规划，提出“所有工作都上机，所有数据都入网，所有信息都共享，所有人员都会用，所有考核都量化”的应用目标。全省国税系统先后开发推广综合征管系统、办公自动化系统、税收信息采集系统、税源台账管理软件、税收执法管理信息系统、执法考核子系统等应用系统，覆盖纳税服务、税款征收、税源管理、税务稽查、行政办公等税收工作各个环节，信息化成为税收工作重要支撑。

基层面貌明显改观。机构分设后，国家税务总局提出把税收工作重心向基层和征管转移，全省各级国税部门牢固树立“面向基层，服务基层，建设基层”的观念。省局明确加强基层建设的意见，坚持人、财、物向基层倾斜，因地制宜搞好基础设施建设，改善基层的工作、生活、学习条件。到1997年全省国税系统共投入资金3亿元，新建、改建税务分局323个，新建职工宿舍2950套，基层交通、通信条件得到较大改善。积极探索加强基层分局建设的有效途径，开展规范化建设活动，初步形成了一批功能齐全、设施配套、环境优美、执法严格、管理严密的规范化分局，基层面貌发生了明显的变化，共有433个分局被命名为“规范化税务分局”，占总数的75.2%。完善“规范化税务分局”创建，开展争创最佳办税服务厅、青年文明号、文明单位、人民满意的基层分局等活动，积极参与地方党委、政府组织的行风、政风评议活动，到2003年共新建、改建、扩建40个县（市）局，338个基层分局办公楼，配备计算机7000余台，征管用车900余辆，全系统60%的基层分局被各级党委、政府评为“文明单位”，482个基层分局参加地方政府组织的“人民满意的基层站所”创建活动，有458个分局被评为“满意”等次，占95%。到2005年，全系统市级文明行业达80%，在全省行风测评中，群众满意率达85%以上，树立国税系统的良好形象。

税务干部队伍素质整体提升。按照“带好队,收好税”的总体要求,从推进国税事业长远发展的战略高度出发,牢固树立终身教育、终身学习的观念,注重用政治理论武装头脑,增强国税干部的大局观念和政治责任感、事业心。大力弘扬爱国主义、集体主义、社会主义和艰苦创业的精神,教育干部职工自觉遵守社会公德,崇尚家庭美德,树立税务职业道德,做合格的公民。推行以竞争制、限龄制、任期制、转任制、交流制为主要内容的干部人事制度改革,强化对领导干部的管理监督。1998 年,省国税局按照公平、平等、竞争、择优的原则,采取竞争上岗的办法,首次面向全系统公开选拔 7 名副处级领导干部,增强干部选拔任用的透明度。2004 年 10 月,省国税局制定领导班子建设工程规划,明确领导班子具体实施目标,规范后备干部管理。开展全方位、多层次、大规模、正规化的教育培训,按照总局提出的“注重综合素质、提升岗位能力,创新培训方式、实施全员培训,促进终身学习”的教育培训工作思路,开展初任培训、任职培训、专门业务培训、更新知识培训和提升学历培训,举行“全员岗位练兵、系列能手竞赛”活动,国税人员的综合素质和岗位技能不断提高。2003 年至 2005 年,全省国税系统共举办脱产培训班 3340 期,累计培训干部 13.4 万余人次。至 2005 年年底,全系统具有大专以上学历人员比例达 83%,具有注册税务师、注册会计师和律师资格的人员比例达 5.7%。坚持教育、制度、监督并重,自律、纠风、查案并举,党纪、政纪、法纪并用,着力构建符合国税工作实际的惩治和预防腐败体系。规定“一把手”原则上不直接分管具体工作,纪检组长不分管人事、财务和基建,对领导干部“约法三章”:不准违规直接插手基建、大宗物品的采购,不准违规干预下级的人事安排,不准采取任何方式为自己的亲属子女和身边工作人员谋取私利,有力地促进了领导干部廉洁自律。

第一章　税收制度

税收制度是国家以法律或法令形式确定的各种课税办法的总和，反映国家与纳税人之间的经济关系，主要内容包括征税对象、纳税人、税率、纳税环节、纳税期限、减免税、违章处理。1950 年 1 月 30 日，中华人民共和国政务院颁布《关于统一全国税政的规定》，发布《全国税政实施要则》《工商业税暂行条例》，建立新税制；1953 年修正税制；1958 年改革工商税制；1973 年全面试行工商税，把工商统一税及其附加、城市房地产税、车船使用牌照税、屠宰税、盐税合并为工商税；1983 年、1984 年相继实施第一步和第二步利改税；1994 年，工商税制改革。2001 年 1 月 1 日，开征车辆购置税，取代车辆购置附加费。

第一节　分税制

1993 年，国务院决定实行分税制财政管理体制。分税制财政管理体制，简称分税制，它是在中央政府和地方各级政府之间，根据各自的职权范围划分税源，并以此为基础确定各自的税收权限、税种结构、税务机构和协调财政收支关系的一种制度。

根据事权与财权相结合的原则，将税种统一划分为中央税、地方税、中央与地方共享税，建立中央和地方两套税收管理制度，分设中央与地方两套税收机构分别征管；在核定地方收支数额的基础上，实行中央财政对地方财政的税收返还和转移支付制度等。实现在中央政府与地方政府之间税种、税权、税管的划分，实行财政“分灶吃饭”。

税种调整

调整税制结构，合理划分税种，简化规范税种，取消与经济发展不相适应的税种，合并重复设置的税种，开征一些确有必要开征的税种，实现税制简化和高效。

1994 年税制改革，实际开征税种由 1993 年的 32 个减少到 18 个。一是增加消费税、土地增值税；统一内资企业所得税；修改增值税；废止个人收入调节税、城乡个体工商业户所得税等，征收个人所得税；取消集市交易税、牲畜交易税、烧油特别税、奖金税和工资调节税。二是将特别消费税、烧油特别税并入起特殊调节作用的消费税，盐税并入资源税。三是取消对外资企业、外籍人员征收的城市房地产税和车船使用牌照税，统一实行房产税和车船使用税，将偏低的税率和税额适当调高。四是屠宰税、筵席税下放给地方。五是开征遗产税。

1994 年税种调整情况表

表 1–1

1993 年		1994 年		备注
序号	税种	税种	序号	
1	增值税	增值税	1	
2	产品税			
3	烧油特别税	消费税	2	
	(特别消费税 1992 年停征)			
4	营业税	营业税	3	
	(文化娱乐税 1966–1993 停征)			
5	国营企业所得税	企业所得税	4	
6	集体企业所得税			
7	私营企业所得税			
8	外商投资企业和外国企业所得税	外商投资企业和外国企业所得税	5	
9	个人所得税	个人所得税	6	
10	个人收入调节税			
11	城乡个体工商业户所得税			
12	印花税	印花税	7	
13	房产税	房产税	8	
14	城市房地产税	城市房地产税	9	
		土地增值税	10	
15	车船使用税	车船使用税	11	
16	车船使用牌照税	车船使用牌照税	12	
17	屠宰税	屠宰税	13	
18	城市维护建设税	城市维护建设税	14	
19	固定资产投资方向调节税	固定资产投资方向调节税	15	
20	资源税	资源税	16	实际未开征
21	盐税			
22	城镇土地使用税	城镇土地使用税	17	
23	证券交易税	证券交易税	18	
24	筵席税	筵席税	19	
25	遗产和赠与税	遗产和赠与税	20	
26	工商统一税			
27	集市交易税			
28	牲畜交易税			
29	国营企业奖金税			
30	集体企业奖金税			
31	事业单位奖金税			
32	国营企业工资调节税			
33	国营企业调节税			

消费税。1994 年,开征消费税。征收产品税的产品全部改为征收增值税后,有不少产品的税负大幅度降低。为保证国家财政收入,体现基本保持原税负的原则,对一些消费品进行特殊调节,选择少数消费品在征收增值税的基础上再征收消费税。

增值税。1994 年改革,与此前相比,一是扩大征税范围,由生产环节扩大到生产、批发、零售和进口环节;二是简并税率,由 11 档减为 3 档;三是实行价外税;四是划分一般纳税人和小规模纳税人;五是扣税以增值税专用发票为凭证;六是沿用购进扣税法,停止实耗扣税法。

营业税。1994 年营业税改革,征税范围缩小,此前征收的商品批发、商品零售、加工和修理修配等项目并入增值税,只对提供劳务、转让无形资产和销售不动产征税。税目由 14 个调整为 9 个:交通运输业、建筑业、邮电通信业、文化体育业等,税率为 3%;金融保险业、服务业、转让无形资产、销售不动产等,税率为 5%;娱乐业的税率为 5% 至 20%。

企业所得税。1994 年改革,将国营企业所得税、集体企业所得税、私营企业所得税统一为企业所得税,税率为 33%。三个税种、三种税率得到统一。

个人所得税。1994 年改革,向外籍人员征收的个人所得税、向国内人员征收的个人收入调节税、向城乡个体工商户征收的个体工商业户所得税合并成个人所得税,统一免征额与税率。

资源税。1994 年改革,与此前相比,一是征税范围扩大,由煤炭、原油、天然气、铁矿石增加黑色金属矿产品、有色金属矿产品、非金属矿产品和盐;二是提高征税定额;三是调整纳税地点,由企业所在地调整为开采地或生产地。

1993 年 11 月,省政府召开全省税改工作会议,对各地(市)、县税务局局长,税政、征管、计会科科(股)长和省直单位负责人及财务负责人进行培训、动员、部署。各地通过以会代训,举办学习班和组织税务人员上门辅导等形式学习、培训,全省共举办各类培训班 1670 余期,上门辅导 3 万户次,共对 1.7 万名税务人员和 39.9 万户纳税人组织学习、培训。

省国税局在《中华人民共和国增值税暂行条例》颁布后,通过考试、竞赛等形式,组织税务人员再学习、再培训。利用广播、电视、报纸等新闻媒介开展宣传工作。先后派人到省人大、省委、省政府和省教委、财政厅、乡镇企业局、审计局等单位宣讲 100 多场次。

1993 年 12 月底,省税务局组织 4 个工作组,到合肥等 8 个地市的 14 个税务分局,15 个税务所和 11 户工商企业,对税制改革各项准备工作核查落实,发现问题,及时解决。省国税局跟踪调查 14 户企业。

1994 年 1 月 9 日、1 月 23 日,省税务局两次在合肥市区开展新税制宣传咨询活动。

2 月初,省委全体常委专门集中一天时间学习新税制。5 月中旬,省税务局和合肥市税务局联合召开有省及市里四大班子办公厅负责人和省军区后勤部负责人参加的个人所得税代扣代缴宣传动员会。全省共发通告61500份,在城乡广泛张贴。

5月22日,全省开展税法咨询宣传日活动,共设咨询点327个,发放宣传材料近10万份。

同年,省税务局组织编写《新税制释义与实务》,印发到基层征管人员和纳税人手中。

全省建立健全个人所得税代扣代缴制度。各市、县局把代扣代缴单位逐一排出,建立档案,发给代扣代缴核定书,明确代扣代缴人的权利、义务和法律责任,对代扣代缴单位操作人员进行培训、辅导。

省局开展增值税一般纳税人认定工作和增值税专用发票印制、管理工作。全省有2.6万户增值税一般纳税人完成认定。对专用发票的管理,在内部建立领发、管理、监督制度,明确奖惩;对外加强对用票单位的教育,与用票单位签订责任书,建立检查和跟踪管理制度。

省局开展增值税专用发票专项检查。全省共组织900名税务人员,对2.1万户123万份专用发票进行检查,发现问题的有1.4万份。

省局以省政府名义,联系公、检、法等部门,对开展打击伪造、倒卖、盗窃发票专项斗争统一部署。全省共发生被盗、丢失专用发票34起1411份,分别情况予以侦破、处理,追回少量发票。

4月10日—5月10日,在全省范围内对新税制实施情况开展检查,分为动员布置、实施检查、分析总结三个阶段,采取由县(市)局组织自查、地市局组织抽查等方式,重点检查:一般纳税人认定情况;企业期初存货动用和税款处理情况;专用发票领用存情况;为小规模纳税人代开发票情况;税款分别入库情况;收入升降情况及原因等。全省共组织5038名税务人员,对15982户企业进行检查。检查结果表明,全省新税制运行正常。

税收分成

实施税制改革,逐步提高税收收入占国民生产总值的比重,合理确定中央财政收入和地方财政收入的分配比例。

在税种设置合理的前提下,原则上把收入大、对国民经济调控功能较强、与维护国家主权关系紧密、宜于中央集中掌握和征收管理的税种或税源划为中央税,把宜于发挥地方优势、税源分散、不宜统一征收管理的税种或税源划为地方税;把征收面宽、与生产和流通直接相联系、税源波动较大、征管难度大、收入弹性大的税种划为中央地方共享税。凡征收管理权、税款所有权划归中央财政的税种,属于中央税;凡征收管理权、税款所有权划归地方财政固定收入的税种,属于地方税;凡征收管理权、税款所有权由中央和地方按一定方式分享的税种,属于共享税。

中央与地方财政收入划分,按税种划分中央和地方财政收入;在中央适当集中财力的基础上,实行转移支付制度;具体以1993年为财政体制改革测算的基期年,保证各地方1993年既得财力。凡实行分税制后从地方净上划到中央的收入一律按净上划中央收入的基数返还地方，称之为中央税收返还。考虑到地方支出正常增长的需要，中央税收返还按一定比例逐步递增，上划中央收入增量的30%返还地方，另外70%的增量留归中央。

中央对地方税收返还的确定。中央财政对地方税收返还数额以1993年为基期年核定。按照1993年地方实际收入以及税制改革和中央、地方收入划分情况，核定1993年中央从地方净上划的收入数额，即“消费税+75%的增值税-中央下划收入（指原体制中归中央、实行新体制后划给地方的收入）”，并以此作为中央对地方税收返还基数。从1994年开始，税收返还数额在1993年基数上逐年递增，递增率按全国增值税和消费税增长率的1∶0.3系数确定，即全国增值税和消费税每增长1%，中央财政对地方的税收返还增长0.3%。

中央享有税：增值税，消费税，车辆购置税、关税、进口增值税，铁道部门、各银行总行、各保险总公司集中缴纳的营业税、所得税、城市建设维护税，中央企业所得税，中央与地方所属企业、事业单位组成的联营企业、股份制企业所得税，地方银行、非银行金融企业所得税，海洋石油企业缴纳的所得税、资源税，外商投资企业和外国企业所得税，个人所得税中对储蓄存款利息所得征收的部分，中央税的滞纳金、补税、罚款。

中央地方共享税：增值税中央75%，地方25%；企业所得税与个税，中央60%，地方40%；证券交易印花税，中央97%，地方3%。

中央和地方享受税收范围

表1-2

中央享受税收范围	序号	地方享受税收范围
增值税	1	营业税、城市维护建设税（不包括上述由国家税务局系统负责征收管理的部分）
消费税	2	地方国有企业、集体企业、私营企业缴纳的所得税、个人所得税、个人所得税（不包括对银行储蓄存款利息所得征收的部分）
车辆购置税	3	资源税
关税	4	城镇土地使用税
进口增值税	5	耕地占用税
铁道部门、各银行总行、各保险总公司集中缴纳的营业税、所得税、城市维护建设税	6	土地增值税
中央企业所得税	7	房产税
中央与地方所属企业、事业单位组成的联营企业、股份制企业所得税	8	城市房地产税

续表 1-2

中央享受税收范围	序号	地方享受税收范围
地方银行、非银行金融企业所得税	9	车船使用税
海洋石油企业缴纳的所得税、资源税	10	车船使用牌照税
外商投资企业和外国企业所得税	11	契税
个人所得税中对储蓄存款利息所得征收的部分	12	屠宰税
中央税的滞纳金、补税、罚款	13	筵席税
	14	农业税、牧业税及其地方附加
	15	地方税的滞纳金、补税、罚款

安徽国税收入包括中央税、中央与地方共享税，共 14 项：1. 增值税；2. 消费税；3. 进口产品消费税、增值税、直接对台贸易调节税（委托海关代征）；4. 铁道、各银行总行、保险总公司集中缴纳的营业税、所得税和城市建设维护税；5. 中央企业所得税；6. 地方和外资银行及非银行金融企业所得税；7. 海洋石油企业所得税、资源税；8. 证券交易税（未开证前先征收在上海、深圳市证券交易所交易证券的印花税）9. 对境内外商投资企业和外国企业的各项税收以及外籍人员（华侨、港澳台同胞）缴纳的个人所得税（按税种分别入中央库和地方库）；10. 出口产品退税的管理；11. 集贸市场和个体户的各项税收（按税种分别入中央库和地方库）；12. 中央税的滞补罚收入；13. 按中央税、共享税附征的教育费附加（铁道、各银行总行、保险总公司缴纳的入中央库，其他入地方库）；14. 国家能源交通重点建设基金、国家预算调节基金。

1993 年 12 月初，省税务局召开专门会议，要求必须保证从 1994 年 1 月 1 日起，中央税、地方税分别入库，做到“四不”：不能把中央税入到地方库；不能把地方税入到中央库；不能因工作失误而发生差错；更不能有意识地人为去混库。

1994 年 4 月 13 日—23 日，省委、省政府组成两个财税改革调查组，分别由省委书记卢荣景、常务副省长汪洋带队，对合肥、阜阳、宣城等 13 个地、市、县 60 多个企业和单位进行了专题调研，省国税局马千里、程伯勤等随同参与。调查分析税改运行情况，实施新税制后地方财政收入情况，研究在财税体制改革的新形势下如何发展经济的新思路、新的增长点，撰写《关于财税改革的调研报告》。

同年，省局印制“两套税务机关征收范围及入库级次一览表”，发到基层征收单位和每一个专管员，人手一张表，对照填税票，确保中央税、地方税分别入库。

全年，全省工商税收收入（含地税局组织的收入）完成 924509 万元，按可比口径计算比上年同期增长 24.4%，增收 181138 万元，占国家税务总局年初下达计划的 115.6%，超收 124509 万元；占追加“两税”任务后计划的 106.6%。其中，中央级收入完成 554701 万元，按可比口径计划比上年同期增长 21%，增收 96340 万元，占年初计划的 115.6%，超收 74701 万元，占追加“两税”任务后计划的 103.8%；地方级收入完成 369808 万元，按可比口径计划比上年同期增长 29.8%，增收 84798 万元，占年初计划的

115.6%，超收49808万元，占追加"两税"任务后计划的109.9%。全省工商税收绝对数在全国的排名由1993年的第20位上升到1994年的第18位。

国税、地税机构分设

1993年11月16日，国务院发出通知，要求各地立即成立国家税务总局在地方的直属税务机构和地方税务局筹备组，在国家税务总局和地方人民政府的领导下，统一负责组建两套税务机构的各项工作。根据国务院总理朱镕基在全国财税工作会议上传达的政治局常委会议的精神，要求省级税务机构必须在1994年8月15日前分开。

机构分设采取方法：自下而上分设，先地市县后省税务局；先分财产后分人；先分一般干部后分领导干部。整个分设过程历经三个阶段：第一阶段，建立组织，调查摸底，制订方案；第二阶段，召开会议，统一部署，具体实施；第三阶段，加快速度，平稳过渡，按期完成分设组建任务。

人员划分以1993年9月30日省人事局、省编委办公室、省税务局三机关文件确定的基数为准，原则上县和县以上税务机关人员3∶7开，按基数的70%左右比例转入国税局；基层（包括城乡分局、所）4∶6开，基层征收单位人员按60%左右的比例转入国税局；离退休人员国税局可以多接收一些，结合本人意愿划转。县以上税务机关原则上在人员分流质量上要兼顾两个局，结合年龄、工龄、专业、学历、健康等因素合理划分。省税务局人员划分：国税局115人，地税局50人。

财产划分考虑并尽量做到两套机构基本上都能正常运转。办公用房、职工宿舍、车辆和其他财物按6∶4的比例划分，国税局占60%。1994年9月1日至1994年11月15日，省国税局委托安徽省审计师事务所对1994年8月15日资产时点数进行评估，总资产清查账面数158527872.75元，评估数为173198333.8元，其中固定资产账面数28381628.63元，评估数47859428.02元；流动资产账面数117916675.98元，评估数109989562.32元；专项资产账面数12274872.75元，评估数15349343.46元。

税务周转金按2∶8划分，国税局占20%；各地、市、县的具体划分比例，由各地根据实际情况协调确定。省国税、地税分设时，周转金负债250万元，按2∶8比例分摊，50万元债务划给省国税局，200万元债务划给省地税局。机构分设前借出税务周转金1394.8万元，省国税局债权280万元，其余划给省地税局。

国税系统实行垂直领导体制，国家税务总局为系统最高领导机关。全省各级国税机构的设置、干部管理、人员编制、经费开支等，由省国税局根据国家税务总局的有关规定实行垂直管理。安徽国税系统依次分为四级：省国税局为司级、地区（市）局为处级、县（市）局为科级、分局为副科（股）级。

国税系统人员编制由国家税务总局核定，国税局干部实行分级管理、下管一级的办法，各级国税局正、副局长由上一级国税局考核提名，征求当地党委政府意见后任命。

税收管理原则上中央税、共享税由国家税务局征收；地域性的地方税由地方税务局征收；按财政体制划分收入级次，分级解库。

国税系统征收的主要税种:增值税,消费税,车辆购置税,铁道部门、各银行总行、各保险总公司集中缴纳的营业税、企业所得税,中央企业缴纳的所得税,中央与地方所属企业、事业单位组成的联营企业、股份制企业缴纳的所得税,地方银行、非银行金融企业缴纳的所得税,海洋石油企业缴纳的所得税、资源税,外商投资企业和外国企业所得税,证券交易税(开征之前为对证券交易征收的印花税),个人所得税中对储蓄存款利息所得征收的部分,中央税的滞纳金、补税、罚款。

根据国家税务总局的意见,安徽省国税机构主要负责下列各税(基金)的征收管理:增值税,消费税,中央企业所得税,地方和外资银行及非银行金融企业所得税,证券交易税,外商投资企业和外国企业的各项税收以及外籍人员缴纳的个人所得税(按税种分别入中央库和地方库),出口退税管理,集贸市场和个体户的各项税收(按税种分别入中央库和地方库),中央税的滞补罚收入,按中央税、共享税附征的教育费附加(属于铁道、银行总行、保险总公司缴纳的入中央库,其他入地方库),国家能源交通重点建设基金,国家预算调节基金等。

1993 年 12 月 8 日,省政府下发《贯彻国务院关于组建国家税务总局在各地的直属税务机构和地方税务局有关问题的通知》,明确税务局正、副局长为组建筹备组的正副组长,在组建国税局和地税局过程中,冻结人员进出、干部提拔和财物。

1994 年 4 月 10 日—5 月 10 日,全省共组织 5038 名税务人员,对 15982 户企业进行检查,发现全省新税制运转情况正常。

5 月,省政府组成由监察厅、编委、人事局、财政厅、税务局等单位参加的联合检查组,对税务系统 1993 年以来超编新增人员、干部提拔等情况进行检查。

5 月 30 日,省筹备组将《关于组建国家税务总局安徽省系统机构的实施方案》和《关于组建安徽省地方税务局的实施方案》上报总局,同年 6 月 3 日国家税务总局批准同意方案。

6 月 6 日,总局任命马千里为安徽省国家税务局局长,同文任命两名副局长;总局党组决定成立中共安徽省国家税务局党组,马千里任党组书记,同文任命两名党组成员。

6 月 13 日,副省长汪洋召开省筹备组和财政厅负责人会议,研究具体实施的若干问题。

6 月 18 日,省政府召开全省各行署、市的专员、市长和税务局长参加的组建工作会议。

同月,省税务局发函明确各地(市)国家税务局、地方税务局牵头人。全省 16 个地(市)税务局,"一把手"全部留在国税局,都是牵头人。

1994 年上半年,全省共组织 900 多名税务人员,检查 2.1 万户的 123 万份专用发票,发现有问题的 7.4 万份。

7 月 21 日,省税务局批复同意各地(市)报送的组建国家税务局系统机构方案和组建地方税务局机构方案。

8月15日，省政府召开省级税务机构分设会议，省国税局成立、挂牌。

8月27日，省政府新闻办公室举行新闻发布会，正式宣布：全省68个县（市）、16个地市及省国税局机关已自下而上全部完成分设任务。全省近2万名税务人员中，有近1.2万名分在国税局，有近8000名分在地税局；29项税收业务的征收工作，14项划归国税系统，15项划归地税系统。全省机构分设工作得到国家税务总局和省政府的肯定。

8月，省国税局局长马千里到肥东、肥西两县国税局的5个基层税务分局（所）调查了解两套税务机构分设后的运转情况。

省国税局贯彻国家税务总局《关于中央、地方两套税务机构建立后税收征管有关问题处理意见的通知》，深入调查研究，对税务登记、发票管理、个体集贸税收征管职责予以明确。

9月28日，省国税局就本局职能配置、内设机构和人员编制请示总局，对各地（市）国税局职能配置、内设机构和人员编制方案发出指导意见。

10月10日，国家税务总局批复同意省国税局职能配置、内设机构和人员编制方案。

10月21日，省国税局批复各地（市）国家税务局报送的职能配置、内设机构和人员编制方案。

1996年3月26日，省国税局与省地税局联合下文，对国税、地税两局征管范围进行调整。缴纳增值税、消费税的纳税人划归国税系统征管；缴纳营业税等地方税的纳税人划归地税系统征管；既缴纳增值税、消费税又缴纳营业税的纳税人由国税系统征收管理。

第二节　流转税类

对流转额的征税简称流转税，或商品和劳务税。它是对销售商品或提供劳务的流转额征收的一类税收。流转额是指商品的实物流转额，也可以是商品的货币流转额。非商品流转额是各种社会服务性行业提供劳务所取得的业务或劳务收入金额。按销售收入减除物耗后的增值额征收的增值税，归于流转税一类。

流转税采用比例税率或定额税率，对收入计征，计算简便，易于征收；与经营好坏、成本高低、利润大小无关。流转税对保证国家及时、稳定、可靠地取得财政收入有着重要作用，对调节生产、消费有一定的作用。流转税一直是中国的主体税种。1950年全国的货物税、工商业税和关税收入总额为19.9亿元，占全国税收总额的40.7%。1960年、1970年、1980年和1990年，全国流转税收入占税收总额的比重分别为61.2%、75.9%、85.3%和59.9%。2000年，全国增值税、消费税、营业税和关税收入总额占全国税收总额的68%。安徽省国税部门征收的流转税主要有增值税、消费税。

增值税

1982年，国家试点增值税。1993年12月13日，国务院发布《中华人民共和国增值税暂行条例》,1994 年 1 月 1 日起施行,建立起以增值税为主体税种的税制体系。

增值税以在中华人民共和国境内销售货物或者提供加工、修理修配劳务以及进口货物的单位和个人为纳税义务人,其征税对象为销售货物、进口货物以及提供加工、修理修配劳务。

增值税改革内容:主要是扩大征税范围,由过去的部分工业产品的生产环节扩大到生产、批发、零售和进口环节;简并税率,由 11 档减为 3 档;实行价外税;划分一般纳税人和小规模纳税人;实行凭发票注明税款扣税制度;改革增值税的征管制度。

增值税税率分为三档,基本税率为 17%,低税率为 13%,出口环节实行零税率。小规模纳税人适用 6% 的征收率,1998 年 7 月 1 日起,商业小规模纳税人的征收率由 6% 调减为 4%。

增值税税率表

表 1-3

<table>
<tr><th colspan="2">使用范围</th><th>税率</th><th>备注</th></tr>
<tr><td rowspan="7">增值税一般纳税人</td><td>1. 销售或进口一般货物</td><td>17%</td><td></td></tr>
<tr><td>2. 提供加工修理修配劳务</td><td>17%</td><td></td></tr>
<tr><td>3. 销售或进口特定货物</td><td>13%</td><td></td></tr>
<tr><td>4. 出口货物</td><td>0%</td><td></td></tr>
<tr><td>5. 收购免税农业产品抵扣</td><td>13%</td><td>扣除率</td></tr>
<tr><td>6. 收购废旧物资抵扣</td><td>10%</td><td>扣除率</td></tr>
<tr><td>7. 运输部门承运的运输发票抵扣</td><td>10%
7%</td><td>扣除率
1998 年 7 月 1 日改为 7%</td></tr>
<tr><td>小规模纳税人</td><td>8. 小规模纳税人
其中:小规模商业企业纳税人</td><td>6%
4%</td><td>征收率</td></tr>
</table>

增值税纳税人按其经营规模及会计核算情况划分为一般纳税人与小规模纳税人两类。符合以下标准的为小规模纳税人:从事货物生产或提供应税劳务的纳税人,以及从事货物生产或提供应税劳务为主,并兼营货物批发或零售的纳税人,年应税销售额在 100 万元以下的;从事货物批发或零售的纳税人,年应税销售额在 180 万元以下的。年应税销售额超过小规模纳税人标准的个人、非企业性单位、不经常发生应税行为的企业,视同小规模纳税人。年应税销售额超过小规模纳税人标准的企业和企业性单位为一般纳税人。增值税一般纳税人购进货物或接受应税劳务所支付或负担的增值税额可作为进项税额准予从销项税额中抵扣。增值税一般纳税人资格,须经过纳税人书面申请、国税机关书面批准、认定。

增值税的减免税除《增值税暂行条例》及国务院统一规定之外,任何地区、任何部门都不得自行规定减税、免税项目。增值税的免税项目主要有:1. 农业生产者销售的自产农业产品;2.避孕药品和用具;3.向社会收购的古旧图书;4.直接用于科学研究、科学试验和教学的进口仪器、设备;5.外国政府、国际组织无偿援助的进口物资和设备;6.来料加工、来件装配和补偿贸易所需进口的设备;7.企业生产的原料中掺有不少于30%的煤矸石、石煤、粉煤灰、烧煤锅炉的炉底渣(不包括高炉水渣)的建材产品;8.废旧物资回收经营单位销售其收购的废旧物资;9.由残疾人组织直接进口供残疾人专用的物品;10.供残疾人专用的假肢、轮椅、矫型器;11.残疾人员个人提供的加工、修理修配劳务;12.承担粮食收储任务的国有粮食购销企业销售的粮食。

1994年1月1日起,安徽省增值税销售货物的起征点为月销售额800元,销售应税劳务的起征点为月销售额400元,按次纳税的起征点为每次(日)销售额50元。

1994年,省国税局发布《增值税一般纳税人认定办法》,规定一般纳税人认定的条件、程序和要求,全省共认定增值税一般纳税人4.2万户。

1994年,省国税局制定动用存货抵扣税金审批办法,开展对增值税期初存货和动用存货抵扣税金进行审核、统计、上报,全省企业期初存货进项税额32亿元,比企业申报数审减10亿元。

1995年,省国税局实施《安徽省国税系统流转税工作制度》,从增值税一般纳税人认定、期初进项税额抵扣、专用发票稽核到政策检查、工作总结等方面作了具体规定。当年全省共审核一般纳税人40203户,占一般纳税人总数的86%,取消7016户一般纳税人资格。

1995年,省国税局实施《关于加强增值税管理的意见》,对增值税一般纳税人实行"三单一票"申报制,即企业每月向主管税务机关报送纳税申报表的同时,必须填报"增值税专用发票开具清单""普通发票开具清单""增值税进项凭证汇总清单",并附增值税专用发票(抵扣联)。建立期初存货按月抵扣、年终调整、5年抵扣完毕的具体抵扣办法。当年查实全省1994年企业期初存货已征税款为38亿元,比企业申报核减8亿元,经县以上税务机关审核批准已抵扣期初进项税额2.5亿元,比企业申报数核减3.3亿元。

1996年,省国税局制定国有粮食企业按比例征税的办法,既简化手续,又方便征管。

1996年,省国税局共抽调2400多名税务干部,组织开展对增值税异常申报企业的检查,对连续三个月以上零申报、负申报的4091户增值税一般纳税人进行专项检查,查出有问题的1450户,查补税款2751.79万元,入库2441.79万元,罚款23.85万元。

1996年,省国税局决定对一般纳税人实行跟踪管理,凡不认真履行纳税义务、违反专用发票使用规定的,取消其一般纳税人资格,1996年全省共取消2600户一般纳税人的资格。

1997年1月1日起,实施《安徽省增值税一般纳税人年审办法》,规定已认定为增值税一般纳税人的企业、单位和个体工商户,每年进行一次年审;对取消一般纳税人资格的纳税人,3年内不得重新认定为一般纳税人。当年对42416户增值税一般纳税人进行年审,取消一般纳税人资格5003户,限期整改2912户,分别占总户数的11.8%和6.9%。

1997年,省国税局对全省电力行业的增值税进行调查测算,调整电力企业在发、供电环节的增值税预征率;组织开展对农村电管站征收增值税问题调查,掌握税收政策和征税情况。

1997年7月,省国税局在全国率先对增值税一般纳税人实行分类管理,根据纳税人经营规模、会计核算、履行纳税义务、发票使用等方面的情况,对全省所有增值税一般纳税人在纳税申报、发票供应、稽核稽查等方面实行宽严不同、区别对待的征管办法。

1997年,省国税局开展对增值税一般纳税人异常申报商业企业的检查,共检查一般纳税人6015户,查出有问题的企业2808户,查补税款近1.5亿元。当年全省商业企业增值税入库21.9亿元,比上年同期增长27.6%,比全国平均增幅高21个百分点。

1998年,省国税局修订《安徽省增值税一般纳税人年审办法》,规定商业企业以外的其他企业,即从事货物生产或提供应税劳务的企业、企业性单位,以及以从事货物生产或提供应税劳务为主,兼营货物批发或零售的企业、企业性单位,年应税销售额在100万元以下、30万元以上的,如果财务核算健全,可申请认定为一般纳税人。全年共审核30478户一般纳税人,取消一般纳税人资格4742户。

1998年7月1日起,省国税局依据国家规定,全省增值税一般纳税人运输费用扣除率由10%调整为7%,其运输费用按7%的扣除率计算进项税额。

1998年,省国税局实施《安徽省资源综合利用生产建材产品增值税免税管理办法》,明确免税产品的范围和条件,提出免税产品跟踪管理措施,规范免税建材产品的管理。

1998年,省国税局执行总局《关于加强增值税期初存货已征税款抵扣管理的决定》,组织各地对期初存货已征税款进行全面清理核实,停止每月按比例自行抵扣,实行报批抵扣办法,从严控制抵扣数额。

1998年,省国税局对全省2005户增值税一般纳税人生产经营、实现税收情况进行调查、审核、汇总和分析29个产品大类、290多种产品,近30万条数据,为总局改革税制、测算税负、分析税源、控制欠税提供参考依据。

1998年,省国税局对全省7个重点产粮地开展调研,实地了解和分析国有粮食购销企业执行增值税征免税办法中存在问题,结合粮食流通体制改革对税收政策的影响,向总局提出完善政策建议。

1998年7月1日起,省国税局规定,凡年应税销售额在180万元以下的小规模商业企业,无论财务核算是否健全,一律不得认定为增值税一般纳税人,均按照小规模纳税人征收增值税。全省共有7831户商业企业一般纳税人划转为小规模纳税人,占划转前商业企业一般纳税人总户数的42.9%,划转过程中共结算清缴增值税税款1786万元。

1999年1月1日,省国税局决定对一般纳税人年审内容进行调整:一般纳税人应税销售额的实现情况,会计人员的配置与核算状况,纳税表现等。被取消一般纳税人资格的纳税人,2 年内不得重新认定为一般纳税人。全年取消 5282 户企业的一般纳税人资格,责令限期整改企业 780 户。

1999 年,省国税局执行跟踪落实小规模商业企业划转政策。在全省范围内组织开展对划转企业的跟踪检查,掌握企业划转后增值税实现、入库情况,强化对划转企业的税收管理。全省 7656 户划转企业中有 2259 户办理停歇业手续,划转企业月均增值税收入同比增长 21%。

1999 年,省国税局落实总局国有粮食企业征、免增值税政策,明确粮食企业免税主体,划分征、免税范围,规范发票开具要求,统一期初存货已征税款及留抵税款处理,调整后粮食企业征免税政策执行到位。

1999 年,省国税局执行总局以期初存货已征税款抵扣政策。组织各地对一般纳税人期初存货已征税款余额和以前年度欠税情况进行调查摸底,对全省 11076 户一般纳税人期初存货已征税款清理核实,核减期初存货已征税款 2228 万元,期初进项税额 5.6 亿元,占审核前的 42%。

1999 年,省国税局积极推行防伪税控系统,全省共有 1692 户企业使用。全系统共装备计算机 2889 台,建成广域网站点 20 个,投入运行的局域网 210 个,上网运行的工作站 1135 个,有 26 万多户纳税人纳入微机管理,占纳税人总数的 85%。

2000 年,省国税局制定《纳税评估管理办法》,规定评估工作的内容、方法和程序,建立评估分析指标体系,包括 17 个单项评估指标和 14 项综合配比指标。当年选择合肥市局、蚌埠市局开展计算机评估试点,共评估 50 多户企业。

2000 年,省国税局组织对增值税一般纳税人存货已征税款余额进行核实,核减 7009 万元,较审核前下降 22.5%。

2000 年,省国税局对全省 4477 户增值税一般纳税人安装启用防伪税控系统,占一般纳税人总户数的 15.3%。

省国税局修订资源综合利用建材产品免征增值税管理办法,划分免税范围,明确免税条件,规范免税申请,严格免税审核,规定税务机关的日常跟踪管理和企业违规责任,加强对建材产品的税收管理。

省国税局严格废旧物资经营增值税管理,明确废旧物资经营纳税主体,细化一般纳税人认定条件,严格收购发票的领购和使用,统一纳税申报内容,解决废旧物资回收企业中存在的收购发票使用不规范、虚抵进项、少报销售等问题,规范行业增值税管理秩序。

省国税局开展对增值税转型问题的实地调研,运用税收调查数据,就转型对安徽税收收入以及企业税负产生的影响进行测算分析,提出"分步实施,配套改革"的转型思路。

2001 年,省国税局实施金税工程,明确基本任务,界定部门分工,严明岗位职责,决定从年初开始启动金税工程,7月1日起全面贯通运行。对总局提供的667套设备安装调试,统一软件版本,规范系统操作,举办各类培训班180余个,培训人员近5000人次,确保发票认证、企业报税以及数据采集等工作顺利进行。及时录入一般纳税人档案信息,全省27841户一般纳税人档案信息准确完整。全省共有6300多户一般纳税人安装启用防伪开票系统,占一般纳税人总户数的22.6%。

2001年,省国税局统一设备配置标准,严格数据采集管理,实行三级审核制,户籍管理员、报税岗位和主管国税机关负责人分头把关。7月—12月全省税控企业按期报税面均为100%,采集专用发票存根联97万份,认证专用发票抵扣联91.4万份,发票采集率始终接近100%,居全国36个省级(含副省级)考核单位的第七名。

全年新上税控企业700余户,税控系统覆盖面达到一般纳税人总户数的23%。

2001年,省国税局按照财政部、国家税务总局"废旧物资回收经营企业销售收购的废旧物资一律免征增值税"政策调整规定,下发《关于加强物资回收经营企业增值税管理的通知》,对物资回收企业的免税资格认定、发票领购使用、纳税申报、日常稽核等方面作出具体规定,重新设计废旧物资销售统一发票,严格管理,明确责任。

2001年,省国税局规范烟草行业税收管理。针对烟草公司流通体制发生改革,撤并县级烟草公司、上划营业销售网点,实行统一经营、统一核算,税收变化等情况,通过对马鞍山、当涂等地的实地调查,明确企业改制后纳税地点、税务登记、发票使用等规定,规范烟草行业税收管理。

2001年,省国税局抽调人员对省电力公司、皖能公司等5家企业2000年生产经营及增值税实现、入库情况进行年度纳税汇缴结算,明确隆源热电公司和淮南洛能发电公司的电力产品增值税征税办法,对其纳税地点、预征定额、税务管理等作出具体规定,解决企业如何缴纳增值税问题。

2001年,省国税局组织开展对防伪税控商贸企业及新办或新认定的商贸企业一般纳税人专项检查,共检查纳税人1732户,查出有问题户1099户,查补收入8597万元,其中税款6668万元,滞纳金951万元,罚款978万元。

2002年1月1日起,省国税局实施加油站一律按照增值税一般纳税人征税,规定对从事成品油销售的加油站,无论其年应税销售额是否超过180万元,一律按增值税一般纳税人征税。

2002年1月,省国税局实施《安徽省农产品收购专用发票及进项税额抵扣管理办法》,规定增值税一般纳税人购进农业生产者销售的免税农业产品,其进项税额按照买价乘以13%抵扣率计算。一般纳税人应将收购发票抵扣联连同收购码单、付款凭证和入库凭证,按月装订成册,作为其抵扣进项税额的备查资料。一般纳税人收购农产品按规定开具的收购发票或取得的销售发票,准予抵扣进项税额。对使用自制收购凭证,未按照发票管理办法规定开具、保管收购发票的,其收购的农产品不得抵扣进项税额。

2002年,省国税局制定加油站一般纳税人增值税管理办法,对加油站一般纳税人的认定范围、计税方法、纳税申报、发票开具以及与金税工程业务衔接等予以明确。当年,在全省组织开展加油站一般纳税人认定及管理情况调查,发现问题及时纠正。

省国税局对6家资源综合利用及新型建材生产企业进行检查,实地核查企业废渣利用、财务核算和国税机关减免税审核、日常管理情况,提出加强管理的办法和措施。全省共审批资源综合利用产品减免税额25067万元。

省国税局修订《农产品进项税额抵扣管理办法》,放宽开具限额,增设发票版式,强化分户管理和实地稽核,解决企业用票难题,加强对其进项税抵扣管理。

2003年1月1日,省国税局在国家规定的政策幅度内,制定个体工商户增值税起征点具体标准:销售货物的增值税起征点,省辖市为月销售额3000元,县及县以下为月销售额2500元;提供应税劳务的增值税起征点,省辖市为月销售额2000元,县及县以下为月销售额1500元;按次纳税的为每次(日)销售额200元。

2003年,省国税局在全省推行增值税纳税申报"一窗式"管理,116个区县级征收单位已全部实现增值税纳税申报票表比对,通过比对共发现异常企业529户,涉及税款5942.23万元。

2003年,全省必须安装使用防伪税控系统的27167户纳税人已全部纳入防伪税控系统管理。

2003年,省国税局下发全省石油公司增值税纳税办法,在税务登记、一般纳税人认定、增值税计算缴纳、发票使用、留抵税金处理、账簿凭证保管等方面作出规定,规范税收管理。

省国税局对全省6家预征结算电力企业2002年度增值税进行结算,查清部分企业税款倒挂、定额电费进项抵扣、电价补贴的发票开具问题。

省国税局处理谢桥煤矿增值税纳税地点问题。淮南市局与颍上县局就谢桥煤矿增值税纳税地点发生争议,省国税局在实地调查、听取意见的基础上,提出谢桥煤矿增值税征管意见下发两地执行。

2004年,试行远程认证、报税系统,组织28户企业进行省集中方式网上认证试运行,组织32户企业进行远程报税试点。

严格票表比对,全年共采集运输发票抵扣数据48.1万份,采集废旧物资发票抵扣数据5.8万份,海关完税凭证数据1.22万份。

2004年,积极开展增值税纳税评估,利用综合征管软件纳税申报数据,按月分析判断纳税人申报纳税的真实性和准确性,初步实现评估对象筛选的自动化,共发现有问题企业1893户,减少税收流失2012万元。

认真开展流转税税收分析工作,根据GDP增长、工业增加值、固定资产投资规模等宏观经济信息,结合本地区经济结构、行业分布和重点税源等状况,初步分析地区之间、行业之间、企业之间税负差异情况。

省国税局落实新办商贸企业增值税政策。严格认定条件,规范申请资料,落实认定责任;加强辅导期管理,严格执行按次限量供票和“先比对、后抵扣”政策,实行税收管理员负责制,按月评估,定期查验,防止骗购专用发票情况发生。

省国税局实施流转税纳税评估。以异常申报企业纳税评估为突破口,改进流转税管理方式,利用综合征管软件纳税申报数据,设定7项指标筛选评估对象,由所属区、县国税机关下载名单,组织人员认真评估。

省国税局制定废旧物资行业增值税管理办法,针对不法废旧物资经营者虚开发票日益多发问题,先后下发两个明传电报,从免税认定、发票供应、日常监控方面采取措施。

省国税局下放流转税管理审批权限。在简化审核程序、精简表证单书的基础上,除国家税务总局明确不能下放的外,全部下放到市、县局,减少审批环节,明确审批责任。

2005年,省国税局执行总局《关于加强农产品增值税抵扣管理有关问题的通知》规定:从事农产品收购业务的增值税一般纳税人,定期向主管国税机关提供农产品收购的有关经济技术指标,主管国税机关核实后,将其纳入征管资料档案,作为纳税评估的重要依据。主管国税机关定期核查其农产品收购专用发票的真实性和准确性,每年每户核查量不少于其农产品收购专用发票开具数量的5%。收购期间,主管国税机关派人进入现场察看,了解企业收购情况;对税负异常的纳税人,及时进行纳税评估。

2005年,省国税局研究改进中石油、中石化两大公司实行省级核算后的增值税纳税办法,细化黄山卷烟总厂、安徽辉隆集团改制后的税收征管制度,完善华泰制药、皖南烟业的增值税征管措施,积极配合科技主管部门认定42户高新技术企业和100余种高新技术产品。

2005年,省国税局利用综合征管软件纳税申报数据,按月分析和判断纳税人申报纳税的真实性、准确性,初步实现评估对象筛选自动化。

2005年,省国税局执行国家税务总局车辆税收“一条龙”管理,开展成品油零售单位“以进控销”管理,统一安装系统软件,组织开展操作培训,按月采集和上报成品油生产、经销企业档案信息及成品油购销存信息,适时开展评估分析。

2005年,省国税局以异常申报企业为突破口,利用综合征管软件纳税申报数据筛选评估对象,全年共发现有问题企业1893户,减少税收流失2012万元。

2005年,开通安徽省国税门户网站,为纳税人提供办理税务登记、受理涉税文书申报等7项涉税服务,全省有7.6万纳税人通过门户网站申报纳税,占应申报总户数的一半以上。

2005年,利用综合征管软件纳税申报数据,按月分析和判断纳税人申报纳税的真实性、准确性,督促各地对省国税局筛选出的异常申报企业开展纳税评估。同时,将外部搜集的企业经营数据与内部掌握的税收征管信息相核对,深入分析和核实差异原因,共发现有问题企业2524户,评估增补收入2682.7万元。

消费税

1993 年 12 月,国务院发布《中华人民共和国消费税暂行条例》,1994 年 1 月 1 日起施行。消费税属中央税,安徽国税负责全省消费税征收管理。消费税是 1994 年增加税种,可以调节消费结构,引导消费方向,抑制超前消费,促进国家财政收入的稳定和增长。

消费税是一种流转税,对在中国境内从事生产和进口税法规定的应税消费品的单位和个人征收,在对工厂商品普遍征收增值税的基础上,选择少数消费品再征收一道消费税。消费税的征收范围包括 11 种产品。消费税品目包括:烟、酒和酒精、化妆品、护肤护发品、贵重首饰及珠宝玉石、鞭炮焰火、汽油、柴油、汽车轮胎、摩托车、小汽车(包括小轿车、越野车、小客车)等 11 种。消费税为价内税,在应税消费品的生产、委托加工和进口环节征收。从 1995 年 1 月 1 日起,金银首饰消费税改为在零售环节征收,税率调整为 5%。消费税以销售额为计税依据,实行从价定率和从量定额两种方法计税。卷烟、啤酒、黄酒、汽油、柴油实行两种方法累加计征,其余税目实行从价定率方法计征。税率从 3% 至 45%。一般出口应税消费品可免征消费税。

2005 年 10 月 1 日起,安徽国税执行《汽油、柴油消费税管理办法(试行)》。在中华人民共和国境内生产、委托加工、进口汽油、柴油的单位和个人,均为汽油、柴油消费税纳税人。无铅汽油适用税率每升 0.2 元,含铅汽油(铅含量每升超过 0.013 克)适用税率每升 0.28 元;柴油适用税率每升 0.1 元。汽油是指由天然或人造原油经蒸馏所得的直馏汽油组分,二次加工汽油组分及其他高辛烷值组分按比例调合而成的或用其他原料、工艺生产的辛烷值不小于 66 的各种汽油和以汽油组分为主,辛烷值大于 50 的经调合可用作汽油发动机燃料的非标油。柴油是指由天然或人造原油经常减压蒸馏在一定温度下切割的馏分,或用于二次加工柴油组分调合而成的倾点在-50 号至 30 号的各种柴油和以柴油组分为主、经调和精制可用作柴油发动机的非标油。

消费税税目税率(税额)表

表 1-4

税　目			征收范围	计税单位	税率(税额)
一、烟	卷烟	每标准箱(50000 支)	包括各种进口卷烟	箱	150 元
		每标准条(200 支)调拨价格≥50 元(不含增值税)			45%
		每标准条(200 支)调拨价格<50 元(不含增值税)			30%
	雪茄烟				25%
	烟　丝				30%

续表 1-4

<table>
<tr><th colspan="3">税　目</th><th>征收范围</th><th>计税单位</th><th>税率（税额）</th></tr>
<tr><td rowspan="9">二、酒及酒精</td><td colspan="2" rowspan="2">粮食白酒</td><td rowspan="2">含果木或谷物为原料蒸馏酒</td><td rowspan="2">500 克</td><td>0.5 元</td></tr>
<tr><td>25%</td></tr>
<tr><td colspan="2" rowspan="2">薯类白酒</td><td rowspan="2"></td><td rowspan="2">500 克</td><td>0.5 元</td></tr>
<tr><td>15%</td></tr>
<tr><td colspan="2">黄　酒</td><td></td><td>吨</td><td>240 元</td></tr>
<tr><td rowspan="2">啤酒</td><td>每吨啤酒出厂价格（含包装物及包装物押金）≥3000 元（不含增值税）</td><td>包括娱乐业、饮食业自制啤酒</td><td>吨</td><td>250 元</td></tr>
<tr><td>每吨啤酒出厂价格（含包装物及包装物押金）<3000 元（不含增值税）</td><td></td><td>吨</td><td>220 元</td></tr>
<tr><td colspan="2">其他酒</td><td></td><td></td><td>10%</td></tr>
<tr><td colspan="2">酒精</td><td></td><td></td><td>5%</td></tr>
<tr><td>三、化妆品</td><td colspan="2"></td><td>包括成套化妆品</td><td></td><td>30%</td></tr>
<tr><td>四、护肤护发品</td><td colspan="2"></td><td>不包括香皂</td><td></td><td>8%</td></tr>
<tr><td rowspan="2">五、贵重首饰及珠宝玉石</td><td colspan="2">金银首饰、铂金首饰及钻石饰品</td><td>包括①金、银和金基、银基合金首饰，以及金、银和金基、银基合金的镶嵌首饰；②铂金首饰；③未镶嵌的成品钻石和钻石饰品</td><td></td><td>5%</td></tr>
<tr><td colspan="2">其他贵重首饰及珠宝玉石</td><td></td><td></td><td>10%</td></tr>
<tr><td>六、鞭炮、焰火</td><td colspan="2"></td><td></td><td></td><td>15%</td></tr>
<tr><td rowspan="2">七、汽油</td><td colspan="2">无铅汽油</td><td></td><td>升</td><td>0.20 元</td></tr>
<tr><td colspan="2">含铅汽油</td><td></td><td>升</td><td>0.28 元</td></tr>
<tr><td>八、柴油</td><td colspan="2"></td><td></td><td>升</td><td>0.10 元</td></tr>
<tr><td>九、汽车轮胎</td><td colspan="2"></td><td></td><td></td><td>10%</td></tr>
<tr><td>十、摩托车</td><td colspan="2"></td><td></td><td></td><td>10%</td></tr>
</table>

续表 1-4

税目			征收范围	计税单位	税率（税额）
十一、小汽车	1. 小轿车	①气缸容量（排气量，下同）在 2200 毫升以上的（含 2200 毫升）			8%
		②气缸容量在 1000 毫升—2200 毫升的（含 1000 毫升）			5%
		③气缸容量在 1000 毫升以下的			3%
	2. 越野车（四轮驱动）	①气缸容量在 2400 毫升以上的（含 2400 毫升）			5%
		②气缸容量在 2400 毫升以下的			3%
	3. 小客车（面包车）	①气缸容量在 2000 毫升以上的（含 2000 毫升）	22 座以下		5%
		②气缸容量在 2000 毫升以下的		3%	

安徽省消费税品目有 10 个：烟、酒及酒精、成品油、汽车和摩托车、轮胎、化妆品、非金银贵重首饰及珠宝玉石、金银首饰、鞭炮焰火、实木地板等，其中烟、酒、汽车和摩托车、成品油行业是安徽省消费税的重点税源行业。

1995 年，省国税局执行金银首饰消费税征税新规定，认定金银首饰消费税纳税人 337 户，通过加强对纳税人的征前辅导，征后稽查，抓好消费税入库。

1996 年，省国税局在全省组织开展对金银首饰经营单位消费税政策执行情况检查，共检查 300 多家企业，查补消费税 44.7 万元。

1997 年，省国税局组织开展对全省 8 家烟厂生产的甲类卷烟价格信息调查，报经国家税务总局批准，对 8 个牌号、10 个规格甲类卷烟核定计税价格，增加消费税收入 5000 万元。

省国税局对省内 8 家大型酿酒企业生产经营情况展开调查，查出 8 家酒厂通过销售公司转移销售收入合计 11.2 亿元，少缴消费税 2.6 亿元。对 64 个品种的薯类白酒分别核定计税价格，当年增收消费税收入 3000 多万元。

1998 年，省国税局对国家调整卷烟税率影响安徽消费税收入情况开展调查，根据调整政策，补充明确全省卷烟计税价格信息，强化卷烟消费税管理，并向省政府作专题汇报。

省国税局开展烟、酒行业消费税政策执行及税款入库情况检查,查处企业低价销售、隐匿收入、返还利润等少计消费税问题,查补税款1.21亿元。

1999年,省国税局采集核实全省15家卷烟厂17个品牌甲、乙类卷烟出厂价格、烟草公司调拨价格和产地零售价格,上报总局核定。

省国税局核定薯类白酒消费税计税价格。对9家酒厂经营纳税情况进行调查、测算,调整、核实其中5家酒厂薯类白酒计征消费税价格。

省国税局开展消费税扩大征税范围前期调研。分类汇总家具等11个行业、60户企业152项经济指标,为总局研究制定扩大消费税征税范围提供基础性资料。

2000年,省国税局制定卷烟消费税计税价格核定办法,明确卷烟核价范围,确定型号计量标准,规定价格信息采集内容、地点、方式、时间,严格核价审批权限,堵塞企业利用转移定价方式偷逃消费税漏洞。

省国税局对全省8家烟厂147个品牌甲、乙、丙类卷烟的规格、产销量、出厂价格、调拨价格、产地零售价格进行调查,测算部分企业卷烟厂零差价率,准确核定全省77个品牌的丙类卷烟计税价格,为总局核定甲、乙类卷烟计税价格提供依据。

2001年5月1日,省国税局落实国家对烟酒消费税实行从量与从价复合计税办法,增加补充措施。明确啤酒出厂价格计算、酒类生产企业小规模纳税人建账建制管理、烟酒生产企业账务调整、卷烟计税价格审定等,增强政策可操作性。宣传烟酒消费税调整政策,帮助烟酒纳税人和税务人员把握政策。分析政策调整对全省消费税收入影响。全省55家白酒生产企业和5家卷烟生产企业因政策调整2001年增收消费税7.3亿元。

省国税局采集核实全省7家烟厂171个牌号甲、乙、丙类卷烟的规格、产销量、出厂价格、调拨价格以及产地零售价格。

省国税局到合肥、芜湖、阜阳等地3家烟厂和4家酒厂,调查140个品牌丙类卷烟和120多个品种薯类白酒价格信息,测算烟酒产品厂零差价率,核定、调整丙类卷烟和薯类白酒消费税计税价格。

2002年,省国税局跟踪白酒消费税政策调整落实情况,到阜阳、淮北、亳州、蚌埠、六安等五市六县,对12家不同规模白酒生产企业的产销量、经营管理、财务核算、税款缴纳情况进行调查,基本掌握政策调整前后安徽省白酒生产企业生产经营以及税收变化情况。针对企业规避欠税普遍、实际税负偏低与税收监管不力问题,提出具体意见和措施。

省国税局落实燃油税开征工作。开展内外培训,确保基层税务人员和纳税人熟悉燃油税计征办法、业务流程,掌握纳税申报程序和方法。分户建立燃油税纳税人台账,督促其办理税种登记,建立健全财务核算制度和资料,准确核算税款和申报纳税。调配燃油税凭证的种类和数量,以便所有燃油税纳税人能及时领购、使用凭证。

2003年，省国税局下发《卷烟消费税计税价格信息采集和核定管理办法》和《加强酒类消费税管理问题的意见》，明确卷烟价格信息的采集范围、内容和方法，白酒企业关联交易计税，新牌号、新规格白酒计税价格核定，堵塞税收漏洞，促进烟酒企业公平竞争。

2005年，省国税局先后3次汇审129个品种卷烟的903条信息，调查上报40个卷烟零售单位名录和43个试销卷烟的市场信息，为总局准确核定卷烟计税价格、夯实消费税税基提供有效信息。

省国税局贯彻汽、柴油消费税"一体化"管理。主管国税机关对汽、柴油生产企业实行驻厂管理。税收管理员随时了解企业生产经营、财务核算情况；按月清分企业汽、柴油以外油品疑点发票，接收、分析反馈信息；按季对企业汽、柴油消费税申报纳税情况进行评估。

营业税

营业税是世界各国普遍采用的一种税。新中国成立初期，营业税属于工商税的一部分。1958年修正税制，将营业税并入工商统一税中。1973年将工商税与其他税种合并为工商税。1984年"利改税"，营业税又从原工商税中分离出来，成为一个独立税种。1994年税制改革，对营业税做出较大修改。

营业税是指在中国境内提供应税劳务、转让无形资产或者销售不动产的单位和个人，就其取得的营业额征收的一种税。其征税范围包括：交通运输业、建筑业、金融保险业、邮电通信业、文化体育业、娱乐业、服务业、转让无形资产、销售不动产。营业税共有九个税目，三档税率。其中，适用3%税率的税目有：交通运输业、建筑业、邮电通信业和文化体育业；适用5%的税率的税目有：金融保险业、服务业、转让无形资产及销售不动产；适用5%～10%幅度的税率税目有娱乐业。

1998年1月1日起，安徽国税负责全省范围内金融保险业的高于5%税率部分营业税的征收管理。1994年—1997年，营业税全部由地税部门征收。1997年，国务院下发《关于调整金融保险业税收政策有关问题的通知》，规定金融保险业营业税税率由5%提高到8%，提高3%征收部分，归中央财政收入。提高金融保险业营业税税率后，由地方税务局所属征收机构负责征收的金融、保险企业营业税，改由国家税务局和地方税务局所属征收机构共同征收。其中按5%税率计征的部分，由地方税务局所属征收机构负责征收；按提高3%税率计征的部分，由国家税务局所属征收机构负责征收。各银行总行、保险总公司交纳的营业税，继续由国家税务局所属征收机构负责征收。

营业税税目税率表

表1-5

税 目	征收范围	税 率
一、交通运输	铁路运输、陆路运输、海上运输、内河运输、航空运输、管道运输、公共交通、装卸搬运	3%
二、建筑业	建筑、安装、修缮、装饰、其他工程作业	3%
三、金融保险业	金融、保险、典当	5%
四、邮电通信业	邮政、集邮、邮汇、报刊发行、邮务物品、电报、电传、电话、电话安装	3%
五、文化体育业	文化活动、艺术表演、体育比赛、播映、公园	3%
六、娱乐业	歌厅、舞厅、卡拉OK歌舞厅、音乐茶座、台球、高尔夫球、保龄球、游艺	5%~20%
七、服务业	代理业、旅店业、饮食业、旅游业、仓储业、租赁业、广告业、其他服务业	5%
八、转让无形资产	转让土地使用权、商标权、著作权、技术权	5%
九、销售不动产	销售建筑物及其他土地附着物	5%

说明:金融保险业税率1997年改为8%

农村信用社的营业税,1997年减按5%的税率征收,1998年减按6%的税率征收,1999年减按7%的税率征收,2000年恢复按8%的税率征收。农村信用社在税率调整后,按5%的税率征收的部分继续向主管地方税务局缴纳,新增的部分向主管国家税务局缴纳。

自2001年起,金融保险业营业税税率每年下调一个百分点,分3年将金融保险业的营业税税率从8%降低到5%。因营业税税率降低而减少的营业税收入,全部为国家税务局负责征收的中央财政收入。2003年,营业税税率降到5%后,国税不再负责征收。

1997年,省国税局组织人员编写《金融保险业营业税手册》,为基层国税部门学习和培训提供资料。当年全省2733户金融保险企业均按时办理纳税登记,按期申报率达100%;全年共入库营业税2.3亿元,入库进度始终处于全国前列。

1998年,省国税局组织开展铁路行业和金融保险营业税专项检查,核实蚌埠铁路分局1997年—1998年度实际运营收入和申报缴纳营业税情况。

第三节 所得税类

所得税是就企业单位生产经营所得和其他所得,以及个人所得征收的税种。包括企业所得税、外商投资企业和外国企业所得税、个人所得税。税法规定应当征税的所得额:一是指合法来源的所得;二是指纳税人的货币所得,或能以货币衡量或计算其价值的经济上的所得;三是指纳税人的纯所得,即纳税人在一定时期的总收入扣除成本、费用以及纳税人个人的生活费用和赡养近亲的费用后的净所得。四是指增强纳税能力的实际所得。

所得税按照纳税人负担能力的大小和有无来确定税收负担,实行"所得多的多征,所得少的少征,无所得的不征"的原则。有调节国民收入分配,缩小纳税人之间的收入差距的作用。所得税为经济发达国家的主要收入来源,在中国,随着经济发展、人民所得增加,所得税增长较快。

1980 年至 1993 年年底,中国对企业征收的所得税,分为内外两套税制,并按经济性质设置有外商投资企业和外国企业所得税、国营企业所得税和调节税、集体企业所得税、私营企业所得税。

企业所得税

1994 年 1 月 1 日开始,安徽国税实施《中华人民共和国企业所得税暂行条例》。企业所得税是原国营企业所得税、集体企业所得税、私营企业所得税合并统一而来的,是对中国境内企业(除外商投资企业和外国企业外)的生产经营所得和其他所得依法征收的税种。企业所得税税率为 33%。纳税人年应纳税所得额在 3 万元以下(含 3 万元)的,暂减按 18% 税率征收;年应纳税所得额在 3 万元到 10 万元(含 10 万元)之间的,暂减按 27% 税率征收。企业上一年度发生亏损,可用当年应税所得予以弥补,按弥补亏损后的应纳税所得额确定适用税率。

企业所得税的纳税义务人(以下简称纳税人)是指在中华人民共和国境内,实行独立经济核算的企业或组织(外商投资企业和外国企业除外)。独立经济核算的企业或组织,是指纳税人同时具备在银行开设结算账户、独立建立账簿、编制财务会计报表、独立计算盈亏等条件的企业或者组织。

企业所得税的征税对象是企业的生产、经营所得和其他所得,包括来源于中国境内和境外的所得。生产、经营所得,是指从事物质生产、交通运输、商品流通、劳务服务,以及经国务院财政部门确认的其他营利事业取得的所得。其他所得,是指股息、利息、租金、转让各类资产、特许权使用费以及营业外收益等所得。

国税系统所得税征收管理范围为:中央国有企业、事业单位、社会团体的所得税;中央和地方所办的金融企业(含城乡信用社)的所得税;军办(含武警办)企业、事业单位的所得税;中央与地方所属企事业单位组成的联营企业、股份制企业的所得税;中央与地方所属企事业单位(包括地方金融企业,不包括城乡信用社)组成的联营企业、股份制企业再投资组成的联营企业、股份制企业的所得税;地方金融企业所办的国有企业的所得税;债转股企业的所得税(截至 2000 年年底前征管范围)。

企业所得税按年计算,分月或者分季预缴。月份或者季度终了后十五日内预缴,年度终了后四个月内汇算清缴,多退少补。企业所得税分月或者分季预缴,由主管税务机关根据纳税人应纳税额的大小,具体核定。纳税人在年终汇算清缴时,少缴的所得税税额,应在下一年度内缴纳;多预缴的所得税税额,在下一年度内抵缴。纳税人应当在月度或者季度终了后十五日内,向其所在地主管税务机关报送会计报表和预缴所得税申报表;年度终了后四十五日内,向其所在地主管税务机关报送会计决算报表和年度所得税申报表。

除国家另有规定外,企业所得税由纳税人向其所在地,即纳税人的实际经营管理所在地主管税务机关缴纳。经国务院或国家税务总局批准,铁路运营、民航运输、邮电通信、金融保险、石油石化等企业,实行就地监管,合并纳税。

联通新时空移动通信有限公司安徽分公司、联通新国信通信有限公司安徽分公司及其所属分公司2004年度由中国联合通信有限公司在北京市合并缴纳企业所得税,暂不实行就地预缴企业所得税办法。

对下列纳税人,可以减税或免税:

区域和其他减免方面:1.民族自治减免。民族自治地方的企业,需要照顾和鼓励的,经省级人民政府批准,可以实行定期减税或者免税。2.其他减免。法律、行政法规和国务院有关规定给予减税或者免税的企业,依照规定执行。

农、林、牧、渔业方面:1.农业初加工收入免税。国有农业企业、事业单位从事种植业、养殖业和农林产品、渔业类初级加工取得的所得,暂免征所得税。2.农业产业化重点企业免税。从2001年1月1日起,对国家确定的农业产业化重点龙头企业,从事种植业、养殖业和农林产品初加工,并与其他业务分别核算的,经主管税务机关审核批准,可暂免征企业所得税。3.国有农场林场所得免税。对边境贫困列名的166个国有农场和442个国有林场的生产经营所得和其他所得,暂免征所得税。4.林业所得收入免税。从2001年1月1日起,各类企事业单位种植林木、林木种子和苗木作物以及从事林木产品初加工取得的所得,暂免征企业所得税。5.内资渔业所得免税。内资渔业企业从事外海、远洋捕捞业务取得的所得,暂免征所得税。

第三产业方面:1.农业技术服务、劳务免税。对农村的为农业生产的产前、产中、产后服务的行业,即乡、村的农技推广站、植保站、水管站、林业站、畜牧兽医站、水产站、种子站、农机站、气象站,以及农民专业技术协会,专业合作社,对其提供的技术服务或劳务所取得的收入,以及城镇其他各类事业单位开展上述技术服务或劳务所取得的收入暂免征收所得税。2.技术性服务收入免税。对科研单位和大专院校服务于各业的技术成果转让、技术培训、技术咨询、技术服务、技术承包所取得的技术性服务收入暂免征收所得税。3.新办劳服企业减免。新办的劳动就业服务企业,当年安置待业人员超过企业从业人员总数60%的,免征所得税3年;免税期满后,当年新安置待业人员占企业原从业人员总数30%以上的,可减半征收所得税2年。4.新办三产企业减免。对新办的三产企业经营多业的,按其经营主业(以其实际营业额计算)来确定减免税政策。5.新办的独立核算的从事咨询业(包括科技、法律、会计、审计、税务等)、信息业、技术服务业的企业或经营单位，自开业之日起，第一年至第二年免征企业所得税。6. 新办的独立核算的从事交通运输业、邮电通信业的企业或经营单位，自开业之日起，第一年免征企业所得税，第二年减半征收企业所得税。7. 新办的独立核算的从事公用事业、商业、物资业、对外贸易业、旅游业、仓储业、居民服务业、饮食业、教育文化事业、卫生事业的企业或经营单位，自开业之日起，报经主管税务机关批准，可减征或免征企业所得税 1 年。

环保产业方面：企业利用废水、废气、废渣等废弃物为主要原料进行生产的，可在 5 年内减征或者免征所得税。是指：（1）企业在原设计规定的产品以外，综合利用本企业生产过程中产生的、在《资源综合利用目录》内的资源作主要原料生产的产品的所得，自生产经营之日起，免征所得税 5 年。（2）企业利用本企业外的大宗煤矸石、炉渣、粉煤灰作主要原料，生产建材产品的所得，自生产经营之日起，免征所得税 5 年。（3）为处理利用其他企业废弃的、在《资源综合利用目录》内的资源而新办的企业，经主管税务机关批准后，可减征或者免征所得税 1 年。

技术创新、软件开发、集成电路方面：1. 在国务院批准的高新技术产业开发区内的高新技术企业，减按 15% 的税率征收企业所得税；新办的高新技术企业，自投产年度起免征企业所得税 2 年。2. 企业事业单位进行技术转让，以及在技术转让过程中发生的与技术转让有关的技术咨询、技术服务、技术培训的所得，年净收入在 30 万元以下的，暂免征收所得税；超过 30 万元的部分，依法缴纳所得税。3. 对中国境内新办软件生产企业和集成电路设计企业经认定后，自开始获利年度起，第一年和第二年免征企业所得税，第三年至第五年减半征收企业所得税。对国家规划布局内的重点软件生产和集成电路设计企业，如当年未享受免税优惠的，减按 10% 的税率征收企业所得税。4. 集成电路生产企业投资额超过 80 亿元或集成电路线宽小于 0.25μm 的，从获利年度起，第一年和第二年免征企业所得税，第三年至第五年减半征收企业所得税。其中，设在不发达的边远地区的，减免税期满后，在以后 10 年中，可按其应纳税额减征 15% ~ 30% 的所得税。5. 对生产线宽小于 0.8 微米（含）集成电路产品的生产企业，经认定后，从 2002 年开始，自获利年度起实行企业所得税“两免三减半”的政策，即自获利年度起，第一年、第二年免征企业所得税，第三年至第五年减半征收企业所得税。6. 从 2003 年 1 月 1 日起，对经认定属于 2000 年 7 月 1 日以后新办的软件生产企业，同时又是国务院批准的高新技术产业开发区内的新办高新技术企业，可以享受新办软件生产企业的减免税优惠。在减税期间的，按 15% 税率减半征收企业所得税；减免税期满后，按 15% 税率计算企业所得税。

学校、校办企业、机关及科研机构方面：1. 高等学校和中小学校办工厂、农场从事生产经营的所得和举办各类进修班、培训班的所得，暂免征所得税。2. 设计研究收入免税。对科研、生产、教学一体化的学校和设计研究院开展设计研究所取得的所得，暂免征所得税。3. 出租高校学生公寓租金免税。2002 年 10 月 1 日起至 2005 年 12 月 31 日期间，对按高教系统收费标准向高校学生出租学生公寓所取得的租金收入，免征企业所得税。4. 高校后勤实体所得免税。从2000年1月1日起,对高校后勤实体的经营所得,暂免征所得税。5. 机关后勤服务收入免税。从2001年1月1日起,对中央各部门和省级政府、党委、人大、政协、工会、共青团、妇联、台联等所属机关服务中心后勤体制改革后,其为机关内部提供的后勤保障服务所取得的收入,在2005年年底以前,免征所得税。6. 机关服务中心为分流人员新办企业,安置分流人员超过企业从业人员总数的60%的,经主管税务机关批准,免征企业所得税3年。以安置机关分流人员为主新办的企业免税期满后,当年新安置分流人员占企业原从业人员总数的30%以上的,经主管税务机关批准,减半征收企业所得税2年。7. 科研机构技术收入免税。非营利性科研机构从事技术开发、技术转让业务和与之相关的技术咨询、技术服务所取得的收入,免征企业所得税。8. 中央直属科研机构及省、地(市)所属科研机构转制后,自1999年10月1日起至2003年年底止,经当地主管税务机关批准,免征所得税。9. 从2001年1月1日至2005年年底前,对134家转制科研机构,免征企业所得税。10. 科研机构联合其他企业组建有限公司或股份公司,科研机构在转制企业中的股权比例达到50%的,按政策规定期限免征企业所得税。科研机构与工程勘察设计单位联合其他企业组建有限公司或股份公司,在转制企业中科研机构股权比例达到50%的,免征所得税;科研机构和工程勘察设计单位在转制企业中,两者股权均达不到50%,但两者股权合计达到50%的,减半征收企业所得税。科研机构在转制中无形资产的价值所占股权比例低于20%的,据实计算控股比例,其超过20%的部分,不作为计算减免税的股权。11. 对经国务院批准的原国家经贸委所属242个科研机构和建设部等11个部门所属的134个科研机构,以及国务院部门所属社会公益类科研机构中,转为企业的科研机构和进入企业的科研机构,从转制注册之日起,5年内免征企业所得税。

部分行业、企业方面:1. 乡镇企业减税。乡镇企业可按应缴税款减征10%,用于补助社会性开支的费用。不再执行税前提取10%的办法。2. 金币总公司免税。中国金币总公司2000年12月31日以前免征企业所得税。4. 对直接供应给大、中、小学生的快餐、方便食品的企业或车间,其产品不进入市场,执行内部供应价格的,在1998年12月31日以前免征企业所得税。5. 监狱劳教企业免税。对全部产权属于监狱、劳教系统的企业,在2000年12月31日以前免征企业所得税。6. 勘察设计单位改制减税。从2000年1月1日起至2004年年底,勘察设计单位改制为企业的,5年内减半征收所得税;勘察设计单位改制为股份制企业的,按照原勘察设计单位在股份制企业中所占的股权比例,享受减半征收企业所得税的优惠。7. 工程勘察设计单位联合其他企业组建有限公司或股份公司,在转制企业中的股权比例达到50%,或者工程勘察设计单位与科研机构联合其他企业组建公司,在转制企业中,两者股权均达不到50%,但两者股权合计达到50%的,按工程勘察设计单位转制政策,减半征收所得税。8. 上市公司减税。国务院1993年批准到香港发行股票的9家股份制企业暂减按15%的税率征收企业所得税。9家企业是:上海石油化工股份有限公司,青岛啤酒股份有限公司,昆明机床股份有限公司,北人印刷机械股份有限公司,马鞍山钢铁股份有限公司,广州广船国际股份有限公司,仪征化纤股份有限公司,东方电机股份有限公司,天津渤海化工(集团)股份有限公司。

福企福彩方面:1. 福利企业减免。对民政部门举办的福利工厂和街道办的非中途转办的社会福利生产单位,凡安置"四残"人员(盲、聋、哑和肢体残疾人员)占生产人员总数的35%以上,暂免征收所得税。凡安置"四残"人员占生产人员总数的比例超过10%未达到35%的,减半征收所得税。2. 福利彩票收入免税。从2002年1月1日起,对各级福利彩票机构的福利彩票收入,包括返还奖金、发行经费、公益金,暂免征企业所得税。

广播传媒方面:1. 广播事业单位的下列收入,不征收企业所得税:财政拨款;事业单位从主管部门和上级单位取得的用于事业发展的专项补助收入;社会各界的捐赠收入;国务院明确批准的其他项目。2. 在2002年年底前,广播电视事业单位的收入和有线电视费收入,暂不征收企业所得税。

证券基金方面:1. 基金收费免税。对企业收取和缴纳的各种价内基金和各项收费,属于国务院或财政部和省级政府批准收取,并按规定纳入财政预算内或预算外资金财政专户的,免征所得税。2. 证券投资基金收入免税。对证券投资基金从证券市场中取得的收入,包括买卖股票、债券的差价收入,股票的股息、红利收入,债券的利息收入及其他收入,暂不征收企业所得税。3. 证券投资基金投资者收入免税。对企业投资者从证券投资基金投资基金分配中获得的国债利息收入、买卖股票价差收入和债券差价收入,暂不征收企业所得税。4. 开放式证券投资基金收入免税。对基金管理人运用基金买卖股票、债券的差价收入,在2003年年底前暂免征企业所得税;对投资者(包括个人和机构投资者)从开放式证券投资基金分配中取得的收入,暂不征收个人所得税和企业所得税。5. 社保基金所得免税。对社会保障基金理事会、社保基金投资管理人管理的社保基金银行存款利息收入,社保基金从证券市场中取得的收入,包括买卖证券投资基金、股票、证券的差价收入,证券投资基金的红利收入,股票的股息红利收入,债券的利息收入及其他收入,暂免征企业所得税。

储备方面:1. 中储粮财政补贴收入免税。在2003年年底前,对中储粮总公司及其直属粮库的财政补贴收入,免征企业所得税。2. 储备业务所得免税。在2003年年底前,对华商储备商品管理中心、中国糖业酒类集团公司直属的国家储备糖库、中国食品集团公司直属的国家储备肉库取得的财政补贴收入,免征企业所得税。3. 储备棉财政补贴免税。在2005年年底前,对中国储备棉管理总公司及直属棉库取得的财政补贴收入,免征企业所得税。

奖金方面:1. 对在教育部和香港周凯旋基金会主办的"明天小小科学家"活动中,奖励给各类中学、中专、技工学校的优秀科技创新和科学研究项目的奖金,暂免征企业所得税。2. 对"明天小小科学家"活动中,获奖学生所在学校或青少年科技馆获得的奖金,可视同捐赠,免征企业所得税。

利息收入方面:1.对企业购买财政部发行的公债之利息所得,免征所得税。2.金融保险企业购买(包括在二级市场购买)的国债到期(或分期)兑付所取得的国债利息收入,免征企业所得税,但相关费用不得在税前扣除。金融保险企业在二级市场购买的国债未到兑付期而销售所取得的收入,应征收企业所得税。3.对试行国债净价交易的银行,自试行净价交易之日起,在付息日或买入国债后持有到期时取得的利息收入,免征企业所得税。在付息日或持有国债到期之前交易取得的利息收入,按其成交后交割单列明的应计利息额,免征企业所得税。4.从2000年9月1日起,对住房公积金管理中心用住房公积金购买国债、在指定的委托银行发放个人住房贷款取得的利息收入,免征企业所得税。

信用社方面:1.从2001年1月1日起,农村信用社年应纳税所得额3万元(含3万元)以下的,减按18%征收所得税;年应纳税所得额3万元以上、10万元(含10万元)以下的,减按27%征收所得税。2.从2001年1月1日起,国家确定的贫困县的农村信用社,暂免征所得税。

非经营单位方面:事业单位、社会团体、民办非企业单位的下列收入项目,免征所得税:财政拨款;纳入财政管理的政府性基金、资金、附加收入等;纳入财政管理的行政事业性收费;经批准不上缴财政专户的预算外资金;从主管部门和上级单位取得的专项补助收入;从所属独立核算单位税后利润中取得的收入;社会团体取得的各级政府资助;社会团体按规定收取的会费;社会各界的捐赠收入;经国务院批准的其他项目。

"老、少、边、穷"与灾害方面:1.国家确定的"老、少、边、穷"地区新办的企业,可在3年内减征或免征所得税。2.企业遇有风、火、水、震严重自然灾害,经主管税务机关批准,可减征或者免征所得税1年。3.纳税人的境外企业或从事境外经营投资活动,遇有严重自然灾害或所在国(地区)发生战争、动乱,损失较大的,可凭中国驻当地使、领馆等驻外机构的证明,对其境外所得给予1年的减税或免税照顾。

青少年活动场所与老年服务机构方面:1.从2000年1月1日起,对公益性青少年活动场所暂免征企业所得税。2.从2000年10月1日起,对政府部门和企事业单位、社会团体以及个人等社会力量投资兴办的福利性、非营利性的老年服务机构,包括老年社会福利院、敬老院、养老院、老年服务中心、老年公寓、老年护理院、康复中心、托老所等取得的所得,暂免征企业所得税。

安置人员方面:1.新办安置随军家属企业免税。从2000年1月1日起,为安置随军家属而新开办的企业,随军家属占企业总人数60%以上的,自税务登记之日起,3年内免征企业所得税。2.安置军转干部企业免税。对为安置军队转业干部就业而新开办的企业,凡安置自主择业的军队转业干部占企业总人数60%及其以上的,经主管税务机关批准,自领取税务登记证之日起,3年内免征企业所得税。3.兴办经济实体安置富余人员免税。从2003年1月1日起至2005年年底止,对国有大中型企业通过主辅分离和辅业改制,分流富余人员兴办的经济实体(金融保险业、邮电通信业、建筑业、娱乐业以及销售不动产、转让土地使用权、服务型企业中的广告业、桑拿、按摩、网吧、氧吧,商贸企业中从事批发、批零兼营以及其他非零售业务的企业除外),凡符合以下条件的,3年内免征企业所得税:利用原企业的非主业资产、闲置资产或关闭破产企业的有效资产;独立核算、产权清晰,并逐步实行产权主体多元化;吸收原企业富余人员达到本企业职工总数的30%以上(含30%);与安置的职工变更或签订新的劳动合同。4. 凡在2005年年底前,符合中发〔2002〕12号文件政策条件规定的,从事个体经营的下岗失业人员,吸纳下岗失业人员的企业和国有大中型企业主辅分离,辅业改制所兴办的经济实体,可按有关规定享受最长为3年的税收优惠和社会保险补贴。5. 从2003年1月1日起至2005年12月31日止,对新办的服务型企业(除广告业、桑拿、按摩、网吧、氧吧外)当年新招用下岗失业人员达到职工总数的30%以上(含30%),并与其签订1年以上期限劳动合同的,经劳动保障部门认定,税务机关审核,3年内免征企业所得税。企业当年新招用下岗失业人员不足职工总数的30%,3年内可按计算的减征比例减征企业所得税。减征比例=(企业当年新招用的下岗失业人员÷企业职工总额×100%)×2。6. 从2003年1月1日起至2005年12月底止,对新办的商贸企业(从事批发、批零兼营以及其他非零售业务的商贸企业除外),当年新招用下岗位失业人员达到职工总数的30%以上(含30%),并与其签订1年以上劳动合同的,经劳动保障部门认定,税务机关审核,3年内免征企业所得税。企业当年新招用下岗失业人员不足职工总数30%的,3年内可按计算的减征比例减征企业所得税。减征比例=(企业当年新招用的下岗失业人员÷职工总数×100%)×2。7. 从2003年1月1日起至2005年年底止,对服务型企业(除广告业、桑拿、网吧、氧吧外)和商贸企业(从事批发、批零兼营及其他非零售业务的商贸企业除外)新增加的岗位,当年新招用下岗失业人员达到职工总数的30%以上(含30%),并与其签订1年以上期限劳动合同,3年内按年度应缴纳企业所得税减征30%。8. 从2003年1月1日起至2005年年底止,对于从事商品零售业务兼营批发业务的商业零售企业,采用定额税收优惠办法,即凡安置下岗失业人员签订1年以上期限劳动合同的,经劳动保障部门认定、税务机关审核,可享受定额税收扣减优惠。具体扣减数额=企业安置下岗失业人员数量×2000元/年。当年扣减不足的,可结转下一年继续扣减至2005年年底止。

其他方面:1. 住房信贷业务减税。国家专业银行对代理地方政府进行的政策性住房信贷业务取得的所得,减按33%的税率征收所得税。2. 人防工程收入免税。人民防空办公室按规定利用人防工程所收取的人防工程使用费收入,凡纳入财政管理的,免征企业所得税。

1994年度企业所得税汇算清缴,对3133户企业进行汇缴,汇缴面达到100%,入库税款1.87亿元。

1995年度中央企业所得税汇缴,选择合肥、蚌埠、安庆、铜陵、巢湖等5个地(市)

100户企业进行汇缴改革试点。

1996年度企业所得税汇算清缴,对3145户企业全面清缴,其中:2074户企业盈利,1071户企业亏损;利润总额比上年下降52.55%,亏损总额比上年增加42.15%。通过汇算清缴,全省净审增所得税1512.8万元。

1997年度企业所得税汇算清缴,对全省3023户中央企业进行汇算清缴,汇算面达100%,2172户盈利企业当年实现应纳税所得额17.5亿元,实现企业所得税款5.7亿元,当年实际入库3.4亿元。汇算清缴共查增应纳税所得额1.2亿元,比上年净增长1.1倍;查补所得税3470万元,比上年净增长2.3倍。

1998年度企业所得税汇算清缴,共汇缴3185户企业,比上年增加162户,汇缴面达到100%;汇算调增应纳税所得额1.84亿元,应补征所得税5141.7万元,分别比上年增长49.6%和48.2%。

1999年度企业所得税汇算清缴,共汇缴3187户企业。其中:1617户盈利企业当年实现应纳税所得额20.06亿元,实现企业所得税6.70亿元,当年实际入库3.85亿元。汇算清缴共查增应纳税所得额1.79亿元,比上年净增长1.4倍;查补企业所得税税款5398万元,比上年净增长1.5倍。

2000年度企业所得税汇算清缴,对全省3002户中央企业进行汇算清缴,共查补企业所得税1.25亿元。其中:就地纳税户查补税款6538万元,比上年增长21.14%;对汇总纳税成员企业和免税企业查补税款6000万元,比上年增长1倍。

2001年度企业所得税汇算清缴,对全省3374户中央企业进行汇算清缴,共查补企业所得税1.58亿元,比上年增长26.4%。

2002年度企业所得税汇算清缴,全省就地纳税的企业达10552户,汇缴面达100%。其中3630户盈利,实现所得税10.66亿元。当年实际入库11.44亿元。共查补企业所得税税款3685万元。安徽国税实施汇总纳税成员企业就地监管,采取"统一计算,分级管理,就地预交,集中清算"的纳税管理办法。全年共出具纳税反馈单380余份,无一差错。

2003年度企业所得税汇算清缴,有21113户企业、事业单位、社会团体、民办非企业单位参加汇算清缴,比上年度增加10561户,增长100.09%,,汇缴面达100%。全省共查补企业所得税2005万元,调整税收净额5.78亿元。

2004年度企业所得税汇算清缴,全省就地纳税企业(含核定征收企业)32612户,比上年增加11499户,增长54.46%。汇算清缴面为100%。全省盈利企业为9307户,比上年增加3461户,盈利面为28.54%;利润总额为76.97亿元,比上年增加25.06亿元;实际缴纳企业所得税额为18.45亿元,比上年增加9.4亿元;年末未缴企业所得税2.42亿元,比上年减少2.85亿元。全省亏损企业23305户,比上年增加8308户,亏损面为71.46%;亏损企业实现销售收入836.78亿元,比上年增加477.05亿元;亏损总额51.91亿元,比上年增加24.12亿元。

2005 年度企业所得税汇算清缴,全省就地纳税企业(含核定征收企业)共计 44976 户,比上年增加 12178 户,增长 36.93%。汇算清缴面为 100%。全省盈利企业为 12657 户,比上年增加 3366 户,盈利面占查账征收企业的 28.50%;利润总额为 125.01 亿元,比上年增加 48.05 亿元;实际缴纳企业所得税额为 25.73 亿元,比上年增加 7.27 亿元;年末未缴企业所得税 5.69 亿元,比上年增加 3.26 亿元。全省亏损企业为 31747 户,比上年增加 8466 户,亏损面为 71.50%;亏损企业实现销售收入 1241.19 亿元,比上年增加 406.17 亿元;亏损总额为 86.61 元,比上年增加 34.74 亿元。核定征收企业 572 户,比上年增加 346 户,占总户数的 1.29%;核定征收企业所得税款 325 万元,比上年增加 171 万元,增长 5.55%。

1995 年,省国税局组织开展对全省中央企事业单位、军队及其在地方所办企业进行全面调查和摸底,确定 3316 户中央企事业单位为国税系统征管单位,并编印户管清册。利用近一个月的时间,对 6 家专业银行下属的信托投资公司脱钩问题,进行调查研究,为改进征管工作提供依据。

1995 年,省国税局与省人行、工行、农行、建行、中行、铁四局等部门协商,联合下发《城市信用社会计科目与报表及财务收支明细账户使用说明》《集体信用合作社贷款呆账处理暂行办法》《关于工商银行城市信用社管理费若干问题的规定》《对铁四局系统"百含"包括工资退休运筹金、待业保险金提取比例的复函》等文件,规范税前扣除范围、比例,强化税法对企业财务的调整权。(百含:指百元产值工资含量)

1995 年,省国税局举办 2 期中央企业所得税政策培训班,21 个部门 141 名厂长、经理及财务人员参加培训。

1996 年,省国税局选择 20 户企业作为企业所得税汇算清缴改革试点单位,并对 12 个地市试点改革情况进行全面检查。对城乡信用社有关政策执行情况和汇总纳税企业就地查补中央企业所得税有关问题进行调查研究。在此基础上,根据有关企业所得税法规和有关企业财务制度,制定《安徽省国税系统企业所得税管理制度》《企业所得税亏损弥补审批制度》《企事业单位财产损失计税扣除审批制度》,规范所得税的管理。

1996 年,省国税局把《企业财务通则》《企业会计准则》以及 8 个行业财务、会计制度和税务账务处理办法汇编成册,下发基层税务干部和企业财务人员。针对金融、保险、邮电、铁道等行业企业出现的问题,进行税法、财务制度和税收会计处理的宣传培训。

1997 年,省国税局从制度建设和管理程序方面加强企业所得税管理,先后制定《企业亏损弥补办法》《税前扣除范围和标准》《减免税管理办法》《企业所得税规范化管理暂行办法》《财产损失税前扣除管理办法》等,对纳税人从纳税申报到税款缴纳都作了明确规定:总机构管理费税前扣除,必须提供总机构管理费收支决算报表、本年提取数、分项费用增减情况和有关财务报表等详细资料,负责审批的国税机关才能按税法规定的额度进行审批,堵塞了只要有管理费开支就准扣除的漏洞。对所有实行工效挂钩的中央企业年初工效挂钩的基数、比例一律经过审查审批。年终结算时,凡在“两个低于”(工资总额增长幅度低于经济效益增长幅度,职工平均工资增长幅度低于劳动生产率增长幅度)范围内提取的工资总额,经当地国税局审批可按实际提取数扣除,超出部分一律不得列入成本,仅省某外贸公司一家就减少工挂基数工资112余万元。

1997年,省国税局组织开展对全省2288户集体金融企业清产核资工作,经过资产清查、产权界定、价值重估、资金核实四个阶段,完成清产核资任务。

1998年,省国税局制定《安徽省国税系统企业所得税规范化管理暂行办法》,并根据总局的统一要求,在每个市(地)国税局选择2~3个县局(分局)进行企业所得税规范化管理试点,积极探索规范化管理的新途径。

1998年,省国税局组织开展对邮电部、中保集团汇总纳税成员企业和单位企业所得税专项检查,共检查250户,查增应纳税所得额1869万元,就地查补税款617万元,入库108万元。开展对中国农业发展银行、中国平安保险公司、中国太平洋保险公司汇总纳税成员企业和单位的专项检查,进一步理顺征纳关系。

1998年,省国税局加强对集体金融企业日常财务管理和监督工作,全省2288户集体金融企业共处理各类损失10.7亿元。

1998年,国家将合九铁路公司、安徽商之都、合肥发电厂四号机组、淮北发电厂七号机组等中央与全省地方所属企事业单位组成的联营企业和股份制企业划入国税部门征管范围。全省石油企业整体上划入中国石油化工总公司后,纳入国税部门征管范围。两淮煤矿等8户煤炭企业下放给地方政府管理后与省军区办部分企业移交地税部门征收。

1999年,省国税局组织开展全省企业所得税重点检查。在重点检查阶段,共检查银行、证券、信托、联通和石油等9个行业79户企业,查出有问题企业68户,占检查户数的86%。对查出的问题进行纠正和整改,普遍建立企业所得税税源台账和有关档案资料。

1999年,省国税局按照总局统一部署,在全省开展国有企业纳税户清查。通过多方交涉协商,将应属于国税机关征收管理范围的国投新集能源股份有限公司、宿东电厂纳入国税机关征收管理,补办税务登记;对11户汇总纳税成员企业下属的独立核算单位分开管理,分别在当地国税机关办理税务登记。

2000年1月1日,省国税局执行独资、合伙性质的私营企业改征个人所得税政策。中央企事业单位投资兴办的股份制、联营企业所得税由各级国家税务局负责征收管理,征收的企业所得税按中央、地方各自投资比例分别入中央和地方金库,不得混税混库。地方金融、保险、证券企业(不包括城乡信用社,下同)投资组成的国有企业、股份制企业、联营企业,其企业所得税由各级国家税务局负责征收管理。地方金融、保险、证券企业投资组成的国有企业实现的企业所得税全部入中央金库;投资组成的股份制、联营企业按金融、保险、证券企业的投资作为中央股份计算分享比例。

2000 年,省国税局根据《安徽省国税系统企业所得税规范化管理办法》要求,全省国税系统初步建立重点税源报告制度、税基管理制度、信息资料管理制度,逐步完善政策管理制度、税前扣除审批制度、征收管理制度、减免税审批管理制度、检查管理制度、考核管理制度等。

2001 年,省国税局根据《国家税务总局关于金融企业应收利息税务处理问题的通知》,执行金融企业应收未收利息税前扣除操作办法。按照“总额控制,层层分解,逐级监管,分户审核”的原则,草拟《安徽省金融企业应收未收利息税前扣除管理办法》。

2001 年,省国税局组织开展企业改组改制、税前扣除事项、债转股企业征管范围等专项调查,基本摸清安徽省债转股企业进度情况,对第一批债转股企业纳入国税征管范围,并提出加强债转股企业所得税征管的初步意见。

2001 年,省国税局利用 3 个月时间,组织编写全省统一的业务培训教材《企业所得税实务》,培训人员 120 人次。

2002 年 1 月 1 日起,省国税局执行国务院规定,实施所得税收入分享改革。

2002 年 1 月 1 日,新登记注册的企事业单位所得税由国税机关征收管理。

2002 年,省国税局按照国家税务总局和财政部制定的有关征管和收入缴库方法,拟订《安徽省国家税务局企业所得税征管业务流程》,对纳税登记、纳税申报、税款征收、汇算清缴、纳税检查、税前扣除项目、核定征收等具体涉税行为进行规范,对文书使用、时限确定、工作流程等内容作详细规定。严格执行规定的征管范围、入库级次,保证中央和地方所得税收入准确及时、足额入库。

2002 年,省国税局实施《安徽省国家税务局核定征收企业所得税管理办法》,拟定改革审核审批管理办法,按照“简政放权、层层负责”的原则,将管理权限下放,同时尝试变审核审批为审核的办法,探索变事前审批为事后监督的新模式。

2002 年,省国税局把所得税业务纳入 CTAIS 系统,基本能实现电子信息化,完善所得税税源监控体系。针对安徽省芜湖、淮南市试点 CTAIS 软件后,所得税信息模块运行中存在的问题,经调查后,向软件专家组提出切实可行的意见和建议。

2002 年,省国税局选择有代表性的 6 家烟草物流公司开展调研,掌握全省烟草物流公司的基本情况。

2002 年,省国税局开始筹建所得税干部人才库,下发通知对入选人才库干部的资格条件、名额指标及相关要求作具体规定。

2003 年 7 月 1 日起,符合下列条件的新设立(开业)登记的企业,其企业所得税由国家税务局负责征收管理:企业整体转让出售(拍卖),原有企业虽继续存在并具备独立纳税人资格,但收购企业办理设立(开业)登记后,改变(或扩大)原有企业生产经营范围的,其企业所得税应由所在地国家税务局负责征收管理。企业整体转让出售(拍卖)后成为收购企业的全资子公司,纳入收购企业合并纳税范围的,整体转让出售(拍卖)企业的所得税应当由负责收购企业所得税征管的税务机关征管。企业整体出售、拍卖后,原有企业不存在,由收购企业办理设立(开业)登记的,其企业所得税应由所在地国家税务局征收管理。企业新增设的分支机构,符合《中华人民共和国企业所得税暂行条例实施细则》以及《国家税务总局关于如何认定企业所得税纳税义务人的批复》规定独立经济核算纳税人条件的,应作为新办企业,其企业所得税应由所在地国家税务局负责征收管理。

2003 年,省国税局执行下岗再就业优惠政策,制定具体实施办法,明确政策执行口径,保证新旧政策的衔接。10 月下旬,国务院组织再就业政策落实检查组对合肥、马鞍山等市进行检查,对税收支持再就业工作给予充分肯定。

2003 年,省国税局落实财政部、国家税务总局关于纳税人向防治“非典型性肺炎”事业的捐赠准予税前全额扣除的政策规定,提高计税工资标准,经与地税部门协商,报经省政府批准,全省企事业单位计税工资标准从 2003 年 1 月 1 日起,提高到 960 元,一定程度上减轻了企业税收负担。

2003 年,省国税局对所得税 63 项审核审批事项全面梳理归并,拟定《企业所得税审核审批工作管理办法》,就所得税审核审批工作的原则、范围、程序、要求、监督和管理等进行规范。同时,按照总局要求,认真做好取消相关项目审批制度的后续管理工作。

2003 年,省国税局组织开展新办企业企业所得税收入、所得税分享改革后运行情况,文化事业和文化产业税收政策,利息税,电力企业税则政策等专项调研,制定办法明确对新办企业的税务登记、优惠政策落实和日常征收管理等工作。

2003 年,省国税局制定房地产开发企业所得税处理办法,落实房地产开发企业所得税政策规定,堵塞房地产企业所得税税收漏洞。

2004 年,省国税局明确“丰源工程”规划所得税部分的内容,建立政策落实五项机制,确立具体目标,细化实施步骤。

2004 年,省国税局组织开展所得税系列调研工作。开展信息化建设调研,形成《关于企业所得税信息化建设若干问题的思考》的调研报告,提出优化综合征管软件中所得税模块的具体意见,完善现行企业所得税税源报表软件;开展所得税管理情况调研,深入芜湖、六安等地开展所得税业务重组后管理情况的调研,形成《关于业务重组试点单位所得税业务管理情况的报告》,分析重组后所得税业务管理存在的问题;开展所得税政策情况调研。针对企业退休人员社会化管理后相关费用税前扣除问题,深入调查,明确相关政策。

2005 年,省国税局落实国家税务总局《企业财产损失所得税前扣除管理办法》,制定具体实施意见,强化后续管理措施,实现财产损失税前扣除审核审批“放下去、管起来”的目标。

2005 年,省国税局确定“突出重点、细化指标、循序渐进”的企业所得税纳税评估工作思路,坚持“上下结合、人机结合、分级评估”的管理模式和评估办法,探索纳税评估信息化建设的途径和方法,开展纳税评估工作。

2005年，省国税局制定《企业所得税分类管理实施办法（试行）》，明确“抓大、控中、定小”分类管理原则和目标，并在合肥市开展分类管理的试点工作。着重加强亏损企业、中小企业、汇总纳税成员企业、服务和房地产企业、特殊企业的管理。

2005年度起，按照《国家税务总局关于汇总（合并）纳税企业实行统一计算、分级管理、就地预交、集中清算所得税问题的通知》，中国太平洋财产保险股份有限公司、中国太平洋人寿保险股份有限公司，中国大地财产保险股份有限公司、华安财产保险股份有限公司、泰康人寿保险股份有限公司、太平保险有限公司、太平人寿保险股份有限公司等7家公司在安徽省更名的分支机构和新增的分支机构，由公司总部汇总缴纳企业所得税。

2005年度起，中国卫星通信集团公司安徽分公司、合肥市分公司、铜陵市分公司、阜阳市分公司、芜湖市分公司、淮南市分公司、宿州市分公司、蚌埠市分公司、淮北市分公司、安庆市分公司、马鞍山市分公司由中国卫星通信集团公司在北京市统一合并缴纳企业所得税，暂不实行就地预缴企业所得税办法。

外商投资企业和外国企业所得税

1991年7月，《中华人民共和国外商投资企业和外国企业所得税法》施行，取代《中华人民共和国中外合资经营企业所得税法》和《中华人民共和国外国企业所得税法》。外商投资企业和外国企业所得税，以设在中国境内的外商投资企业和外国企业的生产、经营所得和其他所得作为课税对象，其纳税人包括：在中国境内设立的中外合资经营企业、中外合作经营企业和外资企业等外商投资企业；在中国境内设立机构、场所，从事生产经营，以及虽未设立机构、场所，而有来源于中国境内所得的外国公司、企业和其他经济组织。

中外合资经营企业，是指由外国公司、企业和其他经济组织或个人，同中国的公司、企业或其他经济组织，在中国境内共同举办的企业。中外合作经营企业，一般是由外国提供资金、设备和专有技术，由中国（合作中方）提供土地、劳动力、管理人员、原材料等，双方签订合同，规定合作双方的权利和义务。

外资企业，是由外国公司、企业和其他经济组织或个人等外国投资者或港、澳、台及海外投资者，在中国注册设立的纯外商投资的企业，它的总机构设在中国境内，是中国的法人居民企业。

外国企业分为两类：一类是在中国境内设立机构、场所，从事生产、经营的外国公司、企业和其他经济组织。另一类是在中国境内未设立机构、场所，但有来源于中国境内所得的公司、企业和其他经济组织。包括来源于中国境内的股息、利息、租金、特许权使用费和其他所得。

外商投资企业和外国企业所得税税率为30%，附加征收的地方所得税适用3%的比例税率，两者均按企业的应纳税所得额计征纳税，综合负担率为33%。外国企业在中国境内未设立机构、场所或者虽设有机构、场所，但其取得的来源于中国境内的利润（股息、红利)、利息、租金、特许权使用费和其他所得,与该机构、场所没有实际联系的,按20%的税率征收,预提所得税。

储蓄存款利息所得个人所得税

储蓄存款利息所得个人所得税,是对个人在中华人民共和国境内的储蓄机构存储人民币、外币而取得的利息所得征收的个人所得税。个人所得税的征税范围包括个人取得的各项所得,国税部门负责对个人所得中储蓄存款利息所得征收个人所得税。税率为20%,实行代扣代缴。

个人取得的教育储蓄存款利息所得、国务院财政部门确定的其他专项储蓄存款或者储蓄性专项基金存款的利息所得免征个人所得税。按照国家或地方政府规定的比例缴付的住房公积金、医疗养老保险金、基本养老保险金、失业保险基金存入银行个人账户所取得的利息所得免征利息所得税。外国居民取得的储蓄存款利息所得,可以享受有关税收协定规定的限制税率待遇。

1999年10月,省国税局召集13家省级金融机构和省邮政局的储蓄业务管理部门负责人和业务主管人员,学习国务院《对储蓄存款利息所得征收个人所得税的实施办法》和国家税务总局的有关文件,宣讲有关税收政策,就各方协作配合进行商讨,建立税银联系和协作制度。

10月24日,全省开征储蓄存款利息所得个人所得税工作会议在合肥召开,各市(地)局分管副局长和所得税科科长参加。学习有关政策精神,研究征管办法,部署工作任务。

省国税局印制发放《储蓄存款利息所得个人所得税报告表》《扣缴义务人须知》等6项表,督促各大银行、邮政储蓄等单位按照时间进度,及时修改电脑程序和储蓄利息清单,增设代扣代缴税款栏目,同时督促暂不能完成电脑程序修改的储蓄机构,做好手工操作的准备,确保开征工作顺利进行。

1999年11月1日起,恢复对储蓄存款利息所得征收个人所得税。省国税局翻印2万份《储蓄存款利息所得个人所得税宣传提纲》下发各地,11月1日前全部张贴在全省人口稠密的城镇乡村和所有的储蓄网点。全省各级国税机关充分利用报刊、广播、电视等新闻媒体,对利息税进行宣传,赢得社会的理解和支持。

2000年,省国税局转发落实总局关于外籍居民个人在过渡期间储蓄存款利息享受避免双重征税协定待遇规定。

2001年,省国税局先后对芜湖、六安两市储蓄机构利息税代扣代缴情况开展调查,及时解决扣缴义务人在政策执行中存在的问题,消除利息税征管中的隐患。完善外籍居民个人储蓄存款利息所得享受避免双重征税协定待遇操作程序,对申请表的填写、审批、张贴和保管,外籍居民身份证明的使用、送审和保管、开户操作要点等问题予以明确。

2005年12月1日,《教育储蓄存款利息所得免征个人所得税实施办法》在皖实施。

教育储蓄为一年、三年和六年期零存整取定期储蓄存款,每份本金合计不得超过2万元;每份本金合计超过2万元或一次性趸存本金的,一律不得享受教育储蓄免税的优惠政策,其取得的利息,应征收利息税。不按规定计付利息的教育储蓄,不得享受免税优惠,应按支付的利息全额征收利息税。教育储蓄采用实名制,办理开户时,须凭储户本人户口簿(户籍证明)或居民身份证到储蓄机构以储户本人的姓名开立存款账户。

教育储蓄到期前,储户必须持存折、户口簿(户籍证明)或身份证到所在学校开具正在接受非义务教育的学生身份证明(以下简称“证明”)。储蓄机构认真审核储户所持存折、身份证或户口簿(户籍证明)和“证明”,对符合条件的,给予免税优惠,并在“证明”(第二、三联)上加盖“已享受教育储蓄优惠”印章;不能提供“证明”的,均应按有关规定扣缴利息税。从事非义务教育的学校应主动向所在地国税机关领取“证明”,并严格按照规定填开“证明”,不得重复填开或虚开,对填开的“证明”必须建立备案存查制度。

第四节　车辆购置税

2000年10月22日,国务院发布《中华人民共和国车辆购置税暂行条例》,省国税局组织税务干部学习《车辆税费改革实施方案》《车辆购置税暂行条例》,领会改革指导思想,系统掌握车购税主要内容。在《安徽日报》《新安晚报》上刊登车辆购置税开征信息,在《安徽税务》刊发有关业务问答,以便纳税人及时了解政策规定。

2001年1月1日起,开征车辆购置税,取代车辆购置附加费。由交通部门代征。

车辆购置税是以车辆为课税对象的一种财产税。在中华人民共和国境内购置《车辆购置税暂行条例》规定的车辆的单位和个人,是车辆购置税的纳税人,应当按照规定缴纳车辆购置税。购置,包括购买、进口、自产、受赠、获奖或者以其他方式取得并自用应税车辆的行为。车辆购置税的征收范围包括汽车、摩托车、电车、挂车、农用运输车。车辆购置税税率为10%。实行一车一申报制度。

车辆购置税实行法定减免税。免税包括:外国驻华使馆、领事馆和国际组织驻华机构及其外交人员自用的车辆;中国人民解放军和中国人民武装警察部队列入军队武器装备订货计划的车辆;设有固定装置的非运输车辆;在外留学人员(含香港、澳门地区)回国服务购买的1辆国产小汽车;来华定居专家进口的1辆自用小汽车;防汛部门和森林消防等部门购置的由指定厂家生产的指定型号的用于指挥、检查、调度、防汛(警)、联络的专用车辆(以下简称防汛专用车和森林消防专用车);农用三轮车。

2001年,省国税局开展对全省车辆生产、组装企业的摸底调查,掌握124户企业生产的车辆车型情况,收集整理有关车辆出厂价格、市场零售价格信息,将3000多条采集数据汇编成册上报总局,为统一全国车辆计税价格提供基本资料。

2002年,省国税局为车辆购置税征收由交通部门代征移交国税部门直接征收做准备。省国税局成立移交工作领导小组,与交通部门协商研究移交程序,督促交通部门落实相关责任。

2004年,省国税局制定车辆购置税资料移交方案,明确移交范围,设定移交表格,规范移交程序,落实移交责任。明确车辆购置税代征机构实行整建制平行移交。

省国税局组织车辆购置税业务培训,培养征管业务骨干,部署征管工作,保障全省车购税征管工作由交通部门向国税部门平稳过渡。

2005年1月1日起,车辆购置税由国税部门负责征收。全省各地平行接收机构与人员,全省国税系统共接受268人。

2005年,省国税局根据国家税务总局《关于车辆购置税机构设置及有关问题的通知》规定,设置安徽省国税系统车辆购置税征收管理机构。

省国税局主动加强与地税、车管等部门协作。车辆税收涉及增值税、消费税、车辆购置税、车船使用税和车船使用牌照税5个税种,前三个由国税部门征管,后两个由地税部门征管,涉税领域包括生产、销售、购置和使用四个环节,涉及国税、地税和公安车管三个部门,税种多、环节多、涉及面广,按照"先缴税后上照"原则,以车购税管理为核心,明确职责分工,规范业务流程,严格信息采集,强化审核比对,推行车辆税收"一条龙"管理。

第二章　机构职能

1983年6月,安徽省人民政府决定,省税务局级别升半格,为副厅级,名称为安徽省人民政府税务局。1994年8月15日,国税、地税机构分设,安徽省国家税务局成立,为正厅级。

第一节　组建机构

1994年1月1日起,分税制财政体制实行,新税制实施。

1月10日,省政府办公厅发出《关于进一步加强全省税务人员管理的紧急通知》,明确各级税务部门人员进出、干部提拔一律冻结,对超编人员进行清理,对1993年12月8日以后调进人员不予承认、限期退回。

2月26日,省委常委、常务副省长汪洋召集省税务局局长马千里及部分市县财政局长、税务局长进行座谈,研究新税制实施以来出现的新情况、新问题。

3月13日~23日,省税务局马千里、汪康等随省委书记卢荣景,程伯勤、曹剑等随省委常委、常务副省长汪洋到合肥、芜湖等13个地区(市)、县调查税制改革运行情况。

3月28日,省组建国税局和地方税务局筹备组(以下简称省组建筹备组)组长马千里主持召开筹备组正副组长会议,讨论组建两套税务机构方案。

4月11日,省组建筹备组组长马千里主持召开筹备组第二次全体成员会议,讨论筹备组办公室拟定的组建两套税务机构方案。

4月26日,省委常委、常务副省长汪洋主持召开省组建筹备组第三次全体成员会议,听取情况汇报,研究组建方案。

4月28日,省组建筹备组组长马千里主持召开第四次筹备组全体人员会议,讨论组建方案。

5月6日,省组建国家税务局和地方税务局两套税务机构方案修改后报省政府。

5月30日,省政府常务会议听取省税务局局长、省组建筹备组组长马千里《关于组建国家税务总局安徽省系统机构的实施方案》和《关于组建安徽省地方税务局的实施方案》汇报,并对两个方案进行讨论。

5月31日,省税务局将省政府常务会议讨论通过的组建两套税务机构方案报送国家税务总局。

6月3日,国家税务总局批准安徽省组建两套税务机构方案。

6月7日,中央编制委员会办公室通知,将国家税务总局设在各地的税务机构改称为“XX省(市、县)国家税务局”。

6月16日,省政府印发《关于组建国家税务总局安徽省系统机构的实施方案》和《关于组建安徽省地方税务局的实施方案》。明确省国税局为正厅级,地区、市国税局为正县级,县(市)国税局为正科级,在机构设置、人员编制、经费开支、干部管理等方面实行垂直领导、下管一级体制。

6 月 18 日,省政府召开组建两套税务机构工作会议,省委常委、常务副省长汪洋到会讲话。

7 月 27 日,省委组织部受国家税务总局委托,宣布安徽省国家税务局领导班子任命:马千里为安徽省国家税务局党组书记、局长,程伯勤为党组成员、副局长,朱玉明为党组成员、副局长(8 月 16 日免职,任省地税局党组副书记、副局长)。

8 月 15 日,省政府召开省级税务机构分设会议,省国家税务局成立挂牌。至 8 月 26 日,全省 16 个地区(市)、68 个县(市、区)及省税务局机关全部完成机构分设组建任务,近 2 万名税务人员,1.2 万人分在国税局,8000 人分在地税局。

8 月 27 日,省政府召开新闻发布会,宣布两套税务机构分设组建任务完成,正式运转。

10 月 10 日,国家税务总局批准省国税局职能配置、内设机构和人员编制方案。

第二节　省国税局领导班子

1994 年 6 月—2005 年 12 月期间,安徽省国税局共经历了 3 任主要负责人的更替,历任领导 20 人,其中,党组成员 13 人。

1994—2005 年安徽省国税局党组成员一览表

表 2-1

姓　名	职　务	任职时间
马千里	党组书记	1994 年 6 月—1994 年 11 月
程伯勤	党组成员	1994 年 8 月—1995 年 10 月
	党组书记	1995 年 10 月—2003 年 10 月
胡道新	党组副书记	2003 年 5 月—2004 年 6 月
	党组书记	2004 年 6 月—2005 年 12 月
朱玉明	党组成员	1994 年 6 月—1994 年 8 月
杨宪彭	党组成员	1994 年 11 月—2005 年 12 月
洪治社	党组成员	1994 年 11 月—2005 年 12 月
马恒德	党组成员	1995 年 10 月—2001 年 1 月
汪　康	党组成员	1996 年 10 月—2003 年 5 月
鲁道立	党组成员	2000 年 7 月—2000 年 12 月
汤志水	党组成员	2000 年 12 月—2005 年 9 月
冯瑞果	党组成员	2000 年 12 月—2004 年 5 月
韩　杰	党组成员	2004 年 3 月—2005 年 12 月
曹　剑	党组成员	2004 年 3 月—2005 年 12 月

1994—2005年安徽省国税局历任领导班子成员一览表

表2-2

姓　名	职　务	任职时间
马千里	局长	1994年6月—1994年11月
程伯勤	副局长	1994年8月—1995年10月
	局长	1995年10月—2003年5月
	巡视员	2003年10月—2004年9月
胡道新	局长	2003年5月—2005年12月
朱玉明	副局长	1994年6月—1994年8月
杨宪彭	副局长	1994年11月—2005年12月
洪治社	副局长	1994年11月—2005年12月
马恒德	纪检组长	1995年10月—2001年1月
汪　康	副局长	1996年10月—2003年5月
鲁道立	总经济师	1995年10月—2001年1月
汤志水	副局长	2000年12月—2005年9月
冯瑞果	纪检组长	2000年12月—2004年5月
韩　杰	总经济师	2004年3月—2005年8月
	纪检组长	2005年8月—2005年12月
曹　剑	总会计师	2004年3月—2005年8月
	副局长	2005年8月—2005年12月
张继厚	副助理巡视员	1996年10月—2000年2月
崔　文	副助理巡视员	1997年6月—1998年10月
邸道愚	助理巡视员	2000年7月—2001年5月
刘炳生	助理巡视员	2003年2月—2005年12月
张芦生	助理巡视员	2003年2月—2005年12月
肖　远	助理巡视员	2004年12月—2005年12月
谢国良	助理巡视员	2005年12月—2005年12月

第三节　省国税局机构与职能

1994 年,安徽省国税系统组建完成,在机构设置、人员编制、干部管理、经费开支等方面实行垂直管理,省国税局是全省国税系统垂直领导机关。

1994 年 8 月 15 日,安徽省国家税务局成立,正厅级建制,主管全省国家税收工作。

同年 9 月,省国税局上报《安徽省国家税务局职能配置、内设机构和人员编制方案》,国家税务总局批复同意。方案明确安徽省国家税务局主要职能:贯彻执行国家各项税收法律、行政法规和规章,结合安徽省的实际情况,研究制定具体的实施办法;组织编制、分配和考核各项税收收入计划,加强税收宣传,努力完成税收收入任务;发挥税收调节经济的职能,围绕安徽经济发展战略,运用税收杠杆,促进安徽经济的发展;负责安徽省中央税、中央地方共享税和能源交通重点建设基金、预算外调节基金、附征的教育费附加,集贸市场和个体户的各项税收及涉外税收的征收管理工作;研究制定国税征收范围内纳税户的税务登记、纳税申报、税款征收、发票管理、税收检查、税务代理等税收征管规章制度,并组织实施;负责安徽省进出口税收管理工作;监督检查安徽省各部门、各单位贯彻执行国家税收法律、行政法规和规章的情况,负责国税系统税务行政复议和诉讼工作,加强税收法制建设;调查了解纳税人的生产经营情况,帮助指导纳税人改善经营管理,促进安徽经济的发展;负责安徽省国税系统机构、编制、人员和经费的管理,管理地、市国家税务局领导班子;负责思想政治工作、精神文明建设、基层建设和干部教育培训工作,管理安徽省税务学校;监督检查安徽省国税系统各级机关及其工作人员执行国家法律、行政法规和规章的情况;研究税收理论和税收政策,开展税务咨询;负责安徽省国税系统和地税系统的税收计划、统计报表的汇总上报工作;承办国家税务总局和省政府交办的有关事项。

省国税局根据批复方案,内设:办公室、人事处、教育处、流转税管理处、所得税管理处、征收管理处、涉外税收管理处、计划会计处、监察室(与党组纪检组合署办公)、财务审计处、行政处、离退休干部管理处、调研处等 13 个行政处室。设立稽查分局、进出口税收管理分局(进出口税收管理处)等 2 个直属行政机构。设立安徽省税务学校、安徽税务杂志社、计算机信息中心、机关后勤服务中心等 4 个事业单位。另设黄山干部培训中心、九华山干部培训中心、安徽省干部培训中心、安徽税务咨询代理事务所、皖瑞会计师事务所。机关党委(包括工会、团委)按照有关规定设置,《中国税务报》驻安徽记者站按国家税务总局的规定设置。

办公室:负责起草和审核重要文件报告;负责全省性会议的组织工作;负责秘书事务、信息综合、文电处理、文书档案、信访、保密工作;负责税收宣传工作。

人事处:负责本局机关干部调配、考核、任免、奖惩工作;承办地、市正副处级干部的管理工作;管理全省国税系统机构设置、人员编制、干部调配、劳动工资、人事档案、人事报表统计等工作。

教育处:负责系统干部的学历教育和岗位培训工作;负责系统思想政治工作和精神文明建设;负责系统院校的招生及分配工作;负责管理安徽省税务学校。

流转税管理处:负责增值税、消费税法规规章、政策规定的贯彻落实和征收管理工作;负责增值税专用发票的稽核工作;负责某些行业和产品增值税的结算和征收工作。

所得税管理处:负责中央企业、地方非银行金融企业所得税的征收管理工作;负责国家能源交通重点建设基金、预算外调节基金、附征的教育费附加等有关法规规章、政策规定的贯彻落实和征收管理工作。

征收管理处:负责国税征收范围内各项税收征收管理的实施;负责研究处理执行《中华人民共和国税收征收管理法》中有关事项;负责集贸市场和个体税收的征收管理工作;负责增值税专用发票和普通发票的管理工作;负责税务登记、纳税申报管理工作;负责行政复议和税务代理管理工作;负责征管票证的印制管理工作。

涉外税收管理处:负责境内外商投资企业和外国企业的各项税收,以及外籍人员个人所得税的征收管理,研究落实有关涉外税收的各项政策及反偷税、反避税的措施办法,并组织实施。

计划会计处:负责各项税收计划的编制、分配、考核工作;负责汇总全省税收会计、统计信息数据工作;负责经济税源调查及税收收入分析工作;负责税票的印制和管理工作。

监察室(与党组纪检组合署办公):负责系统内的税风建设、廉政建设和开展反腐败斗争,制定并强化监督制约机制,调查处理有关行政违纪、违法案件;负责党员违纪案件的查处。

财务审计处:负责全省税务经费、装备、服装、基建、固定资产的管理工作;负责审核汇编下属单位的财务预算,办理各项经费的领拨;负责系统财务审计工作。

行政处:负责机关财务、房产、车辆、物资等项管理工作;负责全省性会议会务及日常接待工作;负责黄山干部培训中心、九华山干部培训中心、安徽省干部培训中心的管理工作。

离退休干部管理处:负责系统和机关离退休干部的管理工作(原则上属地管理)。

调研处:负责有关税收政策的调查研究工作,负责安徽省税务学会日常事务工作。

稽查分局:是安徽省国家税务局税务稽查工作的执法机构,负责组织实施全省各项税务稽查工作;制定全省国税系统稽查工作制度;对下级稽查工作进行指导和协调;受理并查处各类重大税收违法案件。

进出口税收管理处(进出口税收管理分局):负责全省企业出口货物的退税管理;办理进口货物的委托代征管理,研究处理出口退税的政策业务和管理事项;调查、反馈进出口税收管理中的有关情况。

安徽省税务学校:负责全省税务中等专业人才的培养及税务干部培训工作。

安徽税务杂志社:负责《安徽税务》的编辑、出版、发行工作。

计算机信息中心:负责系统计算机推广、应用和管理工作;负责信息数据的处理工作。

机关后勤服务中心:负责机关后勤服务和保障工作。

1995年12月,省国税局决定,黄山干部培训中心、九华山干部培训中心的管理权和经营权分别归属黄山市国家税务局、池州地区国家税务局,产权归安徽省国家税务局所有。

1997年12月,国家税务总局下发《安徽省国家税务局职能配置、内设机构和人员编制方案》(简称《方案》),规定安徽省国家税务局(正厅级)为国家税务总局垂直管理机构,其主要职责:贯彻执行国家的税收法律、行政法规和规章,结合安徽省实际情况,研究制定具体实施办法;编制全省税收计划,组织税收收入,确保完成税收任务,充分发挥宏观调控和监督作用,促进经济发展;负责全省增值税、消费税、金融保险企业营业税、中央企业所得税、非银行系统金融企业所得税、涉外企业所得税的征收管理和稽查工作,负责增值税专用发票的管理工作;负责全省进出口税收的管理工作;负责全省国家税务局系统机构、编制、人员和经费及地、市国家税务局领导班子的管理,负责全省国家税务局系统思想政治工作、干部教育和税收宣传工作;监督检查全省国家税务局系统各级机关及其工作人员执行国家法律、行政法规、规章的情况,负责行政复议和诉讼工作;负责全省国家税务局系统的计划、统计分析工作;承办国家税务总局和省委、省政府交办的有关工作。

《方案》规定安徽省国家税务局行政编制210名,其中,直属机构行政编制80名。厅级职数10名,其中:局长1名,副局长4名,纪检组长1名,总经济师、总会计师各1名,助理巡视员2名。处级领导职数47名,其中:直属机构处级领导职数9名。处级非领导职数20名,其中:调研员10名,助理调研员10名。

省国税局落实方案,内设:办公室、流转税管理处、所得税管理处、涉外税收管理处、征收管理处、计划统计处、财务审计处、人事处、教育处、行政装备处、监察室、机关党委办公室等12个行政处室。设立稽查局、进出口税收管理分局、直属征收分局等3个直属机构。直属征收分局负责省内中央、省属企事业单位的增值税、消费税、营业税和企业所得税的征收管理和日常检查工作。

1998年9月,安徽省国家税务局设立国瑞宾馆,归口安徽省国家税务局机关后勤服务中心管理。

同年9月,经国家税务总局批准,安徽省国家税务局在安徽省税务学校增挂"安徽省国家税务局干部培训中心"的牌子。安徽省税务学校与安徽省国家税务局干部培训中心合署办公。根据国家税务总局要求,安徽省税务学校按照"巩固、转向、提高、转型"的方针,逐步转型为全省国税系统公务员培训基地。

2000年10月,国家税务总局印发《安徽省国家税务局职能配置、内设机构和人员编制的规定》(简称《规定》),明确:安徽省国家税务局是主管全省国家税收工作的正厅级行政机构,实行垂直领导的管理体制。主要职责是:贯彻执行国家的税收法律、法规和规章,并结合本省实际情况,研究制定具体的实施办法;根据本省经济发展规划,研究制定本系统税收发展规划和年度工作计划并组织实施;根据经济税源和国家税务总局下达的税收计划,编制、分配和下达本系统税收收入计划并组织实施;负责本省中央税、中央地方共享税等税种的征收管理和稽查工作;负责增值税专用发票、普通发票和其他税收票证的管理工作;负责本省城市商业银行、城乡信用社的财务制度管理工作;负责本省进出口税收和涉外税收的管理工作;负责监督检查本系统的税收执法情况,负责税务行政处罚听证、行政复议和诉讼工作;负责本系统的税收会计、统计工作;负责本系统经费、财务、基本建设和资产管理工作,负责系统内部审计和政府采购工作;负责本系统机构、编制和人事管理工作;负责本系统思想政治工作、精神文明建设和基层建设,负责本系统教育培训及其管理工作;负责本系统的纪检、监察工作;负责本系统税收信息化、现代化工作的规划和实施,建设和管理信息系统;研究税收理论和税收政策,分析税收信息,掌握税收动态,组织税法宣传工作;承办国家税务总局和省委、省政府交办的其他工作。

《规定》明确安徽省国家税务局行政编制185名,其中:管理编制85名,征收编制100名。局领导和行政处室人员使用管理编制,直属机构人员使用征收编制。机关事业编制控制数为80名。厅级职数10名,其中:局长1名,副局长4名,纪检组长、总经济师、总会计师各1名,助理巡视员2名。处级领导职数41名(含机关党委专职副书记、机关党委办公室主任、离退休干部办公室主任各1名),处级非领导职数21名。

安徽省国家税务局落实总局规定,设立办公室、流转税管理处、所得税管理处、征收管理处、计划统计处、财务管理处、人事处、教育处、监察室等9个行政处室,设立稽查局、进出口税收管理分局(进出口税收管理处)、涉外税收管理分局(涉外税收管理处)、直属征收分局等4个直属机构,设立信息中心、机关服务中心、税收科学研究所、税务杂志社等4个事业单位,另设机关党委办公室。

2001年9月,省国税局设立政策法规处,与办公室合署办公,实行一个机构、两块牌子。

同年12月,安徽省国家税务局与安徽省地方税务局联合组建安徽省注册税务师协会。

2005年10月,国家税务总局批复同意《安徽省国家税务局规范机构设置明确职责分工方案》,下发《关于设置省、自治区、直辖市国家税务局巡视工作办公室的通知》,安徽省国家税务局设立办公室、政策法规处、流转税管理处、所得税管理处、国际税务管理处、进出口税收管理处、征收管理处、计划统计处、财务管理处、人事处、教育处、监察室等12个内设机构,另设巡视工作办公室、机关党委办公室,参照内设机构管理;设立稽查局、直属税务分局等2个直属机构;设立信息中心、机关服务中心、培训中心(安徽省税务学校)、税收科学研究所、注册税务师管理中心等 5 个事业单位,级别均为正处级。保留黄山培训中心、九华山培训中心,增设蚌埠培训中心,委托驻地市(区)国家税务局管理。

2005 年 12 月,省国税局内设 12 个行政处(室),2 个直属机构,级别为正处级;另设巡视工作办公室、机关党委办公室、离退休干部管理办公室。另根据工作需要,设 5 个事业单位,级别为正处级;保留黄山培训中心、九华山培训中心,增设蚌埠培训中心、网站管理办公室、数据处理办公室。

第四节　市国税局机构与职能

1994 年 9 月,安徽省国税局下发《关于制定地、市国家税务局职能配置、内设机构和人员编制方案的意见》。10 月,安徽省国家税务局核定合肥市、淮北市、蚌埠市、淮南市、滁州市、马鞍山市、芜湖市、铜陵市、安庆市、黄山市、宿县地区、阜阳地区、六安地区、巢湖地区、宣城地区、池州地区国家税务局职能配备、内设机构和人员编制方案。人民检察院派驻地、市和县(市)国税局的"税务检察室",不属于国税部门行政科室序列;参加税检室工作的国税部门干部,其级别按有关规定和工作需要确定,列入编制和职数。各地、市国家税务局设局长 1 名,副局长 2 ~ 3 名,纪检组长、总经济师、总会计师各 1 名。

1995 年,全省国税系统基层税务机构调整,建立征收、管理、稽查既相互分离又相互制约的征管格局。总局提出建立"以申报纳税和优化服务为基础,以计算机网络为依托,集中征收,重点稽查"的税收征管模式,省辖市、县(市)国家税务局分别设立征收分局、稽查分局。城市征收分局按照行政区划重新设置,省辖市国家税务局征收分局设置为正科级建制,纳税户数多、征收任务重的征收分局可设置为副县级建制;县(市)城区只设 1 个征收分局。县(市)国家税务局农村征收分局按经济区划重新设置,机构规格为正股级建制,纳税户数多、征收任务重的征收分局设置为副科级建制。

1997 年 3 月,安徽省国家税务局下发《关于安徽省国税系统基层税务机构调整后的名称及其内设机构问题的通知》,规定:基层征管机构名称为"××市(县)国家税务局××税务分局",稽查机构名称为"××市(地、县)国家税务局稽查分局";调整税务分局、稽查分局内设机构的设置。调整以后,各税务分局不设税务所。同月,开展核定各地区(市)国家税务局系统人员编制工作。

1997 年 9 月,全省 16 个地区(市)及其所辖的 68 个县(市)全部完成基层税务机构调整工作。基层税务机构由 1119 个减少到 675 个,减幅达 40%;比两套税务机构分设前减少 776 个,减幅达 54%。全省 10 个地区(市)44 个县(市)选拔 481 名年轻干部,占基层领导职位总数的22%。对650名科(股)级干部进行轮岗,轮岗面达29.8%。全省从机关分流291人到基层,从城区分局分流349人到农村分局。全省基层一线人员占在职职工总人数比重达79.7%,稽查人员占一线征收人员比重28.4%。

1998年,安徽省国家税务局下发《关于修订地区(市)县国家税务局职能配置、内设机构和人员编制方案的意见》。在机构设置方面,各地、市国家税务局内设行政科室总数不超过8个,内设科室:办公室、人事科、税政科、征管科、计财科、监察室。各县(市)国家税务局内设行政科室总数不超过6个,分别为办公室、人事股、税政股、征管股、计财股、监察室。各地区(市)、县(市)国家税务局设立1个稽查局,基层税务征管机构本着“精简、统一、效能、适当集中”的原则设置。在人员编制方面,省辖市国家税务局行政编制40~60人,地区国家税务局行政编制30~40人,县(市)国家税务局行政编制不超过30人。基层征收人员使用征收编制,不得少于行政编制总数的75%。在领导职数方面,各地区(市)国家税务局设局长1名,副局长2~3名,纪检组长1名,总经济师、总会计师各1名。各县(市)国家税务局设局长1名、副局长2~3名,纪检组长1名。

2000年,省国税局部署全省国税系统机构改革工作。总局出台的《国家税务系统机构改革方案》提出:精简机关,压缩人员,充实基层一线力量;积极稳妥地清理清退在征管岗位上的助征员;各级国家税务局与所办的各类社会中介组织及经济实体彻底脱钩;全面引入竞争机制,大力推进双向选择和考试、考核上岗制度。

2001年6月30日,全省国税系统17个市局、62个县(市)局基本完成机构调整、人员定编定岗和分流安排等各项工作。市局机关内设机构由11个减少到8个:办公室、流转税管理科、所得税管理科、征收管理科、计统财务科、人事科、教育科、监察科;设立稽查局、涉外税收管理分局(涉外税收管理处)等2个直属机构,设立信息中心、机关服务中心等2个事业单位,另设机关党委办公室,级别均为正科级。县(市)国家税务局设立办公室、税收业务科、计统财务科、人事教育科、监察室等4~5个内设机构;设立稽查局,为直属机构;设立信息中心,为事业单位;级别均为正股级。人员编制由60名减少到45名。人员编制在100人以上的县(市)局内设机构由6个减少到5个。人员编制在100名以下的县(市)局内设机构由6个减少到4个。县(市)局平均人员编制由29.4人减少到25人。在领导职数方面,各地区(市)国家税务局设局长1名,副局长3名,纪检组长、总经济师、总会计师各1名。各县(市)国家税务局设局长1名、副局长2名,纪检组长、总经济师各1名。

改革后,各市局机关内设机构和人员编制,精简比例分别达27.3%和25%;各县(市)局机关内设机构精简比例达16.7%(人员编制100人以上的县局)和33.3%(人员编制在100人以下的县局),人员编制精简比例达15%。

2004 年,省国税局选择芜湖、六安和泗县、霍山、泾县、石台等两市四县开展税务管理重组机构改革试点工作,整合内设机构职能,撤销派出机构,减少管理层次,提升行政效能。

2004 年年底,省国税局会同省编制委员会、省人事厅、省交通厅、省财政厅等部门完成全省车辆购置税代征机构、人员移交工作。全省国税系统接收交通系统划转的车辆购置税代征人员 268 人,其中,公务员 23 人,事业单位干部 217 人,工人 9 人,退休人员 19 人。采取省、市、县三级平行移交方式。

2005 年 1 月 1 日,全省车辆购置税代征人员到对应国税机关报到。过渡期内各市国家税务局车辆购置税征收管理机构及其独立的办税场所暂时保留,名称统一规范为"××市国家税务局办税服务厅(车辆购置税)",级别为正科级;各县(市)国家税务局不再设置独立的车辆购置税征收管理机构,过渡期内暂时保留其独立的办税场所,名称统一规范为"××县(市)国家税务局办税服务厅(车辆购置税)"。

2005 年 8 月,安徽省国家税务局根据总局部署,规范机构设置,明确职责分工。各市国家税务局设立办公室、政策法规科、流转税管理科、所得税管理科、国际税务管理科、进出口税收管理科、征收管理科、计划统计科、财务管理科、人事教育科、监察室等 11 个行政科室,另设机关党委办公室;设立稽查局,为市局直属机构;设立信息中心、机关服务中心,为市局事业单位。级别均为正科级。

各县(市、区)国家税务局均按行政区划设置,一般内设办公室、综合业务科、征收管理科、人事教育科、监察室、计划征收科(与办税服务厅合署办公)、税源管理科等 7 个行政科室,级别为正股级;设立信息中心,为县(市、区)局事业单位,级别为正股级。对辖区面积广、纳税户数多、收入规模大且税务人员在 150 人以上的县(区)国家税务局,或实行集中征收、大量撤并税务分局的县(市)国家税务局,可增设 1~2 个税源管理科,但其内设机构总数最多不超过 9 个。

各县(市)国家税务局设立稽查局,为县(市)局直属机构;设立派出机构,一般按经济区域设置,管辖范围一般不少于 5 个乡镇,级别为副科级。对辖区面积小、税源总量少、税收征管规范且管理水平较高的县(市)国家税务局,可不设税务分局。

经省级以上批准成立的开发区,可以设置开发区国家税务局,参照区局设立办公室、综合业务科、征收管理科、人事教育科、监察室、计划征收科、税源管理科;设立 1 个事业单位,信息中心。

市、县国家税务局人员编制,维持 2001 年总数不变。领导职数按规定配备。全省各县(市)国家税务局下设税务分局由规范前的 485 个减少到规范后的 297 个。

合肥市国家税务局

机构沿革

1994 年 1 月—8 月，合肥市税务局机构及职能沿袭上年。8 月，合肥市国家税务局成立，正处级建制。设立办公室、人事科、教育科、流转税管理科、所得税管理科、征收管理科、计会科、财务审计科、计算机信息中心、监察室、涉外税务管理科（涉外税务管理分局）等 11 个行政科室，另设部分党群组织和直属事业单位；设立第一分局、第二分局、第三分局、东区分局、中区分局、西区分局、郊区分局、蜀山分局、高新技术产业开发区分局等 9 个征收分局；设立 1 个稽查分局。下辖长丰、肥东、肥西 3 个县国家税务局。

1997 年 1 月，按照省国税局安排，合肥市国家税务局撤销市区征管机构，设立第一征管分局（正科级）、第二征管分局（正科级）、第三征管分局（副县级）、第四征管分局（副县级）、郊区征管分局（正科级），设立 1 个稽查分局（副县级）。撤销所辖 3 个县国家税务局征管机构，在城区各设置 1 个征管分局（副科级）、设置 1 个稽查分局（副科级）；在农村地区各设置 7～8 个征管分局，部分为副科级建制，部分为正股级建制。

10 月，合肥市国家税务局内设机构由科（室）改称处（室），机构级别和职能不变。

1999 年 3 月，肥西县国家税务局山南税务分局按副科级建制。

2001 年 6 月，合肥市国家税务局完成转变职能、调整机构、精简人员的改革任务。合肥市国家税务局稽查分局机构调整为正科级并更名为合肥市国家税务局稽查局。

2002 年 6 月，合肥市国家税务局郊区分局更名为合肥市国家税务局第五税务分局。

2005 年 1 月，全市车辆购置税征收工作由交通部门代征移交国税部门直接征收。市局成立车辆购置税征收管理办公室，为正科级建制。

8 月，合肥市国家税务局完成规范机构设置任务，下辖：长丰县、肥东县、肥西县、瑶海区、庐阳区、蜀山区、包河区等 7 个县（区）国家税务局，级别均为正科级；合肥高新技术产业开发区、合肥经济技术开发区、合肥新站综合开发试验区等 3 个开发区国家税务局，级别均为副处级。

人员配备

1994 年 8 月，全市国税系统有 805 人。1995 年，净增加 13 人，总数达 818 人。2005 年年底，总数达 859 人，比 1994 年增加 54 人，增加 6.71%；全市国税系统有退休人员 258 人。

2005 年年底，全市国税系统 859 名干部职工中，有大学本科文凭的 443 人，占总人数的 51.57%；大学专科 238 人，占 27.71%。年龄在 25 岁以下的有 28 人，占总人数的 3.26%；26～35 岁 239 人，占 27.82%；36～55 岁 558 人，占 64.96%；56 岁以上 34 人，占 3.96%。获得中级职称或执业资格的 134 人（次），占总人数的 15.60%。

淮北市国家税务局

机构沿革

1994 年 1 月—7 月,淮北市税务局机构及职能沿袭上年,主管全市税收工作。

7 月,淮北市国家税务局成立,正处级建制。设立 11 个行政科室,9 个分局、15 个税务所,1 个党群组织,2 个直属事业单位。下辖濉溪县国家税务局。

1997 年 2 月,安徽省国家税务局同意淮北市国家税务局调整基层税务的机构方案,淮北市国家税务局撤销市区征管机构,设立第一征管分局(正科级)、第二征管分局(正科级)、第三征管分局(副处级),设立 1 个稽查分局(副处级)。撤销所辖濉溪县国家税务局征管机构,在城区设置 1 个征管分局(副科级),设置 1 个稽查分局(副科级);在农村地区设置 6 个征管分局,其中:4 个为副科级建制,2 个为正股级建制。

1997 年 8 月,淮北市国家税务局设立信息中心,为正科级直属事业单位。

2001 年 6 月,安徽省国家税务局下发《安徽省淮北市国家税务局职能配置、内设机构和人员编制的规定》等 4 个文件,淮北市国家税务局完成转变职能、调整机构、精简人员的改革任务。淮北市国家税务局稽查分局调整为正科级,并更名为淮北市国家税务局稽查局。

2005 年 1 月,全市车辆购置税由交通部门代征改为国税部门直接征收,淮北市国税局成立车辆购置税征收管理办公室,为正科级建制。

8 月,安徽省国家税务局印发《淮北市国家税务局规范机构设置明确职责分工实施方案》。淮北市国家税务局完成规范机构设置任务,下辖:濉溪县、相山区、杜集区、烈山区等 4 个县(区)国家税务局,级别均为正科级;淮北经济技术开发区国家税务局,级别为副处级。

人员配备

1994 年,全市国税系统有干部职工 399 人。2005 年年底,有 432 人,比 1994 年增加 33 人,增加 8.3%;全市国税系统有离退休人员 107 人。2005 年年底,研究生学历 18 人,占总人数的 4.2%;本科学历 189 人,占总人数的 43.8%;专科学历 138 人,占总人数的 31.9%。年龄在 30 岁以下的 39 人,占总人数的 9%;31~35 岁 78 人,占总人数 18.1%,36~40 岁 98 人,占总人数 22.7%,41~50 岁 135 人,占总人数 31.2%;50 岁以上 82 人,占总人数 19%。

亳州市国家税务局

机构沿革

1998 年 4 月 28 日,亳州市(县级)升为副地级市,亳州市国税局由省国税局直接领导,级别不变。

2000年12月，随行政区划调整，成立亳州市国家税务局（处级），下辖谯城区、涡阳县、蒙城县、利辛县国家税务局。亳州市国家税务局内设：办公室、人教科、税政科、征管科、计财科、监察室等6个行政科室；设立信息中心，为事业单位。亳州市国家税务局（科级）改设为谯城区国家税务局。

撤销亳州市国家税务局（科级）稽查分局，设立亳州市国家税务局稽查分局，为正科级，内设综合股、检查股和审理执行股。

2001年6月，安徽省国家税务局下发《安徽省亳州市国家税务局职能配置、内设机构和人员编制的规定》等4个文件。亳州市国家税务局完成转变职能、调整机构、精简人员的改革任务。亳州市国家税务局稽查分局更名为亳州市国家税务局稽查局。

2005年1月，全市车辆购置税由交通部门代征改为国税部门直接征收。亳州市国家税务局成立车辆购置税征收管理办公室，为正科级建制。

8月，安徽省国家税务局下发《亳州市国家税务局规范机构设置明确职责分工实施方案》。亳州市国家税务局完成规范机构设置任务，下辖：涡阳县、蒙城县、利辛县、谯城区等4个县（区）国家税务局，级别均为正科级；亳州经济技术开发区国家税务局，级别为副处级。

人员配备

2000年12月，全市国税系统共有671人。2005年年底，共有698人，比2000年增加27人，增加4.02%。全市国税系统共有离退休人员241人。2005年年底，有研究生1人，占总人数的0.14%；大学本科194人，占27.79%；大学专科309人，占44.27%。年龄在30岁以下的52人，占总人数的7.45%；31～35岁189人，占27.08%；36～40岁182人，占26.07%；41～45岁131人，占18.77%；46～50岁89人，占12.75%；51～54岁41人，占5.87%；55～59岁14人，占2%。获得中级职称和执业资格68人（次），占总人数的9.74%。

宿州市国家税务局

机构沿革

1994年1月—8月，宿县地区税务局及职能沿袭上年，主管全市税收工作。8月，宿县地区国家税务局成立，正处级建制。设立：办公室、人事科、教育科、流转税科、所得税科、征管科、计会科、财务审计科、监察室等9个正科级内设机构；征收分局、稽查分局2个副处级直属行政单位，计算机信息中心、税务师事务所2个正科级直属事业单位；设立离退休干部管理科。下辖宿州市、灵璧县、泗县、萧县、砀山县5个市（县）国家税务局。

1997年1月，安徽省国家税务局批准宿县地区国家税务局调整基层税务机构方案,设立宿县地区国家税务局稽查分局(副处级);撤销5个县(市)国家税务局征管机构,在城区设置1个征管分局(副科级),设立1个稽查分局(副科级)。在农村地区各设置7~8个征管分局,部分为副科级建制,部分为正股级建制。

1999年5月,随撤地建市,宿县地区国家税务局更名为宿州市国家税务局,正处级建制,人员行政编制、领导职数、非领导职数等维持不变。撤销宿县地区国家税务局征收分局,设立宿州市国家税务局第一税务分局,副处级建制。撤销宿州市国家税务局(科级),设立宿州市国家税务局第二税务分局,正科级建制。撤销宿县地区国家税务局稽查分局和宿州市国家税务局(科级)稽查分局,设立宿州市国家税务局稽查分局,副处级建制。

2001年6月,安徽省国家税务局下发《安徽省宿州市国家税务局职能配置、内设机构和人员编制的规定》等4个文件。宿州市国家税务局完成转变职能、调整机构、精简人员的改革任务。宿州市国家税务局稽查分局更名为宿州市国家税务局稽查局,级别下调为正科级。

2004年1月,宿州市泗县国家税务局开展税务管理重组试点机构改革。县局设立:办公室、税政制度股、执法监督股、财务管理股、人事教育股、监察室等6个行政股室,撤销税收业务股、计统财务股。设立办税服务中心、税源管理中心、数据处理中心、稽查局等4个直属机构,撤销大庄分局、草沟分局、刘圩分局。设立机关服务中心,撤销行政服务中心。

2005年1月,全市车辆购置税由交通部门代征改为国税部门直接征收。宿州市国家税务局成立车辆购置税征收管理办公室,为正科级建制。

8月,安徽省国家税务局下发《宿州市国家税务局规范机构设置明确职责分工实施方案》。宿州市国家税务局完成规范机构设置任务,下辖萧县、灵璧、砀山、泗县、埇桥区、宿州经济开发区等6个县(区)国家税务局,级别均为正科级。各县(区)国家税务局下辖20个基层税务分局,级别均为副科级。

人员配备

1994年9月1日,宿县地区国家税务局系统在职人员948人,离退休人员225人。1997年8月,全区有551人经过考试过渡为国家公务员,有262名在公务员职位上工作的工人录用为公务员。

1998年1月,安徽省国家税务局核定宿县地区国家税务局系统人员编制。地区国家税务局机关及所属分局行政编制60人。下辖四县一市国税系统行政编制705人,其中:宿州市266人,萧县151人,灵璧县106人,砀山县83人,泗县99人。

2001年5月,安徽省国家税务局核定宿州市国税系统行政编制790名,其中:管理编制197名，征收编制593名，事业编制控制数52名。

2001年至2004年，全市国税系统210名协税员全部清退。

2005年12月31日，全市国税系统在职人员858人，其中，公务员753人，工勤人员105人。离退休职工322人。

蚌埠市国家税务局

机构沿革

1994年1月—8月，蚌埠市税务局及职能沿袭上年，主管全市税收工作。8月，蚌埠市国家税务局成立，正处级建制。设立：办公室、行政装备科（与办公室合署办公）、流转税管理科、所得税管理科、涉外税收管理科（涉外分局）、征收管理科、计划会计科、财务审计科、人事科、监察室、教育科、离退休干部管理科等12个行政科室。设立税务检察室和稽查分局。在市区设立工业分局、商业分局、经贸分局、东区分局、中区分局、西区分局、郊区分局等7个征管机构。下辖怀远县、五河县、固镇县等3个县国家税务局。

1994年10月，蚌埠市国家税务局设立高新技术开发区分局。

1997年1月，安徽省国家税务局批准《蚌埠市国家税务局系统基层税务机构调整方案》，撤销蚌埠市国家税务局市区征管机构，设立第一征管分局（副处级）、第二征管税务分局（正科级）、第三征管税务分局（正科级）、第四征管税务分局（正科级），设立1个稽查分局（副处级）。撤销3个县国家税务局征管机构，在城区各设置1个征管分局（副科级），各设置1个稽查分局（副科级）；在农村地区各设置7~8个征管分局，部分为副科级建制，部分为正股级建制。

1998年12月，蚌埠市人民检察分院驻蚌埠市国家税务局税务检察室撤销。

2001年6月，安徽省国家税务局下发《安徽省蚌埠市国家税务局职能配置、内设机构和人员编制的规定》等4个文件。蚌埠市国家税务局完成转变职能、调整机构、精简人员的改革任务。蚌埠市国家税务局稽查分局更名为蚌埠市国家税务局稽查局，级别下调为正科级。

2005年1月，全市车辆购置税由原交通部门代征移交国税部门直接征收。蚌埠市国家税务局成立车辆购置税征收管理办公室，级别为正科级。

8月，安徽省国家税务局下发《蚌埠市国家税务局规范机构设置明确职责分工实施方案》。蚌埠市国家税务局完成规范机构设置任务，下辖：怀远县、五河县、固镇县、龙子湖区、蚌山区、禹会区、淮上区等7个县（区）国家税务局，级别均为正科级；蚌埠高新技术产业开发区国家税务局（副处级）、蚌埠新城综合开发区国家税务局（正科级，主要负责人职务高配副处级）。

人员配备

1994年8月,蚌埠市国税系统有326人。2005年年底,总数达659人,比1994年增加333人;全市国税系统有退休人员204人。

2005年年底,全市国税系统659名干部职工中,有大学本科文凭的269人,占总人数的40.82%;大学专科242人,占36.72%。年龄在30岁以下的有64人,占总人数的9.70%;31~35岁89人,占13.50%;36~45岁302人,占45.82%;46~50岁107人,占16.26%;51岁以上97人,占14.72%;获得注册会计师、经济师、注册税务师、律师资格的120人(次),占总人数的18.2%。

阜阳市国家税务局

机构沿革

1994年1月—9月,阜阳地区税务局及职能沿袭上年,主管全市税收工作。

9月,阜阳地区国家税务局成立,正处级建制。设立:办公室、人事科、监察室、计会科、财务审计科、教育科、征收管理科、流转税管理科、涉外税务管理科、所得税管理科、票证管理科等11行政科室;地直征收分局和稽查分局。下辖阜阳市、阜阳县、亳州市、界首市、蒙城县、临泉县、太和县、涡阳县、阜南县、颍上县、利辛县等9个县(市)国家税务局。

1996年4月,随撤地建市,撤销阜阳地区国家税务局和阜阳市国家税务局(科级),成立阜阳市国家税务局(处级)。阜阳市国家税务局(处级)内设:办公室、人事科、教育科、监察室、征收管理科、流转税管理科、所得税管理科、计划会计科、财务审计科、涉外税务管理科(涉外税务管理分局)、票证管理科等11个行政科室,级别为正科级。设立:稽查分局、直属征收分局等2个直属机构,级别为副处级。设立:颍州区分局、颍泉区分局、颍东区分局等3个直属机构,级别为正科级。设立信息中心,为直属事业单位,级别为正科级。设立:党组纪检组(与监察室合署办公)、直属机关党委(与团委、工会合署办公)等2个党群组织。

1997年3月,安徽省国家税务局批准《阜阳市国家税务局系统基层税务机构调整方案》,撤销市区征管机构,设立:第一征管分局(副处级)、第二征管税务分局(正科级)、第三征管税务分局(正科级)、第四征管税务分局(副科级)、第五征管税务分局(副科级)、第六征管税务分局(副科级),稽查分局(副处级)。撤销所辖9个县国家税务局征管机构,各在城区设置1个征管分局(副科级),各设置1个稽查分局(副科级);各在农村地区设置8个征管分局,其中部分为副科级,部分为正股级。

2000年12月,阜阳市国家税务局所辖涡阳县、蒙城县、利辛县国家税务局划归亳州市国家税务局管辖。阜阳市国家税务局下辖临泉县、颍上县、阜南县、太和县、界首市、颍州区、颍泉区、颍东区等8个县(市、区)国家税务局。

2001年6月,安徽省国家税务局下发《安徽省阜阳市国家税务局职能配置、内设机构和人员编制的规定》等4个文件。阜阳市国家税务局完成转变职能、调整机构、精简人员的改革任务。阜阳市国家税务局稽查分局更名为阜阳市国家税务局稽查局,下调为正科级。

2005年1月,全市车辆购置税征收工作由原交通部门代征交由国税部门直接征收。市国家税务局成立车辆购置税征收管理办公室,为正科级建制。

8月,安徽省国家税务局下发《阜阳市国家税务局规范机构设置明确职责分工实施方案》。阜阳市国家税务局完成规范机构设置任务,下辖:太和县、临泉县、阜南县、颍上县、界首市、颍州区、颍泉区、颍东区等8个县(市、区)国家税务局,级别均为正科级;阜阳经济技术开发区国家税务局,级别为副处级。

人员配备

1994年,阜阳地区国家税务局系统在编2025人。2005年年底,阜阳市国家税务局系统在编1158人;离退休人员421人。

2005年年底,研究生4人,占总人数的0.34%;大学本科315人,占27.20%;大学专科563人,占48.62%。年龄在30岁以下的66人,占总人数的5.70%;31~35岁310人,占26.77%;36~40岁314人,占27.12%;41~45岁279人,占24.09%;46~54岁155人,占13.39%;55岁以上34人,占2.93%。

淮南市国家税务局

机构沿革

1994年1月—8月,淮南市税务局及职能沿袭上年,主管全市税收工作。

1994年9月,淮南市国家税务局成立,正处级建制。设立12个行政科室、9个分局、1个事业单位。下辖凤台县国家税务局。

1996年10月,淮南市国家税务局设立信息中心,为正科级直属事业单位。

1997年1月,安徽省国家税务局批准淮南市国家税务局系统基层税务机构调整方案,撤销市区征管机构,设立:第一征管分局(副处级)、第二征管分局(正科级)、第三征管分局(正科级)、第四征管分局(正科级)、第五征管分局(正科级),稽查分局(副处级)。撤销凤台县国家税务局征管机构,在城区设置征管分局(副科级),设置稽查分局(副科级);在农村地区设置7个征管分局,其中:3个为副科级建制,4个为正股级建制。

2000年3月,淮南市国家税务局设立毛集社会发展综合实验区国家税务局,为正科级。内设综合股、征收会计股、管理服务股、稽查股等4个股,正股级建制。撤销凤台县国家税务局毛集税务分局,核减凤台县国家税务局副科级税务分局1个。核定科级领导职数3名,其中:局长1名,副局长2名。核定副主任科员职数2名,并入淮南市国家税务局非领导职务职数统一管理。

2001年6月,安徽省国家税务局下发《安徽省淮南市国家税务局职能配置、内设机构和人员编制的规定》。淮南市国家税务局完成转变职能、调整机构、精简人员的改革任务。淮南市国家税务局稽查分局更名为淮南市国家税务局稽查局,下调为正科级。

2005年1月,全市车辆购置税征收工作由交通部门代征交由国税部门直接征收。市国家税务局成立车辆购置税征收管理办公室,为正科级建制。

8月,安徽省国家税务局下发《淮南市国家税务局规范机构设置明确职责分工实施方案》。淮南市国家税务局完成规范机构设置任务,下辖:凤台县、田家庵区、大通区、谢家集区、八公山区、潘集区等6个县(区)国家税务局,级别均为正科级;毛集社会发展综合实验区国家税务局(正科级),淮南经济技术开发区国家税务局(副处级)。

人员配备

1994年8月,全市国税系统共有在职人员429人。2005年年底,全市国税系统在职人员457人,比1994年增加28人,增加6.5%;共有离退休人员110人。

截至2005年年底,全系统研究生5人,占总人数1.1%;大学本科211人,占46.2%,大学专科157人,占34.3%。30岁以下45人,占总人数9.8%;31至35岁66人,占14.4%;36至40岁109人,占23.9%;41至45岁127人,占27.8%;46至50岁73人,占16%;51至54岁28人,占6.1%;55岁以上9人,占2%。

滁州市国家税务局

机构沿革

1994年1月—8月,滁州市税务局及职能沿袭上年,主管全市税收工作。

1994年8月,滁州市国家税务局成立,正处级。设立:办公室、人事科、教育科、流转税管理科、征收管理科、所得税管理科、计会科、财务审计科、涉外税收管理科(分局)、监察室、离退休干部管理科等11个行政科室。设置滁州市人民检察分院驻滁州市国家税务局税务检察室。设立:稽查分局、东市分局、中市分局、南市分局、北市分局、郊区分局等6个直属行政单位,其中稽查分局、中市分局为副处级,其他分局为正科级。下辖来安县、全椒县、定远县、凤阳县、天长市、明光市等6个县(市)国家税务局。

同年11月,滁州市国家税务局宣布市直分局设置基层税务所名单:东市分局设路东、南谯税务所,中市分局设琅琊路税务所,南市分局设开发区税务所,郊区分局设沙河、乌衣、珠龙、章广4个税务所。

1997年1月,安徽省国家税务局同意滁州市国家税务局撤销市区征管机构,设立:第一征管分局(副处级)、第二征管分局(正科级)、东市征管分局(副科级)、沙河征管分局(副科级)、乌衣征管分局(副科级)、珠龙征管分局(副科级)。设立1个稽查分局(副处级)。撤销所辖6个县(市)国家税务局征管机构,在城区各设置1个征管分局(副科级),各设置1个稽查分局(副科级);在农村地区各设置5~8个征管分局,部分为副科级建制,部分为正股级建制。

1998年2月20日,滁州市国家税务局成立计算机管理信息中心。

1998年年底,撤销滁州市人民检察分院驻滁州市国家税务局税务检察室。

2000年4月6日,滁州市公安局在滁州市国家税务局建立税务治安办公室(派出机构)。

2001年6月,安徽省国家税务局下发《安徽省滁州市国家税务局职能配置、内设机构和人员编制和规定》。滁州市国家税务局完成转变职能、调整机构、精简人员的改革任务。滁州市国家税务局稽查分局更名为滁州市国家税务局稽查局,下调为正科级。

2005年1月,全市车辆购置税由原交通部门代征移交国税部门直接征收。市国家税务局成立车辆购置税征收管理办公室,为正科级建制。

8月,安徽省国家税务局批准滁州市国家税务局规范机构设置明确职责分工实施方案。滁州市国家税务局完成规范机构设置任务,下辖来安县、全椒县、定远县、凤阳县、天长市、明光市、琅琊区、南谯区等8个县(市、区)国家税务局,级别均为正科级;滁州经济技术开发区国家税务局,级别为副处级。

人员配备

1994年8月,滁州市国税系统有922人。1995年,净增加20人,总数达942人。2005年年底,总数达917人,比1994年减少5人,减少0.54%;全市国税系统有退休人员304人。

2005年年底,全市国税系统有917名干部职工(其中有829人为干部身份,88人为工人身份),获得大学本科文凭的242人,占总人数的26.4%;大学专科443人,占48.3%。829名干部身份的工作人员中,年龄在35岁以下的有183人,占总人数的22.07%;36~40岁199人,占24%;41~45岁215人,占25.93%;46~50岁133人,占16.04%;51~55岁70人,占8.45%;56岁以上29人,占3.5%。

六安市国家税务局

机构沿革

1994年1月—7月,六安市税务局及职能沿袭上年,主管全市税收工作。

1994年7月,六安地区国家税务局成立。六安地区国家税务局设立:办公室、人事科、教育科、流转税管理科、征收管理科、所得税管理科、计会科、财务审计科、监察室、离退休干部管理科等10个内设机构;稽查分局、直属分局等2个直属机构;税务师事务所、计算机信息中心等2个事业单位。设立税务检察室。

1997年1月,安徽省国家税务局批准六安地区国家税务局系统基层税务机构调整方案,六安地区国家税务局设立1个稽查分局(副处级);撤销六安、舒城、寿县、霍邱、金寨、霍山等6个县(市)国家税务局原设征管机构,在城区设置1个征管分局(副科级),设立1个稽查分局(副科级)。在农村地区各设置5~8个征管分局,部分为副科级建制,部分为正股级建制。

同月,六安地区国家税务局撤销霍山县国家税务局大化坪税务分局。

1998年5月,六安地区国家税务局将诸佛庵税务分局更名为西城税务分局。

12月,六安地区人民检察分院驻六安地区国家税务局税务检察室撤销。

1999年7月,六安地区国家税务局成立叶集改革发展试验区国家税务局(正科级),内设综合股、征收计会股、管理服务股、稽查股4个股(正股级),撤销霍邱县国家税务局叶集税务分局。核定科级领导职数3人,局长1人,副局长2人。核定副主任科员职数2人,并入六安地区国家税务局非领导职数统一管理。

2000年1月,随撤地建市,安徽省国家税务局决定撤销六安地区国家税务局,设立六安市国家税务局,正处级建制。撤销六安地区国家税务局稽查分局和六安市国家税务局(科级)稽查分局,设立六安市国家税务局稽查分局,副处级。撤销六安地区国家税务局直属税务分局,设立六安市国家税务局第一税务分局,副处级。撤销原六安市国家税务局(科级),设立六安市国家税务局第二税务分局,正科级,机构实体不变。

2001年6月,安徽省国家税务局下发《安徽省六安市国家税务局职能配置、内设机构和人员编制的规定》。六安市国家税务局完成转变职能、调整机构、精简人员的改革任务。六安市国家税务局稽查分局更名为六安市国家税务局稽查局,下调为正科级。

2004年1月,六安市国家税务局开展税务管理重组试点机构改革。市局设立办公室、税政制度科、执法监督科、进出口税收管理科、财务管理科、会计核算科、档案管理科、人事科、教育科、监察室、离退休人员管理科、机关党委办公室等12个内设机构,撤销流转税管理科、所得税管理科、征收管理科、计统财务科。设立办税服务中心、税源管理中心、数据处理中心、稽查局等4个直属机构。撤销涉外税务管理分局,撤销市区分局、卅铺分局、张店分局、苏埠分局、独山分局、徐集分局、木厂分局。设立机关服务中心,撤销行政服务中心。

2004年2月,六安市霍山县国家税务局开展税务管理重组试点机构改革。县局设立办公室、税政制度股、执法监督股、稽核评审股、人事教育股、监察室等6个行政股室,撤销税收业务股、计统财务股。设立办税服务中心、税源管理中心、数据处理中心、稽查局等4个直属机构,撤销城关分局、东城分局、西城分局、磨子潭分局、漫水河分局。

设立机关服务中心，撤销行政服务中心。

2005 年 1 月，全市车辆购置税由交通部门代征移交国税部门直接征收。市国家税务局成立车辆购置税征收管理办公室，为正科级。

8 月，安徽省国家税务局下发《六安市国家税务局规范机构设置明确职责分工实施方案》。六安市国家税务局完成规范机构设置任务，下辖：寿县、霍邱县、舒城县、金寨县、霍山县、金安区、裕安区等 7 个县（区）国家税务局，级别均为正科级；叶集改革发展试验区国家税务局（正科级），六安经济技术开发区国家税务局（正科级）。

人员配备

1994 年 8 月，六安地区国税系统有 1129 人。2005 年年底，六安市国税系统总人数达 1070 人，比 1994 年减少 59 人，减少 5.2%；全市国税系统有退休人员 424 人。

2005 年年底，全市国税系统 1070 名干部职工中，有大学本科文凭的 337 人，占总人数的 31.6%；大学专科 464 人，占 43.4%。年龄在 30 岁以下的有 79 人，占总人数的 0.75%；31～35 岁 178 人，占 16.6%；36～45 岁 534 人，占 49.9%；46～50 岁 142 人，占 13.3%；51 岁以上 137 人，占 12.8%。获得中级职称或执业资格的 282 人（次），占总人数的 26.4%。

马鞍山市国家税务局

机构沿革

1994 年 1 月—8 月，马鞍山市税务局及职能沿袭上年，主管全市税收工作。

1994 年 8 月，国税、地税机构分设，马鞍山市国家税务局成立，正处级。设立：办公室、人事科、教育科、流转税管理科、所得税管理科、涉外税务管理科（涉外税务分局）、征收管理科、计会科、计算机信息中心、监察室等 10 个行政科室；6 个征收分局、1 个稽查分局、1 个直属事业单位；2 个党群组织。下辖当涂县国家税务局。

1997 年 1 月，安徽省国家税务局同意马鞍山市国家税务局系统基层税务机构调整方案，撤销市区征管机构，设立：第一征管分局（副处级）、第二征管分局（正科级）、第三征管分局（正科级）、第四征管分局（正科级），稽查分局（副处级）。撤销当涂县国家税务局征管机构，在城区设置 1 个征管分局（副科级）；设置 1 个稽查分局（副科级）；在农村地区设置 7 个征管分局，3 个为副科级建制，4 个为正股级建制。

2001 年 6 月，安徽省国家税务局下发《安徽省马鞍山市国家税务局职能配置、内设机构和人员编制的规定》，马鞍山市国家税务局完成转变职能、调整机构、精简人员的改革任务。马鞍山市国家税务局稽查分局机构更名为马鞍山市国家税务局稽查局，下调为正科级。

2003 年，随马鞍山行政区划调整，相应调整市区征管范围，第四税务分局负责马钢总公司、马钢股份公司、马鞍山经济技术开发区和全市涉外企业的国税征管工作。

2005年1月,全市车辆购置税由交通部门代征移交国税部门直接征收。市国家税务局成立车辆购置税征收管理办公室,为正科级。

8月,安徽省国家税务局下发《马鞍山市国家税务局规范机构设置明确职责分工实施方案》。马鞍山市国家税务局完成规范机构设置任务,下辖当涂县、金家庄区、花山区、雨山区等4个县(区)国家税务局,级别均为正科级;马鞍山经济技术开发区国家税务局,级别为正科级(负责人职务高配)。

人员配备

1994年8月,全市国税系统共有366人。2005年年底,全市国税系统共有405人,比1994年增加39人,增加10.66%;共有退休人员94人。

2005年年底,全市国税系统405名干部职工中,有大学本科以上文凭的158人,占总人数的39%;大学专科199人,占49%。年龄在35岁以下的102人,占人员总数的25.2%;36~50岁254人,占62.7%;50岁以上49人,占12.1%。

巢湖市国家税务局

机构沿革

1994年1月—8月,巢湖地区税务局沿袭上年,主管全市税收工作。

1994年8月,巢湖地区国家税务局成立,正处级建制。

1997年1月,安徽省国家税务局批准巢湖地区国家税务局系统基层税务机构调整方案,巢湖地区国家税务局设立1个稽查分局(副处级);撤销巢湖、庐江、无为、含山、和县等5个县(市)国家税务局征管机构,在城区设置1个征管分局(副科级);设立1个稽查分局(副科级)。在农村地区各设置7~8个征管分局,部分为副科级,部分为正股级。

2000年1月,随撤地建市,安徽省国家税务局撤销巢湖地区国家税务局,设立巢湖市国家税务局,正处级。撤销巢湖地区国家税务局稽查分局和巢湖市国家税务局(科级)稽查分局,设立巢湖市国家税务局稽查分局,副处级。撤销巢湖地区国家税务局直属税务分局,设立巢湖市国家税务局第一税务分局,副处级。撤销巢湖市国家税务局(科级),设立巢湖市国家税务局第二税务分局,正科级,实体与职能不变。

2001年6月,安徽省国家税务局下发《安徽省巢湖市国家税务局职能配置、内设机构和人员编制的规定》。巢湖市国家税务局完成转变职能、调整机构、精简人员的改革任务。巢湖市国家税务局稽查分局更名为巢湖市国家税务局稽查局,下调为正科级。

2005年1月,全市车辆购置税由原交通部门代征移交国税部门直接征收。市国家税务局成立车辆购置税征收管理办公室,为正科级。

8月,安徽省国家税务局下发《巢湖市国家税务局规范机构设置明确职责分工实施方案》。巢湖市国家税务局完成规范机构设置任务，下辖：庐江县、无为县、含山县、和县、居巢区等5个县（区）国家税务局，级别均为正科级；巢湖经济技术开发区国家税务局，级别为副处级。

人员配备

1994年8月，全地区国税系统共有正式税务干部和职工644人（不含离、退人员297人）。其中：女职工111人；中共党员329人；大学专科以上学历22人，中专、高中学历493人，初中及以下学历129人；45岁以下470人，45岁以上174人。

2005年年底，全市国税系统共有税务干部和职工674人（不含离、退人员290人）。其中：女职工139人；中共党员481人；大学专科以上学历493人，中专、高中学历134人，初中及以下学历47人；45岁以下487人，45岁以上187人。

芜湖市国家税务局

机构沿革

1994年1月—8月，芜湖市税务局沿袭上年，主管全市税收工作。

1994年8月，国税、地税机构分设，芜湖市国家税务局成立，正处级建制。设立：办公室、人事科、教育科、流转税管理科、所得税管理科、征管科、计会科、监察室、涉外税务管理科等9个行政科室；稽查分局、直属分局、镜湖分局、新芜分局、马塘分局、鸠江分局、经济技术开发区税务分局等7个直属行政单位；1个直属事业单位、2个党群组织。下辖芜湖、繁昌、南陵等3个县国家税务局。

1997年1月，安徽省国家税务局批准芜湖市国家税务局系统基层税务机构调整方案。芜湖市国家税务局撤销市区征管机构，设立第一征管分局（副处级）、第二征管分局（正科级）、第三征管分局（正科级）、第四征管分局（正科级）、经济技术开发区征管分局（副处级），1个稽查分局（副处级）。撤销3个县国家税务局征管机构，各在城区设置1个征管分局（副科级），各设置1个稽查分局（副科级）；在农村地区各设置7个征管分局，部分为副科级建制，部分为正股级建制。

2001年6月，安徽省国家税务局下发《安徽省芜湖市国家税务局职能配置、内设机构和人员编制的规定》。芜湖市国家税务局完成转变职能、调整机构、精简人员的改革任务。芜湖市国家税务局稽查分局更名为芜湖市国家税务局稽查局，级别下调为正科级。

2003年12月，芜湖市国家税务局系统开展税务管理重组试点机构改革。市局设立办公室、税政制度科、执法监督科、进出口税收管理科、财务管理科、会计核算科、档案管理科、人事科、教育科、监察室、离退休人员管理科、机关党委办公室等12个内设机构，撤销流转税管理科、所得税管理科、征收管理科、计统财务科。设立办税服务中心、第一税源管理中心、第二税源管理中心、数据处理中心、稽查局等5个直属机构,撤销涉外税务管理分局,撤销第一税务分局、第二税务分局、第三税务分局、第四税务分局、经济技术开发区税务分局。设立机关服务中心,撤销行政服务中心。

芜湖县、繁昌县、南陵县等3个县局设立办公室、人事教育科、监察室、税政制度科、执法监督科、财务管理科、档案管理科等行政科室,撤销税收业务科、计统财务科。设立稽查局、办税服务中心、第一税源管理中心、第二税源管理中心、数据处理中心等直属机构,撤销所有基层税务分局。设立机关服务中心,撤销信息中心。

2005年1月,全市车辆购置税由交通部门代征移交国税部门直接征收。市国家税务局成立车辆购置税征收管理办公室,为正科级建制。

12月,根据安徽省国家税务局的统一部署,结合税务管理重组机构改革试点需要,芜湖市国家税务局组织开展机构改革。市局设置:办公室、税政制度科、执法监督科、进出口税收管理科、档案管理科、财务管理科、人事科、教育科、监察室、离退休人员管理科、税源管理一科、税源管理二科、税源管理三科、税源管理四科、税源管理五科、税源管理六科等16个内设机构;办税服务中心、车辆购置税征收管理办公室、数据处理中心、稽查局等4个直属机构;机关服务中心1个事业单位。下辖芜湖县、繁昌县、南陵县等3个县国家税务局。

人员配备

1994年8月,全市国税系统共有在职人员610人,离退休人员167人。2005年年底,全市国税系统共有在职人员605人,比1994年减少5人,减少0.82%;退休人员182人,增加15人,增加9%。

2005年年底,全市国税系统中,具有研究生学历7人,占总人数的1.16%;大学本科学历294人,占48.6%;大学专科学历人员231人,占38.18%;中专及以下学历人员73人,占12.06%。年龄在25岁以下的10人,占总人数的1.65%;26至35岁129人,占21.32%;36至55岁453人,占74.88%;56岁以上13人,占2.15%。获得中级职称和执业资格证书148人,占总人数的24.5%。

宣城市国家税务局

机构沿革

1994年1月—8月,宣城地区税务局沿袭上年,主管全地区税收工作。

1994年8月,宣城地区国家税务局成立,正处级建制。设立:办公室、人事科、教育科、税政科、征收管理科、计会科、监察室、涉外税务管理科、财务审计科、票证管理科等10个行政科室;稽查分局、直属征收分局等2个副县级直属行政机构;党组纪检组和计算机信息中心、税务师事务所等2个直属事业单位。设立宣城地区检察分院驻宣城地区国家税务局税务检察室。下辖宣州市、宁国县、广德县、泾县、郎溪县、绩溪县、旌德县等7个县(市)国家税务局。

1997年1月,安徽省国家税务局下发宣城地区国家税务局系统基层税务机构调整方案。宣城地区国家税务局设立稽查分局(副处级);撤销7个县(市)国家税务局征管机构,在城区设置1个征管分局(副科级);设立1个稽查分局(副科级);在农村地区各设置4~8个征管分局,部分为副科级建制,部分为正股级建制。

5月,随撤县建市,宁国县国家税务局更名为宁国市国家税务局,增设1个副科级税务分局。

1998年年底,宣城地区人民检察分院驻宣城市国家税务局税务检察室撤销。

1999年3月,广德县国家税务局柏垫税务分局由正股级升格为副科级,誓节税务分局由副科级降格为正股级。撤销绩溪县国家税务局城郊税务分局(副科级),长安税务分局由正股级升格为副科级。宁国市国家税务局增设港口湾税务分局(副科级)。在保持副科级税务分局总数不变的情况下,泾县国家税务局榔桥税务分局由正股级升格为副科级。

2000年12月,因撤地建市,安徽省国家税务局决定撤销宣城地区国家税务局,设立宣城市国家税务局,正处级建制。撤销宣城地区国家税务局稽查分局和宣州市国家税务局(科级)稽查分局,设立宣城市国家税务局稽查分局,副处级建制。撤销宣城地区国家税务局征收分局,设立宣城市国家税务局第一税务分局,副处级建制。撤销宣州市国家税务局(科级),设立宣城市国家税务局第二税务分局,正科级,实体职能沿袭。宣城市国家税务局的人员行政编制、领导职数、非领导职数等不变。

2001年6月,安徽省国家税务局下发《安徽省宣城市国家税务局职能配置、内设机构和人员编制的规定》。宣城市国家税务局完成转变职能、调整机构、精简人员的改革任务。宣城市国家税务局稽查分局更名为宣城市国家税务局稽查局,下调为正科级。

2003年7月,宣城市泾县国家税务局茂林税务分局更名为黄村税务分局。

2004年3月,省国税局在宣城市泾县国家税务局开展税务管理重组机构改革试点。县局设立办公室、税政制度股、执法监督股、人事教育股、监察室等5个行政股室,撤销税收业务股、计统财务股。设立办税服务中心、税源管理中心、数据处理中心、稽查局等4个直属机构,撤销直属税务分局、城郊税务分局、榔桥税务分局、黄村税务分局、蔡村税务分局、章渡税务分局、陈村税务分局。

2005年1月,全市车辆购置税由原交通部门代征移交国税部门直接征收。市国家税务局成立车辆购置税征收管理办公室,为正科级。

8月,安徽省国家税务局下发《宣城市国家税务局规范机构设置明确职责分工实施方案》。宣城市国家税务局完成规范机构设置任务,下辖:广德县、泾县、郎溪县、绩溪县、宁国市、宣州区等6个县(市、区)国家税务局,级别均为正科级;宣城经济技术开发区国家税务局,级别为正科级。

人员配备

1994年8月,宣城地区国税系统共有在职人员736人,其中:大专以上学历人员205人,占27.9%。2005年年底,宣城市国税系统共有在职人员683人。其中,研究生1人,大学本科211人,占30.9%;大学专科332人,占48.6%。年龄30岁以下67人,占9.8%,31~40岁268人,占39.23%;41~50岁279人,占40.84%;50岁以上69人、占10.1%。离退休人员298人。

铜陵市国家税务局

机构沿革

1994年1月—8月,铜陵市税务局沿袭上年,主管全市税收工作。

1994年8月,国税、地税机构分设,铜陵市国家税务局成立,正处级建制。设立办公室、人事科、教育科、流转税管理科、所得税管理科、征收管理科、计会科、监察室、财务审计科、涉外税务管理科(涉外税务分局)、行政管理科等11个行政科室。设有铜陵市人民检察分院驻铜陵市国家税务局税务检察室。设立第一分局、第二分局、直属分局、第四分局、第五分局和1个稽查局,直属分局为副处级,其余均为正科级;部分分局下设税务所。设立税务师事务所、计算机信息中心,教育培训中心(与业余党校实行两块牌子、一套人马)等3个事业单位。下辖铜陵县国家税务局。

1997年1月,安徽省国家税务局批准铜陵市国家税务局系统基层税务机构调整方案。铜陵市国家税务局撤销市区征管机构,设立第一征管分局(正科级)、第二征管分局(正科级)、第三征管分局(副处级);稽查分局(副处级)。撤销所辖铜陵县国家税务局征管机构,在城区设置1个征管分局(副科级);设置稽查分局(副科级);在农村地区设置5个征管分局,2个为副科级,3个为正股级。

1998年年底,铜陵市人民检察分院驻铜陵市国家税务局税务检察室撤销。

2000年6月8日,铜陵市公安局在铜陵市国家税务局建立税务治安办公室(派出机构)。

2001年6月,安徽省国家税务局下发《安徽省铜陵市国家税务局职能配置、内设机构和人员编制的规定》。铜陵市国家税务局完成转变职能、调整机构、精简人员的改革任务。铜陵市国家税务局稽查分局更名为铜陵市国家税务局稽查局,下调为正科级。

2005年1月,全市车辆购置税由交通部门代征移交国税部门直接征收。市国家税务局成立车辆购置税征收管理办公室,为正科级。

8月，安徽省国家税务局下发《铜陵市国家税务局规范机构设置明确职责分工实施方案》。铜陵市国家税务局完成规范机构设置任务，下辖：铜陵县、铜官山区、狮子山区、郊区等4个县（区）国家税务局，级别均为正科级；铜陵经济技术开发区国家税务局，级别为副处级。

人员配备

1994年8月，铜陵市国税系统有284人。1995年，净增加4人，总数达288人。2005年年底，总数达327人，比1994年增加43人，增加15.14%；全市国税系统有退休人员23人。

2005年年底，全市国税系统327名干部职工中，有大学本科文凭的126人，占总人数的38.53%；大学专科176人，占53.82%。年龄在25岁以下的有40人，占总人数的12.23%；26～35岁58人，占17.73%；36～55岁213人，占65.13%；56岁以上16人，占4.89%。获得中级职称或执业资格的70人（次），占总人数的21.40%。

池州市国家税务局

机构沿革

1994年1月—8月，池州地区税务局沿袭上年，主管全地区税收工作。

1994年8月，国税、地税机构分设，池州地区国家税务局成立，正处级建制。设立：办公室、人事科、教育科、税政科、征收管理科、涉外税务管理科、计划会计科、监察室、税检室等9个行政科室；稽查分局、地直征收分局等2个直属行政机构。下辖贵池市、东至县、青阳县、石台县等4个县（市）国家税务局。

1996年1月，设立池州地区国家税务局九华山分局，负责九华山管理处管辖范围内的国税征收管理工作，正科级建制。

1997年1月，安徽省国家税务局批准池州地区国家税务局系统基层税务机构调整方案。池州地区国家税务局设立稽查分局（副处级）；撤销4个县（市）国家税务局征管机构，在城区设置1个征管分局（副科级）；设立1个稽查分局（副科级）；各在农村地区设置4～7个征管分局，部分为副科级建制，部分为正股级；撤销九华山分局，设置九华山征管分局。

2000年12月，随撤地建市，安徽省国家税务局撤销池州地区国家税务局，设立池州市国家税务局，正处级建制。撤销池州地区国家税务局稽查分局和贵池市国家税务局稽查分局，设立池州市国家税务局稽查分局，副处级建制。撤销池州地区国家税务局征收分局，设立池州市国家税务局第一税务分局，副处级。撤销贵池市国家税务局，设立池州市国家税务局第二税务分局，正科级。撤销池州地区国家税务局九华山征管分局，设立池州市国家税务局九华山税务分局，正科级建制。池州市国家税务局的人员行政编制、领导职数、非领导职数等维持既定数不变。

2001 年 6 月,安徽省国家税务局下发《安徽省池州市国家税务局职能配置、内设机构和人员编制的规定》。池州市国家税务局完成转变职能、调整机构、精简人员的改革任务。池州市国家税务局稽查分局更名为池州市国家税务局稽查局,下调为正科级。

2004 年 5 月,省国税局在石台县国家税务局开展税务管理重组试点机构改革。县局设立办公室、税政制度股、人事教育股、行政财务股、办税服务股、税源管理股等 6 个行政股室,撤销税收业务股、计统财务股。设立数据处理中心、稽查局等 2 个直属机构,撤销所有征管分局。设立机关服务中心,撤销行政服务中心。

2005 年 1 月,全市车辆购置税由原交通部门代征移交国税部门直接征收。市国家税务局成立车辆购置税征收管理办公室,为正科级。

8 月,安徽省国家税务局下发《池州市国家税务局规范机构设置明确职责分工实施方案》。池州市国家税务局完成规范机构设置任务,下辖:东至县、青阳县、石台县、贵池区等 4 个县(区)国家税务局,级别均为正科级;九华山风景区国家税务局,池州经济技术开发区国家税务局,级别为副处级。

人员配备

1994 年 8 月,池州地区国税系统在编在职干部职工 409 人。2005 年年底,池州市国税系统在编在职干部职工 480 人,比 1994 年增加 71 人,增加 17.36%;离退休人员 138 人。

2005 年年底,全市国税系统在职人员大学本科以上 163 人,占总人数的 33.96%;大学专科 224 人,占 46.67%。年龄 30 岁以下的 61 人,占 12.71%;31 至 35 岁 95 人,占 19.79%;36 至 40 岁 96 人,占 20%;41 至 45 岁 130 人,占 27.08%;46 至 50 岁 53 人,占 11.04%;51 至 54 岁 30 人,占 6.25%;55 至 59 岁 14 人,占 2.92%;60 岁以上 1 人,占 0.21%。

安庆市国家税务局

机构沿革

1994 年 1 月—8 月,安庆市税务局沿袭上年,主管全市税收工作。

1994 年 8 月,国税、地税机构分设,安庆市国家税务局成立,正处级建制。设立办公室、流转税管理科、所得税管理科、涉外税收管理科(分局)、征收管理科、计会科、财务审计科、人事科、教育科、监察室等 10 个行政科室。设立稽查分局、第一分局、第二分局、第三分局、第四分局、第五分局、石化分局、开发区分局等 8 个直属行政单位,石化分局、开发区分局、稽查分局为副处级,其他分局为正科级;第四分局、第五分局共设 10 个税务所。设立直属机关党委、离退休干部管理科等 2 个党群机构。设立税务师事务所,为直属事业单位。设立税检室，为安庆市检察院派驻机构。市局下辖桐城、怀宁、枞阳、潜山、岳西、太湖、望江、宿松8个县国家税务局。

1996年7月，安庆市国家税务局增设信息中心，为正科级直属事业单位。10月，随桐城撤县建市，撤销桐城县国家税务局，设立桐城市国家税务局，正科级建制。

1997年1月，安徽省国家税务局批准安庆市国家税务局系统基层税务机构调整方案。安庆市国家税务局撤销市区征管机构，设立第一征管分局（副处级）、第二征管分局（副处级）、第三征管分局（正科级）。设立稽查分局（副处级）。撤销8个县（市）国家税务局征管机构，各在城区设置1个征管分局（副科级）；各设置稽查分局（副科级）；各在农村地区设置5~8个征管分局，部分为副科级建制，部分为正股级建制。

2000年4月，安庆市枞阳县国家税务局汤沟税务分局由正股级升格为副科级，瓯山税务分局由副科级降格为正股级。

2001年6月，安徽省国家税务局下发《安徽省安庆市国家税务局职能配置、内设机构和人员编制的规定》。安庆市国家税务局完成转变职能、调整机构、精简人员的改革任务。安庆市国家税务局稽查分局更名为安庆市国家税务局稽查局，下调为正科级。

2002年6月，安庆市国家税务局成立政策法规科，与办公室合署办公。

2005年1月，全市车辆购置税由原交通部门代征移交国税部门直接征收。市国家税务局成立车辆购置税征收管理办公室，为正科级。

8月，安徽省国家税务局下发《安庆市国家税务局规范机构设置明确职责分工实施方案》。安庆市国家税务局完成规范机构设置任务，下辖怀宁县、枞阳县、潜山县、太湖县、宿松县、望江县、岳西县、桐城市、迎江区、大观区、宜秀区等11个县（市、区）国家税务局，级别均为正科级；安庆经济技术开发区国家税务局（副处级），长江大桥综合经济开发区国家税务局（正科级）。

12月，安庆市国家税务局车辆购置税征收管理办公室更名为安庆市国家税务局办税服务厅（车辆购置税）。

人员配备

1994年8月，安庆市国税系统共有在职干部职工1233人；离退休干部458人。2005年年底，全市国税系统在职干部职工1218人，其中公务员1145人、工人73人。比1994年减少15人，减少1.2%；离退休人员455人。

2005年年底，全市国税系统有研究生7人，占总人数的0.57%；本科学历455人，占37.36%；专科学历424人，占34.81%。年龄在30岁以下的80人，占6.57%；31~45岁851人，占69.87%；46~55岁225人，占18.47%；56岁以上61人，占5%。获得“三师”执业资格39人，占3.2%。

黄山市国家税务局

机构沿革

1994年1月—8月,黄山市税务局沿袭上年,主管全市税收工作。

1994年8月,国税、地税机构分设,黄山市国家税务局成立,正处级建制。设立办公室、人事科、教育科、流转税管理科、征管科、计会科、监察室、涉外税务管理科、所得税管理科等9个正科级行政科室;正科级离退休干部管理科。设立第一分局、第二分局、第三分局、第四分局4个直属税务分局和1个副处级稽查分局。设立直属机关党委,为正科级党群组织。设立税务培训中心、计算机信息中心等2个正科级直属事业单位。下辖徽州区、黄山区、歙县、休宁县、祁门县、黟县等6个县(区)国家税务局。

1997年2月,安徽省国家税务局批准黄山市国家税务局系统基层税务机构调整方案。黄山市国家税务局撤销市区征管机构,在屯溪区、徽州区范围内设立第一征管分局(副处级)、第二征管分局(正科级)、第三征管分局(正科级);设立1个稽查分局(副处级)。撤销所辖黄山区、歙县、休宁、祁门、黟县等5个县(区)国家税务局征管机构,各在城区设置1个征管分局(副科级);各设置1个稽查分局(副科级);各在农村地区设置4~7个征管分局,部分为副科级建制,部分为正股级建制。撤销徽州区国家税务局及其所属的所有税务机构。

同年12月,黄山市税务师事务所成立,隶属于黄山市国税局,2000年6月脱钩改制,更名为黄山市中瑞税务师事务所有限公司。

2001年6月,安徽省国家税务局下发《安徽省黄山市国家税务局职能配置、内设机构和人员编制的规定》。黄山市国家税务局完成转变职能、调整机构、精简人员的改革任务。黄山市国家税务局稽查分局更名为黄山市国家税务局稽查局,下调为正科级。

2005年1月,全市车辆购置税征收工作由原交通部门代征交由国税部门直接征收。市国家税务局成立车辆购置税征收管理办公室,为正科级建制。

8月,安徽省国家税务局下发《黄山市国家税务局规范机构设置明确职责分工实施方案》。黄山市国家税务局完成规范机构设置任务,下辖:歙县、休宁县、祁门县、黟县、黄山区、徽州区、屯溪区等7个县(区)国家税务局,级别均为正科级;黄山风景区国家税务局,级别为副处级。

人员配备

1994年8月,全市国税系统在职职工中,35岁以下438人,占总人数的72.33%;36至45岁69人,占12%;46至60岁88人,占15%;60岁以上4人,占0.67%。2005年年底,全市国税系统在职职工中,30岁以下59人,占总人数的9.07%;31至45岁120人,占18.46%;36至45岁343人,占52.76%;46岁以上126人,占19.38%。全市国税系统在职女职工1994年为181人,占总人数的30.22%,2005年为197人,占30.3%。

第三章　税收收入

全省国税系统大力推进依法治税,依法组织税收收入,积极实施科学化、精细化管理,注重发挥税收职能作用,按照有利于国税收入均衡、协调、稳定增长,有利于地方经济发展,有利于提升税收与经济的协调性的原则,实行收入计划责任制。认真做好清理欠税工作,加强征管,强化稽查,加大计划完成情况检查力度,把组织收入管理由申报环节前移至企业日常生产经营环节,动态监控重点企业。注重利用信息优势,最大限度地利用经济税源信息,提高组织收入管理的科学化和精细化水平,促进税收收入稳定增长。

1994—2005 年,随着全省经济的持续快速发展、财税体制改革的深入推进和税收征管的不断加强,全省国税收入持续快速增长。

第一节　收入概况

1994—2005 年,全省国税系统组织国税收入(计划口径,下同)2039.88 亿元,年均增收 23.6 亿元。国税收入总量(包含海关代征税款)2063.5 亿元,收入年均增长率为 15.2%,高于同期全省生产总值现价增幅 1.6 个百分点;国税收入总量(不包含海关代征税款)2005.7 亿元,年均增长 16.1%,高于同期全省生产总值现价增幅 2.5 个百分点。收入总量加速跃升,2003 年,安徽省国税收入跨越 200 亿元大关,2005 年迈上 300 亿元台阶。从 100 亿元迈上 200 亿元台阶,经过 7 年时间;从 200 亿元到跨过 300 亿元台阶,经过 2 年时间。其中,2005 年国内增值税、消费税(以下简称“两税”)收入 293.6 亿元,是 1993 年的 4.5 倍。

分年增速(含海关代征)看,2005 年组织国税收入 351.2 亿元,是 1994 年的 5.17 倍。2005 年收入增速最高,为 26.8%。受亚洲金融危机和特大洪水灾害影响,1999 年收入增速最低,为 4.0%。国税收入占国内生产总值比重稳步提升,2005 年最高为 6.7%。1994—2005 年,全省国税收入占税收收入总量的比重为 64.1%,占财政收入总量的比重为 54.9%。1994—1998 年,税收收入增幅保持在 14% 的高位平台上,其中 1994 年、1995 两年增幅超过 20%;1999 年、2000 年,税收收入分别增长 3.7%、7.5%,增幅明显回落;2001 年后增速反弹,税收收入重回两位数增长。

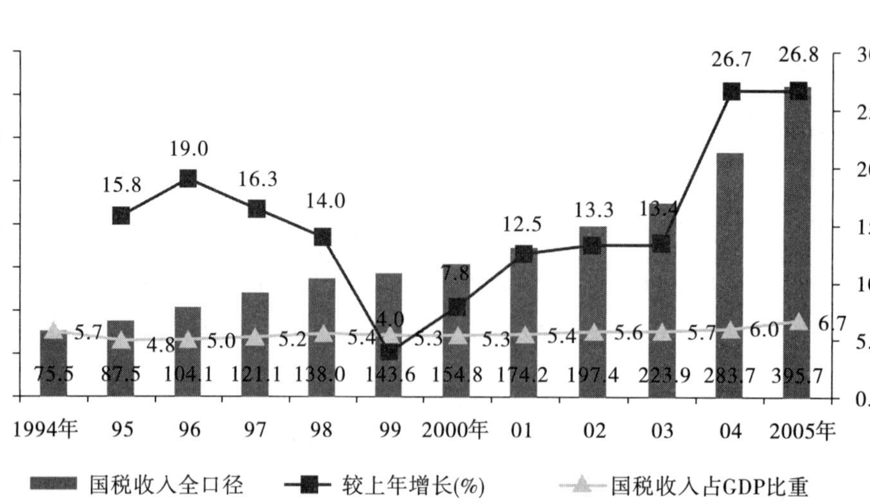

图 3-1　1994—2005 年安徽省国税收入、增长率及占 GDP 比重情况

1994—2005 安徽省国税收入情况表

表 3-1　　　　单位:亿元

项目 年份	国税收入(全口径)			国税收入(计划口径)		
	数额	占财政收入比重(%)	占税收收入比重(%)	数额	占财政收入比重(%)	占税收收入比重(%)
1994 年	75.5	69.4	74.6	67.9	62.4	67.1
1995 年	87.5	59.5	67.9	86.2	58.7	67.0
1996 年	104.1	53.9	62.7	102.2	52.9	61.5
1997 年	121.1	52.5	60.4	118.6	51.4	59.2
1998 年	138.0	52.7	61.4	135.5	51.7	60.3
1999 年	143.6	51.1	60.9	140.4	50.0	59.5
2000 年	154.8	53.3	64.6	150.9	51.9	62.9
2001 年	174.2	56.3	61.8	169.8	54.9	60.2
2002 年	197.4	56.9	64.2	192.2	55.4	62.5
2003 年	223.9	54.3	64.2	215.8	52.3	61.9
2004 年	283.7	54.5	64.2	275.0	52.8	62.2
2005 年	359.7	54.8	66.5	351.2	53.5	64.9

说明:1. 国税收入(全口径)包括国税部门负责征收的国内增值税、国内消费税、企业所得税、外商投资企业和外国企业所得税、储蓄存款利息所得个人所得税、车辆购置税、证券交易印花税、城市维护建设税、营业税中央级和海关代征进口税收

2. 国税收入(计划口径)包括国税部门负责征收的国内增值税、国内消费税、企业所得税、外商投资企业和外国企业所得税、储蓄存款利息所得个人所得税、车辆购置税、营业税中央级

第二节　收入结构

1994—2005 年,随着经济发展和产业结构调整,在税收收入规模不断扩大的同时,收入结构也发生相应的变化。税收收入结构有以下特征:

税种结构有所变化,消费税比重仍然偏高。1994—2005 年,纵向看,全省国税收入中,增值税比重一直稳定在70%左右,消费税比重由1994 年的25.7%下降到2005 年的17%,下降8.7 个百分点;所得税比重由1994 年的2.4%上升至2005 年的12.9%,提高10.5 个百分点。横向看,2005 年消费税所占比重高于全国平均水平 11.7 个百分点。所得税比重上升较快,但“两税”占主体的基本收入格局未变,消费税收入所占比重偏高。

所有制结构变化显著,非公有制经济税收增长较快。1994 年全省“两税”收入中,公有制(国有、集体)经济、非公有制经济税收的比重为85.5∶14.5,2005 年变化为30.5∶69.5,非公有制经济比重提高55 个百分点,年均上升5 个百分点。1994—2005 年,安徽国税收入中,非公有制经济发展迅速,收入占总收入的“大头”。股份制经济税收比重由4.6%上升至41.6%;涉外经济税收比重由 1.8%上升至 13.4%;个体(含私营)经济税收比重由6.5%上升至 15%。股份制、涉外经济税收增长快,个体私营经济提供的税收规模偏小,份额偏低,发展潜力较大。

行业结构比较稳定,新兴行业提供税收较少。1994 年,卷烟、商业、电力、饮料酒、煤炭、成品油、建材、机器机械、钢坯钢材、纺织、化工等11 个行业的税收收入占全省“两税”收入比重为83.1%,2004 年为79.9%,一直稳定在80%左右。一些地区个别传统行业税收占“两税”收入比重升高。

占纳税户数不到千分之一的重点税源企业提供约三分之二的税收,骨干作用显著。1994 年重点税源企业(实现“两税”500 万元以上)91 户,占当年全省纳税户数的0.03%,入库“两税”35.7 亿元,占当年全省“两税”入库数的53.8%。2005 年,重点税源企业349 户,占当年全省纳税户数的0.08%,入库“两税”200.36 亿元,占当年全省“两税”入库数的68.2%。与其他省份相比,安徽省重点税源企业偏少,明显缺少名牌企业和税收收入在几十亿元的超大型企业集团,经济规模有待发展。

分地区看,1994 年,收入居前5 位的地市国税收入合计占当年全省“两税”收入的57.3%,收入最高的合肥市为10.4 亿元,收入最低的池州市为0.78 亿元,两者相差13倍。2005 年,收入前5 位的合计占当年全省“两税”收入的55%,收入最高的合肥市为70.49 亿元,收入最低的黄山市为3.57 亿元,两者相差近20 倍。1994—2005 年,各市收入实力普遍增大,但税收呈区域集中趋势,地区间收入差距拉大。

收入分税种结构

1994—1998 年,工商税收所占比重最大,且呈逐年上升趋势,5 年间,工商税收所占比重由 1994 年的 86.5%,提升至 1998 年的 97.3%,提升 10.8 个百分点。企业所得税比重基本上呈逐年下降趋势,由 1994 年的 10.8%,下降到 1998 年的 2.9%。

1994—1998 全省国税系统工商税收分税种统计表

表 3-2　　单位:万元

项目＼年度	税额				
	1994	1995	1996	1997	1998
总计	970016	818486	1058869	1211935	1380636
一、工商税收合计	838882	760798	1009505	1177383	1340371
1. 增值税	421014	523697	741023	873792	945360
2. 营业税	125425	11628	3363	21231	33075
3. 消费税	174836	190078	233286	252555	330661
4. 个人所得税	8885	10599	7598	499	60
5. 外商所得税	1142	1911	2317	3099	5436
6. 城市维护建设税	43544	3648	424	21	6
7. 车船使用税	2389	216	42	—	—
8. 房产税	15560	2603	189	—	—
9. 屠宰税	1479	1114	704	—	—
10. 资源税	8038	70	—	—	—
11. 土地使用税	9432	123	5	—	—
12. 印花税	2949	780	39	—	—
13. 投资方向调节税	10207	178	61	—	—
14. 滞纳金、罚款收入	1832	1652	1136	1445	0
15. 海关代征	12150	12501	19318	24741	25773
二、企业所得税	105142	35414	31718	33705	39991
1. 国有企业	—	—	27552	29612	36308
2. 集体企业	—	—	3726	3409	2556
3. 私营企业	—	—	5	0	0
4. 股份制企业	—	—	138	451	209
5. 联营企业	—	—	297	215	707
6. 企业所得税税款滞纳金、罚款收入	—	—	0	18	211
三、能交基金	7187	2335	664	2	—
四、预算调节基金	6328	3924	1501	14	—
五、其他收入	12477	16015	15481	831	274

说明:本表中部分数据空缺是由于部分税种已停征或改由地税部门征收

1999—2005 安徽省国税系统税收入分税种统计表

表 3-3 单位:万元

年度 项目	税额						
	1999	2000	2001	2002	2003	2004	2005
一、税收收入合计	1436041	1548352	1742567	1973818	2238972	2837547	3596842
1. 国内增值税	1001264	1071173	1151701	1311195	1490660	1847012	2324711
2. 国内消费税	330046	310685	325324	377402	403657	533733	611625
3. 营业税	31794	31563	26953	16155	3044	1626	114
4. 企业所得税	34124	53573	122668	126003	135797	214452	269319
5. 外商投资企业和外国企业所得税	6320	11878	13652	27205	62806	77054	109167
6. 个人所得税	188	29641	57933	63851	62380	76566	85680
7. 资源税	–	–	–	–	–	–	–、
8. 固定资产投资方向调节税	–	–	–	–	–	–	–
9. 城市维护建设税	6	6	10	11	9	–	–
10. 房产和城市房地产税	–	–	–	–	–	–	–
11. 印花税	–	–	–	–	–	–	–
12. 城镇土地使用税	–	–	–	–	–	–	–
13. 土地增值税	–	–	–	–	–	–	–
14. 车船使用和牌照税	–	–	–	–	–	–	–
15. 车辆购置税	–	–	–	–	–	–	111270
16. 屠宰税	–	–	–	–	–	–	–
17. 筵席税	–	–	–	–	–	–	–
18. 燃油税	–	–	–	–	–	–	–
19. 海关代征	32193	39833	44326	51996	80619	87104	84956
二、出口退税		–132055	–155217	–181937	–347556	–419034	–455625
三、其他收入	106	535	2068	2415	2726	2690	4049

收入分产业结构

2001—2005 年,第二产业税收增长较快。5 年间,二产税收对税收收入增长贡献率达 84.8%,二产税收比重由 2001 年的 74.2% 提升至 2005 年的 79.5%,提升 5.3 个百分点;三产税收比重由 2001 年的 25.7% 降低到 2005 年的 20.2%,下降 5.5 个百分点。

2001 年度安徽省国税收入分市分产业统计表

表 3-4　　单位:万元

地区	全省合计	第一产业	第二产业					第三产业						
			小计	采掘业	制造业	电力、燃气及水的生产和供应业	建筑业	小计	交通运输、仓储及邮电通信业	批发和零售贸易及餐饮业	金融保险业	房地产业	社会服务业	其他行业
全省合计	1742567	-	1293758	116913	991212	185376	257	448809	7981	263066	81021	649	35014	61078
合肥市	398614	-	260928	-	203550	57184	194	137686	7226	58103	57659	192	5470	9036
淮北市	87720	-	67318	36607	15947	14764	-	20402	19	12409	1241	-	3527	3206
亳州市	36315	-	17256	-	16310	946	-	19059	50	13789	543	-	2224	2453
宿州市	46088	-	31395	8953	14981	7461	-	14693	-	9919	463	-	659	3652
蚌埠市	160613	-	141837	-	136221	5607	9	18776	302	10884	1728	3	1516	4343
阜阳市	76249	-	53167	2860	44657	5645	5	23082	-	13871	1310	-	2942	4959
淮南市	103679	-	85455	35145	16431	33871	8	18224	68	10865	2552	-	817	3922
滁州市	73690	-	54689	2356	48732	3601	-	19001	-	13179	1275	-	1408	3139
六安市	41469	-	26887	214	21317	5356	-	14582	6	9622	718	-	1081	3155
马鞍山市	136173	-	119087	8261	97068	13748	10	17086	53	10575	2176	25	1101	3156
巢湖市	45045	-	30344	284	27000	3060	-	14701	60	8129	1484	-	1734	3294
芜湖市	247425	-	188354	14293	161334	12727	-	59071	133	48426	3064	371	3412	3665
宣城市	51339	-	35107	3086	28111	3910	-	16232	26	9487	1144	-	3280	2295
铜陵市	57156	-	44037	2422	35899	5716	-	13119	3	5948	1844	-	3930	1394
池州市	18022	-	10968	1306	7586	2076	-	7054	-	4222	382	-	839	1611
安庆市	135037	-	110287	1047	101800	7440	-	24750	25	15814	2699	58	695	5459
黄山市	25877	-	14922	79	13276	1536	31	10955	10	7488	739	-	379	2339
省国税局稽查局	2056	-	1720	-	992	728	-	336	-	336	-	-	-	-

说明:因第一产业金额过小,未超过万元,忽略不计

2002 年度安徽省国税收入分市分产业统计表

表 3-5 单位:万元

地区	全省合计	第一产业	第二产业					第三产业						
			小计	采掘业	制造业	电力、燃气及水的生产和供应业	建筑业	小计	交通运输、仓储及邮电通信业	批发和零售贸易及餐饮业	金融保险业	房地产业	社会服务业	其他行业
全省合计	1973818	–	1546017	150807	1192421	200371	2418	427801	11091	275187	34809	1411	38079	67224
合肥市	465451	–	350098	–	284372	63556	2170	115353	9322	68621	16925	477	8319	11689
淮北市	97887	–	76662	41825	18908	15927	2	21225	44	14769	1174	–	2286	2952
亳州市	36441	–	13560	–	12651	909	–	22881	61	17892	270	–	2112	2546
宿州市	47250	–	28840	11215	10636	6989	–	18410	56	11848	1991	8	868	3639
蚌埠市	197541	–	176012	–	169793	6218	1	21529	411	13000	1381	207	1659	4871
阜阳市	90741	–	65493	3204	56863	5414	12	25248	20	16070	828	–	2885	5445
淮南市	125198	–	105971	55884	15265	34610	212	19227	99	12246	1894	–	902	4086
滁州市	82517	–	63652	4649	55382	3621	–	18865	11	12890	796	–	1866	3302
六安市	45186	–	28872	279	22265	6328	–	16314	22	10652	698	–	1469	3473
马鞍山市	156754	–	140887	7636	118697	14552	2	15867	61	9310	1188	69	1974	3265
巢湖市	48927	–	33602	259	29269	4074	–	15325	19	8918	932	96	1667	3693
芜湖市	268828	–	229364	17026	197786	14535	17	39464	660	30596	2062	271	2018	3857
宣城市	56539	–	39076	3392	30576	5108	–	17463	34	10233	799	–	3839	2558
铜陵市	59633	–	46684	2764	37112	6808	–	12949	22	6235	1301	–	3804	1587
池州市	20782	–	12655	1690	8962	2003	–	8127	36	5022	214	–	1293	1562
安庆市	144223	–	117572	940	108608	8024	–	26651	191	17947	1451	7	841	6214
黄山市	28388	–	15765	44	14114	1605	2	12623	22	8928	635	276	277	2485
省国税局稽查局	1532	–	1252	–	1162	90	–	280	–	10	270	–	–	–

说明:因第一产业金额过小,未超过万元,忽略不计

2003 年度安徽省国税收入分市分产业统计表

表 3–6

单位:万元

地区	全省合计	第一产业	第二产业					第三产业							
			小计	采掘业	制造业	电力、燃气及水的生产和供应业	建筑业	小计	交通运输、仓储及邮政业	批发和零售业	金融业	信息传输、计算机服务和软件业	租赁和商务服务业	房地产业	其他行业
全省合计	2238972	–	1746382	150352	1370050	226128	–148	492590	7014	322464	14283	47925	527	4217	96160
合肥市	558230	–	389578	–	332204	58063	–689	168652	5014	87868	6907	47796	376	2082	18609
淮北市	110296	–	89743	43604	24729	21406	4	20553	–	14772	870	–28	–	–	4939
亳州市	38260	–	16721	–	13942	2779	–	21539	98	17826	169	13	–	–	3433
宿州市	49564	–	30322	12060	10445	7796	21	19242	16	14837	248	11	1	20	4109
蚌埠市	195146	–	173325	–	166449	6814	62	21821	363	14458	714	14	–	867	5405
阜阳市	96895	–	70247	4778	59992	5411	66	26648	2	17877	260	15	–	–	8494
淮南市	145459	–	125682	65642	18258	41541	241	19777	19	14352	577	–15	–	2	4842
滁州市	97621	–	76975	3356	69703	3916	–	20646	–	14090	417	–	–	–	6139
六安市	48968	–	29314	326	21579	7409	–	19654	12	14104	200	–	–	–	5338
马鞍山市	187489	–	170462	5997	146735	17709	21	17027	33	10848	676	25	37	240	5168
巢湖市	55172	–	37803	583	32268	4952	–	17369	–	11912	228	6	–	33	5190
芜湖市	308926	–	265774	2276	247230	16166	102	43152	1289	36106	1394	12	14	488	3849
宣城市	62767	–	44903	4137	33938	6828	–	17864	18	12432	239	–	–	22	5153
铜陵市	68781	–	57689	4370	43772	9547	–	11092	1	7133	179	8	97	40	3634
池州市	27708	–	19043	1812	14498	2711	22	8665	43	5768	142	31	1	146	2534
安庆市	155860	–	129847	1148	117739	10958	2	26013	98	18881	737	–	–	6	6291
黄山市	31374	–	18703	263	16323	2117	–	12671	8	8995	326	37	1	271	3033
省国税局稽查局	456	–	251	–	246	5	–	205	–	205	–	–	–	–	–

说明:因第一产业金额过小,未超过万元,忽略不计

2004 年度安徽省国税收入分市分产业统计表

表 3-7　　单位:万元

地区	全省合计	第一产业	第二产业					第三产业							
			小计	采掘业	制造业	电力、燃气及水的生产和供应业	建筑业	小计	交通运输、仓储及邮政业	批发和零售业	金融业	信息传输、计算机服务和软件业	租赁和商务服务业	房地产业	其他行业
全省合计	2837547	–	2265053	223128	1736364	303574	1987	572494	5053	396974	20895	36367	723	9420	103061
合肥市	672442	–	478407	249	386832	90675	651	194035	3435	116226	15363	36290	360	4339	18022
淮北市	134046	–	112885	62160	26498	24216	11	21162	3	16710	639	–	–	176	3633
亳州市	42546	–	20170	5	16422	3743	–	22376	1	18137	59	–	43	–	4137
宿州市	61667	–	36183	16703	11280	8175	25	25484	3	20555	289	–	47	1	4590
蚌埠市	242299	–	214205	128	204756	8476	845	28094	411	18631	140	–	45	1559	7308
阜阳市	118241	–	91342	12270	73497	5536	39	26899	–	18885	195	–	1	471	7348
淮南市	202020	–	181642	94302	27937	59285	118	20378	4	14517	68	–	–	37	5752
滁州市	130367	–	111495	5933	100334	5228	–	18872	3	14265	306	5	–	–	4293
六安市	57883	–	31931	1205	23180	7545	–	25952	2	20139	962	25	86	1	4737
马鞍山市	273611	–	240920	8116	205709	26916	178	32692	242	15214	554	26	11	1018	15626
巢湖市	71394	–	48945	1142	41665	6138	–	22449	1	17077	169	16	2	8	5176
芜湖市	382342	–	333163	4183	309708	19211	60	49179	702	41710	877	4	50	1050	4787
宣城市	80944	–	61751	3850	49399	8457	46	19193	7	15404	64	–	74	321	3323
铜陵市	114011	–	100341	7470	80394	12477	–	13670	2	10533	836	–	–	62	2238
池州市	40023	–	29963	3231	23562	3163	6	10060	2	7727	40	–	3	160	2128
安庆市	181246	–	152155	1989	138298	11867	–	29091	231	21740	175	–	–9	78	6875
黄山市	32465	–	19557	192	16892	2466	7	12908	7	9507	158	–	9	138	3089

说明:因第一产业金额过小,未超过万元,忽略不计

2005 年度安徽省国税收入分市分产业统计表

表 3–8 单位:万元

地区	全省合计	第一产业	第二产业					第三产业									
			小计	采掘业	制造业	电力、燃气及水的生产和供应业	建筑业	小计	交通运输、仓储及邮政业	批发和零售业	金融业	信息传输、计算机服务和软件业	住宿和餐饮业	文化、体育和娱乐业	租赁和商务服务业	房地产业	其他行业
全省合计	3485573	–	2771250	337053	2120887	305538	7772	714322	10616	467595	4903	67402	826	10	4156	30447	128367
合肥市	798810	–	552763	260	470529	78176	3798	246047	7529	130379	1230	67316	577	5	789	14401	23821
淮北市	177666	–	153897	95555	32351	25939	52	23768	21	19077	283	20	158	–	10	362	3837
亳州市	50368	–	26885	3412	19950	3492	31	23482	–	18716	–14	–	–	–	22	78	4679
宿州市	72231	–	45288	23387	12335	9542	25	26943	1	21595	22	–	1	–	460	16	4847
蚌埠市	287333	–	252749	119	239473	12840	317	34584	642	20057	48	6	11	–	84	5841	7895
阜阳市	157499	–	123489	21535	96294	5630	29	34010	4	24850	8	4	8	–	1	852	8283
淮南市	253284	–	226383	133719	34448	57931	286	26901	4	18079	168	–	5	–	–	582	8062
滁州市	171771	–	147841	9891	129748	8145	57	23930	–	19020	176	2	–	–	19	135	4578
六安市	68750	–	42929	3836	31191	7868	34	25821	3	19185	369	–	–	–	157	99	6009
马鞍山市	382025	–	329731	13045	291478	23361	1847	52294	386	24257	831	14	47	–	14	2489	24255
巢湖市	101270	–	73921	1592	66642	5273	414	27349	1	20141	45	18	2	–	21	656	6465
芜湖市	422937	–	354252	6204	328432	19080	537	68685	1761	54727	1511	1	3	–	2450	2579	5653
宣城市	99347	–	74737	5099	60020	9396	223	24610	4	19680	2	18	–	–	85	896	3925
铜陵市	159727	–	145345	10923	119974	14437	11	14383	11	11855	199	2	–	–	1	132	2181
池州市	48456	–	36558	5251	26884	4397	27	11897	62	9268	–	–	1	2	17	322	2226
安庆市	195796	–	161446	2824	141406	17183	33	34350	178	25722	25	1	5	3	–	379	8037
黄山市	38303	–	23035	402	19734	2851	49	15267	7	10986	–	–	8	–	27	627	3612

说明:1. 本表不含车辆购置税

2. 因第一产业金额过小,未超过万元,忽略不计

2001-2005 安徽省国税收入分产业税收情况表

表3-9　　单位:万元

年　度	税收收入	第二产业税收	比重(%)	第三产业税收	比重(%)
2001	1742567	1293758	74.2	448809	25.7
2002	1973818	1546017	78.4	427801	21.7
2003	2238972	1746382	78.0	492590	22.0
2004	2837547	2265053	79.8	572494	20.2
2005	3485573	2771250	79.5	714322	20.5

说明:表中税收收入未包含车辆购置税

收入分经济类型结构

从1999年开始,企业登记注册类型发生明显变化,相对固定和规范。1999—2005年,全省非公经济快速发展,表现在税收上,国有和集体企业税收占税收总额比重呈逐年下降趋势,两类企业税收占比由1999年的71.4%下降到2005年的31.4%,6年时间比重降低40个百分点。股份公司(有限责任公司、股份有限公司)、私营企业、港澳台资和外资企业等非公经济类型税收比重逐年提升。

国有企业:税收收入规模不断扩大,但税收收入比重逐年下滑,1999年收入90.3亿元,比重为63.7%;2005年收入105.2亿元,比重为30.2%。

集体企业:税收收入规模和比重双双下滑,收入规模由1999年的10.9亿元减少到2005年的4.4亿元,年收入比重由1999年的7.7%下降到2005年的1.3%,下降6.4个百分点。

股份公司:税收收入规模和比重呈现较快增长,1999年收入比重为11.1%,2005年为42.6%;2004年以后收入规模超过国有企业。

私营企业:税收收入规模和比重均增长,1999年收入比重为1.6%,2005年为7.7%;

港澳台资和外资企业:收入比重提升明显,1999年为6.8%,2005年为13.8%。

个体经营:收入比重缩小,1999年为5.2%,2005年为3.9%,个体工商户起征点调高是重要原因。

1994 年度安徽省国税收入分市分经济类型统计表

表 3–10　　单位:万元

地区	合计	国有经济	集体经济	私营经济	个体经济	联营经济	股份制经济	外商投资经济	港澳台商投资经济	其他经济
全省合计	1026747	686608	173527	2563	80114	749	56822	11467	4472	10427
合肥市	177544	114686	32206	646	6302	78	8980	6260	265	8190
淮北市	47805	39214	5786	274	2306	7	–	–	218	–
宿县地区	30044	19101	4845	1	5921	5	21	145	1	2
蚌埠市	110049	93422	11139	72	4212	–	55	344	805	–
阜阳市	89267	65641	10607	88	11757	403	43	169	6	553
淮南市	52020	39871	8050	65	3441	0	124	–	448	–
滁州市	65158	45772	12077	76	6893	30	32	86	86	107
六安地区	32435	17404	8030	31	6593	4	9	18	342	4
马鞍山市	82415	22380	14076	580	2993	20	41712	648	8	–
巢湖地区	37482	22327	8441	138	6060	101	20	378	2	15
芜湖市	88975	70387	11297	91	4217	13	280	133	1160	1399
宣城地区	44922	24500	12233	170	5571	18	489	1801	84	57
铜陵市	28873	19201	6875	109	2230	68	214	163	1	12
池州地区	13147	7461	3836	19	1625	6	49	109	31	10
安庆市	93886	65532	18886	120	7890	14	174	1123	141	7
黄山市	19750	11523	4978	83	2104	14	15	91	873	70

说明:本表含海关代征,不含出口退税

1995 年度安徽省国税收入分市分经济类型统计表

表 3-11

单位:万元

地区	合计	国有经济	集体经济	私营经济	个体经济	联营经济	股份制经济	外商投资经济	港澳台商投资经济	其他经济
全省合计	901430	607964	126578	2745	74311	853	50463	25049	6216	7249
合肥市	148265	97155	21484	689	5565	84	1910	14925	2	6451
淮北市	43599	36414	3669	252	2031	7	–	–	218	–
宿县地区	24346	15603	3603	1	4893	3	164	177	48	1
蚌埠市	100152	87721	6748	166	4181	–	142	244	928	22
阜阳市	80062	56882	7835	11	13912	–	53	1197	32	140
淮南市	45047	34430	6093	52	3501	77	187	393	302	10
滁州市	56494	38045	10595	67	7063	37	33	488	149	17
六安地区	24399	13103	5370	45	5580	0	9	81	211	–
马鞍山市	91579	14179	7739	500	2662	135	45498	549	121	195
巢湖地区	29854	16233	7161	188	5256	75	91	713	137	–
芜湖市	88265	72216	8697	116	2928	1	908	1302	1847	251
宣城地区	40159	21723	9731	250	5134	7	316	2771	212	15
铜陵市	25237	17181	4929	134	1479	402	814	298	–	–
池州地区	11994	6173	3421	18	1941	7	109	246	79	–
安庆市	96311	72624	15640	162	6189	4	72	1388	230	2
黄山市	15633	8282	3863	94	1970	22	187	366	794	56

说明:本表含海关代征,不含出口退税

1996 年度安徽省国税收入分市分经济类型统计表

表 3–12　　单位:万元

地区	合计	国有经济	集体经济	私营经济	个体经济	联营经济	股份制经济	外商投资经济	港澳台商投资经济	其他经济
全省合计	909224	621425	138971578	3248	55562	2471	45809	34248	6537	952
合肥市	182222	127916	22973	408	4676	437	3923	21662	1	226
淮北市	57868	50295	4565	193	1463	277	83	646	346	–
宿县地区	25373	18343	3196	2	3355	5	168	273	31	–
蚌埠市	116559	105718	7314	106	2463	–	96	294	569	–17
阜阳市	84370	65569	8770	20	8672	3	390	934	6	7
淮南市	61493	49872	8411	142	1832	246	151	218	474	147
滁州市	55815	36912	11123	177	5347	13	177	1883	177	8
六安地区	25559	14965	5874	59	4155	7	9	127	361	4
马鞍山市	67700	19516	7936	736	1979	198	36735	479	106	15
巢湖地区	32557	17256	9160	131	4468	184	209	976	169	3
芜湖市	112941	95277	8791	262	2791	45	633	2382	2592	167
宣城地区	39647	20491	10329	459	3618	14	537	4041	37	121
铜陵市	29939	20700	5128	194	1256	833	1165	321	341	–
池州地区	12996	7096	3549	15	1528	14	557	208	29	–
安庆市	119279	91919	17750	207	6361	3	688	1964	386	1
黄山市	16907	8971	4214	138	1598	192	289	338	911	257

说明:本表含海关代征,不含出口退税

1997 年度安徽省国税收入分市分经济类型统计表

表 3–13　　　　单位:万元

市	合计	国有经济	集体经济	私营经济	个体经济	联营经济	股份制经济	外商投资经济	港澳台商投资经济	其他经济
全省合计	1211072	843534	152178	5179	52205	14633	75595	47916	10705	9126
合肥市	220366	138766	28475	561	4551	1572	12480	26750	803	6410
淮北市	64606	54583	6184	364	1286	219	139	13	1819	–
宿县地区	28252	20111	4147	9	3037	–	424	480	45	–
蚌埠市	125586	114539	6880	181	2099	3	77	986	587	235
阜阳市	104102	85418	9905	53	5854	66	792	1925	3	87
淮南市	75543	60033	10879	324	2787	210	516	280	383	131
滁州市	63379	42264	11802	477	4970	59	1161	2003	343	300
六安地区	28987	17381	5515	112	4938	1	160	308	557	17
马鞍山市	81466	26103	7255	597	2232	172	44579	474	54	–
巢湖地区	34645	18115	9269	324	4661	63	861	984	367	–
芜湖市	143339	104723	12522	746	2465	9444	5251	4507	2834	848
宣城地区	39828	18093	8853	601	4310	38	2075	5589	45	225
铜陵市	36196	21472	4800	225	1411	2549	4391	249	619	480
池州地区	14398	8386	3756	23	1505	–	543	124	47	14
安庆市	129825	102279	17584	368	4413	18	1235	2999	841	87
黄山市	19126	9837	4353	215	1688	220	912	246	1362	294
省国税局稽查局	1430	1430	–	–	–	–	–	–	–	–

说明:本表含海关代征,不含出口退税

1998 年度安徽省国税收入分市分经济类型统计表

表 3–14　　单位:万元

地区	合计	国有经济	集体经济	私营经济	个体经济	联营经济	股份制经济	外商投资经济	港澳台商投资经济	其他经济
全省合计	1374786	923529	131226	12098	63681	9419	147202	63490	16636	7506
合肥市	231947	136689	21398	3202	5045	2793	19701	37142	4041	1937
淮北市	72142	61301	5836	378	1787	301	324	1603	612	–
亳州市	34959	20237	2048	10	379	–	12143	58	–	84
宿县地区	34917	25166	3336	20	4105	1	727	1456	101	4
蚌埠市	171942	159568	5794	165	3050	2	1236	1200	394	535
阜阳市	97890	77598	6067	185	8205	4	4156	1523	–	153
淮南市	82337	63783	9321	1091	2750	69	4507	650	153	12
滁州市	67974	41557	10097	1132	6366	83	5422	2543	707	68
六安地区	32768	18485	5773	139	6229	2	1226	229	662	23
马鞍山市	97272	31188	7399	822	1310	234	55940	342	17	21
巢湖地区	36622	17118	7873	860	5341	96	3924	448	830	132
芜湖市	192200	140807	12138	1650	3269	5198	17872	6176	3672	1420
宣城地区	43802	19853	8769	963	4505	93	3620	5837	110	52
铜陵市	41527	24239	3499	225	1279	245	5574	1587	1901	2979
池州地区	14978	7001	2978	59	1958	9	2869	69	36	–
安庆市	102906	70564	14889	750	6197	210	6432	2359	1496	9
黄山市	18464	8376	4012	449	1908	78	1441	269	1852	78
省国税局稽查局	141	–	–	–	–	–	88	–	53	–

说明:本表含海关代征,不含出口退税

1999 年度安徽省国税收入分市分企业类型统计表

表 3-15　　单位:万元

市	全省合计	内资企业								港澳台商投资企业	外商投资企业	个体经营
		小计	国有企业	集体企业	股份合作企业	联营企业	股份公司	私营企业	其他企业			
全省合计	1418634	1247925	903004	109314	41384	6620	156797	22443	8363	16457	79953	74299
合肥市	253182	203101	150630	15990	12373	3275	12761	4968	3104	931	42572	6578
淮北市	75244	71416	58128	6825	2462	1940	1008	1053	–	900	1134	1794
亳州市	32271	31191	15904	1496	194	–	13159	21	417	–	90	990
宿州市	36037	29481	26072	2298	49	–	1011	51	–	950	293	5313
蚌埠市	159890	154475	147050	4653	164	14	1800	323	471	179	1672	3564
阜阳市	96060	83152	68010	6873	7127	19	546	97	480	–	2072	10836
淮南市	84811	80911	64272	8610	6419	56	–	1531	23	258	816	2826
滁州市	69394	52825	35221	7791	2408	108	5204	1674	419	3690	5451	7428
六安地区	34816	26225	18529	4547	427	12	2262	396	52	834	253	7504
马鞍山市	101067	99113	35328	6488	–	232	56042	1010	13	12	474	1468
巢湖地区	36855	29802	16537	7193	271	76	4101	1624	–	703	940	5410
芜湖市	192219	175531	129292	9695	3042	203	28061	5032	206	5210	8455	3023
宣城地区	43415	34725	17696	7038	4147	19	3814	1951	60	88	3993	4609
铜陵市	45343	36843	19499	3416	382	509	9571	397	3069	576	6453	1471
池州地区	14117	11632	5624	1942	757	11	3077	194	27	40	12	2433
安庆市	116119	104197	82881	11110	1069	28	7763	1344	2	1000	4018	6904
黄山市	19674	15185	7389	3349	93	118	3439	777	20	1086	1255	2148
省国税局稽查局	8120	8120	4942	–	–	–	3178	–	–	–	–	–

说明:本表含海关代征,不含出口退税

2000 年度安徽省国税收入分市分企业类型统计表

表 3–16

单位:万元

市	全省合计	内资企业								港澳台商投资企业	外商投资企业	个体经营
		小计	国有企业	集体企业	股份合作企业	联营企业	股份公司	私营企业	其他企业			
全省合计	1508849	1283980	781988	95037	40859	7130	308233	37656	13077	27535	92741	104593
合肥市	297141	234832	173590	12770	11162	3975	22804	6816	3715	1739	49451	11119
淮北市	82075	74616	62322	7193	1794	2025	–	1282	–	1563	2290	3606
亳州市	47370	42678	17757	2648	3851	15	17654	730	23	–	203	4489
宿州市	41189	34708	29830	2698	9	1	2119	51	–	462	237	5782
蚌埠市	136151	127537	116186	3595	49	8	6048	1208	443	1460	1568	5586
阜阳市	72227	59924	47672	5604	1850	3	4068	426	301	133	1404	10766
淮南市	93563	74229	43631	6265	5005	13	17031	2284	–	13431	753	5150
滁州市	71350	55124	35208	6018	3041	42	7405	3394	16	1475	5744	9007
六安市	41324	31229	19449	4549	113	26	6280	804	8	510	764	8821
马鞍山市	118625	115665	26448	6128	287	250	79927	2625	–	–183	–29	3172
巢湖市	40685	31884	12608	7277	249	41	9288	2418	3	216	1122	7463
芜湖市	194011	174853	117475	9730	7294	220	32863	6938	333	4208	10194	4756
宣城地区	48370	37780	17770	5898	3616	41	7214	3119	122	87	4381	6122
铜陵市	49205	40442	12217	3187	455	206	15690	626	8061	67	6387	2309
池州地区	14918	11958	3854	1719	241	93	5510	541	–	81	–43	2922
安庆市	136265	118840	37884	7031	1574	21	69017	3299	14	1086	6616	9723
黄山市	22097	15398	6606	2727	269	150	4513	1095	38	1200	1699	3800
省国税局稽查局	2283	2283	1481	–	–	–	802	–	–	–	–	–

说明:本表含海关代征,不含出口退税

2001 年度安徽省国税收入分市分企业类型统计表

表 3-17　　　　单位：万元

市	全省合计	内资企业								港澳台商投资企业	外商投资企业	个体经营
		小计	国有企业	集体企业	股份合作企业	联营企业	股份公司	私营企业	其他企业			
全省合计	1742567	1444967	825754	96332	26529	7296	428622	58295	2139	38365	129953	129282
合肥市	398614	318345	210749	13983	1476	5798	70473	10373	493	2110	62887	15272
淮北市	87720	76853	55771	7101	47	263	11577	2094	–	2219	3430	5218
亳州市	36315	30550	8592	1748	4191	3	14694	1322	–	31	193	5541
宿州市	46088	38455	27960	3369	12	1	6932	180	1	297	303	7033
蚌埠市	160613	140470	121046	4487	204	5	11994	2154	580	2470	10752	6921
阜阳市	76249	64882	51686	3203	1915	53	7353	208	464	201	890	10276
淮南市	103679	81657	53603	6763	987	31	18186	2083	4	14160	676	7186
滁州市	73690	54851	33547	6771	2625	106	6973	4807	22	763	8334	9742
六安市	41469	30477	16938	4466	81	125	6871	1969	27	238	979	9775
马鞍山市	136173	129053	22955	5895	2592	287	93865	3459	–	316	1837	4967
巢湖市	45045	34475	11108	6184	1318	50	12491	3322	2	236	1846	8488
芜湖市	247425	216357	143161	8795	1805	179	49022	13170	225	11590	12641	6837
宣城市	51339	38089	15457	3318	7328	23	7234	4438	291	9	5612	7629
铜陵市	57156	43102	17390	2828	490	202	21180	1012	–	465	10126	3463
池州市	18022	14250	4500	1663	50	8	6956	1073	–	278	22	3472
安庆市	135037	113471	22799	8428	815	14	76348	5040	27	1442	7624	12500
黄山市	25877	17705	7221	2330	593	148	5819	1591	3	1540	1670	4962
省国税局稽查局	2056	1925	1271	–	–	–	654	–	–	–	131	–

说明：本表含海关代征，不含出口退税

2002 年度安徽省国税收入分市分企业类型统计表

表 3–18 单位:万元

市	全省合计	内资企业									港澳台商投资企业	外商投资企业	个体经营
		小计	国有企业	集体企业	股份合作企业	联营企业	有限责任公司	股份公司	私营企业	其他企业			
全省合计	1973818	1623543	834857	74737	20550	7048	227011	376151	78713	4476	48721	162377	139177
全省合计	1973818	1623543	834857	74737	20550	7048	227011	376151	78713	4476	48721	162377	139177
合肥市	465451	355319	227446	13819	7055	5868	12659	69379	16749	2344	3239	90248	16645
淮北市	97887	85206	53027	6548	197	2	16003	7033	2396	–	6477	206	5998
亳州市	36441	30179	7976	858	1687	90	4122	13707	1739	–	119	125	6018
宿州市	47250	38722	31112	2697	29	–	2047	2460	377	–	322	601	7605
蚌埠市	197541	175396	150735	4600	300	–	11731	4653	2599	778	2175	12083	7887
阜阳市	90741	77784	59063	2779	1012	42	8254	5755	284	595	209	1102	11646
淮南市	125198	102881	24337	4225	922	122	42195	28224	2856	–	13540	824	7953
滁州市	82517	60669	37881	5268	1070	18	5902	4095	6427	8	2231	9873	9744
六安市	45186	34408	12290	2734	211	4	1668	14294	3207	–	140	474	10164
马鞍山市	156754	148943	20120	5993	737	336	18831	98026	4900	–	29	2647	5135
巢湖市	48927	37574	12013	4943	861	66	6206	8671	4810	4	354	2039	8960
芜湖市	268828	231645	130574	5116	267	97	64054	18075	13367	95	14286	15411	7486
宣城市	56539	42651	16748	3024	3752	15	7162	4998	6489	463	1324	4974	7590
铜陵市	59633	44558	14604	2156	844	246	11172	13790	1600	146	271	11259	3545
池州市	20782	16799	5707	1325	29	17	2925	4725	2070	1	116	180	3687
安庆市	144223	120090	22640	6639	1018	20	7496	75943	6292	42	1558	8656	13919
黄山市	28388	19277	7293	2013	559	105	4533	2223	2551	–	2331	1585	5195
省国税局稽查局	1532	1442	1291	–	–	–	51	100	–	–	–	90	–

说明:本表含海关代征,不含出口退税

2003 年度安徽省国税收入分市分企业类型统计表

表 3-19　　单位：万元

市	全省合计	内资企业									港澳台商投资企业	外商投资企业	个体经营
		小计	国有企业	集体企业	股份合作企业	联营企业	有限责任公司	股份公司	私营企业	其他企业			
全省合计	2238972	1828274	854372	70505	36201	7357	348145	404768	101438	5488	64401	216786	129511
合肥市	558230	407440	249840	12162	17930	6095	36876	59598	21455	3484	7614	127214	15962
淮北市	110296	92130	30699	7566	164	16	37189	13286	3206	4	3373	8898	5895
亳州市	38260	32570	7083	857	6269	82	6209	9989	2065	16	205	148	5337
宿州市	49564	41380	27974	3414	–	1	7818	1805	368	–	425	713	7046
蚌埠市	195146	171762	139506	2411	855	–	15290	9732	2705	1263	3125	13326	6933
阜阳市	96895	84494	61462	2676	1346	62	7449	10339	952	208	42	1138	11221
淮南市	145459	120283	12485	3891	1046	233	70811	28629	3188	–	17445	1028	6703
滁州市	97621	77932	49068	5513	161	–	13186	2467	7532	5	2173	9050	8466
六安市	48968	38897	14152	2357	610	1	9390	8967	3345	75	142	582	9347
马鞍山市	187489	178386	19378	5559	601	263	22203	121778	8604	–	170	3616	5317
巢湖市	55172	44963	14191	5825	1478	121	8985	8440	5921	2	231	1248	8730
芜湖市	308926	260314	154353	4522	162	127	64436	19392	17241	81	22824	17880	7908
宣城市	62767	49697	21735	2127	3814	6	8800	4313	8656	246	1221	4894	6955
铜陵市	68781	50825	15541	2782	71	205	16941	12604	2588	93	240	14598	3118
池州市	27708	23907	5756	1085	23	28	4671	9416	2924	4	215	550	3036
安庆市	155860	132032	24943	6084	1297	21	9895	82235	7550	7	1603	9803	12422
黄山市	31374	20875	6066	1674	374	96	7855	1738	3072	–	3353	2031	5115
省国税局稽查局	456	387	140	–	–	–	141	40	66	–	–	69	–

说明：本表含海关代征，不含出口退税

2004 年度安徽省国税收入分市分企业类型统计表

表 3–20　　　　单位:万元

市	全省合计	内资企业									港澳台商投资企业	外商投资企业	个体经营
		小计	国有企业	集体企业	股份合作企业	联营企业	有限责任公司	股份公司	私营企业	其他企业			
全省合计	2837547	2347626	963322	52701	11046	2115	563867	575252	177375	1948	98344	267377	124201
合肥市	672442	482228	242475	5693	1147	490	72250	120128	39142	903	26672	146911	16631
淮北市	134046	111970	17910	5952	634	77	60860	17980	8253	305	5138	11235	5703
亳州市	42546	31301	13233	990	302	122	14464	1979	195	16	217	6332	4697
宿州市	61667	54420	29730	3712	107	23	17940	2238	666	5	521	719	6007
蚌埠市	242299	217948	177198	2042	270	–	25285	9616	3478	58	10381	7196	6774
阜阳市	118241	106340	59575	2330	128	9	29606	10605	4083	4	503	773	10624
淮南市	202020	172983	22248	4104	621	436	99588	41673	4286	28	20844	1670	6523
滁州市	130367	109310	69314	4029	433	5	17881	8316	9227	106	5960	7768	7329
六安市	57883	45944	18501	1346	342	1	14071	4170	7297	215	325	3891	7723
马鞍山市	273611	260518	17102	4179	2619	247	34668	183731	17934	38	1020	5937	6137
巢湖市	71394	61526	19092	2262	255	106	10347	10887	18555	23	98	1437	8333
芜湖市	382342	330820	189889	3663	230	124	86532	26042	24244	96	19410	22805	9307
宣城市	80944	65451	26261	3274	2004	143	14608	3905	15177	79	527	7651	7315
铜陵市	114011	79623	19805	1422	857	165	26430	23241	7684	19	1966	28995	3427
池州市	40023	35431	6421	1035	93	29	11363	13287	3201	2	255	1488	2849
安庆市	181246	158547	28217	5408	672	66	19507	95964	8661	52	1608	10902	10189
黄山市	32465	23265	6351	1261	333	71	8467	1489	5293	–	2900	1667	4632

说明:本表含海关代征,不含出口退税

2005 年度安徽省国税收入分市分企业类型统计表

表 3-21 单位:万元

市	全省合计	内资企业								港澳台商投资企业	外商投资企业	个体经营
		小计	国有企业	集体企业	股份合作企业	联营企业	股份公司	私营企业	其他企业			
全省合计	3485573	2868877	1051673	43880	14959	1871	1486252	268427	1816	116105	365624	134967
合肥市	798810	535682	253159	4789	1466	331	220822	54354	761	34201	210450	18477
淮北市	177666	156833	18579	3417	535	109	122963	10981	249	3747	11112	5973
亳州市	50368	34785	11687	267	286	182	22151	212	–	200	10392	4991
宿州市	72231	64960	34803	2625	89	–	26424	1009	9	521	328	6422
蚌埠市	287333	259234	201360	2054	483	–	49208	5996	133	11303	9748	7048
阜阳市	157499	141897	75060	1427	80	5	60271	5053	–	877	3133	11593
淮南市	253284	217357	22819	4684	1149	387	182335	5911	72	26637	2158	7132
滁州市	171771	145210	78818	3330	435	6	46166	16241	214	7854	11451	7256
六安市	68750	51328	15944	1937	490	1	23709	9097	151	918	8574	7931
马鞍山市	382025	361593	18528	4046	3118	235	303826	31782	58	4768	8006	7658
巢湖市	101270	90051	19131	1761	166	159	29742	39080	12	488	1736	8995
芜湖市	422937	368438	203536	2950	467	67	129475	31937	5	16049	27848	10603
宣城市	99347	84199	26457	4065	3749	160	26000	23690	78	1000	7354	6795
铜陵市	159727	117472	25870	1106	1234	101	78400	10727	34	1240	37764	3251
池州市	48456	42190	9506	928	105	6	28208	3436	2	174	3083	3008
安庆市	195796	170359	29184	2954	664	11	125279	12231	36	2626	10845	11967
黄山市	38303	27290	7231	1539	443	111	11274	6690	1	3503	1643	5867

说明:1. 本表含海关代征,不含出口退税及免抵调

2. 本表不含车辆购置税

收入分市结构

各市收入规模不断壮大,地区间收入差距增大。1994 年,全省国税收入超过 10 亿元的只有合肥市,5 亿元~10 亿元的有蚌埠、芜湖、安庆、阜阳 4 个市。1996 年,收入超 10 亿元的有合肥、安庆、蚌埠和芜湖市;2005 年,收入超 10 亿元的有 12 个市,其中合肥市超过 70 亿元。合肥、芜湖两市收入集中度较高,1998 年两市税收收入占全省税收收入比重超过 30%。传统老工业城市蚌埠、安庆市税收比重总体呈下滑趋势。

1994 年安徽省国税系统主要税种收入分地区情况表

表 3-22　　单位:万元

地区	工商税收			其中“两税”入库数					
	税额	比上年(+-%)	占年初计划(%)	合计	占增收目标(%)	增值税	占增收目标(%)	消费税	占增收目标(%)
合计	924509	24.4	115.6	662861	103.3	488279	107.9	174582	92.5
合肥市	153741	25.3	112.8	104377	103.7	80895	105.4	23482	98.2
蚌埠市	103491	22.4	111.0	81711	103.3	37526	138.6	44185	85.0
芜湖市	86288	18.3	107.6	67842	101.1	35409	106.1	32433	96.2
安庆市	88129	42.2	125.9	65024	112.8	42565	107.2	22459	125.2
淮南市	49336	21.6	113.9	33529	104.5	33314	104.5	215	108.6
淮北市	45553	27.1	116.8	33289	103.6	29691	117.1	3598	53.0
马鞍山市	68396	14.3	102.1	47152	100.4	47035	101.4	117	20.4
铜陵市	25317	28.0	116.1	16156	102.6	16014	103.4	142	52.8
黄山市	18025	33.3	124.3	11182	100.9	10742	102.8	440	69.7
阜阳地区	85328	31.7	122.2	61153	100.6	33573	103.1	27580	97.8
宿县地区	26957	45.5	137.5	16861	121.4	15418	136.8	1443	55.1
滁州市	59593	26.8	115.5	45276	100.4	29117	110.8	16159	85.8
六安地区	28912	30.8	124.6	19049	100.5	18229	100.9	820	91.9
巢湖地区	32654	28.9	120.9	23806	100.0	23038	99.9	768	103.2
宣城地区	40096	26.2	116.9	28664	104.6	28036	105.0	628	88.7
池州地区	12511	44.7	136.0	7790	114.8	7677	116.4	113	60.4
另:出口退税	80000	74.1	100.0	80000		79818		182	

1995 年安徽省国税系统主要税种收入分地区情况表

表 3-23　　单位:万元

地区	入库数	其中		“两税”		
		中央级	地方级	增值税	消费税	合计
合计	840746	656791	183955	600447	190386	790833
合肥市	127154	99633	27521	92317	22527	114844
蚌埠市	98550	83965	14585	47881	47788	95669
芜湖市	86479	75184	11295	41419	42730	84149
安庆市	91128	74781	16347	59136	25931	85067
淮南市	43685	32302	11383	42286	388	42674
淮北市	41650	31770	9880	38187	2834	41021
马鞍山市	61035	40689	20346	53534	234	53768
铜陵市	24396	17930	6466	23630	168	23798
黄山市	14784	10338	4446	12958	578	13536
阜阳地区	75259	59135	16124	41016	28130	69146
宿县地区	22828	16271	6371	19560	1538	21098
滁州市	53691	42732	10959	36486	14925	51411
六安地区	22978	16607	6371	20792	977	21769
巢湖地区	28270	20604	7666	26424	702	27126
宣城地区	37540	26653	10887	34195	792	34987
池州地区	11319	8197	3122	10626	144	10770

1996 年安徽省国税收入分地区分税种统计表

表 3-24 单位:万元

地区	一、工商税收合计	其中			二、企业所得税	三、其他收入	占全省比例(%)	位次
		国内增值税	国内消费税	海关代征				
全省合计	1009505	741023	233286	19318	31718	15481	100.0	-
合肥市	164457	125740	26382	10548	17770	2920	16.3	1
淮北市	56641	51741	4695	-	1227	1637	5.6	8
宿县地区	25003	22901	1642	-	369	33	2.5	14
蚌埠市	112692	44914	66922	-	3867	964	11.2	3
阜阳市	83281	51349	28358	-	1089	68	8.2	5
淮南市	60838	60194	428	-	655	650	6.0	7
滁州市	55460	39599	14791	-	355	268	5.5	9
六安地区	25420	24318	1041	-	139	165	2.5	13
马鞍山市	66941	65004	225	1287	753	636	6.6	6
巢湖地区	32294	30480	786	-	263	267	3.2	11
芜湖市	110767	56973	48632	4184	2174	6315	11.0	4
宣城地区	38827	37044	621	-	820	247	3.8	10
铜陵市	29525	28655	197	-	414	20	2.9	12
池州地区	12632	12354	134	-	364	1	1.3	16
安庆市	118171	74304	37796	3299	1108	1255	11.7	2
黄山市	16556	15453	636	-	351	35	1.6	15

说明:表中占全省比例(%)和位次均指工商税收

1997 年安徽省国税收入分市分税种统计表

表 3–25

单位:万元

地区	一、工商税收合计	其中			二、企业所得税	三、其他收入	占全省比例(%)	位次
		国内增值税	国内消费税	海关代征				
全省合计	1177383	873792	252555	24741	33705	831	100.0	–
合肥市	195819	144465	28293	15369	24546	–	16.6	1
淮北市	63542	58526	3867	–	1064	–	5.4	8
宿县地区	27854	25696	1798	–	398	–	2.4	14
蚌埠市	125021	61969	60821	235	565	–	10.6	4
阜阳市	103248	63494	38203	–	854	3	8.8	5
淮南市	74922	72869	474	–	621	–	6.4	7
滁州市	63108	45852	16004	–	271	–	5.4	9
六安地区	28513	26944	1144	–	474	3	2.4	13
马鞍山市	80477	77559	169	1245	990	–	6.8	6
巢湖地区	34115	32987	606	–	530	1	2.9	12
芜湖市	143163	81996	55435	3920	176	602	12.2	2
宣城地区	38807	36806	644	–	1022	–	3.3	10
铜陵市	35904	33845	277	100	291	–	3.0	11
池州地区	14139	13736	96	–	259	–	1.2	16
安庆市	128575	79970	43140	3564	1250	222	10.9	3
黄山市	18731	16683	686	307	394	–	1.6	15
省国税局稽查局	1445	395	898	–	–	–	0.1	–

说明:表中占全省比例(%)和位次均指工商税收

1998 年安徽省国税收入分地区分税种统计表

表 3-26

单位:万元

地区	一、税收收入合计	其中						二、其他收入	占全省比例（%）	位次
		国内增值税	国内消费税	营业税	企业所得税	外商所得税	海关代征			
全省合计	1380353	945360	330661	33075	39991	5436	25773	274	100.0	-
合肥市	232447	159883	31736	10156	14364	2618	13690	-	16.8	1
淮北市	72494	66270	3878	1371	770	205	-	-	5.3	8
亳州市	34958	16789	17519	310	326	15	-	-	2.5	13
宿县地区	34917	29977	4239	498	197	5	-	-	2.5	14
蚌埠市	172330	50282	108284	2275	10835	119	535	-	12.5	3
阜阳市	97995	59833	35207	2222	678	13	42	-	7.1	5
淮南市	82433	78635	520	2496	761	21	-	-	6.0	7
滁州市	68510	49081	17191	1860	295	83	-	-	5.0	9
六安地区	32792	29691	2201	643	252	5	-	-	2.4	15
马鞍山市	97681	92480	128	2210	1536	68	1259	13	7.1	6
巢湖地区	36621	35197	647	518	241	18	-	-	2.7	12
芜湖市	192521	95683	80501	2072	7125	915	6226	204	13.9	2
宣城地区	44250	40361	1179	1319	856	535	-	-	3.2	10
铜陵市	43269	37802	286	1854	257	34	2979	-	3.1	11
池州地区	15182	14330	104	441	275	32	-	-	1.1	17
安庆市	103288	72754	26445	2077	813	276	923	57	7.5	4
黄山市	18527	16173	598	753	410	474	120	-	1.3	16
省国税局稽查局	141	141	-	-	-	-	-	-	0.0	-

说明:表中占全省比例(%)和位次均指工商税收

1999年安徽省国税收入分市分税种统计表

表3-27　　　　单位:万元

地区	一、税收收入合计	其中						二、其他收入	占全省比例(%)	位次
		国内增值税	国内消费税	营业税	企业所得税	外商所得税	海关代征			
全省合计	1435935	1001264	330046	31794	34124	6320	32193	106	100.0	-
合肥市	254490	166293	36653	8539	20796	2137	20054	-	17.7	1
淮北市	77245	69158	3885	1267	2567	359	-	-	5.4	8
亳州市	32271	17200	14417	288	355	10	-	-	2.2	15
宿州市	36037	31089	4188	526	227	-	-	-	2.5	13
蚌埠市	164291	56397	102215	2089	2974	133	471	-	11.4	3
阜阳市	96391	58262	34910	2385	765	48	5	-	6.7	6
淮南市	84960	81377	201	2505	840	26	-	-	5.9	7
滁州市	71128	52978	15907	1515	350	368	-	-	5.0	9
六安地区	34860	31923	2002	810	116	-	-	-	2.4	14
马鞍山市	101948	96462	103	2361	949	144	1921	-	7.1	5
巢湖地区	36855	35414	489	772	167	9	-	-	2.6	12
芜湖市	194949	105424	79716	2163	196	1369	6068	106	13.6	2
宣城地区	43630	39692	1280	1221	1022	409	-	-	3.0	11
铜陵市	46604	39772	213	1929	1508	64	3069	-	3.2	10
池州地区	14633	13736	118	470	281	24	-	-	1.0	17
安庆市	117627	82985	30824	2126	561	724	397	-	8.2	4
黄山市	19896	17420	487	828	450	496	208	-	1.4	16
省国税局稽查局	8120	5682	2438	-	-	-	-	-	0.6	-

说明:表中占全省比例(%)和位次均指工商税收

2000 年安徽省国税收入分市分税种统计表

表 3-28　　单位：万元

地区	一、税收收入合计	其中							二、其他收入	占全省比例（%）	位次
		国内增值税	国内消费税	营业税	企业所得税	外商所得税	个人所得税	海关代征			
全省合计	1548352	1071173	310685	31563	53573	11878	29641	39833	535	100.0	-
合肥市	297751	177005	45104	9792	38374	4797	4010	18669	74	19.2	1
淮北市	82075	72202	4101	1211	2949	146	1466	-	33	5.3	7
亳州市	47370	29855	15074	961	252	18	1210	-	44	3.1	12
宿州市	41189	32378	6390	402	518	-	1501	-	11	2.7	14
蚌埠市	143951	67607	69346	1888	2085	494	2088	443	1	9.3	3
阜阳市	73489	43504	25359	1526	451	38	2601	10	7	4.7	9
淮南市	93636	87979	229	2388	935	29	2076	-	14	6.0	6
滁州市	74649	51376	19633	1423	282	388	1547	-	21	4.8	8
六安市	41324	35387	3586	636	136	24	1555	-	2	2.7	13
马鞍山市	124624	116887	73	1914	1208	173	1473	2896	4	8.0	5
巢湖市	40685	37638	454	673	122	83	1715	-	30	2.6	15
芜湖市	203011	110543	73617	2562	3694	2078	1795	8722	236	13.1	2
宣城地区	48426	43711	1026	1337	614	446	1292	-	20	3.1	11
铜陵市	52704	41084	171	1634	247	732	769	8061	2	3.4	10
池州地区	16523	14618	508	388	246	23	740	-	28	1.1	17
安庆市	141865	89360	44629	2064	1061	1484	2514	753	1	9.2	4
黄山市	22797	18667	474	764	399	925	1289	279	7	1.5	16
省国税局稽查局	2283	1372	911	-	-	-	-	-	-	0.1	-

说明：表中占全省比例（%）和位次均指工商税收

2001 年安徽省国税收入分市分税种统计表

表 3-29　　　　单位:万元

地区	一、税收收入合计	其中							二、其他收入	占全省比例(%)	位次
		国内增值税	国内消费税	营业税	企业所得税	外商所得税	个人所得税	海关代征			
全省合计	1742567	1151701	325324	26953	122668	13652	57933	44326	2068	100.0	-
合肥市	398614	221257	53482	8675	83498	4455	7801	19446	371	22.9	1
淮北市	87720	77424	5009	843	1573	115	2756	-	75	5.0	7
亳州市	36315	23024	10196	498	108	36	2453	-	59	2.1	15
宿州市	46088	35852	5015	448	1121	-	3652	-	78	2.6	12
蚌埠市	160613	69495	83603	1463	878	951	3643	580	77	9.2	3
阜阳市	76249	42473	26817	1207	618	97	4945	92	112	4.4	8
淮南市	103679	95676	191	2111	1762	22	3917	-	67	5.9	6
滁州市	73690	47710	20235	1156	693	786	3110	-	143	4.2	9
六安市	41469	34461	3088	715	74	-24	3155	-	70	2.4	14
马鞍山市	136173	127021	929	1288	2010	217	2948	1760	111	7.8	4
巢湖市	45045	38792	887	1384	278	504	3200	-	99	2.6	13
芜湖市	247425	125352	78619	1626	22612	2573	3564	13079	417	14.2	2
宣城市	51339	44894	1398	997	1271	498	2281	-	102	2.9	11
铜陵市	57156	45323	19	1495	648	622	1384	7655	38	3.3	10
池州市	18022	14832	871	369	330	241	1379	-	97	1.0	17
安庆市	135037	86332	34343	2056	3715	1675	5407	1509	64	7.7	5
黄山市	25877	20278	535	622	1044	855	2338	205	88	1.5	16
省国税局稽查局	2056	1505	87	-	435	29	-	-	-	0.1	-

说明:表中占全省比例(%)和位次均指工商税收

2002 年安徽省国税收入分市分税种统计表

表 3-30

单位:万元

地区	一、税收收入合计	其中							二、其他收入	占全省比例(%)	位次
		国内增值税	国内消费税	营业税	企业所得税	外商所得税	个人所得税	海关代征			
全省合计	1973818	1311195	377402	16155	126003	27205	63851	51996	2415	100.0	-
合肥市	465451	268966	87776	4393	56212	12829	9218	26057	484	23.6	1
淮北市	97887	84570	6444	413	3381	150	2929	-	88	5.0	7
亳州市	36441	25384	8007	247	204	55	2544	-	73	1.8	15
宿州市	47250	36901	2531	1799	2387	12	3620	-	102	2.4	13
蚌埠市	197541	79563	85126	880	26172	671	4351	778	81	10.0	3
阜阳市	90741	46269	37324	508	964	42	5393	241	100	4.6	8
淮南市	125198	110757	211	1472	8436	238	4084	-	89	6.3	6
滁州市	82517	55938	19686	439	1652	1512	3290	-	236	4.2	9
六安市	45186	36146	4296	670	591	10	3473	-	92	2.3	14
马鞍山市	156754	146902	1069	596	1996	255	3178	2758	93	7.9	4
巢湖市	48927	42541	892	812	445	549	3688	-	302	2.5	12
芜湖市	268828	142410	87423	944	12709	5882	3800	15660	218	13.6	2
宣城市	56539	49316	1166	458	2236	816	2547	-	158	2.9	11
铜陵市	59633	50174	84	1073	831	952	1576	4932	43	3.0	10
池州市	20782	17317	797	180	812	114	1562	-	77	1.1	17
安庆市	144223	95137	33552	948	4752	2228	6113	1493	115	7.3	5
黄山市	28388	22216	520	275	1925	890	2485	77	64	1.4	16
省国税局稽查局	1532	688	498	48	298	-	-	-	-	0.1	-

说明:表中占全省比例(%)和位次均指工商税收

2003 年安徽省国税收入分市分税种统计表

表 3–31

单位:万元

地区	一、税收收入合计	其中							二、其他收入	占全省比例(%)	位次
		国内增值税	国内消费税	营业税	企业所得税	外商所得税	个人所得税	海关代征			
全省合计	2238972	1490660	403657	3044	135797	62806	62380	80619	2726	100.0	–
合肥市	558230	311409	97357	733	63430	40465	8835	36001	497	24.9	1
淮北市	110296	95987	7916	77	3344	150	2822	–	84	4.9	7
亳州市	38260	27582	7453	51	341	94	2739	–	104	1.7	15
宿州市	49564	41159	1352	46	3603	21	3383	–	92	2.2	13
蚌埠市	195146	84822	91501	258	11932	1302	4068	1263	109	8.7	3
阜阳市	96895	50806	37358	93	2822	19	5629	168	204	4.3	9
淮南市	145459	129811	288	122	9213	2080	3945	–	172	6.5	6
滁州市	97621	61945	27268	75	3653	1576	3104	–	259	4.4	8
六安市	48968	37622	3788	136	3599	133	3690	–	96	2.2	14
马鞍山市	187489	175130	964	97	2237	823	2966	5272	108	8.4	4
巢湖市	55172	48137	798	138	1817	393	3889	–	201	2.5	12
芜湖市	308926	161248	90272	182	17206	8819	3715	27484	251	13.8	2
宣城市	62767	54218	1259	75	3406	1216	2593	–	192	2.8	11
铜陵市	68781	56781	89	246	1166	1002	1416	8072	66	3.1	10
池州市	27708	23560	985	137	1302	193	1531	–	86	1.2	17
安庆市	155860	105659	34644	511	4454	2659	5644	2289	139	7.0	5
黄山市	31374	24356	365	67	2252	1853	2411	70	66	1.4	16
省国税局稽查局	456	428	–	–	20	8	–	–	–	0.0	–

说明:表中占全省比例(%)和位次均指工商税收

2004 年安徽省国税收入分市分税种统计表

表 3-32　　单位:万元

地区	一、税收收入合计	其中							二、其他收入	占全省比例（%）	位次
		国内增值税	国内消费税	营业税	企业所得税	外商所得税	个人所得税	海关代征			
全省合计	2837547	1847012	533733	1626	214452	77054	76566	87104	2690	100.0	-
合肥市	672442	362375	122613	-	96761	51304	11906	27483	729	23.7	1
淮北市	134046	118594	8373	-	3494	261	3324	-	106	4.7	7
亳州市	42546	29002	7537	-	2609	162	3236	-	99	1.5	15
宿州市	61667	48259	1489	35	7757	33	4095	-	69	2.2	13
蚌埠市	242299	87049	132157	130	15900	1729	4657	677	133	8.5	4
阜阳市	118241	63419	40870	-	6494	99	7123	236	155	4.2	9
淮南市	202020	181595	445	-	13083	2078	4818	-	135	7.1	5
滁州市	130367	72473	46171	2	5988	1796	3938	-	201	4.6	8
六安市	57883	39492	4354	644	8967	89	4337	-	98	2.0	14
马鞍山市	273611	251561	1219	-	4419	2325	3829	10259	121	9.6	3
巢湖市	71394	58313	1150	20	6935	367	4609	-	171	2.5	12
芜湖市	382342	193013	123006	28	19974	7966	4563	33791	207	13.5	2
宣城市	80944	70190	1571	-	4405	1668	3110	-	138	2.9	11
铜陵市	114011	95323	152	760	2904	1783	1910	11178	59	4.0	10
池州市	40023	34290	1108	6	2529	271	1819	-	85	1.4	16
安庆市	181246	117071	41172	-	9380	3598	6552	3473	131	6.4	6
黄山市	32465	24993	348	-	2853	1524	2741	6	52	1.1	17

说明:表中占全省比例(%)和位次均指工商税收

2005年安徽省国税收入分市分税种统计表

表3-33　　单位:万元

地区	一、税收收入合计	其中								二、其他收入	占全省比例(%)	位次
		国内增值税	国内消费税	营业税	企业所得税	外商所得税	个人所得税	车辆购置税	海关代征			
全省合计	3596842	2324711	611625	114	269319	109167	85680	111270	84956	4049	100.0	-
合肥市	822903	447752	133775	-	102629	77709	13685	24094	23259	1118	22.9	1
淮北市	181216	160019	9469	-	3551	1195	3432	3550	-	124	5.0	7
亳州市	57959	33527	10745	-	2272	166	3657	7591	-	83	1.6	15
宿州市	77673	61201	1062	-	5756	27	4186	5442	-	155	2.2	13
蚌埠市	292109	99796	157088	112	23553	920	4835	4776	1030	191	8.1	4
阜阳市	168604	84152	56834	-	8302	47	7916	11105	248	339	4.7	9
淮南市	259666	219321	477	-	24293	3605	5587	6382	-	195	7.2	5
滁州市	177300	106316	49185	-	10658	1361	4250	5529	-	212	4.9	8
六安市	76802	50163	6651	7	6507	376	5046	8052	-	219	2.1	14
马鞍山市	388172	344581	1617	-	10880	3360	4262	6147	17325	258	10.8	3
巢湖市	104862	85110	1151	10	8854	479	5666	3592	-	253	2.9	12
芜湖市	428872	219897	132040	-14	30245	11515	5136	5935	24118	217	11.9	2
宣城市	104911	83294	1376	-	10254	974	3449	5564	-	225	2.9	11
铜陵市	161925	136564	197	-	3187	1939	1808	2198	16032	80	4.5	10
池州市	50504	40299	1654	-	3638	723	2142	2048	-	70	1.4	16
安庆市	202002	123947	47946	-	10586	3076	7496	6206	2746	248	5.6	6
黄山市	41362	28773	358	-	4152	1695	3127	3059	197	64	1.1	17

说明:表中占全省比例(%)和位次均指工商税收

收入分县(市)结构

县域经济是国民经济的基本单元,是连接城乡经济的纽带。全省县域经济持续快速发展,县市税收规模不断扩大,对全省经济发展起到重要的加速和助推作用。1996年,县(市)国税收入总额28.4亿元,2005年收入总额为71.8亿元,是1996年的2.53倍。1996年收入超亿元的县有3个,仅占全省县(市)数的4.3%;2005年收入超亿元的县有21个,占全省县(市)数的34.4%。

1994年安徽省国税收入分县(市)统计表

表3–34　　单位:万元

序号	县(市)名	工商税收	位次	序号	县(市)名	工商税收	位次
1	肥东县	4944	25	36	利辛县	2684	55
2	肥西县	4066	35	37	砀山县	3203	47
3	长丰县	2613	57	38	萧县	4624	27
4	怀远县	6101	14	39	宿州市	13214	3
5	固镇县	2640	56	40	灵璧县	3307	46
6	五河县	3469	42	41	泗县	2735	54
7	芜湖县	4168	34	42	天长市	7329	10
8	繁昌县	5796	18	43	来安县	4280	31
9	南陵县	1847	64	44	全椒县	5481	19
10	桐城县	5353	20	45	定远县	4291	30
11	枞阳县	2871	53	46	凤阳县	3985	36
12	怀宁县	6028	16	47	明光市	7957	6
13	潜山县	2500	59	48	六安市	8424	5
14	岳西县	2013	62	49	寿县	3874	37
15	太湖县	2220	61	50	霍邱县	3715	40
16	望江县	3150	48	51	舒城县	5076	23
17	宿松县	2970	51	52	金寨县	3836	38
18	凤台县	3100	49	53	霍山县	3415	43
19	濉溪县	7789	7	54	无为县	6693	12
20	当涂县	7391	9	55	和县	4197	32
21	铜陵县	4378	29	56	含山县	4763	26
22	黄山区	2394	60	57	庐江县	6038	15
23	徽州区	1401	66	58	巢湖市	13033	4
24	祁门县	1908	63	59	宣州市	7491	8
25	黟县	1033	68	60	郎溪县	2901	52
26	休宁县	2548	58	61	广德县	5003	24
27	歙县	3823	39	62	宁国县	16138	2
28	临泉县	3674	41	63	泾县	5154	22
29	太和县	4616	28	64	旌德县	1374	67
30	涡阳县	6416	13	65	绩溪县	3309	45
31	蒙城县	5873	17	66	贵池市	5352	21
32	亳州市	19748	1	67	东至县	3312	44
33	颍上县	3086	50	68	石台县	932	69
34	阜南县	4188	33	69	青阳县	1756	65
35	界首市	7072	11				

1995 年安徽省国税收入分县(市)统计表

表 3-35　　单位:万元

序号	县(市)名	工商税收	位次	序号	县(市)名	工商税收	位次
1	肥东县	4009	24	36	利辛县	2489	52
2	肥西县	3356	32	37	砀山县	2512	50
3	长丰县	1715	61	38	萧县	3406	30
4	怀远县	4495	18	39	宿州市	12190	3
5	固镇县	2331	54	40	灵璧县	2668	48
6	五河县	2771	46	41	泗县	1879	59
7	芜湖县	3462	28	42	天长市	5798	11
8	繁昌县	4231	22	43	来安县	3248	33
9	南陵县	1267	66	44	全椒县	4003	25
10	桐城县	4318	20	45	定远县	3171	35
11	枞阳县	2152	56	46	凤阳县	3085	38
12	怀宁县	5806	10	47	明光市	7664	5
13	潜山县	2383	53	48	六安市	6701	7
14	岳西县	1750	60	49	寿县	3152	36
15	太湖县	2039	57	50	霍邱县	2821	42
16	望江县	2914	40	51	舒城县	3759	26
17	宿松县	2516	49	52	金寨县	2910	41
18	凤台县	3491	27	53	霍山县	2331	55
19	濉溪县	6437	8	54	无为县	5672	12
20	当涂县	4868	16	55	和县	3029	39
21	铜陵县	3206	34	56	含山县	4165	23
22	黄山区	1486	63	57	庐江县	5018	15
23	徽州区	1395	64	58	巢湖市	11172	4
24	祁门县	1602	62	59	宣州市	6776	6
25	黟县	899	68	60	郎溪县	2506	51
26	休宁县	1970	58	61	广德县	4555	17
27	歙县	3136	37	62	宁国县	14381	2
28	临泉县	3402	31	63	泾县	4361	19
29	太和县	3448	29	64	旌德县	1171	67
30	涡阳县	5190	13	65	绩溪县	2787	44
31	蒙城县	5052	14	66	贵池市	4294	21
32	亳州市	16364	1	67	东至县	2772	45
33	颍上县	2757	47	68	石台县	751	69
34	阜南县	2788	43	69	青阳县	1324	65
35	界首市	5945	9				

1996 年安徽省国税收入分县(市)统计表

表 3–36　　单位:万元

序号	县(市)名	工商税收	位次	序号	县(市)名	工商税收	位次
1	肥东县	4157	27	36	利辛县	1579	62
2	肥西县	3620	34	37	砀山县	2396	53
3	长丰县	1844	60	38	萧县	3904	29
4	怀远县	4471	22	39	宿州市	12834	3
5	固镇县	2519	51	40	灵璧县	2516	52
6	五河县	2890	45	41	泗县	1872	59
7	芜湖县	3871	30	42	天长市	6430	7
8	繁昌县	5625	12	43	来安县	3424	38
9	南陵县	1357	65	44	全椒县	4261	26
10	桐城县	4566	20	45	定远县	3344	39
11	枞阳县	2862	48	46	凤阳县	3335	40
12	怀宁县	6288	8	47	明光市	7957	4
13	潜山县	2966	43	48	六安市	7259	5
14	岳西县	2214	56	49	寿县	2895	44
15	太湖县	2293	55	50	霍邱县	2890	45
16	望江县	3586	35	51	舒城县	4112	28
17	宿松县	2803	49	52	金寨县	2867	47
18	凤台县	4788	16	53	霍山县	2356	54
19	濉溪县	5586	13	54	无为县	6144	9
20	当涂县	5011	15	55	和县	3566	37
21	铜陵县	3749	31	56	含山县	4340	25
22	黄山区	1505	64	57	庐江县	6083	10
23	徽州区	1683	61	58	巢湖市	4480	21
24	祁门县	1530	63	59	宣州市	7233	6
25	黟县	1008	68	60	郎溪县	2158	58
26	休宁县	2167	57	61	广德县	4442	23
27	歙县	3682	32	62	宁国县	13654	2
28	临泉县	4748	17	63	泾县	4619	18
29	太和县	3679	33	64	旌德县	1255	67
30	涡阳县	4576	19	65	绩溪县	2756	50
31	蒙城县	5284	14	66	贵池市	4429	24
32	亳州市	18920	1	67	东至县	2986	41
33	颍上县	3584	36	68	石台县	766	69
34	阜南县	2986	41	69	青阳县	1310	66
35	界首市	5928	11				

1997年安徽省国税收入分县(市)统计表

表3-37　　单位:万元

序号	县(市)名	工商税收	位次	序号	县(市)名	工商税收	位次
1	肥东县	4721	22	36	利辛县	1579	62
2	肥西县	4033	32	37	砀山县	2396	53
3	长丰县	2300	55	38	萧县	3904	29
4	怀远县	5002	19	39	宿州市	12834	3
5	固镇县	2835	51	40	灵璧县	2516	52
6	五河县	3284	41	41	泗县	1872	59
7	芜湖县	4372	27	42	天长市	6430	7
8	繁昌县	6112	13	43	来安县	3424	38
9	南陵县	1599	63	44	全椒县	4261	26
10	桐城市	4602	25	45	定远县	3344	39
11	枞阳县	2939	47	46	凤阳县	3335	40
12	怀宁县	5844	15	47	明光市	7957	4
13	潜山县	3183	43	48	六安市	7259	5
14	岳西县	1933	60	49	寿县	2895	44
15	太湖县	2366	54	50	霍邱县	2890	45
16	望江县	3542	37	51	舒城县	4112	28
17	宿松县	3127	44	52	金寨县	2867	47
18	凤台县	6030	14	53	霍山县	2356	54
19	濉溪县	4333	28	54	无为县	6144	9
20	当涂县	5338	16	55	和县	3566	37
21	铜陵县	4195	30	56	含山县	4340	25
22	黄山区	1522	65	57	庐江县	6083	10
23	徽州区	2268	57	58	巢湖市	4480	21
24	祁门县	1593	64	59	宣州市	7233	6
25	黟县	1235	68	60	郎溪县	2158	58
26	休宁县	2250	58	61	广德县	4442	23
27	歙县	3868	34	62	宁国县	13654	2
28	临泉县	3590	36	63	泾县	4619	18
29	太和县	4259	29	64	旌德县	1255	67
30	涡阳县	7221	7	65	绩溪县	2756	50
31	蒙城县	6182	12	66	贵池市	4429	24
32	亳州市	26156	1	67	东至县	2986	41
33	颍上县	2912	49	68	石台县	766	69
34	阜南县	2950	46	69	青阳县	1310	66
35	界首市	6793	10				

1998 年安徽省国税收入分县(市)统计表

表 3-38　　单位:万元

序号	县(市)名	工商税收	位次	序号	县(市)名	工商税收	位次
1	肥东县	5326	18	35	利辛县	2214	59
2	肥西县	4348	32	36	砀山县	6330	14
3	长丰县	2859	51	37	萧县	4577	29
4	怀远县	6749	12	38	宿州市	15964	1
5	固镇县	2716	54	39	灵璧县	3237	47
6	五河县	4025	36	40	泗县	2339	57
7	芜湖县	4966	25	41	天长市	8497	8
8	繁昌县	6974	11	42	来安县	3894	39
9	南陵县	1788	62	43	全椒县	5575	16
10	桐城市	5161	21	44	定远县	4232	34
11	枞阳县	2811	53	45	凤阳县	4492	30
12	怀宁县	5907	15	46	明光市	4408	31
13	潜山县	3495	43	47	六安市	9124	5
14	岳西县	2089	60	48	寿县	4099	35
15	太湖县	2594	55	49	霍邱县	3986	37
16	望江县	3930	38	50	舒城县	5303	20
17	宿松县	2973	49	51	金寨县	2972	50
18	凤台县	8531	7	52	霍山县	3281	46
19	濉溪县	4807	27	53	无为县	7595	9
20	当涂县	4949	26	54	和县	3533	42
21	铜陵县	3785	41	55	含山县	4802	28
22	黄山区	1665	64	56	庐江县	7136	10
23	徽州区	2847	52	57	巢湖市	5438	17
24	祁门县	1699	63	58	宣州市	9192	4
25	黟县	1275	67	59	郎溪县	1987	61
26	休宁县	2314	58	60	广德县	5141	22
27	歙县	3883	40	61	宁国市	13574	2
28	临泉县	4256	33	62	泾县	5081	24
29	太和县	5321	19	63	旌德县	1426	66
30	涡阳县	13198	3	64	绩溪县	2485	56
31	蒙城县	6374	13	65	贵池市	5112	23
32	颍上县	3329	45	66	东至县	3046	48
33	阜南县	3366	44	67	石台县	773	68
34	界首市	9109	6	68	青阳县	1628	65

1999 年安徽省国税收入分县(市)统计表

表 3-39　　单位:万元

序号	县(市)名	工商税收	位次	序号	县(市)名	工商税收	位次
1	长丰县	2912	48	35	庐江县	7440	10
2	肥东县	5651	15	36	无为县	8005	9
3	肥西县	4601	28	37	含山县	4766	26
4	濉溪县	4415	29	38	和县	3580	41
5	涡阳县	11236	2	39	芜湖县	5397	18
6	蒙城县	6313	13	40	繁昌县	6824	11
7	利辛县	1960	59	41	南陵县	2304	55
8	砀山县	5958	14	42	宣州市	9562	5
9	萧县	3578	42	43	宁国市	13741	1
10	灵璧县	3299	45	44	郎溪县	1203	65
11	泗县	2348	53	45	广德县	4783	25
12	怀远县	8415	8	46	泾县	4832	24
13	五河县	3790	38	47	绩溪县	2391	52
14	固镇县	2494	51	48	旌德县	1334	64
15	界首市	8693	7	49	铜陵县	4061	34
16	临泉县	4354	30	50	贵池市	5296	19
17	太和县	4326	31	51	东至县	3054	47
18	阜南县	3566	43	52	石台县	704	67
19	颍上县	3606	40	53	青阳县	1530	63
20	凤台县	9853	3	54	桐城市	5008	23
21	天长市	9252	6	55	怀宁县	5508	16
22	明光市	5188	21	56	枞阳县	2678	50
23	来安县	3866	36	57	潜山县	3197	46
24	全椒县	6347	12	58	太湖县	2021	58
25	定远县	4121	33	59	宿松县	2147	57
26	凤阳县	4733	27	60	望江县	2235	56
27	六安市	9749	4	61	岳西县	1933	60
28	寿县	4244	32	62	徽州区	3393	44
29	霍邱县	3692	39	63	黄山区	2342	54
30	舒城县	5493	17	64	歙县	3948	35
31	金寨县	2785	49	65	休宁县	1912	61
32	霍山县	3837	37	66	黟县	1137	66
33	当涂县	5216	20	67	祁门县	1813	62
34	巢湖市	5135	22				

2000 年安徽省国税收入分县(市)统计表

表 3–40　　　　单位:万元

序号	县(市)名	工商税收	位次	序号	县(市)名	工商税收	位次
1	长丰县	2407	51	33	庐江县	8055	7
2	肥东县	6967	13	34	无为县	9048	6
3	肥西县	5289	25	35	含山县	5658	20
4	濉溪县	6448	14	36	和县	3750	40
5	涡阳县	7471	8	37	芜湖县	5610	22
6	蒙城县	4931	29	38	繁昌县	7381	9
7	利辛县	2295	53	39	南陵县	3131	45
8	砀山县	7297	10	40	宣州市	10107	4
9	萧县	4171	35	41	宁国市	15592	1
10	灵璧县	3361	43	42	郎溪县	1814	59
11	泗县	2510	49	43	广德县	5375	24
12	怀远县	9346	5	44	泾县	5030	28
13	五河县	4191	34	45	绩溪县	2733	47
14	固镇县	1877	57	46	旌德县	1445	61
15	界首市	5935	17	47	铜陵县	4099	37
16	临泉县	4877	30	48	贵池市	5919	18
17	太和县	4705	31	49	东至县	3568	42
18	阜南县	2375	52	50	石台县	720	63
19	颍上县	3915	39	51	青阳县	1809	60
20	凤台县	13348	2	52	桐城市	5650	21
21	天长市	10332	3	53	怀宁县	5468	23
22	明光市	5208	26	54	枞阳县	3214	44
23	来安县	4028	38	55	潜山县	3620	41
24	全椒县	6391	15	56	太湖县	1869	58
25	定远县	4283	33	57	宿松县	2553	48
26	凤阳县	5200	27	58	望江县	2483	50
27	寿县	4112	36	59	岳西县	2160	55
28	霍邱县	7172	12	60	歙县	4322	32
29	舒城县	6331	16	61	休宁县	2240	54
30	金寨县	3007	46	62	黟县	1221	62
31	霍山县	7173	11	63	祁门县	2055	56
32	当涂县	5906	19				

2001 年安徽省国税收入分县(市)统计表

表 3-41　　单位:万元

序号	县(市)名	工商税收	位次	序号	县(市)名	工商税收	位次
1	长丰县	2994	46	32	当涂县	6739	15
2	肥东县	10072	6	33	庐江县	7726	11
3	肥西县	5833	20	34	无为县	10074	5
4	濉溪县	8311	7	35	含山县	6077	16
5	涡阳县	5689	21	36	和县	4018	33
6	蒙城县	3473	39	37	芜湖县	7486	12
7	利辛县	2480	51	38	繁昌县	11154	4
8	砀山县	7727	10	39	南陵县	4344	30
9	萧县	4698	27	40	宁国市	16966	1
10	灵璧县	2984	47	41	郎溪县	2186	55
11	泗县	2515	50	42	广德县	5904	18
12	怀远县	8195	8	43	泾县	4914	25
13	五河县	3475	38	44	绩溪县	3009	45
14	固镇县	1584	58	45	旌德县	1581	59
15	界首市	3473	40	46	铜陵县	4404	29
16	临泉县	6009	17	47	东至县	3713	37
17	太和县	5154	23	48	石台县	842	61
18	阜南县	2433	54	49	青阳县	2146	56
19	颍上县	5354	22	50	桐城市	7359	13
20	凤台县	15063	2	51	怀宁县	5862	19
21	天长市	11310	3	52	枞阳县	4177	31
22	明光市	3875	35	53	潜山县	3835	36
23	来安县	4133	32	54	太湖县	2128	57
24	全椒县	4471	28	55	宿松县	2695	48
25	定远县	3951	34	56	望江县	3222	42
26	凤阳县	4959	24	57	岳西县	2474	52
27	寿县	3415	41	58	歙县	4701	26
28	霍邱县	3084	44	59	休宁县	2689	49
29	舒城县	6869	14	60	黟县	1388	60
30	金寨县	3197	43	61	祁门县	2447	53
31	霍山县	8117	9				

2002年安徽省国税收入分县(市)统计表

表3-42

单位:万元

序号	县(市)名	工商税收	位次	序号	县(市)名	工商税收	位次
1	长丰县	3665	39	32	当涂县	8495	12
2	肥东县	14653	4	33	庐江县	7824	13
3	肥西县	13009	6	34	无为县	11257	7
4	濉溪县	9349	10	35	含山县	6449	21
5	涡阳县	7322	15	36	和县	3854	36
6	蒙城县	4192	31	37	芜湖县	6856	16
7	利辛县	2521	53	38	繁昌县	14764	3
8	砀山县	4500	28	39	南陵县	4866	27
9	萧县	5873	23	40	宁国市	19381	2
10	灵璧县	3171	47	41	郎溪县	2443	54
11	泗县	2332	56	42	广德县	6578	20
12	怀远县	9424	8	43	泾县	5319	24
13	五河县	3435	43	44	绩溪县	3279	45
14	固镇县	1876	58	45	旌德县	1700	59
15	界首市	3139	48	46	铜陵县	3843	37
16	临泉县	7442	14	47	东至县	3929	34
17	太和县	5042	26	48	石台县	1414	60
18	阜南县	2600	52	49	青阳县	2660	51
19	颍上县	6596	19	50	桐城市	8865	11
20	凤台县	29691	1	51	怀宁县	6698	18
21	天长市	14363	5	52	枞阳县	6250	22
22	明光市	4221	30	53	潜山县	4067	33
23	来安县	4100	32	54	太湖县	2289	57
24	全椒县	3682	38	55	宿松县	3294	44
25	定远县	3926	35	56	望江县	3599	42
26	凤阳县	5241	25	57	岳西县	2745	50
27	寿县	3277	46	58	歙县	4397	29
28	霍邱县	3635	41	59	休宁县	2872	49
29	舒城县	6841	17	60	黟县	1287	61
30	金寨县	3636	40	61	祁门县	2368	55
31	霍山县	9417	9				

2003 年安徽省国税收入分县(市)统计表

表 3-43　　单位:万元

序号	县(市)名	工商税收	位次	序号	县(市)名	工商税收	位次
1	长丰县	4276	36	32	当涂县	11745	8
2	肥东县	16730	5	33	庐江县	8245	14
3	肥西县	23980	2	34	无为县	13836	7
4	濉溪县	10083	10	35	含山县	7166	21
5	涡阳县	7757	18	36	和县	4547	29
6	蒙城县	4429	31	37	芜湖县	8076	16
7	利辛县	2433	54	38	繁昌县	17150	4
8	砀山县	4086	39	39	南陵县	5681	25
9	萧县	6067	23	40	宁国市	22196	3
10	灵璧县	3308	48	41	郎溪县	2776	52
11	泗县	2414	56	42	广德县	7253	19
12	怀远县	8707	13	43	泾县	5316	26
13	五河县	3400	47	44	绩溪县	3435	45
14	固镇县	1693	59	45	旌德县	1862	58
15	界首市	3437	44	46	铜陵县	4243	37
16	临泉县	7923	17	47	东至县	4238	38
17	太和县	5176	27	48	石台县	1422	60
18	阜南县	2579	53	49	青阳县	3613	43
19	颍上县	8161	15	50	桐城市	9321	11
20	凤台县	37219	1	51	怀宁县	6875	22
21	天长市	15683	6	52	枞阳县	9084	12
22	明光市	4448	30	53	潜山县	4334	32
23	来安县	4305	34	54	太湖县	2420	55
24	全椒县	4303	35	55	宿松县	3306	49
25	定远县	3774	41	56	望江县	3419	46
26	凤阳县	5818	24	57	岳西县	3123	50
27	寿县	3679	42	58	歙县	4868	28
28	霍邱县	3903	40	59	休宁县	2959	51
29	舒城县	7238	20	60	黟县	1348	61
30	金寨县	4328	33	61	祁门县	2358	57
31	霍山县	10088	9				

2004年安徽省国税收入分县(市)统计表

表3-44　　单位:万元

序号	县(市)名	工商税收	位次	序号	县(市)名	工商税收	位次
1	长丰县	5433	32	32	当涂县	19574	6
2	肥东县	26701	4	33	庐江县	11090	15
3	肥西县	38574	2	34	无为县	19365	7
4	濉溪县	11739	11	35	含山县	9577	19
5	涡阳县	8686	21	36	和县	6269	29
6	蒙城县	5165	33	37	芜湖县	10654	16
7	利辛县	2462	57	38	繁昌县	25731	5
8	砀山县	3352	49	39	南陵县	6541	27
9	萧县	7570	23	40	宁国市	30206	3
10	灵璧县	3240	51	41	郎溪县	3925	45
11	泗县	3153	54	42	广德县	10590	17
12	怀远县	9660	18	43	泾县	6979	26
13	五河县	3231	52	44	绩溪县	3971	44
14	固镇县	1918	59	45	旌德县	2639	56
15	界首市	4513	38	46	铜陵县	6985	25
16	临泉县	8992	20	47	东至县	4589	36
17	太和县	6224	30	48	石台县	1466	60
18	阜南县	3357	48	49	青阳县	6529	28
19	颍上县	17390	9	50	桐城市	11240	14
20	凤台县	50956	1	51	怀宁县	11533	13
21	天长市	17870	8	52	枞阳县	14123	10
22	明光市	4398	40	53	潜山县	4289	41
23	来安县	4590	35	54	太湖县	2705	55
24	全椒县	4555	37	55	宿松县	4044	43
25	定远县	5004	34	56	望江县	3520	47
26	凤阳县	7660	22	57	岳西县	3542	46
27	寿县	3266	50	58	歙县	5509	31
28	霍邱县	4244	42	59	休宁县	3191	53
29	舒城县	7432	24	60	黟县	1221	61
30	金寨县	4435	39	61	祁门县	1948	58
31	霍山县	11577	12				

2005 年安徽省国税收入分县(市)统计表

表 3-45　　单位:万元

序号	县(市)名	工商税收	位次	序号	县(市)名	工商税收	位次
1	长丰县	8563	24	32	当涂县	30908	5
2	肥东县	28044	8	33	庐江县	13112	15
3	肥西县	44907	2	34	无为县	40288	3
4	濉溪县	15840	11	35	含山县	11280	19
5	涡阳县	9743	22	36	和县	7733	29
6	蒙城县	8167	27	37	芜湖县	12756	16
7	利辛县	3005	56	38	繁昌县	29090	6
8	砀山县	3499	52	39	南陵县	6889	37
9	萧县	7656	30	40	宁国市	35458	4
10	灵璧县	3478	53	41	郎溪县	6138	39
11	泗县	2890	57	42	广德县	15638	12
12	怀远县	11229	20	43	泾县	8552	25
13	五河县	4216	46	44	绩溪县	4822	44
14	固镇县	2336	58	45	旌德县	3065	55
15	界首市	7412	34	46	铜陵县	9247	23
16	临泉县	13504	14	47	东至县	5846	40
17	太和县	7916	28	48	石台县	1567	61
18	阜南县	4161	47	49	青阳县	7609	32
19	颍上县	28008	9	50	桐城市	12479	17
20	凤台县	74184	1	51	怀宁县	11688	18
21	天长市	28060	7	52	枞阳县	16306	10
22	明光市	5661	41	53	潜山县	5195	42
23	来安县	7634	31	54	太湖县	3118	54
24	全椒县	7099	36	55	宿松县	4322	45
25	定远县	7448	33	56	望江县	3634	51
26	凤阳县	10316	21	57	岳西县	3780	49
27	寿县	3939	48	58	歙县	6425	38
28	霍邱县	7371	35	59	休宁县	3743	50
29	舒城县	8178	26	60	黟县	1574	60
30	金寨县	5050	43	61	祁门县	2315	59
31	霍山县	13980	13				

第三节　主要税种收入

主要税种收入结构

1996—2005 年,增值税、消费税和企业所得税均持续较快增长,增长最快的是企业所得税。1996 年企业所得税收入 3.2 亿元,2005 年收入为 26.9 亿元,是 1996 年的 8.4 倍,年均增长 26.8%。"两税"收入规模由 1996 年的 97.4 亿元,增加到 2005 年的 293.6 亿元,增长了 2 倍,年均增长 13%,其中增值税增长 13.5%,消费税增长 11.3%。

1994 年安徽省国税系统主要税种收入分地区情况表

表 3-46　　单位:万元

地区	工商税收			其中"两税"入库数					
	税额	比上年(+-%)	占年初计划(%)	合计	占增收目标(%)	增值税	占增收目标(%)	消费税	占增收目标(%)
合计	924509	24.4	115.6	662861	103.3	488279	107.9	174582	92.5
合肥市	153741	25.3	112.8	104377	103.7	80895	105.4	23482	98.2
蚌埠市	103491	22.4	111.0	81711	103.3	37526	138.6	44185	85.0
芜湖市	86288	18.3	107.6	67842	101.1	35409	106.1	32433	96.2
安庆市	88129	42.2	125.9	65024	112.8	42565	107.2	22459	125.2
淮南市	49336	21.6	113.9	33529	104.5	33314	104.5	215	108.6
淮北市	45553	27.1	116.8	33289	103.6	29691	117.1	3598	53.0
马鞍山市	68396	14.3	102.1	47152	100.4	47035	101.4	117	20.4
铜陵市	25317	28.0	116.1	16156	102.6	16014	103.4	142	52.8
黄山市	18025	33.3	124.3	11182	100.9	10742	102.8	440	69.7
阜阳地区	85328	31.7	122.2	61153	100.6	33573	103.1	27580	97.8
宿县地区	26957	45.5	137.5	16861	121.4	15418	136.8	1443	55.1
滁州市	59593	26.8	115.5	45276	100.4	29117	110.8	16159	85.8
六安地区	28912	30.8	124.6	19049	100.5	18229	100.9	820	91.9
巢湖地区	32654	28.9	120.9	23806	100.0	23038	99.9	768	103.2
宣城地区	40096	26.2	116.9	28664	104.6	28036	105.0	628	88.7
池州地区	12511	44.7	136.0	7790	114.8	7677	116.4	113	60.4
另:出口退税	80000	74.1	100.0	80000		79818		182	

1995年安徽省国税系统主要税种收入分地区情况表

表3-47 单位:万元

地区	入库数	其中		"两税"		
		中央级	地方级	增值税	消费税	合计
合计	840746	656791	183955	600447	190386	790833
合肥市	127154	99633	27521	92317	22527	114844
蚌埠市	98550	83965	14585	47881	47788	95669
芜湖市	86479	75184	11295	41419	42730	84149
安庆市	91128	74781	16347	59136	25931	85067
淮南市	43685	32302	11383	42286	388	42674
淮北市	41650	31770	9880	38187	2834	41021
马鞍山市	61035	40689	20346	53534	234	53768
铜陵市	24396	17930	6466	23630	168	23798
黄山市	14784	10338	4446	12958	578	13536
阜阳地区	75259	59135	16124	41016	28130	69146
宿县地区	22828	16271	6371	19560	1538	21098
滁州市	53691	42732	10959	36486	14925	51411
六安地区	22978	16607	6371	20792	977	21769
巢湖地区	28270	20604	7666	26424	702	27126
宣城地区	37540	26653	10887	34195	792	34987
池州地区	11319	8197	3122	10626	144	10770

1996—2005 安徽省国税系统主要税种收入统计表

表 3–48　　　　单位：万元

年度	国税收入总计	两税						企业所得税	
		两税合计		其中：国内增值税		其中：国内消费税			
		税额	占国税收入比重（%）	税额	占国税收入比重（%）	税额	占国税收入比重（%）	税额	占国税收入比重（%）
1996 年度	1090587	974309	89.3	741023	67.9	233286	21.4	31718	2.9
1997 年度	1211088	1126347	93.0	873792	72.1	252555	20.9	33705	2.8
1998 年度	1380353	1276021	92.4	945360	68.5	330661	24.0	39991	2.9
1999 年度	1435935	1331310	92.7	1001264	69.7	330046	23.0	34124	2.4
2000 年度	1548352	1381858	89.2	1071173	69.2	310685	20.1	53573	3.5
2001 年度	1742567	1477025	84.8	1151701	66.1	325324	18.7	122668	7.0
2002 年度	1973818	1688597	85.5	1311195	66.4	377402	19.1	126003	6.4
2003 年度	2238972	1894317	84.6	1490660	66.6	403657	18.0	135797	6.1
2004 年度	2837547	2380745	83.9	1847012	65.1	533733	18.8	214452	7.6
2005 年度	3596842	2936336	81.6	2324711	64.6	611625	17.0	269319	7.5

说明：本表国税收入总计均不含其他收入，1996、1997 年度国税收入总计＝工商税收合计+企业所得税

1994—2000 安徽省国税系统“两税”收入分市统计表

表 3-49 单位:万元

地区	1994 年度		1995 年度		1996 年度		1997 年度		1998 年度		1999 年度		2000 年度	
	税额	位次	税额	位次	税额	位次	税额	位次	税额	位次	税额	位次	税额	位次
全省合计	662861		790833		974309	–	1126347	–	1276021	–	1331310	–	1381858	–
合肥市	104377	1	114844	1	152122	1	172759	1	191618	1	202946	1	222109	1
淮北市	33298	9	41021	9	56436	8	62393	8	70148	8	73043	8	76303	7
亳州市	–		–		–	–	–	–	34307	13	31617	15	44929	10
宿州市	16861	13	21098	14	24543	14	27494	14	34217	14	35277	13	38768	14
蚌埠市	81711	2	95669	2	111836	3	122790	4	158566	3	158612	3	136953	3
阜阳市	61153	5	69146	5	79707	5	101697	5	95040	5	93172	6	68863	9
淮南市	33529	8	42674	8	60622	7	73343	7	79155	7	81578	7	88208	6
滁州市	45276	7	51411	7	54390	9	61856	9	66272	9	68885	9	71009	8
六安市	19049	11	21769	13	25359	13	28088	13	31892	15	33925	14	38973	13
马鞍山市	47152	6	53768	6	65229	6	77728	6	92608	6	96565	5	116960	5
巢湖市	23806	11	27126	11	31266	11	33593	12	35844	12	35903	12	38092	15
芜湖市	67842	3	84149	4	105605	4	137431	2	176183	2	185140	2	184160	2
宣城市	28664	10	34987	10	37665	10	37450	10	41540	10	40972	10	44737	11
铜陵市	16156	14	23798	12	28852	12	34122	11	38087	11	39985	11	41255	12
池州市	7790	16	10770	16	12488	16	13832	16	14434	17	13854	17	15126	17
安庆市	65024	4	85067	3	112100	2	123110	3	99199	4	113809	4	133989	4
黄山市	11182	15	13536	15	16089	15	17369	15	16770	16	17907	16	19141	16
省国税局稽查局					–	–	1293	–	141	–	8120	–	2283	–

安徽省国税系统“两税”收入分市统计表

表 3-50　　单位:万元

地区	2001 年度		2002 年度		2003 年度		2004 年度		2005 年度	
	税额	位次	税额	位次	税额	位次	税额	位次	税额	位次
全省合计	1477025	–	1688597	–	1894317	–	2380745	–	2936336	–
合肥市	274739	1	356742	1	408766	1	484987	1	581527	1
淮北市	82433	7	91014	7	103903	7	126967	7	169488	7
亳州市	33220	15	33391	15	35035	15	36539	15	44273	15
宿州市	40867	12	39432	14	42511	13	49748	13	62262	13
蚌埠市	153098	3	164689	3	176323	3	219206	4	256883	4
阜阳市	69290	8	83593	8	88164	9	104289	9	140986	9
淮南市	95867	6	110968	6	130099	6	182040	5	219798	5
滁州市	67945	9	75624	9	89213	8	118643	8	155502	8
六安市	37549	14	40442	13	41410	14	43845	14	56814	14
马鞍山市	127950	4	147971	4	176094	4	252779	3	346199	3
巢湖市	39679	13	43433	12	48935	12	59463	12	86261	11
芜湖市	203971	2	229833	2	251520	2	316019	2	351937	2
宣城市	46292	10	50482	10	55477	11	71761	11	84669	12
铜陵市	45342	11	50258	11	56870	10	95475	10	136761	10
池州市	15703	17	18114	17	24545	17	35398	16	41953	16
安庆市	120675	5	128689	5	140303	5	158244	6	171892	6
黄山市	20813	16	22736	16	24721	16	25341	17	29131	17
省国税局稽查局	1592	–	1186	–	428	–	–	–	–	–

安徽省国税系统企业所得税收入分市统计表

表 3－51　　单位：万元

地区	1996 年度		1997 年度		1998 年度		1999 年度		2000 年度	
	税额	位次	税额	位次	税额	位次	税额	位次	税额	位次
全省合计	31718	–	33705	–	39991	–	34124	–	53573	–
合肥市	17770	1	24547	1	14365	1	20796	1	38374	1
淮北市	1227	4	1064	3	770	7	2567	3	2949	3
亳州市	–	–	–	–	326.4	11	355	11	252	13
宿州市	369	10	398	11	197	17	227	14	518	9
蚌埠市	3867	2	565	8	10836	2	2974	2	2085	4
阜阳市	1089	6	854	6	678	9	765	8	451	10
淮南市	655	9	621	7	761	8	840	7	935	7
滁州市	355	12	271	14	295	12	350	12	282	12
六安市	139	15	474	10	252	15	116	17	136	16
马鞍山市	753	8	990	5	1536	4	949	6	1208	5
巢湖市	263	14	530	9	241	16	167	16	122	17
芜湖市	2174	3	176	16	7125	3	196	15	3694	2
宣城市	820	7	1022	4	856	5	1022	5	614	8
铜陵市	414	16	291	13	257	14	1508	4	247	14
池州市	364	11	259	15	275	13	281	13	246	15
安庆市	1108	5	1250	2	813	6	561	9	1061	6
黄山市	351	13	394	12	410	10	450	10	399	11

安徽省国税系统企业所得税收入分市统计表

表 3–52　　　　单位:万元

地区	2001 年度		2002 年度		2003 年度		2004 年度		2005 年度	
	税额	位次	税额	位次	税额	位次	税额	位次	税额	位次
全省合计	122668	–	126003	–	135797	–	214452	–	269319	–
合肥市	83498	1	56212	1	63430	1	96761	1	102629	1
淮北市	1573	6	3381	6	3344	10	3494	13	3551	15
亳州市	108	16	204	17	341	17	2609	16	2272	17
宿州市	1121	8	2387	7	3603	7	7757	7	5756	12
蚌埠市	878	10	26172	2	11932	3	15900	3	23553	4
阜阳市	618	13	964	12	2822	11	6494	9	8302	10
淮南市	1762	5	8436	4	9213	4	13083	4	24293	3
滁州市	693	11	1652	11	3653	6	5988	10	10658	6
六安市	74	17	591	15	3599	8	8967	6	6507	11
马鞍山市	2010	4	1996	9	2237	13	4419	11	10880	5
巢湖市	278	15	445	16	1817	14	6935	8	8854	9
芜湖市	22612	2	12709	3	17206	2	19974	2	30245	2
宣城市	1271	7	2236	8	3406	9	4405	12	10254	8
铜陵市	648	12	831	13	1166	16	2904	14	3187	16
池州市	330	14	812	14	1302	15	2529	17	3638	14
安庆市	3715	3	4752	5	4454	5	9380	5	10586	7
黄山市	1044	9	1925	10	2252	12	2853	15	4152	13
省国税局稽查局	435	–	298	–	20	–	–	–	–	–

国内增值税收入分行业结构

国内增值税分行业看，制造业、采矿业、电力、煤气及水的生产和供应业、商业税收持续较快增长。制造业税收比重最高，且逐年提升，2005 年比重为 58.5%，制造业中钢铁和卷烟行业所占份额最多。商业比重呈逐年下降趋势。

2002 年度安徽省国内增值税分市分行业统计表

表 3-53

单位:万元

地区	合计	1.制造业	其中:烟草	其中:酒	其中:水泥	其中:钢材	其中:小汽车	2.采掘业	3.电力、煤气及水的生产和供应业	其中:发电	其中:供电	4.批发和零售贸易业	5.其他行业
全省合计	1311195	726765	84303	20305	33233	104322	29575	128896	177452	101672	67389	237507	35748
合肥市	268966	159178	15875	1813	276	10537	10079	-	44277	32271	10326	57184	7953
淮北市	84570	12327	-	674	-39	-	-	41817	15403	11929	3311	12593	2141
亳州市	25384	4641	149	74	-	-	-	-	901	79	822	17626	2106
宿州市	36901	8011	706	881	60	-	-	11210	6395	2941	3336	10122	849
蚌埠市	79563	60439	35255	3791	2	576	-	-	6213	1517	4155	11186	1588
阜阳市	46269	19488	7809	2063	8	-	-	3204	5401	311	4984	15309	2641
淮南市	110757	14720	-	24	789	20	-	49692	34215	28561	5086	10488	887
滁州市	55938	33910	5715	1045	116	26	-	4649	3621	277	3045	11814	1819
六安市	36146	17820	-	4135	319	40	-	279	6318	1792	4187	10050	1411
马鞍山市	146902	114753	-	914	183	92530	-	7636	14552	8513	5212	8131	1600
巢湖市	42541	27972	-	1118	5166	36	-	259	4074	-	3817	8565	1296
芜湖市	142410	101025	18761	1020	10035	1	19496	1365	12718	6715	4906	25098	1978
宣城市	49316	28621	32	948	5951	249	-	3392	4973	998	3722	8573	3535
铜陵市	50174	31148	-	15	4778	11	-	2763	6807	3751	2836	5630	3703
池州市	17317	8128	-	678	2031	2	-	1650	2002	189	1704	4249	1167
安庆市	95137	71284	1	863	3471	89	-	938	7942	1661	4649	13575	824
黄山市	22216	12852	-	211	87	205	-	42	1580	107	1291	7304	250
省国税局稽查局	688	448	-	38	-	-	-	-	60	60	-	10	-

2003 年度安徽省国内增值税分市分行业统计表

表 3-54　　　　单位：万元

地区	合计	1. 制造业	其中：烟草	其中：酒	其中：水泥	其中：钢材	其中：小汽车	2. 采掘业	3. 电力、煤气及水的生产和供应业	其中：发电	其中：供电	4. 批发和零售贸易业	5. 其他行业
全省合计	1490660	837203	96091	18484	49050	126545	33698	143158	212144	120311	83757	265844	27990
合肥市	311409	185739	21766	1211	734	10961	18863	–	50301	28861	19976	67851	7194
淮北市	95987	16668	–	501	–72	4	4	43406	20911	17129	3554	12985	1691
亳州市	27582	6455	896	35	95	1	4	–	2778	492	2257	17609	686
宿州市	41159	8957	383	449	52	–	–	11997	7352	3783	3442	11709	713
蚌埠市	84822	65081	32720	3508	120	677	149	–	6609	1737	4300	12132	859
阜阳市	50806	22120	8848	2063	15	–	205	4778	5403	823	4279	15660	2653
淮南市	129811	17833	–	108	308	195	–	58730	39227	33929	4815	12528	871
滁州市	61945	40507	7830	1432	613	80	102	3356	3874	364	3163	11129	2970
六安市	37622	17754	–	5002	444	9	–	322	7355	2609	4501	10533	1481
马鞍山市	175130	140117	–	459	152	113753	2	5997	17709	11077	5829	9614	1478
巢湖市	48137	30891	2	845	6965	2	19	583	4822	–	4590	10319	1204
芜湖市	161248	113018	23644	706	11857	1	13195	2273	14224	7943	5669	31403	130
宣城市	54218	31438	–	810	8710	456	10	4137	6409	983	5249	9842	2207
铜陵市	56781	34645	–	1	5655	5	–	4368	9546	6305	2971	5885	2238
池州市	23560	13488	–	822	6914	13	16	1804	2692	230	2337	4575	952
安庆市	105659	77929	2	369	6382	71	1022	1145	10952	3878	5198	14549	514
黄山市	24356	14401	–	163	106	317	107	262	1977	168	1627	7374	149
省国税局稽查局	428	162	–	–	–	–	–	–	3	–	–	147	–

2004年度安徽省国内增值税分市分行业统计表

表3–55 单位:万元

地区	合计	1.制造业	其中:烟草	其中:酒	其中:水泥	其中:钢材	其中:小汽车	2.采掘业	3.电力、煤气及水的生产和供应业	其中:发电	其中:供电	4.批发和零售贸易业	5.其他行业
全省合计	1847012	1062292	119930	15737	80993	120255	40657	215752	261600	142989	105421	293258	9805
合肥市	362375	218507	29327	1429	106	4575	36732	249	55365	29496	23334	84046	3686
淮北市	118594	17775	–	972	170	1	1	62050	24388	20544	3243	13884	302
亳州市	29002	8356	1011	196	300	–	57	5	3740	278	3400	16086	739
宿州市	48259	9196	–	436	43	–	–	16669	7873	3505	4240	13801	472
蚌埠市	87049	65922	33805	3484	271	486	397	128	8149	1029	5009	12403	245
阜阳市	63419	29049	10739	1380	4	1	476	12270	5521	393	4923	16234	216
淮南市	181595	26420	–	222	1146	258	–	87572	55057	48426	6143	11266	898
滁州市	72473	51468	15295	1036	–82	–	1349	5645	5146	266	4500	9762	344
六安市	39492	18625	–	3005	686	146	–	1205	7503	2151	5122	11531	398
马鞍山市	251561	203023	–	518	344	112415	153	8073	26915	15827	10508	12693	544
巢湖市	58313	39895	–	698	10351	49	193	1141	6138	–	5879	10330	555
芜湖市	193013	135300	29753	671	17966	1	1125	4158	17625	9270	7607	34979	175
宣城市	70190	45687	–	624	12281	2020	1	3835	8351	1695	6457	11897	169
铜陵市	95323	67221	–	25	10742	3	2	7398	12467	8195	3986	7789	314
池州市	34290	22305	–	450	13168	208	–	3172	3146	544	2488	5363	217
安庆市	117071	88709	–	503	13200	3	83	1989	11845	1137	6651	13968	261
黄山市	24993	14835	–	89	295	91	88	192	2372	234	1932	7224	267

2005 年度安徽省国内增值税分市分行业统计表

表 3-56

单位：万元

地区	合计	1. 制造业	其中：烟草	其中：酒	其中：水泥	其中：钢材	其中：小汽车	2. 采掘业	3. 电力、煤气及水的生产和供应业	其中：发电	其中：供电	4. 批发和零售贸易业	5. 其他行业
全省合计	2324711	1359676	124199	22319	72233	247631	52002	317963	281351	136057	130687	348542	12972
合肥市	447753	285342	30008	2375	251	3897	45548	257	61111	25145	33181	95956	4537
淮北市	160019	22511	–	2888	252	–	–	95391	25519	20772	4238	16028	382
亳州市	33527	8418	1060	1325	–354	–	72	3412	3473	104	3315	17244	882
宿州市	61201	10895	180	407	15	–	–	23387	9468	4175	5171	16667	613
蚌埠市	99796	74115	33147	3012	148	498	401	119	10962	2105	5873	14178	299
阜阳市	84152	36894	10706	2949	–	1	638	21535	5617	188	5278	19645	312
淮南市	219321	31436	–	84	2296	372	4	116719	56203	48518	7202	13421	1140
滁州市	106316	76117	16593	1420	957	2	1890	9366	7967	232	7321	12330	291
六安市	50163	24339	–	3569	23	267	–	3595	7757	2223	5295	13355	954
马鞍山市	344581	288114	–	892	442	239223	130	13084	23361	11375	11113	18722	1038
巢湖市	85110	64562	–	961	7483	104	357	1586	5270	–	4974	12428	774
芜湖市	219897	151479	32504	530	12107	1018	2776	5393	16601	6391	8820	45753	334
宣城市	83294	56141	–	446	9139	1982	5	5055	9354	1270	7859	11897	369
铜陵市	136564	101100	–	45	15629	150	3	10770	14446	7407	6605	9757	355
池州市	40299	24899	–	723	10327	23	–	5070	4379	653	3583	5841	68
安庆市	123947	86163	–	570	13263	–	75	2824	17089	5274	8541	17319	339
黄山市	28773	17152	–	122	254	92	103	400	2774	225	2319	8000	284

国内消费税收入分品目结构

消费税收入主要集中在饮料酒、卷烟、汽车和成品油行业。卷烟税收比重最高,占国内消费税七成以上,主要分布在合肥、蚌埠、阜阳、滁州和芜湖市。

2002年度安徽省国内消费税分市分品目统计表

表3-57　　　　单位：万元

地区	合计	1.饮料制造业	其中：粮食白酒	其中：啤酒	2.烟草加工业	其中：卷烟	3.交通运输设备制造业	其中：小轿车	4.石油加工业	其中：汽油	其中：柴油	5.其他
全省合计	377402	47341	22854	20785	264055	263722	23717	16506	32692	16680	16012	9258
合肥市	87776	3013	67	2939	69458	69458	6723	–	–	–	–	8581
淮北市	6444	6423	5357	1064	–	–	–	–	–	–	–	19
亳州市	8007	7644	5379	–	333	–	2	2	–	–	–	23
宿州市	2531	1785	839	647	707	707	–	–	–	–	–	31
蚌埠市	85126	8195	3293	4754	76860	76860	–	–	–	–	–	58
阜阳市	37324	7107	4622	1829	30112	30112	–	–	–	–	–	88
淮南市	211	109	1	99	–	–	–	–	–	–	–	96
滁州市	19686	1796	395	1230	17808	17808	46	–	–	–	–	33
六安市	4296	4268	1967	2298	–	–	–	–	–	–	–	20
马鞍山市	1069	1031	–	1022	–	–	–	–	–	–	–	38
巢湖市	892	837	8	821	–	–	–	–	–	–	–	55
芜湖市	87423	1604	5	1597	68777	68777	16946	16504	–	–	–	96
宣城市	1166	1123	105	918	–	–	–	–	–	–	–	38
铜陵市	84	67	5	62	–	–	–	–	–	–	–	17
池州市	797	788	389	399	–	–	–	–	–	–	–	7
安庆市	33552	812	43	769	–	–	–	–	32692	16680	16012	47
黄山市	520	506	146	337	–	–	–	–	–	–	–	11
省国税局稽查局	498	233	233	–	–	–	–	–	–	–	–	–

2003 年度安徽省国内消费税分市分品目统计表

表 3-58

单位:万元

地区	合计	1. 饮料制造业	其中:粮食白酒	其中:啤酒	2. 烟草加工业	其中:卷烟	3. 交通运输设备制造业	其中:小轿车	4. 石油加工业	其中:汽油	其中:柴油	5. 其他
全省合计	403657	42712	21076	18308	294087	293711	23055	11788	33764	17649	16115	9980
合肥市	97357	2079	20	2057	75163	75163	10897	–	–	–	–	9218
淮北市	7916	7888	6987	900	–	–	–	–	–	–	–	21
亳州市	7453	7006	4711	–	414	38	7	7	–	–	–	23
宿州市	1352	1224	533	425	90	90	1	–	–	–	–	32
蚌埠市	91501	6912	2303	4423	84529	84529	–	–	–	–	–	59
阜阳市	37358	5449	3854	1469	31787	31787	–	–	–	–	–	115
淮南市	288	199	3	180	–	–	–	–	–	–	–	86
滁州市	27268	1756	284	1214	25450	25450	33	–	–	–	–	29
六安市	3788	3724	1653	2063	–	–	–	–	–	–	–	45
马鞍山市	964	912	6	900	–	–	–	–	–	–	–	50
巢湖市	798	760	9	742	–	–	–	–	–	–	–	37
芜湖市	90272	1360	47	1310	76654	76654	12117	11781	–	–	–	140
宣城市	1259	1218	142	947	–	–	–	–	–	–	–	39
铜陵市	89	64	7	57	–	–	–	–	–	–	–	25
池州市	985	977	366	597	–	–	–	–	–	–	–	6
安庆市	34644	830	45	785	–	–	–	–	33764	17649	16115	45
黄山市	365	354	106	239	–	–	–	–	–	–	–	10

2004 年度安徽省国内消费税分市分品目统计表

表 3-59　　单位：万元

地区	合计	1. 饮料制造业	其中：粮食白酒	其中：啤酒	2. 烟草加工业	其中：卷烟	3. 交通运输设备制造业	其中：小轿车	4. 石油加工业	其中：汽油	其中：柴油	5. 其他
全省合计	533733	47522	21442	20797	385621	376614	43216	24095	40316	22318	17998	16952
合肥市	122613	2062	32	2027	86328	86328	18357	68	–	–	–	15864
淮北市	8373	8342	7494	840	–	–	–	–	–	–	–	29
亳州市	7537	6993	5299	–	515	–	–	–	–	–	–	26
宿州市	1489	1425	211	783	–	–	–	–	–	–	–	59
蚌埠市	132157	8334	2512	4814	123725	115233	–	–	–	–	–	63
阜阳市	40870	6367	3376	1806	34302	34302	–	–	–	–	–	196
淮南市	445	322	–	308	–	0	–	–	–	–	–	123
滁州市	46171	1848	41	1453	44193	44193	68	67	–	–	–	53
六安市	4354	4299	1854	2389	–	–	–	–	–	–	–	48
马鞍山市	1219	1175	68	1105	–	–	–	–	–	–	–	43
巢湖市	1150	1095	11	1080	–	–	–	–	–	–	–	53
芜湖市	123006	1472	52	1416	96558	96558	24791	23960	–	–	–	182
宣城市	1571	1487	123	965	–	–	–	–	–	–	–	54
铜陵市	152	54	6	47	–	–	–	–	–	–	–	96
池州市	1108	1102	301	738	–	–	–	–	–	–	–	6
安庆市	41172	804	17	787	–	–	–	–	40316	22318	17998	50
黄山市	348	340	38	239	–	–	–	–	–	–	–	8

2005 年度安徽省国内消费税分市分品目统计表

表 3-60　　单位:万元

地区	合计	1. 饮料制造业	其中：粮食白酒	其中：啤酒	2. 烟草加工业	其中：卷烟	3. 交通运输设备制造业	其中：小轿车	4. 石油加工业	其中：汽油	其中：柴油	5. 其他
全省合计	611625	60360	27825	24297	448995	444284	33515	12365	46954	25516	21439	21559
合肥市	133775	2774	61	2705	89882	89875	20936	-	-	-	-	20163
淮北市	9469	9416	8336	1075	-	-	-	-	-	-	-	53
亳州市	10745	10107	7607	-	609	-	-	-	-	-	-	30
宿州市	1062	1024	97	525	-	-	-	-	-	-	-	34
蚌埠市	157088	9998	3556	4661	146982	142934	-	-	-	-	-	95
阜阳市	56834	8870	4264	2693	47621	47621	-	-	-	-	-	194
淮南市	477	295	2	284	-	-	-	-	-	-	-	183
滁州市	49185	3205	161	2296	45829	45829	97	36	-	-	-	49
六安市	6651	6550	2988	3371	-	-	-	-	-	-	-	95
马鞍山市	1617	1557	116	1440	-	-	-	-	-	-	-	60
巢湖市	1151	1044	43	950	-	-	-	-	-	-	-	82
芜湖市	132040	1281	67	1200	118071	118025	12482	12330	-	-	-	201
宣城市	1376	1282	136	679	-	-	-	-	-	-	-	86
铜陵市	197	70	5	65	-	-	-	-	-	-	-	126
池州市	1654	1645	347	1195	-	-	-	-	-	-	-	9
安庆市	47946	905	20	884	-	-	-	-	46954	25516	21439	80
黄山市	358	337	20	274	-	-	-	-	-	-	-	20

企业所得税收入分行业结构

2002—2005 年,企业所得税收入完成 74.6 亿元,2005 年收入比 2002 年翻一番,年均增长 28.8%。分主要行业看,商业税收 30.3 亿元,占总收入的 40.7%,房地产业增收迅猛,税收比重由 2002 年的 0.2% 提升到 2005 年的 8.6%。

2002 年度安徽省国税系统企业所得税分市分行业统计表

表 3–61　　单位：万元

地区	合计	制造业	采掘业	电力、煤气及水的生产和供应业	建筑业	交通运输、仓储及邮电通信业	批发和零售贸易、餐饮业	金融、保险业	房地产业	社会服务业	其他行业
全省合计	126003	33965	6064	21323	2280	6814	34324	18776	236	217	1775
合肥市	56212	4532	–	19279	2035	5331	11031	12532	24	13	1397
淮北市	3381	1	–	486	2	44	2020	750	–	4	23
亳州市	204	–	–	8	–	10	161	21	–	–	2
宿州市	2387	2	–	549	–	56	1557	192	–	8	19
蚌埠市	26172	24040	–	–	1	292	969	619	143	53	51
阜阳市	964	–	–	–	11	15	551	314	–	–	52
淮南市	8436	–12	6064	143	212	97	1506	420	–	–	2
滁州市	1652	228	–	–	–	11	1043	357	–	–	12
六安市	591	–	–	–	–	12	547	28	–	–	–
马鞍山市	1996	72	–	–	2	61	1137	591	69	–	56
巢湖市	445	7	–	–	–	19	294	120	–	–	1
芜湖市	12709	5006	–	619	17	659	5213	1117	–	13	57
宣城市	2236	3	–	135	–	34	1622	339	–	90	3
铜陵市	831	–	–	–	–	22	523	286	–	–	–
池州市	812	–	–	–	–	36	740	34	–	2	–
安庆市	4752	14	–	80	–	98	3921	501	–	8	100
黄山市	1925	2	–	24	–	17	1489	356	–	26	–
省国税局稽查局	298	70	–	–	–	–	–	199	–	–	–

2003 年度安徽省国税系统企业所得税分市分行业统计表

表 3-62　　　　单位：万元

地区	合计	制造业	采矿业	电力、煤气及水的生产和供应业	建筑业	交通运输、仓储及邮电通信业	批发和零售业	金融业	信息传输、计算机服务和软件业	住宿和餐饮业	文化、体育和娱乐业	租赁和商务服务业	房地产业	其他行业
全省合计	135797	23499	6976	10389	-502	5407	52881	11391	21714	16	26	176	2349	1066
合肥市	63430	3698	–	7762	-1039	3712	19572	6171	21590	15	24	155	1285	409
淮北市	3344	16	198	495	4	–	1761	793	-28	–	–	–	–	27
亳州市	341	36	–	–	–	4	166	118	13	–	–	–	–	–
宿州市	3603	2	–	425	21	16	2918	199	11	–	–	1	–	2
蚌埠市	11932	9110	–	–	62	253	972	566	14	–	–	–	753	198
阜阳市	2822	504	–	5	66	2	2033	163	13	–	–	–	–	19
淮南市	9213	63	6776	212	237	19	1459	455	-15	–	–	–	–	2
滁州市	3653	313	–	42	–	–	2932	331	–	–	–	–	–	18
六安市	3599	2	–	–	–	12	3513	64	–	–	–	–	–	2
马鞍山市	2237	114	–	–	21	33	1174	576	23	–	–	4	215	66
巢湖市	1817	54	–	111	–	–	1533	89	6	–	–	–	–	5
芜湖市	17206	9233	2	764	102	1287	4559	1201	11	–	–	14	5	3
宣城市	3406	23	–	419	–	18	2568	164	–	–	–	–	–	214
铜陵市	1166	14	–	–	–	1	1111	30	8	–	–	–	–	–
池州市	1302	14	–	15	22	43	1168	5	31	1	–	1	–	2
安庆市	4454	186	–	–	2	–	3909	209	–	–	2	–	–	22
黄山市	2252	117	–	139	–	7	1516	257	37	–	–	1	91	77
省国税局稽查局	20	–	–	–	–	–	17	–	–	–	–	–	–	–

2004 年度安徽省国税系统企业所得税分市分行业统计表

表 3–63　　单位:万元

地区	合计	制造业	采矿业	电力、煤气及水的生产和供应业	建筑业	交通运输、仓储及邮电通信业	批发和零售业	金融业	信息传输、计算机服务和软件业	住宿和餐饮业	文化、体育和娱乐业	租赁和商务服务业	房地产业	其他行业
全省合计	214452	37188	7145	36723	1200	1107	101255	19348	–35	84	2	622	5808	3632
合肥市	96761	12373	–	33287	649	37	31604	15352	–109	1	–	353	2334	774
淮北市	3494	114	3	–173	10	3	2769	636	–	–	–	–	106	8
亳州市	2609	453	–	–	–	1	2028	58	–	–	–	43	–	22
宿州市	7757	395	27	302	22	3	6666	253	–	1	–	47	1	22
蚌埠市	15900	5706	–	169	89	280	5499	140	–	11	–	45	1556	2395
阜阳市	6494	3324	–	3	39	–	2443	195	–	–	–	1	471	9
淮南市	13083	791	6730	2151	118	4	3126	68	–	–	–	–	37	36
滁州市	5988	829	288	81	–	3	4449	294	5	–	–	–	–	12
六安市	8967	3	–	38	–	2	8574	318	25	–	–	–	1	–
马鞍山市	4419	576	40	–	178	55	2468	550	26	27	–	11	307	160
巢湖市	6935	59	–	–	–	1	6674	142	16	–	–	2	4	11
芜湖市	19974	10568	25	634	37	701	6531	838	2	5	–	41	537	20
宣城市	4405	259	13	103	46	7	3471	64	–	–	–	74	316	43
铜陵市	2904	132	20	10	–	2	2651	76	–	–	–	–	–	13
池州市	2529	101	–	17	6	2	2358	34	–	1	–	3	1	6
安庆市	9380	1366	–	7	–	–	7700	174	–	–	2	–9	53	55
黄山市	2853	139	–	95	5	6	2243	155	–	37	–	10	84	46

2005 年度安徽省国税系统企业所得税分市分行业统计表

表 3-64 单位:万元

地区	合计	制造业	采矿业	电力、煤气及水的生产和供应业	建筑业	交通运输、仓储及邮电通信业	批发和零售业	金融业	信息传输、计算机服务和软件业	住宿和餐饮业	文化、体育和娱乐业	租赁和商务服务业	房地产业	其他行业
全省合计	269319	50230	17962	17021	7250	3568	114740	4814	18941	172	10	3969	23136	6833
合肥市	102629	15990	3	16200	3751	1063	33008	1199	18866	93	5	766	10000	1419
淮北市	3551	80	37	–	52	20	2989	278	18	2	–	10	22	25
亳州市	2272	702	–	19	–	–	1442	–14	–	–	–	22	64	35
宿州市	5756	219	–	74	18	1	4893	19	–	1	–	460	16	48
蚌埠市	23553	7604	–	1735	175	530	4760	48	–	11	–	84	5840	2760
阜阳市	8302	2462	–	14	29	2	4851	8	4	–	–	1	845	55
淮南市	24293	2299	16996	–1868	286	4	4472	168	–	5	–	–	582	1335
滁州市	10658	2957	501	162	–	–	6640	169	2	–	–	19	134	37
六安市	6507	17	241	111	–	3	5751	360	–	–	–	11	1	10
马鞍山市	10880	798	–39	–	1847	97	5469	826	14	47	–	10	1425	362
巢湖市	8854	260	6	–	399	1	7539	22	16	–	–	20	458	24
芜湖市	30245	12760	93	354	353	1761	8691	1507	1	3	–	2443	2013	183
宣城市	10254	1100	38	41	223	4	7740	2	18	–	–	81	895	106
铜陵市	3187	784	83	–10	11	11	1993	199	2	–	–	–	90	19
池州市	3638	71	–	18	27	61	3423	–	–	1	2	17	2	16
安庆市	10586	1686	–	94	31	2	8322	24	1	5	3	–	212	199
黄山市	4152	439	2	76	48	7	2758	–	–	4	–	27	537	200

第四节　组织收入措施

日常管理

1998 年,省国税局加大组织收入考核力度,实行“三挂钩”,建立促收激励机制,保证任务落实。一是把组织收入与目标管理挂钩,实行一票否决,完不成收入任务的,取消该单位“一把手”任何形式的评先评优资格。二是把组织收入与干部任免挂钩,对组织收入工作不力,有税收不上来,收入进度严重滞缓的县、分局主要负责人进行调整。三是把组织收入与经济利益挂钩,视收入任务完成情况分配个人工资奖金,拉开收入档次,奖优罚劣。

7 月,省国税局抽调近 100 名业务骨干,由局领导带队,分 3 批对 17 个地区(市)组织收入工作进行专项督查。

1998 年,全省国税系统运用法律手段强制征收。全省查封账户 1417 户次,强制扣款 1.4 亿元;扣押货物 3208 户次,价值 7840 万元;公开拍卖 78 户次,追缴税款 296 万元;阻止出境 3 人次,申请法院强制执行 540 户次,追缴税款 822 万元;停供发票 10949 户次;运用强制手段征收的税款占全年税款的比重达到 20% 以上。

1999 年年初,省国税局下发《关于抓好当前组织收入工作的紧急通知》。

省国税局对税收收入工作实行“领导负责制”。对不能完成全年“两税”任务且征管“六率”低于规定标准的市(地区)国税局,其主要负责人年度公务员考核不得被评为优秀等次。

11 月,省国税局抽调 20 名业务骨干,组成 5 个督收组,分别进驻 4 个收入进度较为滞后和 1 个收入形势较好的市(地区)进行收入督促检查。

同月下旬,省国税局组织 6 个督收组,分别对 7 个市(地区)进行专项督查,推动收入任务的完成。

2000 年,实施《安徽省国税系统税收收入考核办法》,考核税收收入完成情况(收入计划完成率、季度收入计划进度差异率、收入增减率)和税收与经济相关度(税收负担增减率、税收弹性系统综合率)两部分。采取定性与定量考核相结合的原则,实行统一管理和逐级考核相结合、日常考核和年终考核相结合的办法。

7 月,组织开展税款入退库及税收会计核算检查。省国税局按照国家税务总局要求,检查工作分为县(市)局自查、市(地区)局抽查和省国税局重点检查三个阶段,自查面 100%,抽查面 50%,重点检查面 30%。检查发现存在预算科目和预算级次使用不准确,税款结报不及时、积压票款现象,稽查专户管理不规范,退库手续不完备,税收会计信息失真,税款征收不规范等问题并及时整改。

2002 年 3 月,省国税局落实国家税务总局《关于加强税收收入分析工作的通知》。改进税收分析方法,加强收入分析,开展年中收入预测工作,重视免、抵、退税对税收收入的影响。对税收收入预测情况表的报送内容、报送时间、报送方式、职能分工作出明确规定。

2004年8月,省国税局执行国家税务总局、财政部《关于减免税普查实施方案》。通过普查,基本摸清减免税的总量规模、主要减免税项目以及减免税在地区、企业类型和行业上的分布特征等基本情况。

2005年,省国税局确定全省国税组织收入工作"12551"工作思路,提出坚持一个观点(税收经济观)、遵循两项要求(依法、科学)、树立五种意识(中心意识、大局意识、服务意识、枢纽意识、前瞻意识)、实现五个统筹(聚财和调节、任务和税源、计划和法治、数量和质量、规模和速度)、达到一个目标(税收收入均衡、协调、稳定增长)的工作思路,把收入质量、收入发展和收入全局观、统筹观放到组织收入管理的突出重要地位。

省国税局健全户籍管理档案,建立工商税务登记信息传递制度。采取实地核查、及时公示、社会监督等措施,加强对注销、变更、停歇业和非正常户的监管,堵漏防疏,做到纳税户籍明了、税源分布清楚、源头控管有力。落实与工商、地税、民政、技术监督等部门的信息交换制度,通过定期交换,比对登记、变更、注销户信息,全面、准确地掌握纳税户籍情况,严格按照规定程序加强对停歇业户、非正常户、注销户的管理。实行分类管理,根据纳税人规模大小采取不同的管理办法。对重点税源企业,以掌握其基本情况,分析其物流、资金流等为主要内容,及时预测其税源变化趋势,综合评价其纳税情况,实施重点监控。

税收与经济的协调性提高。全省工业增值税与工业增加值之间的增长弹性系数为1.2,处于理论最优区间;商业增值税与社会消费品零售总额之间的增长弹性系数为1.4,改变2002年以前商业增值税收入弹性长期低于1的状况,税收在经济中的"内在稳定器"作用显现,税收收入增长阶段性明显。省国税局建立宏观与微观相结合、定性与定量相结合的分析方法,开展同业税收分析、因素分析。及时发现各地区、行业的税负、弹性系数、征收率等指标的异常波动,把准收入脉搏。实行日常收入分旬预测、总体收入分项预测的办法,提高预测的准确性,增强组织收入的有效性。

税收与经济增长基本同步,全省国税收入持续、稳定增长,为安徽改革和建设事业提供可靠的财力保障。GDP税收负担率稳中有升。1994—2005年,GDP税收负担率平稳提高,税收与经济增长基本同步。1994—2005年,全省税收收入与GDP增长弹性系数在1左右,税收增长与经济发展呈现良好状态。同时,宏观税负提升,收入质量明显提高。1994—2003年,全省国税宏观税负由5.1%升至5.6%,2004年为6%,2005年为6.7%,提升幅度为1994年以来最高。

省国税局开展宏观税负调查工作。通过对2002—2005年上半年税负变化情况开展分析,查找影响宏观税负的原因,主要有产业结构、征收率、实际抵扣率、出口货物免抵退企业所占比重等,采取措施确保税收收入持续、稳定增长。

安徽省各地宏观税负情况一览表

表 3-65

单位:亿元

项目 / 地区	生产总值				税收收入(计划口径)				宏观税负(%)				
	2002 年	2003 年	2004 年	2005 年上半年	2002 年	2003 年	2004 年	2005 年上半年	2002 年	2003 年	2004 年	2005 年上半年	2002-2005 年上半年
全省合计	3553.56	3972.38	4812.7	2568.14	192.18	215.83	275.04	176.5	5.41	5.43	6.10	6.87	5.77
合肥市	412.81	484.96	589.7	297.7	43.94	52.22	64.50	42.0	10.64	10.77	10.94	14.11	11.35
淮北市	118.10	132.47	169.1	98.4	9.79	11.03	13.40	9.53	8.29	8.33	7.92	9.69	8.45
亳州市	172.46	183.25	224.6	116.1	3.64	3.83	4.25	2.5	2.11	2.09	1.89	2.15	2.04
宿州市	207.41	219.93	279.1	130.5	4.73	4.96	6.17	4.1	2.28	2.26	2.21	3.14	2.38
蚌埠市	190.19	208.14	263.7	123.8	19.68	19.39	24.16	13.44	10.35	9.32	9.16	10.86	9.76
阜阳市	209.77	216.86	263.3	143.0	9.05	9.67	11.80	7.88	4.31	4.46	4.48	5.51	4.61
淮南市	152.12	170.50	214.5	117.3	12.52	14.55	20.20	13.21	8.23	8.53	9.42	11.26	9.24
滁州市	280.83	299.37	355.6	190.7	8.25	9.76	13.04	8.64	2.94	3.26	3.67	4.53	3.52
六安市	196.23	209.07	253.1	128.3	4.52	4.90	5.79	3.5	2.30	2.34	2.29	2.73	2.38
马鞍山市	154.59	192.52	265.1	155.3	15.4	18.22	26.33	19.46	9.96	9.46	9.93	12.53	10.35
巢湖市	222.73	248.27	294.6	147.0	4.89	5.52	7.14	5.47	2.20	2.22	2.42	3.72	2.52
芜湖市	245.51	284.85	345.1	177.2	25.32	28.14	34.86	20.66	10.31	9.88	10.10	11.66	10.35
宣城市	182.60	203.18	235.7	112.7	5.65	6.28	8.09	5.14	3.09	3.09	3.43	4.56	3.43
铜陵市	88.42	104.46	136.7	72.7	5.47	6.07	10.28	6.98	6.19	5.81	7.52	9.60	7.16
池州市	66.97	75.50	92.4	42.3	2.08	2.77	4.00	2.33	3.11	3.67	4.33	5.51	4.03
安庆市	285.21	320.43	392.0	197.6	14.27	15.36	17.78	9.88	5.00	4.79	4.54	5.00	4.79
黄山市	96.75	108.42	132.0	67.3	2.83	3.13	3.25	1.82	2.93	2.89	2.46	2.70	2.73

安徽省宏观税负情况表

表 3-66　　单位：亿元

项目 年份	安徽生产总值				社会消费品零售总额	税收收入（国、地税）		国税收入（全口径）		国税收入（计划口径）						
	数额	其中：第二产业	工业	第三产业		数额	宏观税负（%）	数额	综合税负（%）	数额	税负（%）	可比口径税负（生产总值剔一产，%）	其中：工业增值税收入 数额	其中：工业增值税收入 税负（%）	其中：商业增值税收入 数额	其中：商业增值税收入 税负（%）
1994 年	1320.4	541.9	466.1	439.2	463.4	101.2	7.7	75.5	5.7	67.9	5.1	6.9	—	—	—	—
1995 年	1810.7	660.1	562.4	566.5	599.6	128.8	7.1	87.5	4.8	86.2	4.8	7.0	45.9	8.2	14.1	2.4
1996 年	2093.3	742.1	634.2	682.8	743.3	166.1	7.9	104.1	5.0	102.2	4.9	7.2	56.9	9.0	17.2	2.3
1997 年	2347.3	828.9	703.7	782.2	879.0	200.4	8.5	121.1	5.2	118.6	5.1	7.4	65.5	9.3	21.0	2.4
1998 年	2543.0	920.5	766.0	878.4	945.5	224.8	8.8	138.0	5.4	135.5	5.3	7.5	74.1	9.7	20.4	2.2
1999 年	2712.3	974.3	820.3	991.3	1001.0	235.8	8.7	143.6	5.3	140.4	5.2	7.1	79.5	9.7	20.6	2.1
2000 年	2902.1	1056.8	885.1	1103.5	1077.8	239.7	8.3	154.8	5.3	150.9	5.2	7.0	84.9	9.6	22.2	2.1
2001 年	3246.7	1254.9	1062.0	1231.1	1168.4	281.9	8.7	179.3	5.5	174.9	5.4	7.0	92.4	8.7	22.8	2.0
2002 年	3519.7	1337.0	1115.1	1399.0	1256.2	307.3	8.7	205.1	5.8	199.9	5.7	7.3	107.4	9.6	23.8	1.9
2003 年	3923.1	1535.3	1255.8	1638.4	1379.3	348.8	8.9	233.4	5.9	225.3	5.7	7.1	122.5	9.8	26.6	1.9
2004 年	4759.3	1844.9	1488.9	1963.9	1557.4	441.8	9.3	295.6	6.2	286.9	6.0	7.5	155.4	10.4	29.3	1.9
2005 年	5375.1	2221.2	1818.4	2187.5	1765.0	541.3	10.1	359.7	6.7	351.2	6.5	8.0	197.6	10.9	34.9	2.0

安徽省税收收入弹性情况表

表3-67　　单位:亿元

项目/年份	安徽生产总值			税收收入(国、地税)			国税收入(全口径)			国税收入(计划口径)								
													其中:工业增值税收入			其中:商业增值税收入		
	数额	增幅(可比价,%)	增幅(现价,%)	数额	增幅(%)	弹性系数	数额	增幅(%)	弹性系数	数额	增幅(%)	弹性系数	数额	增幅(%)	弹性系数	数额	增幅(%)	弹性系数
1994年	1320.4	14.5	27.3	101.2	—	—	75.5	—	—	67.9	—	—	—	—	—	—	—	—
1995年	1810.7	14.3	37.1	128.8	27.2	0.7	87.5	15.8	0.4	86.2	27.0	0.7	45.9	—	—	14.1	—	—
1996年	2093.3	12.7	15.6	166.1	29.0	1.9	104.1	19.0	1.2	102.2	18.5	1.2	56.9	23.8	1.9	17.2	21.5	0.9
1997年	2347.3	11.7	12.1	200.4	20.6	1.7	121.1	16.3	1.3	118.6	16.1	1.3	65.5	15.2	1.4	21.0	22.4	1.2
1998年	2543.0	8.4	8.3	224.8	12.2	1.5	138.0	14.0	1.7	135.5	14.2	1.7	74.1	13.2	1.5	20.4	-3.0	-0.4
1999年	2712.3	9.1	6.7	235.8	4.9	0.7	143.6	4.0	0.6	140.4	3.6	0.5	79.5	7.2	1.0	20.6	1.2	0.2
2000年	2902.1	8.3	7.0	239.7	1.7	0.2	154.8	7.8	1.1	150.9	7.5	1.1	84.9	6.8	0.9	22.2	7.5	1.0
2001年	3246.7	8.9	11.9	281.9	17.6	1.5	179.3	15.8	1.3	174.9	15.9	1.3	92.4	8.8	0.4	22.8	2.7	0.3
2002年	3519.7	9.6	8.4	307.3	9.0	1.1	205.1	14.3	1.7	199.9	14.3	1.7	107.4	16.2	3.2	23.8	4.2	0.6
2003年	3923.1	9.4	11.5	348.8	13.5	1.2	233.4	13.8	1.2	225.3	12.7	1.1	122.5	14.1	1.1	26.6	11.9	1.2
2004年	4759.3	13.3	21.3	441.8	26.7	1.3	295.6	26.7	1.3	286.9	27.3	1.3	155.4	26.9	1.4	29.3	10.3	0.8
2005年	5375.1	11.6	12.9	541.3	22.5	1.7	359.7	21.7	1.7	351.2	22.4	1.7	197.6	27.2	1.2	34.9	18.9	1.4

欠税清理

1994 年,省国税局按月编制“欠税月报表”和“欠税大户欠税情况统计表”。

1995 年,省国税局下发《关于采取切实措施抓紧清理企业欠税的通知》,密切与财政、银行及有关企业主管部门的配合,全省国税系统共减少欠税 4 亿多元。

1996 年,开展欠税情况普查。摸清欠税的成因及结构,强化清欠力度,采取以票管税、查封账户、强行划拨等措施,控制和减少新欠,减少陈欠约 4 亿元。同年 11 月,省国税局抽调 50 名业务骨干组成 10 个组,对 10 个地区(市)开展以组织收入为重点的执法检查。共抽查 26 个县(市)局及分局、50 户重点企业,推动组织收入工作。

1997 年,运用法律手段,增强执法刚性,采取以票管税,强行划拨,扣押、查封、拍卖货物或财产等有力措施,全年共清欠 7.6 亿元。

1998 年,全省国税系统把组织收入作为压倒一切的中心工作来抓。实行“大税不足小税补,增量不足存量补,申报不足稽查补”办法,发扬“四铁”(铁面无私、铁石心肠、铁的手腕、铁的纪律)精神。

1998 年 7 月,省国税局下发《抓紧清理企业欠税实施意见》,目标是年内全省清理欠缴“两税”8 亿元。采取八项主要措施:明确实行清欠工作领导责任制、制定清欠目标责任制、规范清欠工作程序、严格执行税收政策、建立内部清理欠税相互制约机制、严格执行加收税款滞纳金制度、充分利用国税职能手段、实行欠税数额的监控考核机制。当年新增欠税 50 万元以上的企业报省国税局备案。11 月下旬,省国税局召开全省重点欠税企业清欠工作紧急会议。省政府成立由常务副省长汪洋任组长的全省清欠工作领导小组,召集法院、公安、经委、银行、烟草等部门负责人,有关地区专员、市长,11 个欠税大户法定代表人参加会议。全省共清理 8 户卷烟厂欠税 9.8 亿元,压缩陈欠 60%。全年全省共清理历年陈欠 21.8 亿元,超额完成国家税务总局下达的清欠任务。

2001 年 3 月,省国税局根据国家税务总局《欠缴税金核算管理暂行办法》,制定实施意见。明确欠缴税金的分类确认、欠缴税金的监控和追缴管理、滞纳金的加收、欠税金及滞纳金的核算反映,清欠工作更加规范。

2005 年 9 月,省国税局开展欠税核查工作。用 1 个月时间查清:截至 2005 年 8 月 31 日,全省欠缴呆账税金、往年陈欠纳税人 6087 户,欠缴总额 574328 万元。其中,陈欠 148434 万元,呆账税金 425894 万元。

重点税源管理

税源是组织收入的基础,税源监控主要是对已有税源进行控制,是税源管理的重点和难点,旨在掌握重点税源分布、了解企业生产经营状况和监控企业税收政策执行情况。省国税局、市国税局、县(市、区)国税局分别确定重点监控纳税户,形成上下联动、相互监督的税源控管体系。

1994 年,省国税局对全省实现税收收入 500 万元以上的 91 户重点税源企业进行普查登记,建立资料档案,编制“重点税源企业普查资料表”。对 10 户重点税源大户按月收集资料。

1995年上半年,省国税局对1994年实现工商各税省辖市1000万元以上(地区500万元以上)的企业,产、供、销、资金回笼以及税款实现、入库、欠缴情况进行全面普查。同年,省国税局确定全省10个有代表性的重点税源企业,对其生产、经营、资金及税收情况按月进行跟踪调查。10户企业是:合肥卷烟厂、合肥百货大楼、蚌埠卷烟厂、芜湖卷烟厂、安庆石化厂、淮南矿务局、马钢股份有限公司、铜陵有色金属公司、古井酒厂、宁国水泥厂。

1996年,省国税局确定全省15个有代表性的重点税源企业,对其生产、经营、资金及税收情况按月进行跟踪调查。15户企业是:合肥卷烟厂、美菱股份有限公司、荣事达集团、蚌埠卷烟厂、芜湖卷烟厂、安庆石化厂、淮南矿务局、淮北矿务局、马钢股份有限公司、铜陵有色金属公司、古井酒厂、扬子电冰箱总厂、明光酒厂、省维尼纶厂、宁国水泥厂。同年上半年,省国税局对年入库"两税"(增值税和消费税)500万元以上的重点税源企业的生产经营、纳税情况和年入库"两税"500万元以上的税务分局、所进行一次全面普查。全省各级国税部门对重点税源企业的生产经营及纳税情况进行普查,查清重点税源底数。省国税局对年应纳消费税200万元以上的企业建立分户档案,全年共收集各种报表1200多份,定期进行分析,建立消费税税源大户档案。省国税局对全省2000户一般纳税人进行税收调查,完成约22万个数据的整理、审核、录入工作。对数据进行分析、比较,把增值税税负异常的行业作为管理重点,堵塞漏洞。

1997年,组织开展全省1996年商业增值税税负情况调查和全省1995—1996年破产国有企业税收情况调查,对商业增值税税负较低、破产国有企业增加等影响税收收入问题进行分析。省国税局组织对泗县、东至县1995—1996年度税收、税源进行专题调查和解剖分析;对合肥卷烟厂等88户企业在1994—1997年6月期间"两税"实现入库、欠缴情况进行专题调查,首次测算全省的两税入库率和欠税额;对10个税源大户进行专项检查,查补入库税款8050万元,罚款137万元。

1998年,省国税局对1997年度"两税"收入500万元以上的158家重点税源企业生产经营、税收情况进行普查登记,对"两税"收入5000万元以上的征收分局进行普查登记。

1999年,省国税局对20户重点税源企业生产经营及纳税情况实施动态监控;同时对年实现税款500万元以上的190户重点企业生产经营及纳税情况进行全面普查;对全省80户饮料酒企业的纳税情况进行专项调查。加强与财政、计委、烟草、电力等部门的联系和协作,建立第二套税源监控网络,初步形成一个静态普查与动态监控相结合、企业调查与行业分析相结合、系统内摸底和系统外调研相结合的税源监控体系。

2000年,执行《安徽省国税系统重点税源动态跟踪管理实施办法》,坚持"部门协作、规范统一、分级管理、准确及时"原则,明确组织领导和部门职责,监控的范围、内容和指标口径,将年实现增值税、消费税10万元以上的重点税源企业全部纳入监控范围,及时掌握重点企业生产经营及纳税情况。对全省7家烟厂70个牌号甲乙类卷烟的规格、产销量、出厂价、零售价、计税价等进行调查。对全省年纳税2000万元以上的企业按月进行资料普查,对年纳税500万元以上的企业实施动态监控;对全省欠税、期初存货已征税款抵扣、校办集体福利企业退税情况开展调查,掌握存量税源基数。

2001年,省国税局按月对年纳"两税"500万元以上重点税源企业,按季对年纳"两税"1000万元以上、营业税300万元以上重点税源企业的生产经营及欠税情况进行分析,掌握其生产经营及纳税情况。对入库"两税"100万元以上重点税源企业及个体税收税负情况、1999—2000年度企业所得税税款分级征收情况及合肥卷烟厂等10户重点税源企业"九五"期间税负情况等进行调查。对全省7家烟厂171个牌号甲乙丙类卷烟的规格、产销量以及价格信息进行调查,掌握企业生产经营情况。开展一般纳税人税收资料调查,调查整理194户企业、50多万条分产品数据,顺利通过全国汇审。

2002年,执行《安徽省国税系统企业所得税税源监控实施办法》。其工作原则:规范统一、分级管理、准确及时、部门协作。明确组织领导和部门职责,监控的范围、方式、内容和指标口径,工作考核和报送方式内容。省国税局监控年实现企业所得税(包括内、外资和港澳台资企业所得税)100万元(含100万元)的企业和烟草、电力、金融、保险、证券、电信、邮政、铁路、石油化工、民航10个特殊行业的全部企业。

2003年,省国税局开展税收资料调查,共调查一般纳税人3694户,分行业、分产品整理数据120万条。将重点税源监控范围由年入库1000万元以上企业,拓展到年入库500以上企业,合并两套重点税源监控软件,明确税源动态监控管理的企业范围、资料内容和指标口径,夯实监控基础,对年纳企业所得税100万元以上的重点税源企业的生产经营及税收情况进行静态普查,摸清税源状况,细化监控措施。

2004年,省国税局发挥综合征管软件上线、征管数据省级集中的优势,扩大"两税"重点税源监控范围。监控户数由2003年的287户,增加至309户,监控指标由11项主要税收指标,增加至129项经济税收指标,详细了解"两税"重点税源的生产经营及税收变化情况。依托综合征管软件和重点税源监控软件,建立企业所得税基本税源信息反馈体系,对烟草、移动、皖通高速等重点税源行业、企业实施动态跟踪监控。覆盖省、市、县三级的多税种、多层次、多环节的税源监控体系渐趋完善,占全省税收收入70%以上的税源纳入重点监控范围。

2005年,省国税局组织对全省4830余户一般纳税人进行普查。对重点税源企业或行业税收增减变化影响因素,按月进行重点分析,按季进行全面分析,按年进行综合分析,详实反映价格、市场、产销量、政策调整等情况对税收税源的影响,对宏观政策调整效应反映显著的煤炭、电力、钢铁、建材、烟草等行业进行调研分析,及时摸清政策效应对税收税源的影响,掌握税源的结构性变化。建立以综合征管软件数据为基础,以税收会计核算为载体的税源信息反馈体系,形成涵盖增值税、消费税、企业所得税,覆盖省、市、县三级的多层次、多环节的税源监控网络。实行分类管理,针对纳税人规模大小采取不同的管理办法,对重点税源企业,以掌握其基本情况,分析其物流、资金流等为主要内容,及时预测其税源变化趋势,综合评价其纳税情况,实施重点监控;对小规模纳税人,依法规范征管程序,加大监管力度;对个体纳税户,按照“管住户籍、电子定税、申报纳税、盯住大户”十六字方针的要求实施管理。

第五节 涉外税收

2000—2005 年,全省涉外税收收入持续快速增长,涉外税收收入由 2000 年的 12.7 亿元增加到 2005 年的 48.2 亿元,5 年间增长 2.8 倍,年均增长 30.5%;涉外税收占国税收入(全口径)比重不断提升,由 2000 年的 8.2% 增长至 2005 年的 13.4%。

1995 年,全省国税系统组织涉外税收收入 3.43 亿元,比上年增长 1.04 倍;占全省国税系统工商税收收入的比重为 3.83%。其中,“两税”收入 2.86 亿元,占涉外税收收入的比重为 83.46%,比上年同期增长 1.14 倍。

1996 年,全省国税系统组织涉外税收收入 4.45 亿元,比上年增长 40%。其中,“两税”收入 4.07 亿元,比上年增长 42%。

1997 年,全省国税系统组织涉外税收收入 5.9 亿元,比上年增长 37.1%,比全国平均增幅高 7.9 个百分点,占工商税收收入的比重为 5%。其中,“两税”收入 5.6 亿元,比上年增长 37%,比全省“两税”增幅高 21.1 个百分点。

1998 年,全省国税系统组织涉外税收收入 7.9 亿元,比上年增长 36%,增收 2.1 亿元,完成总局考核计划的 105%。其中,“两税”收入达到 7.4 亿元,比上年增长 33%,比全省“两税”增幅高出 19.8 个百分点;外商投资企业和外国企业所得税收入 5436.1 万元,比上年增长 78%,完成总局计划的 136%。

1999 年,全省国税系统组织涉外税收收入 9.98 亿元,占总局考核任务的 110.1%;占国税收入总额的比重为 7.1%;比上年增长 25.9%,增幅比全省国税收入增幅高出 22.2 个百分点;增收 2.05 亿元,占全省国税收入增收额的 41.25%。其中,“两税”收入 9.35 亿元,比上年增长 26.6%;外商投资企业和外国企业所得税收入 6320 万元,比上年增长 16.3%。

2000 年,全省国税系统组织涉外税收收入 12.72 亿元,比上年增长 27.33%,增收 2.74 亿元,占全省国税收入的比重为 8.6%。其中,“两税”收入 11.53 亿元,比上年增长 23.2%,比全国“两税”增幅高 19.4 个百分点;外商投资企业和外国企业所得税收入 1.18 亿元,比上年增长 87.8%。

2001 年,全省国税系统组织涉外税收收入 16.83 亿元,比上年增长 32.4%,增收 4.12 亿元,占全省国税收入总额的比重为 10.3%。其中,“两税”收入 15.47 亿元,比上年增长 34.2%;外商投资企业和外国企业所得税收入 1.36 亿元,比上年增长 14.9%。

2002 年,全省国税系统组织涉外税收收入 21.11 亿元,比上年增长 25.4%,占全省国税收入的比重为11.3%，增收4.28亿元。其中，"两税"收入18.39亿元，比上年增长18.9%；外商投资企业和外国企业所得税收入2.72亿元，比上年增长99.3%。

2003年，全省国税系统组织涉外税收收入28.11亿元，占全省国税收入总额的13%；比上年增长33.2%，增收7亿元，占全省国税收入增收额的29.6%。其中，"两税"收入21.84亿元，外商投资企业和外国企业所得税收入6.28亿元。

2004年，全省组织涉外税收收入36.57亿元，完成年度预定目标的104.5%，占全省国税收入总额的13.4%，比上年增长30.1%，增收8.47亿元，占全省国税收入增收额的14.3%。其中，"两税"收入28.85亿元，外商投资企业和外国企业所得税收入7.71亿元。

2005年，全省组织涉外税收收入48.17亿元，比上年增长31.71%，占全省国税收入的比重为14.2%。其中，国内"两税"收入37.26亿元，比上年增长29%；外商投资企业和外国企业所得税收入10.91亿元，比上年增长41.7%。

2000—2005安徽省涉外税收分税种收入总表

表3-68　单位：万元

项目/年度	涉外税收合计	增值税	消费税	营业税	外商投资企业和外国企业所得税	涉外税收占国税收入比重(%)
2000年	127146	106261	9007	–	11878	8.2
2001年	168318	141553	13113	–	13652	9.7
2002年	211098	170570	13322	1	27205	10.7
2003年	281187	203508	14873	–	62806	12.6
2004年	365721	259914	28753	–	77054	12.9
2005年	481729	332393	40170	–	109166	13.4

第四章　征收管理

税收征管是国家税务征收机关依据税收法律、法规的规定，对税款征收过程进行的组织、管理、检查等一系列工作的总称。主要包括纳税人税务登记、申报纳税、减免缓征、稽查、行政处罚、行政复议、税收计划等管理。税收征管是整个税收管理活动的中心环节，是实现税收管理目标，将潜在的税源变为现实的税收收入的实现手段。

1994 年以来，安徽省国税局按照国家税务总局部署，推行征收、管理、稽查相分离的税收征管模式，逐步取代沿袭几十年的税务专管员制度，建立申报、代理、稽查三位一体征管新格局。逐步推行以申报纳税和优化服务为基础，以计算机网络为依托，集中征收，重点稽查，强化管理的税收征管模式。整合内设机构职能、减少管理层级、优化业务流程、统一征管软件，改进考核方式，提高管理质量和效率，降低管理成本和风险。

第一节　征管制度

税务登记

税务登记又称纳税登记，是税务机关对纳税人的生产经营活动实行法定登记的一种管理制度，也是纳税人纳入税务机关监督管理的证明。1994 年税务机构分设后，税务登记管理按原规定执行；从 1998 年 7 月 1 日起，依据国家税务总局《税务登记管理办法》，实施《安徽省国税系统税务登记管理实施办法》，主要内容包括：开业登记、变更登记、停业复业登记、注销登记、外出经营报验登记、登记核查、非正常户处理、违章处理等。

在安徽省境内，依照法律、法规规定，向国税机关缴纳下列各税之一的纳税义务人，应向主管国税机关办理税务登记：增值税；消费税；中央企业所得税；金融保险企业所得税；军队（包括武警部队）所办的国有企业所得税；中央与地方联营、股份制企业所得税；金融保险企业营业税；外商投资企业和外国企业所得税。

1994 年，根据省国税局部署，各地在 1995 年春节前普遍开展税务登记验证工作，以解决税务机构分设后出现的交义登记、双重登记、错登记、漏登记等现象。

1996 年 5 月—9 月底，省国税局根据国家税务总局部署，组织开展税务登记证换发工作。全省换发税务登记证 28.5 万多户。通过换证查出漏管户 3900 多户，查补税款 110 多万元，加收滞纳金和罚款 16 万多元。换发外商投资企业税务登记证 1714 户，对不符合法律规定的 753 户外商投资企业，暂缓换发税务登记证，暂停其发票使用；清理出 10 户外商投资企业漏管户，对 163 户不符合法律规定的外商投资企业，提请工商部门取消其外商投资企业资格。

1997 年 1 月 1 日，实施《安徽省国税系统税务登记管理办法》，税务登记证采用统一的纳税人识别号，各类企业、事业单位、机关、团体、学校等组织机构适用国家技术监督局编制的 9 位码，加注国标 6 位行政区域码；个体工商户适用公安部门编制的居民身份证 15 位码。

1997年,省国税局强化对金融保险企业税源管理,全省有2733户金融保险企业办理税务登记,其中:金融企业2547户,保险企业186户。

1998年7月1日,实施《安徽省国税系统税务登记管理实施办法》。规定税务登记的主管国税机关是县区以上(含县区)国家税务局(分局)。

1999年10月底,全省国税系统换发税务登记证,共核发税务登记证32.9万户,其中换发税务登记证32.2万户,注册税务登记证7236户;内资企业6.3万户,港澳台商投资企业410户,外商投资企业733户,外国企业3户,个体工商户26.5万户。结合换发税务登记证工作,查出漏管户9718户,查补税款525.6万元,加收滞纳金78.5万元,罚款355.9万元。

2001年5月1日,省国税局执行《中华人民共和国税收征收管理法》,该法规定:从事生产、经营的纳税人,持税务登记证件,在银行或者其他金融机构开立基本存款账户和其他存款账户,将其全部账号向税务机关报告。银行和其他金融机构在从事生产、经营的纳税人的账户中登录税务登记证件号码,在税务登记证件中登录从事生产、经营的纳税人的账户账号。税务机关依法查询从事生产、经营的纳税人开立账户的情况,有关银行和其他金融机构应予以协助。

2002年,省国税局执行《中华人民共和国税收征收管理法实施细则》,细则规定:其他纳税人,除国家机关和个人外,自纳税义务发生之日起30日内,持有关证件向所在地的主管税务机关申报办理税务登记。扣缴义务人应当自扣缴义务发生之日起30日内,向所在地的主管税务机关申报办理扣缴税款登记,领取扣缴税款登记证件;税务机关对已办理税务登记的扣缴义务人,可以只在其税务登记证件上登记扣缴税款事项,不再发给扣缴税款登记证件。

2003年10月1日,省国税局实施《安徽省工商、税务登记信息交换与共享暂行办法》,实现省、市、县三级工商行政管理局、国家税务局和地方税务局工商税务登记信息的交换与共享。办法规定,工商行政管理机关向税务机关提供:设立登记信息、变更登记信息、注销登记信息、吊销营业执照信息、年检验照信息。税务机关向工商行政管理机关提供:提请工商行政管理机关吊销营业执照信息,依法应该办理税务登记而拒不办理税务登记的信息,注销税务登记信息,非正常户信息,未办理工商登记纳税人信息。首次信息传递时间为2003年10月15日。

2004年2月1日,省国税局执行《税务登记管理办法》,办法规定:国家税务局(分局)、地方税务局(分局)按照国务院规定的税收征收管理范围,实施属地管理,采取联合登记或分别登记的方式办理税务登记。有条件的城市,国家税务局(分局)、地方税务局(分局)按照“各区分散受理、全市集中处理”的原则办理税务登记。国家税务局(分局)、地方税务局(分局)联合办理税务登记的,对同一纳税人核发同一份加盖国家税务局(分局)、地方税务局(分局)印章的税务登记证。

2005年,全省国税系统采取实地核查、及时公示、社会监督等措施,加强对注销、变更、停歇业和非正常户的监管，堵漏防疏，做到纳税户籍明了、税源分布清楚、源头控管有力。

纳税申报

纳税申报是指纳税人在发生法定纳税义务后按照税法或税务机关规定的期限和内容向主管税务机关提交有关应纳税情况报告的法律行为。纳税申报是纳税人履行纳税义务的法定程序，也是基层税务机关办理征收业务，核定应征税款，开具完税凭证的主要依据。

1995 年，省国税局为配合征管改革，在全省 20 个征管改革试点单位推行自核自缴，试行蓝色申报。各试点单位按照规定程序，确定自核自缴纳税人 7200 多户，占试点单位总户数的 90%。

1995 年 5 月，省国税局实施蓝色纳税申报制度。实行蓝色纳税申报的纳税人是经主管税务机关核定为“自核自缴”的纳税人。这部分纳税人税法观念较强，自觉履行纳税义务；生产经营正常，会计核算健全；能正确计算应纳税额，按税务机关核定的纳税申报期限办理纳税申报；能按照规定使用和保管发票；配备专人办理纳税事宜。

实行蓝色纳税申报的纳税人，在税务机关核定的纳税申报期间内向主管税务机关办理纳税申报，使用蓝色纳税申报表；其他纳税人在纳税申报期限内向主管税务机关办理纳税申报，使用白色纳税申报表；凡超过税务机关核定的纳税申报期限办理纳税申报的，一律使用红色纳税申报表。

实行蓝色纳税申报的纳税人，税务机关可根据其实际需要保证发票供应，可申请印制根据实际需要自行设计式样的普通发票，税务机关定期（次）开展税务检查。

1996 年 1 月 1 日，省国税局执行全国统一的增值税一般纳税人申报办法。增值税一般纳税人进行纳税申报时，按照规定报送《增值税纳税申报表》《发票领用存月报表》《增值税专用/普通发票使用明细表》《增值税进项发票明细表》以及发票存根联、抵扣联、付款凭证等。全省举办培训班 360 多场次，培训 4 万多人。省及各市组织 17 个检查组，检查 205 个分局和税务所，检查过程中一旦发现申报问题，及时纠正。

1997 年 4 月，省国税局实施《安徽省国税系统纳税申报管理办法》，办法规定：

凡按规定向国税部门缴纳各种应纳税款的纳税人，除按规定不需办理税务登记的以外，应在主管国税机关规定的申报期限内，向主管国税机关办理申报。

城市市区办理税务登记的纳税人，在主管国税机关核定的纳税申报期限内，到主管国税机关办税服务厅办理纳税申报；农村办理税务登记的纳税人，也应在主管国税机关核定的纳税申报期限内，到主管国税机关办税服务厅办理纳税申报，但对零星分散、经营地点偏远的纳税人，可到主管国税机关设置的征收点和委托代征单位的代征点办理纳税申报。

1997 年 9 月，省国税局执行国家税务总局、邮电部《邮寄纳税申报办法》，办法规定：实行查账征收方式的纳税人，经主管税务机关批准，可采用邮寄纳税申报。纳税人在法定的纳税申报期内,按税务机关规定的要求填写各类申报表和纳税资料后,使用统一规定的纳税申报特快专递专用信封,可以根据约定时间由邮政人员上门收寄,也可到指定的邮政部门办理交寄手续。纳税申报特快专递邮件实行按件收费,每件中准价为8元,各省、自治区、直辖市邮电管理局可根据各地实际情况,以中准价为基础上下浮动30%。价格确定后,须报经省物价主管部门备案。纳税人采取邮寄方式办理纳税申报的,应当使用统一的纳税申报专用信封,以邮政部门收据作为申报凭据。邮寄申报以寄出的邮戳日期为实际申报日期。

1997年,省国税局实施增值税纳税申报分类管理,根据增值税一般纳税人的经营规模、财务核算水平及纳税信誉等情况,将增值税一般纳税人划分为A、B、C三类,对不同的纳税人实行不同的管理办法。当年,全省有3.8万户一般纳税人按新的申报办法申报纳税,占一般纳税人总户数的96%。

1997年,省国税局抽调2400多名税务干部,对连续3个月以上零申报、负申报的4091户增值税一般纳税人进行专项检查,查补增值税税款2751万元,罚款23.9万元。

1997年,省国税局实施《安徽省国税系统纳税申报管理办法》,对纳税申报时间、方式、报送资料、延期申报、税款缴纳方式、延期缴纳、多征税款的退还以及国税机关的税款征收、审批缓缴税款、加收滞纳金、税款追征、复议应诉、赔偿责任等环节都做出明确规定。

1999年,省国税局落实总局增值税新纳税申报办法,充实完善纳税申报资料,及时修改完善税收征管软件中的纳税申报模块,帮助纳税人掌握新申报办法的内容,顺利开展纳税申报。

1999年,省国税局先后在合肥市国税局第三分局、芜湖市国税局第二分局、安庆市国税局第一分局进行IC卡申报试点工作。经过半年实践,3个分局实行IC卡申报的纳税人达1300户。

1999年7月1日,省国税局实施《安徽省增值税一般纳税人纳税申报办法》。规定纳税申报资料包括:《增值税纳税申报表》《增值税纳税申报表附列资料》《发票领用存月报表》《分支机构销售明细表》《销售货物清单》《电力企业增值税进项税额和销项税额统计表》及备查资料。

2000年年底,省国税系统有近4000户纳税人实行IC卡申报。IC卡申报方式主要在城市和县城的小规模企业纳税人中试行。一般纳税人中除省国税局确定的3个试点单位外,其他单位由省国税局另行规定申报方式。

2001年,省国税局执行《中华人民共和国税收征收管理法》,纳税人、扣缴义务人可以直接到税务机关办理纳税申报或者报送代扣代缴、代收代缴税款报告表,或采取邮寄、数据电文或者其他方式办理上述申报、报送事项。

2002年,省国税局执行《中华人民共和国税收征收管理法实施细则》,经税务机关批准,纳税人、扣缴义务人可以采取数据电文方式办理纳税申报。

纳税人采取电子方式办理纳税申报的,按照税务机关规定的期限和要求,保存有关资料,定期书面报送主管税务机关。纳税人在纳税期内没有应纳税款的,同样办理纳税申报。

同年,安徽省国税系统推广使用电子申报纳税软件 E-TA×,实现与 CTAIS 的对接。淮南市 74% 的企业实行网上申报纳税,92% 的个体户由银行代收税款,通过网上申报征收的税款占全市国税总收入的 98.34%。芜湖市 9000 多户个体工商户全部实行银行网点代收税款。

2003 年,省国税局按照国家税务总局的部署,全面推行增值税纳税申报"一窗式"管理,主要采取"两窗三人"模式。省国税局成立"一窗式"管理工作领导小组,负责部署、指导、协调全省的"一窗式"管理工作。选择在无为县局进行单机版"一窗一人一机"模式的试点,同年年底将试点扩大到巢湖市四县一区。

2003 年,省国税局开始集中建设全省性的网上申报纳税平台。一次性买断软件使用权,由省国税局按年集中支付维护费,供纳税人无偿使用。

2003 年,省国税局试行简易申报、简并征期等征收方式。对实行定期定额征收的纳税人,位于城市市区和县城的,主管国税机关可按季、半年或年度核定定额;位于农村集镇及偏远地区的,可以按年度核定定额,按季、半年或年度征收税款。

2004 年,省国税局建成省级集中的网上申报纳税平台,全省 6 万多户纳税人使用网上申报系统,同时为纳税人提供邮寄、电话语音、数据电文、银行卡等多种便捷、高效的纳税申报、税款缴纳方式。

2004 年 1 月,全省国税系统所有市、县国税局办税服务厅全面推行纳税申报"一窗一人一机"模式,每个纳税申报窗口安排一名工作人员,配置一台计算机、一台票据打印机、一台认证扫描仪和一套认证报税专用设备,受理增值税、消费税、所得税等所有税种与纳税申报有关的全部涉税事宜。

2005 年,省国税局开发数据应用平台,将数据交换方式由电子申报系统与综合征管软件直接交换数据,转变为调用数据应用平台进行数据交换,实现电子申报系统与门户网站的整合。研发电子申报系统查询版管理机,纳税人登录网上办税系统后,直接进入电子申报系统,全省 116 个办税服务厅,设置 393 个纳税申报窗口,实现一窗多岗、一人多责、一机多能,方便纳税人办税。

2005 年,省国税局利用综合征管软件纳税申报数据,以异常申报企业为突破口,按月分析和判断纳税人申报纳税的真实性、准确性,发现有问题企业 2524 户,评估增补收入 2682.7 万元。

税款征收

税务机关依照法律、行政法规的规定征收税款,不得违反法律、行政法规的规定开征、停征、多征、少征、提前征收、延缓征收或者摊派税款。除税务机关、税务人员以及经税务机关依照法律、行政法规委托的单位和人员外,任何单位和个人不得进行税款征收活动。

1997 年 1 月起,省国税局执行国家税务总局制定的阻止欠税人出境的实施办法。

税务机关对欠税人实施出境限制应严格掌握,原则上个人欠税3万元以上,企业欠税20万元以上,方可函请公安边防部门实施边控。但对拒不办理纳税申报的,可不受上述金额限制。

1997年3月起,执行《安徽省国税系统税款征收管理办法》。市、县国税机关根据实际情况确定税款征收方式。对于账证健全、纳税资料完整,能准确核算应纳税额的纳税人实行查账征收;对发生纳税义务,未按规定期限办理纳税申报,经主管国税机关责令限期申报,逾期仍不申报的纳税人实行核定征收;对账证不健全,纳税资料不完整,计税依据难以确定的个体工商户实行定期定额征收;对于偏远地区和山区及农村零散分散、税源小的纳税人实行委托代征。

纳税人因有特殊困难,需延期缴纳税款时,应在纳税期限内向主管国税机关管理部门提出申请,填写《延期缴纳税款申请审批表》,管理部门审核后按照管理权限上报审批,将审批结果及时书面通知纳税人。批准的,制作《核准延期纳税通知书》通知纳税人,作缓征处理;未予批准的,仍按规定期限征收税款。

1997年6月,省国税局实施《安徽省国税系统委托代征税款管理办法》,主要是针对偏远地区的个体工商户税收、无证业户的零星税收、农村集贸市场税收及其他需要委托代征的税收。代征税款手续费按5%的比例提取,主要用于支付代征单位(个人)的手续费。

2001年10月1日,省国税局实施《安徽省国税系统延期缴纳税款管理办法》,已办理税务登记的纳税人,确因特殊困难,不能按期缴纳税款的,可向主管国税机关申请延期缴纳税款,同一纳税人应纳的同一个税种的税款,在同一个纳税年度内只能申请延期缴纳一次,批准税款延期缴纳的期限不得超过3个月。税务稽核、稽查查补的税款,不得申请延期缴纳。

2001年,省国税局组织开展专项检查,全省各级国税部门查出违规批准缓征税款368.9万元,补征368.9万元,补征率100%;查出混淆入库级次税款1.13万元,已调库1.13万元,纠正率100%。

2003年3月25日,省国税局对增值税起征点做出调整。销售货物的增值税起征点,省辖市为月销售额3000元,县及县以下为月销售额2500元;销售应税劳务的增值税起征点,省辖市为月销售额2000元,县及县以下为月销售额1500元;按次纳税的为每次(日)销售额200元。从2003年1月1日起执行。

2003年汛期,蚌埠、淮南等6个市局按照税收征管法的规定,为3000多户纳税人办理延期申报,经过省国税局审批为54户纳税人办理延期缴纳税款,缓缴税款6127万元。

2004年1月1日起,省国税局调整个体工商户增值税起征点。销售货物的为月销售额5000元,销售应税劳务的为月销售额3000元,按次纳税的为每次(日)销售额200元。

2004 年,全省批准纳税人延期缴纳税款 2455 户次,缓缴税款 85 亿元。

2005 年,全省批准纳税人延期缴纳税款 1564 户次,缓缴税款 42 亿元。

税收管理员

2004 年 12 月 1 日起,省国税局实施《安徽省国税系统税收管理员工作制度(试行)》,明确规定税收管理员的岗位设置、工作职责、工作权限、行为规范、管理与考核。

税收管理员是基层税务机关及其税源管理部门中负责分片、分类管理税源,联系和服务纳税人的工作人员。实行税收管理员制度,遵循管户与管事相结合、管理与服务相结合、属地管理与分类管理相结合的原则。

税收管理员工作职责是:宣传贯彻税收法律、法规和各项税收政策,开展纳税服务,为纳税人提供税法咨询和办税辅导;督促纳税人按照国家有关规定及时足额申报纳税、建立健全财务会计制度、加强账簿凭证管理。调查核实分管纳税人税务登记事项的真实性;掌握纳税人合并、分立、破产等信息;了解纳税人外出经营、注销、停业等情况;掌握纳税人户籍变化的其他情况;调查核实纳税人纳税申报(包括减免缓抵退税申请,下同)事项和其他核定、认定事项的真实性;了解掌握纳税人生产经营、财务核算的基本情况。对分管纳税人进行税款催报催缴;掌握纳税人的欠税情况和欠税纳税人的资产处理等情况;对纳税人使用发票的情况进行日常管理和检查,对各类异常发票进行实地核查;督促纳税人按照税务机关的要求安装、使用税控装置。对分管纳税人开展纳税评估,综合运用各类信息资料和评估指标及其预警值查找异常,筛选重点评估分析对象;对纳税人纳税申报的真实性、准确性做出初步判断;根据评估分析发现的问题,约谈纳税人,进行实地调查;对纳税人违反税收管理规定行为提出处理建议。按照纳税资料"一户式"存储的管理要求,及时采集纳税人生产经营、财务核算等相关信息,建立所管纳税人档案,对纳税人信息资料及时进行整理、更新和存储,实行信息共享。税收管理员实行轮换制度,具体轮换的时限由主管税务机关根据实际情况确定。

2005 年,省国税局实施《安徽省国税系统税收管理员监督管理实施办法》。对税收管理员的监督管理遵循日常监督和重点监督相结合、计算机自动监督和人工监督相结合、内部监督和外部监督相结合的原则。税收管理员在核定应纳税额、调整税收定额、进行税务检查、实施税务行政处罚、办理税务行政复议事项时,与纳税人、扣缴义务人或者其法定代表人、直接责任人有利害关系的,应当主动申请回避。税收管理员执行税收管理事务时所获取的有关税源信息不得用于税收以外的用途,应当依法为纳税人、扣缴义务人保密。

第二节　日常管理

个体税收管理

1994 年,省国税局执行国务院办公厅《转发国家税务总局关于组建在各地的直属税务机构和地方税务局的实施意见的通知》,规定集贸市场和个体户的各项税收由国税局征管,按税种分别入中央库和地方库。鉴于国税、地税在实际征管中对征管范围存在分歧,当年国家税务总局重申,明确集贸市场和个体户的各项税收由国税局征收。省人民政府明确要求全省要按法规办事,以国家税务总局文件为准。1994 年全年征收个体集贸税收 8.02 亿元,比 1993 年增长 1.88 亿元;全省个体工商户 85 万户,比 1993 年增长 13.1%。

1996 年,省国税局与省地税局联合转发国务院和国家税务总局关于调整国地税两局税收征管范围的通知,省国税局提出,个体工商户不搞代征。据统计,全省调整 19.2 万户个体工商户征管范围,其中纯营业税户 5 万多户,调整涉外企业 1211 户,调整税款 3.2 亿元。

1996 年,省国税局执行《国务院办公厅转发国家税务总局关于调整国家税务局地方税务局税收征管范围意见的通知》,提出个体工商户应缴纳的增值税、消费税仍由国税局负责征管。

1997 年,省国税局按照新的征管模式,将个体税收管理划分为管理服务、征收计会、税务稽查三个系列。

1997 年 6 月,省国税局制定下发《关于认真贯彻省政府加强个体私营经济税收征管强化查账征收工作意见的通知》。各地因地制宜,有的将个体私营经济税收征管纳入各税务分局,在税务分局的管理服务科(股)设置固定人员专职管理个体私营经济税收;宣州、六安等市局在总机构数不变的前提下,在市区设立专门管理个体私营经济税收的税务分局,对个体私营经济税收进行专业化管理;铜陵市局专门建立个体办税服务厅,实现市区范围内个体税收的集中征收。

1997 年 6 月,省政府发出通知,要求全省各级各部门高度重视和加强个体私营经济税收征管,强化查账征收。省国税局执行国家税务总局《个体工商户建账管理暂行办法》,规定从事生产、经营并有固定经营场所的个体工商户应建立、使用、保管账簿和凭证,对设置复式账和简易账的条件及要求作出明确规定。建账面由 1996 年的 3500 户扩大到 1997 底的 1.2 万户,增长 2.5 倍,建账户平均税负由 1996 年的 2256 元增加到 1997 年的 2730 元,增长 21%。清理漏征漏管户 1.7 万户,增加税收 3799 万元,受到国家税务总局的通报表扬。

1997 年 6 月,省国税局执行国家税务总局《个体工商户定期定额管理暂行办法》,办法适用于生产经营规模小,又无建账能力的个体工商户。对这类个体工商户,税务机关按业户自报、典型调查、定额核定的程序确定为定期定额户,执行定期定额管理。各地制定具体制度和办法:安庆市局制定《分行业、分地域、分等级个体工商户定期定额管理办法》、淮南市局制定《个体集贸税收征管操作规程》、淮北市局制定《关于加强个体私营建账管理的意见和具体实施方案》、泗县局制定《个体私营业户建账工作三年规划》等。当年年年底全省个体工商户 120 多万户,从业人员 265 万人,营业额 403 亿元;

私营企业2万多户，从业人员29万多人，营业额约79亿元。

1998年6月，省国税局对全省11139户个体私营业户实行建账建制，占税务登记个体私营业户的4.5%，占应建账户的40.6%。其中，私营企业5082户，占私营企业征税户数的83.2%；个体工商户6057户，占个体征税户数2.5%。

1998年6月，省国税局制定管理办法，在城市市区设立专门的个体税收管理机构，加强个体税收征管。当年，全省个体税收总额达6.4亿元，增收1.3亿元，增长24.5%。

1999年5月，省国税局根据国家税务总局部署，将建材、通讯器材、啤酒、化妆品、灯具、百货等专业市场、集贸市场、各类批发市场和承包租赁挂靠户作为调整重点，按照"业户自报、典型调查、核定定额、下达定额"的程序重新核定定额。在调整幅度上，城市市区高于县城，县城高于农村。根据纳税人从事行业、经营规模、销售季节等情况据实调整。对于下岗职工、经营淡季、税负过高的个体小户，据实调减。在工作过程中，省国税局坚持实行"定额调整标准公开、调整结果公开、纳税情况公开"的"三公开"原则。

1999年，省国税局以专业市场、集贸市场、批发市场、个体超市等为重点，重新核定定额192251户，占实行定期定额征收税款总户数的76.7%，调高定额142414户，平均调高幅度为22.7%，调减定额5416户，平均调减幅度为10.2%，调整后月税款增加813.2万元，查出漏征漏管户9718户，补缴税款525万元，加收滞纳金并处以罚款434万元。

1999年，省国税局建立《个体工商业户定期报告制度》，在全省确定17个个体联系点，定期分析、掌握各地个体税负、存在问题及采取措施等情况。对个体税收实行计划单列，单独考核，全年全省入库个体"两税"9.6亿元，比上年增长26.6%，高于全省"两税"增幅22.2个百分点。

1999年重新核定和调整个体工商户定额情况统计表

表4-1　　单位：户、万元

		个体	其他	总计
定期定额征收户总数		240777	9799	250576
核定和调整户数情况	重新核定户数	183793	8458	192251
	调整定额户数	141719	6111	147830
与原定额相比的调整情况	调高户数	136303	6111	142414
	平均调高幅度%	22.3	25.4	22.7
	调低户数	5416	/	5416
	平均调低幅度%	10.2	/	10.2
	未调户数	99058	3688	102746
调整后税款增减额		704.7	108.5	813.2

说明：其中"其他"，是指实行定期定额征收税款的私营企业和各类名为国有或集体实为个体或私营的企业、个人承包或租赁的企业

2000年,省国税局提出个体税收增收目标,普遍调高个体税负,将城市市区个体工商户、专业批发市场和个体超市等作为调整重点。全省调整定额18万户次,占实行定期定额征收方式的个体工商户总户数的62%,调整后月税款净增加5266万元。当年,个体私营“两税”入库11亿元,比上年增收1.4亿元,增长15.1%,高于全省“两税”增幅11.3个百分点。

2001年,省国税局组织对合肥、蚌埠、安庆3市9个专业市场的个体税收征管情况开展专题调查,发现少数地方政府存在对个体税收采取税费“一站式”征收的错误做法,省国税局向省党政有关部门编发送阅材料,汇报相关情况。随后省政府办公厅下发文件,督促各地政府纠正错误做法。

2002年,省国税局下发《安徽省国家税务局关于进一步加强和规范集贸市场税收征管工作的意见》,要求:对于集贸市场税收,应加强源头控管,严格户籍管理。对集贸市场所有有固定经营门面和摊位经营户,不论是否经营免税商品,是否达到起征点,是否独立纳税,都要依法办理税务登记,纳入计算机管理。

2002年,省国税局组织开展集贸市场税收专项整治工作,组成检查组1033个,参加检查税务干部达15794人次。全省检查纳税人169274户(其中一般纳税人1582户、小规模纳税人167692户),清查出漏征漏管户16795户,查补税款887.48万元,加收滞纳金55.43万元,罚款161.31万元。对集贸市场内的152716户定期定额征收户中的53876户调整定额,占集贸市场内“双定”户的35.28%。其中调高48795户,月增税款216.48万元;调低5801户,月减税款34.05万元,平均调整幅度为15.84%。经过专项整治,全省集贸市场内的税务登记率达99%,亮证经营率达95%,共建账8477户,占应建账户13438户的63.8%,其中复式账4843户,简易账3634户,比专项整治前增加2832户,建账后月增加税款61.43万元。

2002年,省国税局按照总局、省政府指示精神,抽调13名骨干,组成4个督查组,对重点市场的整治工作进行为期半个月的督查。对合肥长江批发市场、安徽大市场等重点市场进行集中整治,清查出漏征漏管户16177户,查补税款584.17万元,加收滞纳金58.56万元,罚款136.52万元。

2003年6月,省国税局下发《关于个体税收征收管理有关问题的通知》。对未达起征点户,纳入正常户管理,主管国税机关实行限量、限额供应发票,验(交)旧供新,限量代开发票。实行定期定额征收的纳税人,主管国税机关按季、半年或年度核定定额,通过全省统一的申报缴款平台委托银行网点代收税款。对所有固定个体工商户的税务登记、定额核定、发票发售、税款征收等税收征收管理环节,主管国税机关全部纳入计算机管理,杜绝机外操作、手工开票等现象。

2003年9月,省国税局和阜阳市国税局共同研究开发“个体税收定额核定系统”,并在全省国税系统全面推行。系统共有六个模块:信息采集、定额核定与调整、定额监控分析、定额查询与统计、系统维护、数据接口服务。全省34.2万户个体纳税人全部纳入个体税收定额核定系统管理。对农村个体纳税人实行简易申报、简并征期，推行委托代征、代收税款。

2003 年，省国税局委托银行网点代收税款，采用全省统一的申报缴款平台集中办理。

2004 年 1 月 1 日起，经安徽省人民政府批准，省国税局再次对全省个体工商户增值税起征点进行调整：销售货物的为月销售额 5000 元，销售应税劳务的为月销售额 3000 元，按次纳税的为每次（日）销售额 200 元。全省近 70% 共 17.6 万户的个体户免缴增值税。

2004 年，省国税局推行集贸市场税收分类管理办法，将集贸市场划分为大、中、小三种类型：年应纳税额在 100 万元以上（含本数）的为大型集贸市场；年应纳税额在 100 万元以下 10 万元以上（含本数）的为中型集贸市场；年应纳税额在 10 万元以下的为小型集贸市场。省辖市局负责对大型集贸市场进行重点监控，实行动态管理，建立重点集贸市场长效监管机制。

2005 年，省国税局按照《国家税务总局关于规范未达增值税营业税起征点的个体工商户税收征收管理的通知》要求，加强未达起征点个体工商户的户籍管理工作，将未达起征点户的开业登记信息及时、准确地录入综合征管软件，严格管理未达起征点个体工商户的认定工作，增强认定工作的透明度，接受纳税人和社会各界的监督。

2005 年，省国税局开发推广个体税收定额核定系统。把个体经营户划分为工业、商业、加工和修理修配三个大行业，并细化为 22 个小行业，根据每个行业的不同特点，综合各个方面的因素，科学核定个休经营户的销售额，全省 34.2 万户个体户全部纳入电脑定税系统进行管理。

征管质量考核

1997 年 11 月，省国税局制定 1997 年度税收征管改革目标考核意见，主要内容包括：全面建立自行申报纳税制度；按期申报率，企业需达 95% 以上，固定个体工商户需达 90% 以上；税款征期入库率，企业和固定个体工商户均需达 95% 以上；逾期申报处罚率需达 100%；税务登记、纳税申报、税款征收、发票管理等主要征管业务均纳入计算机管理。

1999 年 9 月，省国税局制定下发《税收征管质量考核办法》。按照总局统一规定，明确考核的原则、指标、口径和方法等。“十率”是指登记率、申报及时率、申报准确率、入库率、欠税增减率、滞纳金加收率、立案率、结案率、处罚率、复议变更（撤销）率。同时对安庆、芜湖、宣城、阜阳、亳州五个地市的登记率、申报率、滞纳金加收率和处罚率进行抽查。

1999 年，省国税局加强对征管质量六率（登记率、申报率、入库率、处罚率、滞纳金加收率、欠税增减率）管理。在全国征管质量交叉检查中，被抽查单位的纳税户登记率为 100%，申报纳税率为 97.4%，税款入库率为 97.8%，均超过总局规定的达标标准。

2000年,省国税局实施《安徽省国税系统税收征管质量考核实施办法》,对登记率、申报率、入库率、滞纳金加收率、欠税增减率、处罚率、申报准确率“七率”的考核原则、口径、方法进行明确和完善,提出“基层分局按月考核,市局按季考核,省局按半年考核”的要求。

2001年,省国税局结合全省目标管理考核、全省税收执法检查,先后两次在全省组织征管质量考核工作。

2002年,省国税局修订《安徽省国税系统税收征管质量考核实施办法》,制订征管质量考核手册,健全考核台账,改进通报方式。

2002年,省国税局组织人员按照统一的方案、统一的标准、统一的口径、统一的检查内容,对淮北、六安、马鞍山市的11个税务分局的征管“七率”进行严格抽查。

2003年,省国税局在全省范围内全面推广使用全国统一的TA×BALE1.04版通用报表软件,结束了全省手工统计考核报表的历史。

2003年,省国税局修订《安徽省国税系统税收征管质量考核实施办法》,取消“申报准确率”指标,调整“入库率”“欠税增减率”等指标的分值,提高征管质量考核指标的科学性。2003年,全省企业登记率为99.98%,个体登记率为99.67%;企业申报率为98.63%,个体申报率为97.62%;企业入库率为94.36%,个体入库率为98.92%;欠税增减率为-29.85%;按户次滞纳金加收率为94.09%,按金额滞纳金加收率为98.94%;按户次处罚率为84.37%,按金额处罚率为23.55%。

2004年,省国税局利用综合征管软件,改变传统的手工考核办法,实现申报率、入库率、滞纳金加收率、欠税增减率、处罚率全部由计算机自动生成。既保证税收征管质量考核指标的准确性和一致性,又满足省、市、县、基层分局四级查询的需要。2004年度,全省企业登记率为99.98%,个体登记率为99.81%;企业申报率为98.26%,个体申报率为96.22%;企业入库率为96.78%,个体入库率为99.44%;欠税增减率为-3.82%;按户次滞纳金加收率为80.39%;按户次处罚率为45.27%,按金额处罚率为64.18%。

2005年,省国税局加强税收征管质量考核工作。全省企业登记率为99.98%,个体登记率为99.87%;企业按期申报率为97.75%,个体按期申报率为94.49%;企业按期入库率为95.80%,个体按期入库率为98.84%;欠税增减率为0.89%;按户次滞纳金加收率为99.27%,按金额滞纳金加收率为97.18%;按户次处罚率为94.44%,按金额处罚率为64.76%。全省国税系统税收征管质量综合得分87.83分。

12月份全省准期申报率由95.97%提高到98.07%,位列全国第11名;全省准期入库率由85.24%提高到88.74%,位列全国第13名。

其他管理

1994年4月,省国税局抽调56名骨干组成16个检查组,对16个地市、27个县、31个分局、27个税务所进行检查,共抽查341个缴纳单位,评出4个市局为“两金”征管优胜单位。

1997年,制发《安徽省国税系统税收征管文书档案管理办法》,将税收征管过程中涉及到的300多种文书统一分类,对文书的填写、报送、传递、建立档案、保管期限、过期档案销毁以及档案的查询借阅、安全保管等作出统一规定。

1997年10月,省国税局召开"两个转移"(税收工作重心向基层转移、向征管转移)经验交流会,总结三年来"两个转移"经验,提出深化"两个转移"工作要在提高征管运行质量、强化服务意识上下功夫。全系统1818名干部进行岗位交流,交流面达15%,其中从机关交流到基层的291人,基层一线征管人员占在职正式职工总人数比重达79.7%。自机构分设以来,全省向基层投入资金1.3亿元,新改建税务所(分局)330个。

1997年,省国税局组织对合肥、蚌埠、芜湖三市98户破产企业税收情况进行专题调查,发现企业破产涉税问题较多,主要是大量欠税得不到清偿、发票使用不规范、清算期间应税业务未申报纳税、清算没有税务部门参加等。针对问题省国税局制定相应措施加以解决。

1998年,全省国税系统对1534个加油站进行加油机加封管理,加封后月均税款900万元,比加封前增长2倍多。

1998年,省国税局集中4000多名国税干部,逐街道、逐地段、逐市场、逐乡村进行拉网式的清查,查出漏征漏管户50799户,补税罚款2392.2万元、

1999年,省国税局制定安装税控装置的具体实施意见,选定蒙城、明光两县市先行安装,对45台加油机安装税控装置,安装后月均税款增加35%。

1999年,省国税局选择合肥市30家商业企业和超市安装税控收款机,月税负上升32%。

2000年3月,省国税局组织9个检查组,对全省34个基层税务分局的1190户纳税资料及分局档案室的硬件设施、制度建设情况进行认真检查及评分,针对征管资料检查中发现的问题,要求各地限期整改。制定《安徽省国税系统税收征管资料管理办法》,对征管资料的印制、分类、填制、传递、收集和归档等一整套具体操作程序作严格规定,统一196种常用文书的格式。年年底,全省70%以上基层分局的税收征管资料实现规范化管理,通过档案部门的检查验收。

2000年,全省安装税控装置的加油机近600台,推行IC卡申报方式,试点范围扩大到城市和县城城关的小规模纳税人,全省近4000户纳税人实行IC卡申报。推行税控收款机,逐步将大型商场、各类专卖店、个体超市纳入税控收款机试点范围,试点纳税人由30家扩大到100家,税负上升20%以上。

2001年,省国税局按照总局和省委省政府统一部署和要求,整顿和规范税收秩序。制定下发实施方案,从指导思想、重点内容、主要措施以及时间步骤等方面做出统一安排,提出明确要求。全省检查各类纳税人43877户次,发现有问题的5822户,查补税款

9478.89万元,其中移送公安机关查处案件137起,曝光案件60起。

2001年,省国税局组织全省统一行动,逐乡村、逐街道、逐专业市场对漏征、漏管户进行清理检查,全省清理出漏征漏管户20098户,查补税款1598.59万元,加收滞纳金、处以罚款共计355.01万元。

2002年,省国税局组织对全省2531个加油站、9011台加油机安装税控装置。

2003年,省国税局根据新征管法,对原有54种征管文书进行清理,取消8种,合并4种,保留42种。

2005年,省国税局组织开展《中华人民共和国税收征收管理法》及其实施细则贯彻落实情况专项检查,组成检查组50多个,发放调查表1万余份,全面了解安徽省征管法及其实施细则的贯彻落实情况。

第三节 涉外税收管理

国际税收管理

超税负返还 1994年,省国税局执行全国人大常委会决定,对外商投资企业改征增值税、消费税和营业税的,在最长不超过五年的期限内,可以退还多缴纳的税款(以下简称超税负返还)。税款退还期从1994年1月1日至1998年12月31日。

1995年,省国税局制定超税负返还审批管理办法,对各地超税负企业进行测算、审核,批准超税负返还企业180家,返还税款3800多万元。

1996年,全省审批超税负返还企业164户,返还税款7700多万元。

1997年,全省对84户企业进行审核,批准74户,办理超税负返还税款6820万元;不予批准10户,涉及税款200多万元。各地对不符合规定的近20户企业未予上报,涉及税款500多万元。省国税局审核批准115户规模较大的企业实行按季预退、年终结算。

1998年,全省审核审批超税负返还企业62户,办理返还税款7400万元,不予批准5户。对15户规模较大的企业实行按季预退,年终结算。

1999年,全省各级国税机关公开政策、强化辅导,对五年超税负返还实行滚动计算,逐户逐笔严格审核。全省批准超税负返还企业74户,审减返还税款370万元,审增返还税款56万元,返还税款7339万元。

反避税工作 1997年,省国税局对反避税工作的重点、程序、方法和步骤等提出具体要求,对部分地市进行检查指导。全省对20户企业进行摸底调查,对其中8户企业进行转让定价调整,调整应纳税所得额512.2万元,弥补以前年度亏损412万元,补税15.2万元。

1999年,省国税局成立反避税工作小组,分解反避税考核目标,确定调查审计的重点地区和重点户,加大对反避税工作的指导和督促。全省对12户外商投资企业进行反避税调查审计,占国家税务总局审计户指标的120%;结案6户,占国家税务总局结案户指标的120%。调整应纳税所得额1700.2万元,补税287万元。

2000年,全省国税系统对22户避税嫌疑企业进行调查摸底,结案13户,分别占国家税务总局下达审计户和结案户指标的220%和260%,弥补以前年度亏损541.66万元,补税473.94万元,比上年增加184.94万元。

2001年,省国税局分解反避税考核任务指标并下发各市局。参与国家税务总局对安徽省HAB公司和三洋公司的反避税全国联查工作。

全省国税系统对14户企业进行反避税调查、审计,调整结案8户,分别占总局下达审计户和结案户指标的140%和160%,调整应纳税所得额2441.81万元,弥补以前年度亏损2796.99万元,补税323.06万元。

2002年,省国税局将各分局分散进行反避税调查,改为由市局抽调人员统一进行。省国税局将合肥、芜湖、宣城等三地确定为重点,在全省范围内抽调业务骨干,配合当地进行反避税调查。多次组织召开三地反避税案例分析研究和协调会。

全省国税系统对33户企业进行反避税调查,结案17户,分别占总局下达审计户和结案户的220%和340%,调增应税收入1957万元,调整应纳税所得额533.98万元,弥补以前年度亏损705万元,补税106.42万元。

2003年,省国税局将合肥、芜湖、蚌埠等外资企业较多的地方作为反避税工作的重点地区。全省对17户企业进行反避税立案调查。

2004年,省国税系统从关联业务往来申报管理入手,分户建立关联企业间关联交易台账,为选准避税嫌疑户创造有利条件。省国税局采取"集中精兵、以点带面"的方法,对合肥、蚌埠、芜湖、马鞍山等市4户重点避税嫌疑大户,抽调人员成立反避税调查审计小组进行反避税调查审计。

全省国税系统对8户企业进行反避税调查审计,当年结算4户,调整应纳税所得额4168万元,弥补以前年度亏损3007.46万元,调整应征税款1139.75万元,调整入库税款418万元,调整后提前进入获利年度的企业1户,调整税款是2003年的2.5倍。

2005年,省国税局按照总局的计算方法和口径,完善行业利润信息库。根据掌握的企业信息数据资料,按户按次登录企业的关联企业名称、地址,以及关联交易发生时间、对象、形式和金额等具体情况,建立企业关联交易台账。对已经国家税务总局批准转让定价立案调查的滁州、芜湖、宣城、铜陵市的4户避税嫌疑企业,实施集中反避税调查审计。

涉外税务审计2000年,省国税局研究制定试点实施方案和计划,对300多名"外税"和稽查人员进行培训,全年对39户企业实施税务审计,调增应纳税所得额1202.5万元,补征外商投资企业和外国企业所得税170.6万元,增值税49.91万元。

2001年,全省国税系统对356户外商投资企业进行税务审计,补缴增值税702.74万元,补缴外商投资企业和外国企业所得税422万元,审增利润1211.33万元,调减亏损3800万元,合计5011.33万元。

2002年,省国税局对审计企业户数、收入额、工作底稿、审计方法、表证单书使用和管理情况等作出具体规定。全省共对384户外商投资企业进行税务审计,占全省开业外资企业户数的34.7%;审计出有问题的企业307户,调整应纳税所得额8983万元,调减亏损额1715万元,审增利润33万元,补缴增值税757万元,补缴外商投资企业和外国企业所得税706万元。

2004年,省国税局与地税部门联合开展涉外税务审计,通过对纳税人各种税收基础资料的分析,结合日常税务管理及审核评税,将生产经营情况和纳税情况变化较大的企业作为重点审计对象。在实施审计的过程中,将审计对象的内部控制以及分析性复核作为审计的突破口,找出可能存在的差异和疑点,进行重点审计。对367户企业进行涉外税务审计,比上年增加260户。发现有问题企业103户,查补"两税"、外商投资企业和外国企业所得税合计1671.07万元,比上年增长351.1%。

2005年,省国税局将审计对象的内部控制以及分析性复核作为审计的重点,运用趋势、比率及比较分析等审计方法,找出企业内部控制和财务管理中的薄弱环节和不规范地方,加强联合税务审计,尝试将行业分析、风险分析和税务审计预警等先进方法和审计技术运用于税务审计实践中。

预提税管理 预提税是预提所得税的简称,是指源泉扣缴的所得税。预提税不是一个税种,而是按照预提方式课征的所得税,是对这种源泉扣缴的所得税的习惯叫法。外国企业在中国境内未设立机构、场所或者虽设有机构、场所,但取得的所得与该机构、场所没有实际联系,而有来源于中国境内的利润(股息、红利)、利息、租金、特许权使用费和其它所得,对其收入全额预提征收所得税。预提税一般出现在非贸付汇领域。比如:A国的甲是中国乙公司的股东,乙在付给甲红利前,在中国用甲的名义缴纳甲应收分红的所得税。

2000年,省国税局制定加强预提税管理具体实施办法,在银行、外管等部门的配合下,加大源泉控管工作。全省征收预提税3000多万元。

2001年,省国税局加强同外汇、银行等部门的协作,做好售付汇出具税务凭证工作。全省征收预提所得税3900多万元,比上年增长30%以上。

2003年,省国税局组织开展预提所得税专项检查,检查前组织各市相关人员集中培训,使所有人员掌握检查重点及检查方法。重点检查1144户企业,查补税款200多万元。

2004年,省国税局制定《关于非贸易及部分资本项目项下售付汇提交税务凭证的操作办法》。全省国税部门全年出具各类税务凭证2000余份,征收预提税3624万元。

2005年,省国税局强化税收管理前置和事中监控,拓展获取信息渠道,掌握重点涉外项目,以合同或协议作为户籍管理依据,对照协定具体规定认定常设机构,甄别税收征免项目。全年征收预提税9160万元,比上年增加5536万元,增长153%。

税收情报交换　2000年，省国税局组织开展12户次税收情报交换工作。

2003年起，省国税局与国家税务总局之间的情报交换全部通过专用电子信箱方式进行，省国税局就情报收集、制作、保管、交换等环节制定明确的工作规程。省国税局收集、制作，并向总局传递99份电子自动情报。其中，涉及美国24份、日本60份、韩国15份。完成总局发来的7份自动情报的核查任务。

2004年，省国税局向国家税务总局传递160份电子自动情报，比上年增加61份。其中，涉及美国17份、日本95份、韩国48份。情报涉及的收入类型包括：营业利润、利息所得、特许权使用费、借款担保费用、股息、鉴定费等。

2005年，省国税局收集、制作，向总局传递171份电子自动情报，比上年增加11份。其中，涉及美国40份、日本71份、韩国60份。情报涉及的收入类型包括：营业利润、利息所得、特许权使用费、借款担保费用、股息、鉴定费等。完成总局发来的3份自动情报的核查任务。

外资企业所得税汇算清缴　1996年，省国税局组织开展对全省1015户外商投资企业进行汇算清缴，汇算清缴面达76%。查增收入额8918万元，查补增值税1188万元（含核减进项税额和不得抵扣的进项税额421万元）、消费税74万元、营业税205万元，查减成本费用1295万元，查增应纳税所得额7524万元，查补外商投资企业和外国企业所得税219万元，其他各项及罚金89万元。

1997年，省国税局对全省1377户外商投资企业进行汇算清缴，汇算清缴面达100%。享受“二免三减”及其他政策减免税款5826.1万元，实际缴纳外商投资企业和外国企业所得税3228.7万元，比上年增长29%。

1998年，省国税局执行国家税务总局《外商投资企业和外国企业所得税汇算清缴管理办法》和《外商投资企业和外国企业所得税汇算清缴管理规程》，加大汇缴工作的宣传和培训力度，强化对基层涉外干部和企业办税人员的辅导培训。省国税局统一印制汇算清缴各类表、单、证计3万余份，发放使用。全省对开业的1207户外商投资企业全部进行汇算清缴，汇算清缴面达100%，汇算清缴调整企业184户，调增应纳税所得额1695.5万元，调减亏损5372.6万元，查补外商投资企业和外国企业所得税298.1万元，查补增值税400多万元，加处罚款10万元。

1999年，省国税局对全省1238户外商投资企业进行汇算清缴，比上年增加31户，汇缴面达到100%，预缴率达80%。汇算清缴调增应纳税所得额4560万元，调减亏损1880.5万元，补征外商投资企业和外国企业所得税270.9万元，查补增值税467万元。

2000年，省国税局对全省1255户外商投资企业进行汇算清缴，汇缴面达100%，预缴率提高到88.08%，汇算调整企业209户，比上年增加23户；调增应纳税所得额2663.6万元，调减亏损4301.5万元，两项合计6965.1万元，比上年增加125.3万元。

2001年，省国税局对全省1060户开业外商投资企业全部进行汇算清缴，汇缴面达

100%,预缴率为 73.3%;调整 270 户,比上年增加 61 户;调整应纳税所得额 1.53 亿元,调减亏损 0.32 亿元,两项合计 1.85 亿元,比上年增加 1.15 亿元;补缴外商投资企业和外国企业所得税 407.2 万元,比上年增加 16.2 万元。

2002 年,省国税局对全省 1106 户开业外商投资企业(不含分支机构)进行汇算清缴,汇缴面达 100%。其中,盈利企业 431 户,同比增加 13 户,盈利面为 39%。调整企业 363 户,调增应纳税额 400 多万元,调减亏损额 1300 万元。

2003 年,省国税局对 1147 户开业外商投资企业全部进行汇算清缴,汇缴面达 100%。其中,盈利企业 470 户,盈利面达 40.98%。通过汇算清缴,调整企业 317 户,调增应纳税所得额 1.23 亿元,调增应纳税额 0.06 亿元,调减亏损额 0.79 亿元。

2004 年,省国税局对全省 1305 户开业外商投资企业全部进行汇算清缴,汇缴面达 100%。调整企业 218 户,调增应纳税所得额 2700 万元,调增应纳税额 535 万元,调减亏损额 2300 万元。

2005 年,省国税局对全省 1429 户外商投资企业开展汇算清缴,汇算清缴面达到 100%,依法调增 222 户企业的应纳税所得额 1900 万元,调增应纳税额 723 万元,调减亏损额 1.17 亿元。

联合年检　1997 年,省国税局参与对 2140 户外商投资企业的联合年检,年检率为 83%,年检合格的企业 1875 户,合格率为 88%;不合格企业 265 户,不合格率为 12%。通过年检,全省清理未办理税务登记的企业 100 多户。

1997 年年底,全省国税系统办理税务登记的外商投资企业 2510 户,1998 年参加年检的企业 2007 户,年检率为 80.2%,验证合格 1909 户,合格率为 95.1%,验证不合格的 98 户,不合格率为 4.9%。494 户已办理税务登记证的企业未参加年检,占税务登记户数的 19.8%。各地采取提请当地工商部门予以注销、取消一般纳税人资格、停供发票、停止享受税收优惠等措施加强管理。

1999 年,省国税局参与对 1760 户外商投资企业的联合年检,参检率为 87.9%,比上年增加 10.7 个百分点;年检合格的 1688 户,合格率为 95.9%。

2001 年,省国税局完善和规范年检的程序、内容,全省参检企业 1732 户,年检率为 83.7%,结合年检清理“三无”(无资金、无场所、无机构)企业 38 户,省国税局年检工作受到省联检办的通报表彰。

2001 年年底,全省累计办理税务登记的外商投资企业为 1570 户,2002 年参检企业 1410 户,年检率为 89%,比上年提高 5.3 个百分点。通过年检,全省清理漏征漏管户和“三无”企业 100 余户。

2002 年年底,全省累计办理税务登记的外商投资企业 1524 户,2003 年参加年检企业 1371 户,参检率为 89.96%。全省清理漏征漏管户和“三无”企业 85 户。

2003 年年底,全省累计办理税务登记的外商投资企业 1824 户,2004 年参加年检企业 1641 户,参检率为 90%。通过联合年检,全省清理出漏管漏征户和“三无”企业 80

户,发现未办理税务登记企业15户。

2004年年底,全省累计办理税务登记的外商投资企业(含分支机构和常驻代表机构)1996户,2005年参检企业1693户,年检率为84.81%。通过年检,摸清全省外资企业有关批准设立、工商登记、海关登记、资金到位、办理税务登记以及税务登记证管理使用等情况。

进出口税收管理

管理权限分配　1994年,省国税局成立后,全省出口企业的出口退税管理权限、办理手续集中在省国税局。具体工作由进出口税收管理分局实施管理(与省国税局进出口税收管理处实行一套人马、两块牌子)。

1996年8月,省国税局下放芜湖、蚌埠两市出口退税管理权限,两市的出口退税由市国税局审批后,集中到省国税局统一办理开票退库手续。两市行政区划内(含所辖县)有进出口经营权的外贸企业、工贸企业、生产企业(含1994年1月1日后批准成立的外商投资企业)以及委托外贸出口的生产企业,在1996年1月1日以后报关离境,在财务上做销售后的出口货物,由所在市国税局审批。

1997年5月,省国税局下放安庆市、马鞍山市、铜陵市、滁州市、黄山市、池州地区出口退税管理权限,各地的出口退税由市国税局审批后,集中到省国税局统一办理开票退库手续。在行政区划范围内(含所辖县、郊)有进出口经营权的外贸企业、工贸企业、生产企业(含1994年1月1日后批准成立的外商投资企业)以及委托出口的生产企业,在1997年1月1日以后报关离境,在财务上做销售后的出口货物,由所在地市国税局办理出口退税及“免、抵、退”税业务。

1999年8月,省国税局下放淮北、阜阳两市出口退税管理权限。两市行政区划范围内(含所辖县、郊)有进出口经营权的外贸(工贸)企业、生产企业(含1994年1月1日后批准成立的外商投资企业)、从事委托出口的无进出口经营权的生产企业以及税法规定的特准退税企业,在1999年9月1日以后申报的出口退税、“免、抵、退”税以及相关的业务,由所在地国家税务局办理。

1999年8月,省国税局及中国人民银行合肥中心支行批准,从1999年9月1日起,下放芜湖、蚌埠、安庆、铜陵、马鞍山市、滁州、黄山市、池州地区出口退税退库权。

2000年12月,省国税局与中国人民银行合肥中心支行共同批准,从2001年1月1日起,下放阜阳、淮北两市出口退税退库权。

2001年1月,省国税局下放宣城地区出口退(免)税审核管理权。行政区划内有进出口经营权的企业,从事委托出口业务的无进出口经营权的生产企业,以及税法规定特准退(免)税企业的出口货物退(免)税业务,从2001年1月1日起,企业申报的出口货物退(免)税及与之相关的管理事项,由宣城地区国税局负责办理。出口退税退库权集中在省国税局。

2001年8月,省国税局下放六安市出口退税审批权限。行政区划内有进出口经营权的企业、税法规定特定的退(免)税企业的出口货物退(免)税及相关业务,从2001年8月1日起(包括2001年8月1日前应退未退业务),由六安市国税局负责办理。出口退税退库权暂集中在省国税局。

2001年8月,省国税局与中国人民银行合肥中心支行共同批准,从2001年8月1日起,下放宣城、六安两市出口退税退库权。

2002年1月,省国税局下放宿州市出口货物退(免)税审批权限。行政区划内有进出口经营权的企业、税法规定特定的退(免)税企业的出口货物退(免)税及相关业务,从2002年1月1日开始,由宿州市国税局办理(包括2002年1月1日前应退税未退税业务)。出口退(调)库权限同时下放。

2003年1月,省国税局下放亳州、淮南、巢湖市出口货物退(免)税管理权限。三市行政区划内(含所辖区、县)有进出口经营权的外(工)贸企业、生产企业、从事委托出口业务的无进出口经营权的生产企业以及现行税收法规规定的特定退(免)税企业,从2003年1月1日(含)起报关出口货物的退税、"免、抵、退"税由所在地的市级国家税务局办理。出口退(调)库权限同时下放。

2003年1月,省国税局下放合肥市出口货物退(免)税管理,及出口退(调)库权限。行政区划内(含所辖区、县)有进出口经营权的外(工)贸企业、生产企业、从事委托出口业务的无进出口经营权的生产企业以及现行税收政策规定的特定退(免)税企业(在省国税局进出口税收管理分局办理出口退税的企业除外),从2003年1月1日起(含)报关出口货物的退税、"免、抵、退"税及其他退、免税业务由合肥市国家税务局审批办理。

2005年11月1日起,省国税局对省直外贸企业的出口退税及有关涉税事项,管理权限全部下放合肥市国家税务局。

退税税款规模 1994年,全省办理出口退税8.0亿元,比1993年实退税额增长74.2%。

1995年,省国税局进出口税收管理分局在全省范围内办理出口退税9.1亿元,同比增长13.8%。

1996年,全省办理出口退税13.2亿元,比上年增长45.1%,占全国退税总额的1.6%。

1997年,全年办理出口货物退(免)税9.06亿元,同比下降31.4%,其中退税8.63亿元,免抵0.43亿元。

1998年,全省国税系统全年累计办理退(免)税6.46亿元(其中退税5.9亿元,免抵0.56亿元),比1997年下降28.7%。完成年度出口退税计划的109.4%,计划完成比例位居全国第二,比全国平均进度快25.4个百分点。

1999年,全省国税系统办理出口退(免)税11.13亿元,同比增长72.3%。其中退税10.51亿元,增长78.2%,免抵0.62亿元,增长11.27%。当年发生出口退税业务的出口企业有556户,其中外(工)贸企业144户,实行先征后退的生产企业384户,实行

“免、抵、退”税的生产企业28户。

2000年,全省国税系统办理出口货物退(免)税13.72亿元,同比增长23.4%。其中,办理出口退税13.19亿元,增长25.5%,办理免抵税款0.53亿元,下降14.5%。

2001年,全省国税系统办理出口退(免)税15.52亿元,同比增长13.1%,完成总局下达的退税计划。其中,免抵税款0.61亿元,退税14.91亿元。当年发生出口退税业务的企业713户,其中,外(工)贸企业168户,实行“先征后退”的生产企业504户,实行“免、抵、退”税的生产企业40户,其他企业1户。

2002年,全省国税系统办理出口退(免)税18.19亿元,比上年增长17.5%,其中,出口退税14.94亿元,免抵调库3.25亿元,完成总局下达的退(免)税计划。全省发生出口货物退(免)税业务的企业有879户,其中外(工)贸企业192户,有进出口经营权的内资生产企业366户,无进出口经营权的内资生产企业24户,外商投资企业252户,其他企业10户。

2003年,全省国税系统办理出口退(免)税34.75亿元,比上年增长91.1%(其中办理上年陈欠退税款14.41亿元)。其中,出口退税31.15亿元,免抵调库3.61亿元。全省发生出口货物退(免)税业务的企业1109户,其中,外贸企业259户,内资生产企业516户,外商投资企业306户,其他企业28户。

2004年,全省国税系统办理出口货物退(免)税54.3亿元,同比增长56.1%。其中办理陈欠退税14.6亿元,陈欠免抵税12.3亿元,当年出口货物退(免)税27.13亿元。企业当年申报及累计陈欠退税款基本结清,实现“新账不欠,老账已还”。全省办理出口货物退(免)税的企业1359户,其中,外(工)贸企业334户,有进出口经营权的内资生产企业595户,无进出口经营权的内资生产企业33户,外商投资企业353户,有特定退(免)税业务的企业59户。

2005年,全省国税系统办理出口货物退(免)税45.56亿元,增长8.7%。其中退税30.7亿元,免抵调库14.86亿元。扣除上年度结转应退税款,办理当年出口货物退税39.23亿元,同比增加12.1亿元,增长44.6%。全省2003年年年底以前的陈欠税款全部退清,企业当年申报的出口退税基本办理完毕。全省有2008户企业办理出口企业退税认定,其中,外(工)贸企业546户,内资生产企业920户,外商投资企业498户,其他特定退(免)税企业44户。当年办理出口退税企业认定422户。

出口退税管理　1994年,省国税局建立出口退税审核、审批制度,实施税收专管员下户审核、逐票审查制度。组织出口退税专题培训,对企业负责人、财务负责人及办税人员200余人进行培训,对全部出口企业重新办理企业退税登记。同年《中华人民共和国增值税暂行条例》和《中华人民共和国消费税暂行条例》及其相关实施细则正式实施,规定对纳税人出口货物实行零税率(国务院另有规定的除外)。国家税务总局印发《出口货物退(免)税管理办法》。

1995年,省国税局组织人员到合肥、六安、芜湖、马鞍山、安庆、巢湖、滁州、蚌埠等地举办数场国家调整退税办法的专题讲座,参加听课的厂长(经理)、财务人员约有1500多人。完成外贸企业老库存退税的清理,扣回多退税款1607万元。

1996年5月1日,省国税局改革出口退税管理办法,取消专管员管户制度,变管户制为管事制,退税工作流程分解为申报、审核、检查、综合四个环节。

1996年6月。省国税局执行国家税务总局印发《出口退税电子化管理办法》),决定从1996年1月1日起,推行出口退税电子化管理模式(出口退税审核系统单机版)。制定印发《安徽省出口退税电子化管理办法》及相关工作要求,全面抓好落实。

1997,省国税局制定《出口退税工作规程》,将退税工作过程进行分解,实现"集中申报,统一管理,两级审核,重点稽查"。加快电算化管理步伐,加强退税资料的档案化管理。实行退税审核限时制,规定五种特殊情况,必须在1个月内审核完毕,办理退税。贯彻国家税务总局关于加快出口退税进度的三个明传电报精神,对机电产品、纺织品及自营生产企业优先办理退税,对3户纺织品出口企业和18户外贸企业先退70%税款,单证齐全后再退30%税款,解决因单证回收期长而滞压退税的问题,1994年以后企业欠退税款已全部退完。积极贯彻落实从1997年1月1日起实施的生产企业出口货物"免抵退"税办法。

1998年,省国税局公开对外承诺,自受理企业退税申报之日起,单证齐全、手续完备的一周内办妥审核及退库手续。实行出口退税分类管理制度,按照企业出口规模、财务状况、退税管理水平,将出口企业分为A、B、C、D四类,采取不同的管理方式,加速A、B类企业退税款回笼速度。完善办税员考核上岗制度,举办办税员培训班,对经考试合格的348人换发"办税员证"。对403户出口企业开展出口退税登记证年审,规范登记制度。

1999年,省国税局落实国家"以产顶进"新疆棉和"以产顶进"钢材税收监管办法、外商投资企业采购国产设备退税、"老三资"企业(1993年12月31日前设立的中外合资经营企业、中外合作经营企业、外商独资经营企业)出口免税改退税办法,制定"老三资"企业出口退税管理办法。明确出口货物离岸价认定方法。改进和完善《增值税专用发票分割证明》样式和填开规范。强化三级审核制。明确初审环节退税单证合规、合法性的审核标准,加大对敏感货源、换汇成本等方面的审核力度;统一复审环节计算机审核方式、内容和要求;建立审批环节对审核进度的监控制度,有效保证审核过程的畅通。坚持审核限时承诺制。实行预审制度,对企业申报退税进行预审,减少审核环节退单和修正记录的现象,建立内部审核工作量台账,准确记录退税单证在初审、复审、审批、退库等环节的滞留时间。实行申报进度通报制,将出口货物海关电子信息预测退税规模,与已申报进度情况进行比较,发现差距,直接催促企业申报。做好出口退税二期网络版的前期准备工作。加强出口退税宣传,营造良好的出口退税环境。全年有11篇宣传材料被有关媒体采用,安徽省的出口退税宣传工作受到总局的通报表扬。

2000年,省国税局认真贯彻落实相关政策,将"以出顶进"办法由新疆棉扩大到国产棉花产业，明确高新技术产品出口退税率的范围，为出口高新技术产品的30多家企业办理退税的货物补办退税800多万元。开展出口退税管理"回头看"，全面清理退税管理薄弱环节，强化出口退税电算化管理，对生产企业实行核对海关报关单电子信息办理退税的办法，举办出口退税二期网络版培训班，制定安徽省《出口货物专用税票管理试行办法》，定期通报专用税票信息采集情况。

2001年，省国税局执行总局分配安徽出口退税计划15.5亿元，比上年实绩的13.2亿元增长17.4%，计划满足率为55.4%，高于全国平均水平8.6个百分点，退税进度高于周边省份。对守法经营的国有大中型企业、高新技术产品出口企业、禽产品出口企业，优先办理退税。

2001年，省国税局定期考核各市专用税票电子信息审核通过率，开展督查、指导，下发《关于重新清理上传2000年度出口货物专用税票电子信息的紧急通知》，有针对性地提出清理方案和补救措施。至11月底，全省专用税票平均核对通过率达到97%，得到国家税务总局的肯定。

2001年，省国税局编写出口退税培训教材，举办全省出口退税培训班，为蚌埠、六安等10个市局和省外经贸厅举办的各类出口退税培训班的学员讲解退税政策。配合银行做好出口退税托管账户的管理工作，将出口退税款划入企业与银行指定的账户。全年办理托管账户9个，贷款规模达1.3亿元。

2002年，省国税局推行生产企业免抵退税管理办法。制定下发《安徽省生产企业出口货物"免、抵、退"税管理操作规程》，明确退(免)税登记、计算、申报、审核审批等环节事权，划清市国税局、基层征收机关与主管退税机关的职责，理顺工作关系，为生产企业退(免)税办法的平稳过渡及"免、抵、退"税办法的高效运行提供制度保障。

2002年，省国税局按照总局要求，对进入合肥、巢湖的20户出口企业开展"免、抵、退"税专题调研。组成8个调研组，分赴11个市，采集审核1103户重点出口企业的基础数据。对已审核的基础数据，录入调研软件系统，定量分析、汇总、提炼调研结论，上报《安徽省国税局关于外贸出口形势及出口退税有关情况的调研报告》。

2002年，省国税局做好口岸电子执法系统出口退税子系统试运行工作，利用网上远程系统，办理入网用户资格审查。当年全省累计完成1188户的资格审查，将基础数据全部录入管理系统。

2002年，省国税局加强专用税票电子信息管理，专用税票电子信息核对通过率达到95%以上，在全国处于较好的位次。同时做好"免、抵、退"税软件和二期网络版软件测试。

2002年，省国税局按2001年结转退税款18.6亿元计算，全省计划满足率为80.3%，高于全国平均水平30个百分点。

2003年3月，省国税局把退税审核列入工作重点，定期考核、定期通报，全省审核退税2.3亿元，企业申报税款全部退库。

2003年,省国税局出口退税二期网络版软件运行,应用软件审核审批退税6.6亿元。开发应用出口退税申报辅助系统,企业数据录入工作量减少65%左右,审核效率提高近20个百分点。

2003年,省国税局进出口分局网站改版和升级,网站被中国三大门户网站之一的搜狐网收录。全面推广口岸电子执法系统出口退税子系统。

2003年,省国税局贯彻落实国务院关于改革现行出口退税机制的决定,历时一个半月,完成各市及省直专业外贸企业等82个核算单位2000年至2002年应退税数统计核实工作。

2003年12月1日,省国税局实行"163"工作制度清理陈欠,即"决战一个月,每周工作六天,每天工作三个班次",当月审批退税6.78亿元,是正常工作量的3倍。

2004年,省国税局联合省财政厅、人行合肥中心支行研究、制定《关于出口退税机制改革后有关预算管理问题的通知》,明确全省出口退税机制改革中具体问题的操作方法,派出督查组,加强与有关市、县政府部门沟通、协调,解决部分超退税基数地区政府干预出口退税工作的问题。

2004年,省国税局会同省商务厅制定下发《安徽省出口货物退(免)税管理实施办法(试行)》。根据国务院"新账不欠,老账要还,完善机制,共同负担,推动改革,促进发展"的原则,加快退税进度。适时取消出口货物专用缴款书制度,对纳税信用等级高、管理好的出口企业实行出口收汇核销单备查制度。将出口退税进度首次纳入省国税局目标管理考核机制,对工作不力的单位,除通报批评外,分管领导要到省国税局说明情况。

2004年,省国税局开发出口退税信息查询及预申报系统,安徽出口退税进度在全国一直处于领先位置,总局五次通报全国出口退税进度,安徽三次位居第二,一次位居第七位,一次位居第九位,受到总局表扬。

2004年,全省办理累计陈欠退税款14.62亿元,全省累计陈欠税退税款基本办结。办理当年度出口退税21.14亿元,圆满完成总局分配的退税计划和年初确定的"退10个月税"的进度目标,比全国"退9个月税"的进度快1个月,全年办理免抵调库6.15亿元。

2005年4月,省国税局出口退税数据省级集中正式上线运行,成为全国少数几个出口退税数据省级集中的省份之一。在总局贺邦靖纪检组长来安徽考察之际,成功为贺组长进行演示,得到总局领导肯定。2005年7月,顺利实现征管系统、防伪税控、出口退税三大主体应用系统整合。2005年11月,平稳下放省直外贸企业出口退税管理权限,省国税局不再直接管理企业。

2005年,省国税系统对家禽类产品出口退税实行即到即办,支持安徽省家禽产业的出口,为安徽省抗击禽流感做出贡献。

2005年,省国税局积极主动争取芜湖奇瑞公司超基数退税负担优惠政策,经财政部同意,奇瑞公司2004年超基数部分1078万元全部由中央财政负担。

2005 年 8 月,省国税局正式在全省运行出口退税远程信息查询、下载、申报预审核系统,实现出口退税远程操作功能。全年远程预审 5000 余户次。开发外贸企业辅助申报系统,减少企业办税员申报数据采集工作量约 70%。

防范骗取出口退税　1994 年 1 月 1 日,省国税局实行出口货物消费税税收缴款书制度。加强防范骗税宣传,印发防范骗税相关规定。

1994 年 7 月,省国税局下发通知,规定对货源不实、虚抬出口价格、“四自三不见”方式成交、以及从骗税多发地购货的出口货物,在未查清货源以前,一律暂不退税;加强检查,查处企业虚开、代开专用发票 15 份,拒退涉嫌骗税金额 901 万元。

1995 年,省国税局实行报关单按月随出口退税申请表报送国税局制度,改变以前对部分企业实行延缓 3 个月提供报关单、将报关单留存企业的做法。

1995 年,省国税局落实国家税务总局《出口货物税收函调规定》,对在敏感海关出口的货物,在其他海关出口的敏感货物或有其他疑点的出口货物,先扣税后调查,再分情况处理。全年发出外调函 918 份,当年收到回函 546 份,其中证明属虚开、代开发票或有其他问题的 25 份。分别比上年增长 7.7 倍、6 倍、67%。对 14 户出口企业拒退(或追回),合计税款 3000 多万元。

1996 年 4 月,全省国税系统改变出口退税管理办法,对出口供货恢复使用增值税税收“专用缴款书”,出口退税由事后管理变为事前管理,防止出口骗税。全年发出货源协查函 2057 份,收到回函 1400 份。其中,有问题的 61 份,分别比上年增长 124%、156%、144%。拒退和追回税款 1172 万元。对 3 户涉嫌骗税外贸企业予以处罚。其中 1 户企业因虚报出口进价,被暂缓退税、罚款,移送检察机关处理。

1998 年,省国税局完善初审、复审、审批三级审核制度,借助计算机管理系统,将申报数据与电子信息核对,按照税法规定办理退(免)税业务。加强出口货物税收函调制定,对从骗税多发地购进的敏感货物先发函,后退税。

1998 年,省国税局落实《国家税务总局、对外贸易经济合作部关于规范出口贸易和退税程序防范打击骗取出口退税行为的通知》,加大对敏感口岸、敏感货源的函调力度,发现 4 户企业有骗税嫌疑,拒退和追回税款 82 万元。开展 1997 年度出口退税清算,及时纠正企业不规范行为。

1998 年,省国税局组织出口退税检查和进出口货物税收专项检查,发现企业未申报退税及进口环节有嫌疑企业 16 户,涉及税款 7769 万元。

1999 年,省国税局组织开展 1998 年度出口退税清算,清算税款近 9 亿元,对 19 户生产企业不提、少提税款 588 万元及时通知征收机关补征入库。

1999 年,省国税局组织开展放弃退税货物征税情况的专项检查,协查税款 1087 万元,查出企业偷逃税款 37 万元。

1999 年,省国税局禁止“四自三不见”的买单业务;拓宽审核范围,加大对敏感口岸出口敏感货物的税收函调力度,全年发出敏感地区协查函 18 份,涉及税额 125 万元,拒退税款71万元。

2000年,省国税局组织开展1999年度出口退税清算。采用企业自查、退税机关检查的方式,对271户出口企业开展清算,清算面达到100%,清算税款近15.3亿元,清算生产企业114户,发现20户生产企业不提、少提税款377万元,通知征收机关补征入库。

2000年,省国税局执行出口货源税收函调制度,加强日常防范工作。全年发出出口敏感货源协查函134份,涉及退税额528万元。

2000年,省国税局配合国务院"807"专案打击潮汕地区骗税工作,派出多名干部参加总局专案组。对出口企业从潮汕等骗税多发地区购进的出口货物退(免)税情况进行专项统计和再发函。对企业1999年以来3000余册出口退税资料重新清理,全省清理出32户企业从潮汕地区购进货物出口,涉及进项金额4866万元,应退税款528万元,其中已退税款244万元。对清理出来的退税业务,上报国家税务总局,方便国务院打击出口骗税广东工作组进行检查。暂扣回退税款,进行二次调查。

2000年,省国税局组织全省出口退税专项检查复查,复查出口企业71户,复查退(免)税款5.36亿元。发现5户出口企业不同程度地存在问题,占复查总数的7.04%,查出非自产产品退税等不合规退税244万元。对3户从潮汕地区购进货物涉嫌骗税的企业,暂停出口退税,移送稽查局查清事实。对6户从潮汕地区大量购进货物加工出口的羽绒生产企业,在进项未查清前暂停办理退(免)税。

2001年,省国税局组织开展2000年度出口退税清算,清算出口企业556户,清算应退税款249216万元。

2001年,省国税局落实《国务院关于整顿和规范市场经济秩序决定》,加大防范、打击出口骗税力度。督促企业加强业务管理,加强对交易、运输、仓储、报关、付款、结汇等环节监督。对列入国家税务总局骗税黑名单的潮阳、揭阳两市的出口供货企业销售给安徽省的出口货物,一律不予退税;对纳入总局正常税收监管范围的潮汕地区出口供货企业销售给安徽省的出口货物,严格审核,排除骗税嫌疑后,办理退税。

2001年,省国税局利用海关报关信息及出口货物专用税票电子信息,扩大电算化审核内容和范围。对取得虚开增值税专用发票的4户外贸企业及6户自营出口生产企业,暂停退税3–11个月,追缴或扣回退税款145.3万元,通知主管征税的税务机关依法对上述企业不予抵扣税款479万元,加收滞纳金42万元,罚款119万元。根据国家税务总局的指定,抽调两人参加"807专案组"后期的调查取证工作。

2002年,省国税局开展2001年度已退税款清算工作,全省清算出口企业713户,其中,外(工)贸企业168户,实行"先征后退"的生产企业504户,实行"免、抵、退"税的生产企业40户,其他企业1户。清算应退(免)税354262万元。

2002年,省国税局加大防范骗税宣传的力度,禁止从事"四自三不见"的买单业务,督促出口企业加强业务成交过程及出口货源管理,堵塞骗税源头。加强出口退税单

证对审,对不合规范或存在疑点的单证一律不予退税;

2002 年,省国税局加强电算化管理,充分利用报关单、专用税票等电子信息审核、审批退税,对审核疑点进行重点检查,防止骗税问题发生。

2002 年,省国税局加大涉税案件查处力度,配合省国税局稽查局对某健康产业有限公司取得虚开增值税专用发票涉嫌骗税问题进行专项稽查,督促合肥市国税局对两家出口企业涉税问题开展检查,暂停办理涉案企业的出口退(免)税。

2002 年,省国税局执行《国家税务总局、海关总署关于正式启用"口岸电子执法系统"出口退税子系统的通知》,将"口岸电子报关单数据信息"应用于出口退税审核环节,防范利用假冒、伪造出口货物报关单骗取出口退税。

2003 年,省国税局做好 2002 年度已退税款的清算工作,全省清算 879 户,清算面达到 100%,清算应退(免)税 46.7 亿元,其中,退税额 37 亿元,免抵税额 9.7 亿元。由于安徽省出口退税清算工作扎实,措施得力,上报数据真实准确,受到国家税务总局的通报表彰。

2004 年,省国税局组织开展 2003 年度退(免)税清算,清算进度和清算质量纳入全省 2004 年度管理责任制目标考核。按照"一户不漏,一分不错"的要求,全省清算出口企业 1109 户(其中外贸企业 259 户,内资生产企业 516 户,外商投资企业 306 户,其他企业 28 户);清算退(免)税 60.77 亿元,其中,2003 年度应退(免)税 33.79 亿元,结转的应退(免)税 26.98 亿元。

2005 年,省国税局把防范骗税工作列入对各市国税局目标管理考核范围,在年度考核中对责任单位实行"一票否决"。对违规操作造成"出口骗税"的,追究相关人员责任。对退税干部和出口企业开展多层次、多方式的退税培训,对出口额异常增长的含金产品、毛皮服装、柳编产品等进行检查,采取暂追回已退税款、暂缓办理退税等措施防止损失扩大。全省完成 1359 户出口企业 2004 年度的出口退(免)税清算工作,清算面达 100%,得到总局领导表扬。

第四节　发票管理

增值税专用发票管理

增值税专用发票是由国家税务总局监制设计并统一印制的,只限于增值税一般纳税人领购使用的,既作为纳税人反映经济活动中的重要会计凭证又是兼记销货方纳税义务和购货方进项税额的合法证明,是增值税计算和管理中重要的决定性的合法的专用发票。

1996 年 1 月,省国税局将具备条件的增值税一般纳税人纳入增值税专用发票防伪税控管理,其条件为:具有增值税一般纳税人资格;配有专业电子计算机操作人员;具备通过电子计算机开具专用发票和按月填报专用发票使用、抵扣明细表的能力;经常开具销售额在百万元以上的专用发票。

1997年1月1日起,省国税局实行代管监开专用发票的办法。代管期间纳税户需要开具专用发票时,应如实填写《开具增值税专用发票申请表》,经法人代表或负责人签章、加盖纳税人公章后,由开票经办人送交国税主管机关。市国税局为一般纳税人代开专用发票,加盖一般纳税人财务专用章或发票专用章,加盖税务机关代开增值税专用发票专用章。专用发票的填开,由代管监开户的开票经办人负责,填开内容必须与其所报的申请表内容相符。纳税户实行代管监开专用发票满一年,且在代管监开期间能够正确计算进销项税额,认真履行纳税义务的,经市、县国税局审批,对其使用的专用发票可取消代管监开,由其自行保管。

1997年,强化专用发票内部管理,专用发票的印制计划逐级按期编报,专用发票印制计划每半年编报一次。专用发票入库前必须验收,验收合格才准入库。验收、发售中发现不合格的专用发票,应当立即封存,代为保管,逐级将不合格的原因书面报告省国税局,由省国税局负责处理。市、县国税局必须确定2名以上专用发票管理干部负责专用发票验收工作。专用发票仓储实行定期盘存制度,县以下(含县)国税局每月盘存一次,市国税局每季度盘存一次。专用发票必须专车运送,严禁动用社会车辆或搭便车运送专用发票。在专用发票运输全过程有安全保卫人员押运,随车配备必要的通讯工具。远途运输大宗专用发票,应当主动争取当地公安机关或武警部队派员随车押送。县(市)区国税局专用发票管理部门负责专用发票发售工作,专用发票应当在专门的发售网点发售。严禁将专用发票发售工作委托给社会中介机构、企事业单位;严禁非在职税务人员承办专用发票发售管理业务。专用发票发售实行限量限额、验旧供新。国税机关根据纳税人的生产规模及经营状况,每年核定或调整一次准予纳税人领购专用发票的数量及限额。纳税人原则上每次只能领购1至2本万元版、千元版或百元版专用发票,1本十万元版专用发票或50份电脑版专用发票。领购十万元版专用发票的纳税人,年销售额不得低于1200万元(含1200万元);领购万元版专用发票的纳税人,年销售额工业企业不得低于100万元,商业企业不得低于180万元。年销售额工业企业低于100万元(不含100万元),商业企业低于180万元(不含180万元)的纳税人,只准领购千元版或百元版专用发票。经市国税局批准,纳税人可以超限量限额领购专用发票,但最多一次只能领购一个月用量的专用发票。纳税人领购专用发票必须先交验已开具专用发票存根联,申报专用发票领购、使用、结存情况和税款缴纳情况,经国税机关审核无误后,才可以领购新的专用发票。"验旧"是检验纳税人是否按规定领购和使用专用发票。检验纳税人开具专用发票的情况是否与纳税申报相符。对证件资料齐备,手续齐全、真实而又无违反专用发票管理规定行为的纳税人,专用发票管理部门才予发售专用发票,按物价部门核定的价格收取工本管理费。

专用发票的销毁范围包括有印制质量问题或因某种原因致使质量发生变化不能使用的专用发票;国家税务总局统一换版后,尚未使用或未使用完的旧版专用发票;不符改版要求报废的专用发票；纳税人因变更、注销税务登记以及被取消一般纳税人资格等原因，依法缴销的专用发票；纳税人缴销的超限额、超限量领购或超限期尚未使用的整本或未使用完的专用发票。未使用的整本专用发票由省国税局派专人赴市国税局核销。未使用完的整本专用发票，由县（市）区国税局负责销毁，报市国税局备案。未使用的整本专用发票一律采用焚烧或化纸浆的方法集中销毁。其中，对收缴纳税人领购尚未使用的整本专用发票，由县（市）区国税局在收缴时加盖“作废”戳记或采取在专用发票“全国统一发票监制章”处剪角的方法先行核销，然后集中销毁。

1994 年 6 月，省国税局按照总局部署开展增值税专用发票专项检查，组织 900 名税务人员，对 2.1 万户、123 万份增值税专用发票进行检查。

7 月，省国税局专门派员赴国家税务总局汇报桐城、怀宁两起虚开、代开增值税专用发票案件。

11 月，省国税局对广东肇庆市鼎湖区代开虚开增值税专用发票涉及的安徽省 2 市 1 地 5 户企业 10 份发票问题，提出处理意见。

1994 年，全省受理虚开、代开、倒卖发票案件 43 起，立案 20 起，其中票面金额 1000 万元以上的 9 起，超亿元的 2 起，提请公安机关逮捕犯罪嫌疑人 22 人。

1995 年，省国税局制定《安徽省增值税专用发票及其他计税、扣税凭证稽核管理实施办法》，全年稽核各种增值税进销项凭证 24.4 万份，查出有问题的 1.8 万份，补税 3666.6 万元，罚款 138 万元。

1995 年，省国税局实施《增值税专用发票存储、安全保管暂行办法》，推行防伪税控系统，全省首批 76 户企业如期启用这一系统。当年全省调减印制计划 46 万本（份），验收入库专用发票 38 万多本（份），核发各地 77 万多本（份）。

1995 年，省国税局组织开展大面额版专用发票改版工作，当年全省改版千万元票 38853 本、百万元票 440461 本。

1995 年，省国税局组织开展全省外商投资企业增值税专用发票检查，检查用票企业 394 户，占全部用票企业的 40%，检查专用发票 26 万余份，查出有问题的 2667 份，查补税款 300 多万元，罚款 10 多万元，

1995 年全省组织 3500 多名税务人员，检查 33125 户企业，通过检查，发现有问题发票 4.39 万份，价款 9.9 亿元，税额 1.69 亿元，查补税款 5505 万元。

1995 年省国税局加强公、检、法、税配合，形成打击合力。全年查处专用发票案件 27 件，价税合计 10.8 亿元，税款 1.7 亿元，挽回和避免税款损失 9260 万元。

1996 年 1 月 1 日，省国税局执行国家税务总局《增值税专用发票防伪税控系统业务管理暂行办法》，分期分批对一次性开具销售额在 100 万元以上的企业，装配防伪税控系统，其销售业务一律通过防伪税控系统开具电脑版专用发票，其手工版专用发票一律停止使用。

同年，省国税局严格增值税专用发票管理。对各地上报的专用发票印制计划进行

审核;对承印厂家送达的专用发票,集中人员严格对照印制计划和验收标准进行检查验收;对各地领票,履行领票手续,实行双人进库;对库存专用发票,双人双锁,实行按季盘点制度,做到账账相符、账款相符、账票相符。全年验收入库专用发票182.6万份,调拨出库209万份,实现全年无差错。

1996年,省国税局推行增值税专用发票防伪税控系统,纳税人自被确认为税控企业之日起,只准向其主管市国税局领购专用发票,原领购的各种版式专用发票(包括误填作废按规定保存的专用发票)及专用发票领购簿必须在向主管市国税局购票后5日内上报主管国税征收机关缴销。

1996年,省国税局制定《安徽省专用发票交叉稽核管理办法》,对交叉稽核函件的发出、接收、核查、回复等方面作出明确规定,全省交叉稽查回函率达到58%以上,稽核各种增值税进、销项凭证46.4万份,查出有问题的进销项发票1.74万份,涉税金额4.14亿元。

1996年,全省国税系统立案查处增值税专用发票案件170件,结案98件。其中,百万元以上大要案移送司法机关66件,结案34件,判刑23人;虚开、代开增值税专用发票案38件,结案22件,判刑9人。

1997年,省国税局实施《安徽省国税系统增值税专用发票内部管理制度》,对计划、仓储、运输、发售、销毁、票款等6个方面做出明确规定。

1997年1月1日,省国税局执行全国规定,统一更换采用防伪措施的新版普通发票,统一使用专用水印纸和专用油墨。

1997年,省国税局推广《增值税专用发票使用责任书》。责任书包括建立健全专用发票管理制度,做到“二账、三专、五要”,设置总账和连号登记台账;确定专柜(保险柜)存放、专人管理、专人填开;有内部领发责任制度,有严格的领购、开具、取得和保管手续,有严密的安全措施。各县(市)区国税局在批准纳税人使用专用发票的同时,发给纳税人责任书作为用票单位承担责任的保证。

1998年,全省组织66人次对库存的1994年版专用发票进行清理、销毁。

1998年5月22日,省国税局与省公安厅在合肥联合召开“金华案件”取证、补证会议。随后,对47个市、县的214份专用发票进行认真检查,查证虚开发票147份,虚开应税销售额344.5万元,查补税款57.4万元,罚款57.6万元。

1999年2月,省国税局实施《安徽省增值税专用发票核算管理办法》,规范防伪税控开票系统操作,严格控制专用发票开具,实行控管销项、严格抵扣的办法,对专用发票开具后需作废的,主管国税机关在申报纳税时逐户登记,在征期结束后的当月,根据防伪税控报税系统所采集的作废发票信息,派出专人深入企业实地核查,逐张审核其作废发票是否符合规定。对于红字专用发票,由开票方所在地国税机关及时将发票信息传递给受票方所在地国税机关,跟踪了解红字发票抵扣联的进项转出情况,发现有相互串通、任意冲减销售额、骗抵进项税金的,一律按偷税处理。

1999年,省国税局根据总局的统一部署在全省范围内开展增值税专用发票和普通发票的清理检查工作,对全省13.4万户用票单位开展“两票”检查,自查面为90.1%,重点检查面达77.6%,查出有问题户3.3万户,查补税款罚款4150万元,协助公安机关鉴别1108份假增值税专用发票。

2000年,省国税局协助技术服务单位举办培训班60余期,先后对2600多户企业、近3000人次进行防伪税控开票系统技能培训。

2000年,省国税局部署对1998年1月1日—2000年6月30日期间的(包括国税机关代开)所有增值税专用发票的流向、专用发票库房建设、安全保卫及票款管理等情况进行全面检查。在各地自查的基础上,全省抽调325位税收业务骨干,对236个税务分局进行重点检查。未发现增值税专用发票保管、领发、缴销、票款管理等方面的重大问题。

2001年12月1日,执行国家税务总局防伪税控开票系统最高开票限额管理规定。纳税人申请使用十万元版防伪税控专用发票的,由省辖市国税局审批;申请使用百万元版以上防伪税控专用发票的,上报省国税局审批。对有虚开增值税专用发票嫌疑的,暂停发票供应。当年全省对6495户税控企业重新审批最高开票限额,其中,省国税局直接审批3批、1806户次。

2002年3月,省国税局执行总局《关于增值税一般纳税人丢失防伪税控系统开具的增值税专用发票有关税务处理问题的通知》,增值税一般纳税人丢失防伪税控系统开具的增值税专用发票后,按规定取得的发票存根联复印件及销货方所在地主管国税机关出具的《增值税一般纳税人丢失防伪税控开具增值税专用发票已抄报税证明单》,购货单位主管国税机关审核后符合抵扣条件的,在证明单第二联上签署“经审核同意抵扣”字样,加盖公章后退还纳税人。增值税一般纳税人丢失手写版增值税专用发票的“发票联”或“抵扣联”,不论何种原因,均不得抵扣进项税额。

2002年6月1日,省国税局在全省范围内统一启用安徽省废旧物资销售统一发票。增值税一般纳税人购入安徽省范围内的废旧物资,凭取得的《安徽省废旧物资销售统一发票》抵扣其进项税额,其他发票不得作为抵扣凭证。《安徽省废旧物资销售统一发票》由省国家税务局统一印制,视同增值税专用发票保管。

2002年12月1日,省国税局实施《安徽省农产品收购专用发票及进项税额抵扣管理办法》。主管国税机关分户登录万元版农产品收购发票的领购、使用、结存份数。收购单位使用万元版农产品收购专用发票,按规定如实、准确地填写发票内容,按投售人分别设立收购、往来明细账;对收购单位填写的投售人、收购金额、收购项目与实际不符的农产品收购专用发票,不得作为进项税额抵扣凭证;已经抵扣的,在核查的当月作进项税额转出处理,同时按有关规定进行处罚。

2003年,省国税局与公安、工商等部门配合,17个省辖市局均与有关部门联合成立发票打假领导小组,全省统一时间,统一步骤,统一行动,对车站、码头、大市场、大宾馆等主要集散地和公共场所,开展专项检查。全省抽调税务、公安人员5000多人次,组成400多个检查组,检查车站、码头70余个,印刷厂100多个,商场500多个,大市场300多个,纳税户2万多户。全省发现未按规定使用发票纳税人570户,查获假发票426份,补税124万元,罚款12万元,抓获票贩子1名。

2004年,省国税局建立失控增值税专用发票快速反应机制,调整信息采集岗位,明确问题处理流程,规范认证发售操作,及时发现并依法处理161户企业的2504份失控发票,堵塞税收流失漏洞。

省国税局严格管理发票收发手续,全年接收、发放增值税专用发票4000箱共800万份,无一差错。

省国税系统全年协查增值税专用发票2.1万份,查核货物运输发票、海关代征增值税完税凭证、废旧物资收购或销售发票和农副产品收购发票计8660份,涉及税额合计2.58亿元,查补收入6272万元。

2005年,省国税局建立增值税失控专用发票快速反应机制,发现341户企业的1729份失控专用发票,及时依法做出处理,为国家挽回税款9736.7万元。

省国税局加强"四票"管理,完善操作规程,明确操作规范,严格操作纪律,四票比对相符率由运行初期的16.6%,提升到年年底的79.3%。

同年9月,省国税局启动"一机多票"试点工作。在增值税防伪税控系统中增加普通发票开具功能,利用计算机手段实行对普通发票领购、开具、申报及票表对比各环节的网络化管理。淮南市51户一般纳税人纳入"一机多票"管理,通过防伪税控系统开具普通发票,在全国率先开展普通发票的票表对比。

普通发票管理

普通发票,是指属于国税系统征收管理的单位和个人在购销商品、提供或接受服务以及从事其他经营活动中,开具、收取的收付款凭证(不含增值税专用发票)。按照流转税归属划分,主要分为:工业发票、商业发票、加工修理修配发票、农产品、废旧物资收购发票及统一发票。

1994年,省国税局执行《中华人民共和国发票管理办法》及其实施细则。1996年,省国税局制定《安徽省国税系统普通发票管理规定》,对普通发票的印制、领购、开具以及法律责任做出明确的规定。

发票的基本内容包括:发票名称、字轨号码、联次及用途、客户名称、税务登记证识别号、开户银行及账号、货物名称或经营项目、计量单位、数量、单价、金额、开票日期、开票单位(章)、开票人等。

发票的式样由省国税局统一制定。县级以上国税机关根据需要确定印制的数量、种类,负责对毁损和作废发票的监销。纳税人于每年年初向主管国税机关报送普通发票用量,主管国税机关汇总上报县级以上国税局主管部门,由其向发票印制企业下达《发票印制通知书》,发票印制企业根据《发票印制通知书》安排印制,印制过程中不得更改发票式样、种类和数量，发票印制完毕由专人专库保管，不得丢失。发票印制的次品、废品应严格登记，报企业所在地县级以上国税机关，由国税机关派员监销。普通电脑发票的印制，由用票单位提出申请，报县（市）区国税机关审核后，由市国税机关签署意见上报省国税局审批，由电脑发票定点印制企业安排印制。

办理税务登记的单位和个人，在领取税务登记证件后，应向主管国税机关（办税服务厅内管理部门）申请领购发票，经主管国税机关同意后，发给《发票领购簿》，凭领购簿领购发票。发票原则上每次限购三个月用量，超量领购应经主管国税机关局（所）长批准。发票实行交旧供新或验旧供新制度。领购发票的单位和个人应凭《发票领购簿》核准的发票种类、数量以及购票方式，向主管国税机关领购发票。

用票单位要建立健全普通发票管理制度，对普通发票应选择政治业务素质较高的工作人员负责管理，专人保管，要有防盗、防霉、防湿、防火等设施，同时按规定建立健全领用存双面账，以明确各自责任。丢失、被盗或损毁发票，应及时向主管国税机关报告，在《安徽税务》杂志上声明作废，主管国税机关按照《中华人民共和国税收征收管理法》《中华人民共和国发票管理办法》等规定进行处理。纳税人弄虚作假，虚假申报遗失普通发票及有关税务证件的，应承担相应的法律责任。

安徽省统一普通发票票种代码和名称（手写版）

表4-2

序号	发票名称	发票名称简称
1	安徽省货物销售统一发票（百元版）	安徽省货物销售统一发票（百元版）
	安徽省货物销售统一发票（千元版）	安徽省货物销售统一发票（千元版）
	安徽省货物销售统一发票（万元版）	安徽省货物销售统一发票（万元版）
	安徽省货物销售统一发票（十万元版）	安徽省货物销售统一发票（十万元版）
2	安徽省加工修理修配发票（百元版）	安徽省加工修理修配发票（百元版）
	安徽省加工修理修配发票（千元版）	安徽省加工修理修配发票（千元版）
	安徽省加工修理修配发票（万元版）	安徽省加工修理修配发票（万元版）
3	安徽省农产品收购专用发票（千元版）	安徽省农产品收购专用发票（千元版）
	安徽省农产品收购专用发票（万元版）	安徽省农产品收购专用发票（万元版）
4	机动车销售统一发票（百万元版）	机动车销售统一发票（百万元版）
5	安徽省废旧物资收购统一发票（百元版）	安徽省废旧物资收购统一发票（百元版）
	安徽省废旧物资收购统一发票（千元版）	安徽省废旧物资收购统一发票（千元版）
	安徽省废旧物资收购统一发票（万元版）	安徽省废旧物资收购统一发票（万元版）
6	安徽省废旧物资销售统一发票（十万元版）	安徽省废旧物资销售统一发票（十万元版）

续表4-2

序号	发票名称	发票名称简称
7	安徽省出口商品专用发票(无金额限制)	安徽省出口商品专用发票(无金额限制)
8	安徽省国税机关代开统一发票(万元版)	安徽省国税机关代开统一发票(万元版)
9	安徽省国家税务局发票换票证(百万元版)	安徽省国家税务局发票换票证(百万元版)

安徽省统一普通发票票种代码和名称(电脑版)

表4-3

序号	发票名称	发票名称简称
1	安徽省货物销售统一发票(电脑版)	安徽省货物销售统一发票(电脑版)
2	安徽省加工修理修配发票(电脑版)	安徽省加工修理修配发票(电脑版)
3	安徽省农产品收购统一发票(电脑版)	安徽省农产品收购统一发票(电脑版)
4	机动车销售统一发票(电脑版)	机动车销售统一发票(电脑版)
5	安徽省废旧物资收购统一发票(电脑版)	安徽省废旧物资收购统一发票(电脑版)
6	安徽省出口商品专用发票(电脑版)	安徽省出口商品专用发票(电脑版)
7	安徽省电力公司高压用户电费发票(电脑版)	安徽省电力公司高压用户电费发票(电脑版)
8	安徽省电力公司低压用户电费发票(3联)(电脑版)	安徽省电力公司低压用户电费发票(3联)(电脑版)
	安徽省电力公司低压用户电费发票(2联)(电脑版)	安徽省电力公司低压用户电费发票(2联)(电脑版)
9	安徽省货物销售统一发票(复卷75*127)(电脑版)	安徽省货物销售统一发票(复卷75*127)(电脑版)
	安徽省货物销售统一发票(复卷57*127)(电脑版)	安徽省货物销售统一发票(复卷57*127)(电脑版)
	安徽省货物销售统一发票(复卷44*127)(电脑版)	安徽省货物销售统一发票(复卷44*127)(电脑版)
10	安徽省国税机关代开统一发票(电脑版)	安徽省国税机关代开统一发票(电脑版)

安徽省企业衔头普通发票票种代码和名称（手写版）

表4-4

序号	发票名称	发票名称简称
1	安徽省（企业衔头）货物销售统一发票（百元版）	安徽省（企业衔头）货物销售统一发票（百元版）
	安徽省（企业衔头）货物销售统一发票（千元版）	安徽省（企业衔头）货物销售统一发票（千元版）
	安徽省（企业衔头）货物销售统一发票（万元版）	安徽省（企业衔头）货物销售统一发票（万元版）
	安徽省（企业衔头）货物销售统一发票（十万元版）	安徽省（企业衔头）货物销售统一发票（十万元版）
2	安徽省（企业衔头）加工修理修配发票（百元版）	安徽省（企业衔头）加工修理修配发票（百元版）
	安徽省（企业衔头）加工修理修配发票（千元版）	安徽省（企业衔头）加工修理修配发票（千元版）
	安徽省（企业衔头）加工修理修配发票（万元版）	安徽省（企业衔头）加工修理修配发票（万元版）
3	安徽省（企业衔头）农产品收购专用发票（千元版）	安徽省（企业衔头）农产品收购专用发票（千元版）
	安徽省（企业衔头）农产品收购专用发票（万元版）	安徽省（企业衔头）农产品收购专用发票（万元版）

安徽省企业衔头普通发票票种代码和名称（电脑版）

表4-5

序号	发票名称	发票名称简称
1	安徽省（企业衔头）货物销售统一发票（电脑版）	安徽省（企业衔头）货物销售统一发票（电脑版）
2	安徽省（企业衔头）加工修理修配发票（电脑版）	安徽省（企业衔头）加工修理修配发票（电脑版）

续表4-5

序号	发票名称	发票名称简称
3	安徽省(企业衔头)农产品收购统一发票(电脑版)	安徽省(企业衔头)农产品收购统一发票(电脑版)
4	安徽省(企业衔头)废旧物资收购统一发票(电脑版)	安徽省(企业衔头)废旧物资收购统一发票(电脑版)
5	安徽省(企业衔头)出口商品专用发票(电脑版)	安徽省(企业衔头)出口商品专用发票(电脑版)
6	安徽省(企业衔头)高压用户电费发票(电脑版)	安徽省(企业衔头)高压用户电费发票(电脑版)
7	安徽省(企业衔头)低压用户电费发票(3联)(电脑版)	安徽省(企业衔头)低压用户电费发票(3联)(电脑版)
	安徽省(企业衔头)低压用户电费发票(2联)(电脑版)	安徽省(企业衔头)低压用户电费发票(2联)(电脑版)
8	安徽省(企业衔头)货物销售统一发票(复卷75＊127)(电脑)	安徽省(企业衔头)货物销售统一发票(复卷75＊127)(电脑)
	安徽省(企业衔头)货物销售统一发票(复卷57＊127)(电脑)	安徽省(企业衔头)货物销售统一发票(复卷57＊127)(电脑)
	安徽省(企业衔头)货物销售统一发票(复卷44＊127)(电脑)	安徽省(企业衔头)货物销售统一发票(复卷44＊127)(电脑)

1996年8月,省国税局实施普通发票换版工作,在《安徽日报》头版刊登换版公告。对新版普通发票的使用、管理以及旧版普通发票的清理、缴销等问题作出明确规定,制定《普通发票样本》,按行业设计120余种发票式样,供全省国税系统印制、使用。重新确认164家普通发票承印企业,签订承印责任书,加强对印制业务的监管。

1997年1月1日起,实施《安徽省国税系统普通发票管理规定(试行)》,明确规定普通发票的种类、印制、领购、票款的结算、开具和保管、检查及法律责任等内容。

1997年1月1日,省国税局执行全国规定,统一更换采用防伪措施的新版普通发票,统一使用专用水印纸和专用油墨。原有的普通发票使用到1996年年底,过期统一清理销毁。

1997年1月,省国税局组织开展全省国税系统发票专项检查工作,对2.1万户用票单位和32家普通发票定点承印企业进行延伸检查,查处各类发票违章行为近百起,查补税款达40万元,罚款200多万元。

1999年1月1日,启用机动车销售发票,统一粮食销售发票和“三资”企业出口专用发票。

1999年11月,省国税局制定《普通发票定点承印企业年审办法》。规定,承印量较大的承印企业及以前年度检查中发现有违反发票管理法律法规或不能够按国税机关要求印制发票行为的承印企业为年审重点。年审内容包括承印企业设备、技术条件,各项制度的建立以及执行发票管理法律法规情况。年审合格的,保留其定点印制发票资格。

2000年3月1日起,省国税局根据《中华人民共和国发票管理办法实施细则》第31条规定,要求向消费者个人零售小额商品或者提供零星服务的,都必须逐笔开具发票。通过开展普通发票抽奖活动、推广贵池市国税局发票管理经验等措施,增强纳税人开具发票和消费者索要发票的自觉性。全年普通发票使用量同比增加120%。

2000年,省国税局对全省67家普通发票定点承印企业年审,取消14家不符合标准企业的发票承印资格。全省有6家有资格承印电脑版普通发票的定点厂,所在地无定点厂的市局遴选符合条件的厂家,报省国税局审批。

2001年1月1日起,省国税局确定合肥、阜阳、巢湖、安庆、淮南等地有电脑版普通发票承印厂,辖区内纳税人到本地定点厂印制电脑版普通发票,由各地(市)局审批;其他城市有定点厂后,照此办理。跨市印制电脑版普通发票的,到省国税局办理批印手续。

2002年,省国税局规定各市国税局对本地区各类普通发票的使用量进行预测,每次上报的印制计划控制在半年的用票量内,每年分两次上报省国税局(征收管理处),企业申请印制衔头发票的,按规定程序审批后,首次上报的印制计划不得低于规定的申请标准,但其印制计划也不得超过1年的用票量。企业衔头发票印制计划应按月集中上报,即各市国税局应于每月5日前上报上月批准的印制计划,省国税局在每月10日前通知承印厂家印制,承印厂家在月底前完成印制任务。各市国税局在上报企业衔头发票印制计划时,应同时将核准的衔头发票票样上报省国税局。

2004年,省国税局归并发票种类,由过去70多类240种发票简并为13种。通过公开招标,选定承印企业,实行集中印制,发票成本降低40%左右。

2004年7月1日,省国税局启用普通发票统一分类代码和发票号码,旧分类代码和发票号码截止使用时间为2004年12月31日。省国税局根据总局规定,制定普通发票分类代码和发票号码编制规则:12位普通发票分类代码从左至右排列,第1位为1,即国家税务局;第2、3位为34,即安徽省;第4、5位为市级代码,以全国行政区域统一代码为准,如合肥市为01;第6、7位为年份代码,如2004年以04表示;第8位为统一的行业代码,行业划分为:1工业、2商业、3加工修理修配业、4收购业、5水电业、6其他;第9位为企业冠名发票和非企业冠名发票,1为企业冠名发票,2为非企业冠名发票;第10位为发票版面,1为手写版发票,2为电脑版发票;第11位为手写版发票金额限制,1为百元,2为千元,3为万元,4为10万元,电脑版发票为0;第12位为印制批次。发票号码(即发票顺序码)编制规则:普通发票号码为8位阿拉伯数字。省国税局统一印制的普通发票,其分类代码和发票号码由省国税局编制;省辖市局自行印制的普通发票,其分类代码和发票号码由各省辖市局编制。分类代码和发票号码统一印制在发票右上角:第一排分类代码,第二排发票号码。分类代码印制规格与发票号码一致。

2004年,省国税系统开展发票有奖使用、有奖举报、违章处罚"两奖一罚"活动。发票使用量同比增长20%以上,合肥、淮南、滁州等地积极推行发票摇(刮)奖办法。

2004年,省国税局推行发票委托代售,委托邮政、金融部门代售普通发票,指导淮南、芜湖、巢湖等地与邮政、金融部门合作,利用其内部网络,与综合征管软件接口,在加强监控的前提下,委托代售发票。

2005年,省国税局统一普通发票包装要求,手写版发票一律比照增值税专用发票的包装要求装箱,以三联次《安徽省货物销售统一发票》为例,每大箱五小包,每小包40本、按20本一叠并列放置,每箱计200本。其余发票根据联次或规格不同,相应减少每箱的数量,但必须为20的倍数,且每小包数量相等,大箱和每小包的外面都要在显著位置分别粘贴《普通发票装箱单》和《普通发票封包单》,标明印制单位、发票种类,发票面额、发票起止号码、包装箱顺序码。卷筒发票每5卷为1小包,在每卷发票的外观上和包装封面上都要标明发票的起止号码和顺序码。统一普通发票封面和封底应反映和记录的发票信息,如发票使用单位、起止号码、使用情况、开票金额、使用规定等。

2005年10月1日,启用《二手车销售统一发票》开票系统。安徽省国家税务局委托合肥市国税局开发该开票系统,无偿提供给纳税人使用。

2005年,安徽省国家税务局增设百元版《安徽省货物销售统一发票》和百元版、千元版《安徽省加工修理修配发票》,主要提供给个体工商户使用,逐步取消定额发票。将三联次万元版的《安徽省货物销售统一发票》改为四联次。增设六联次、十万元版的《安徽省货物销售统一发票》,主要提供给经营规模大,每次销售额大的企业使用。调整后,《安徽省货物销售统一发票》版面有四种,即百元版、千元版、万元版和十万元版。《安徽省加工修理修配发票》版面有三种,即百元版、千元版和万元版。增设二联次《安徽省电力公司低压用户电费发票》,主要供农村地区低压电用户使用,原三联次《安徽省电力公司低压用户电费发票》主要供城市地区低压电用户使用。《增值税专用发票销货清单》由各市国税局按照总局有关规定执行。扩大《安徽省货物销售统一发票》的规格,由132MM×95MM改为155MM×95MM。《安徽省货物销售统一发票》和《安徽省加工修理修配发票》均增加一行填写栏,同时将《安徽省货物销售统一发票》中的"开户银行及账号"栏改为"备注"栏,适当压缩《安徽省加工修理修配发票》的"备注"栏,增加一行填写栏。在《安徽省废旧物资收购统一发票》中增加投售人姓名、身份证号码、地址、电话栏,将七行填写栏改为五行。除《机动车辆销售统一发票》,其余发票的印制字号均移至左上角。适当提高使用卷筒式发票的企业申请印制衔头发票的标准,即由年用票量5万份(250卷),改为年用票量10万份(500卷),其他衔头发票的申请标准仍为年用票量5万份。企业印制衔头发票必须套用现行的通用发票规格和式样,不得擅自更改。

版面设计在保证基本填写内容不变的情况下,可适当兼顾企业的特殊性。各企业报送申请时,必须同时附报衔头发票票样,凡是规格、式样、版面基本内容与通用发票不符的,各市国税局不得批准。

第五节　征管改革

1994 年以来,全省国税系统围绕建立新征管模式,经历从点到面,从城市到农村,稳步推进,不断深化的过程。

1995 年,国家税务总局提出税收征管改革的总目标:在 20 世纪末,建立起适应社会主义市场经济要求的,具有现代技术支持的,征收、管理、检查相互制约,促进申报、代理、稽查相互监督、配合,科学严密的税收征管体系。省国税局围绕目标,将征管改革划分为试点准备阶段(1995—1996 年年初)、实施阶段(1996—1998 年)、巩固和完善阶段(1999—2000 年)三个阶段,最后在全省建立起申报、代理、稽查三位一体的征管新格局。

1995 年,省国税局印发《安徽省国税系统税收征管改革总体方案》,建立管理服务、申报征收、税务稽查和复议应诉四大工作系统。加强内外宣传,举办内部培训班 40 多期,培训税务干部 1500 人次;举办纳税人培训班 150 多期,培训办税人员 1 万多人次。实现内部机构职能转换,专管员由"管户"变为"管事"。试点单位分流专管员 300 多人,充实专职稽查人员达 200 多人;在 20 个基层税务分局推行征管改革试点。

1995 年,省国税局实施《安徽省国税系统征管改革试点工作意见》,专门成立征管改革领导小组,改革单位投入改革资金 1000 多万元,建设办税厅 2000 多平方米,分批组织 20 多人次深入试点单位调查指导。试点改革后的按期申报率达到 95%,比改革前提高 25 个百分点,按期入库率达到 85%,比改革前提高 11 个百分点;加收滞纳金、罚款 40 多万元,是改革前的 4 倍。

1996 年,省国税局执行国家税务总局提出"以申报纳税和优化服务为基础,以计算机网络为依托,集中征收,重点稽查"的"30 字"税收征管模式。围绕新的征管模式,建立"一个制度、四个体系",即纳税人自行申报制度,服务、监控、稽查和组织体系。

省国税局制定《税收征管业务规程》将税收征管业务划分成四个系列,对每个系列的业务流程和法律文书进行规范,对纳税申报的时间、地点、报送资料的种类,税款缴纳的方式等一系列问题作具体规定,建立从税务登记、纳税申报、税款征收到税务稽查等一系列新程序。

1996 年 3 月,省国税局组织召开征管软件评测会议,确定马鞍山市的征管软件为全省统一税收征管软件。先后 3 次组织有关业务和技术骨干进行修改、完善,6 月中旬,举办软件应用培训班,为 11 个地市培训师资 42 人。

7 月,省国税局成立征管改革领导小组,下设办公室,抽调人员集中办公。改革增加70个试点单位,各地市主动试点,年年底,全省有133个征收单位改革试点,每个市、县都有试点单位,改革试点覆盖全省一般纳税人总数的50%和"两税"收入的60%。试点单位约占全省征收单位的三分之一,覆盖纳税户6万多户,约占全省纳税人总户数的27.3%,试点单位纳税人按期申报率由改革前的83%提高到98%以上,税款按期入库率由过去的79%提高到95%以上。

同年,省国税局为配合征管改革,投入改革资金近3000万元,改建办税服务厅130多个,配备计算机近500台。试点单位申报率、入库率由改革前的80%左右提高到90%以上,试点工作达到预期效果。

1996年10月,省国税局实施《关于推进和深化税收征管改革的实施方案》,提出税收征管改革的指导思想、基本原则、改革的任务、内容、主要措施和实施步骤。

1997年,省国税局根据省政府办公厅批转省国税局深化税收征管改革实施方案,提出1997年税收征管改革目标:城市、县城征管改革面达100%,农村地区改革面不低于30%,力争达到50%;全面实行纳税人自行申报制度;合理设置办税服务厅;建立税法公告制度;进一步完善全省统一的征管软件。当年年底,全省城市市区和县城改革面达到100%,农村达70%;基层机构由1119个压缩到675个,纳税人按期申报率和税款按期入库率均由改革前的80%提高到95%以上,建成办税服务厅318个,按征管功能设置办税窗口,通过办税服务厅集中征收的"两税"收入占全省"两税"收入总额的90%以上。城区一级稽查和农村二级稽查相结合的新稽查体系初步建立,重点稽查作用初见成效。

1997年,省国税局实施《1997年征管改革工作计划》,将一个制度、四个体系(完善纳税人自行申报纳税制度,建立税务机关和社会中介组织相结合的管理服务体系,建立以计算机为依托的征收监控体系,建立以征管功能为主设置机构划分职能的组织体系,建立人机结合的稽查体系)的改革任务,分解细化为22项具体工作,明确工作进度和承办单位。当年全省自行申报的纳税人已达21.9万户,其中:企业5.9万户,个体工商户16万户,

1997年年初,对基层税务机构进行调整,撤消按经济性质设立的税务分局,省辖市按行政区设置,县和县级市城区只设一个,农村按片设置5至7个。确定在安徽省城市及县城城区实行一级稽查,农村实行二级稽查。同时制订17项配套制度。

1997年,省国税局制定下发《1997年度税收征管改革目标考核意见》,围绕改革目标,从7个方面细化30条量化考核标准。确定铜陵市国家税务局、天长市国家税务局为省国税局征管改革联系点。全系统直接用于基层税收征管的计算机设备已达1160台,城区79%、农村25%的改革单位建成局域网络,并正常运行。

1997年,省国税局抽调人员组织4个组对8个地市征管改革实施情况进行督查,对检查发现的稽查分局与征收分局协调不够、微机应用程度不高等问题,提出整改意见。

1997年,省国税局大力推进税务代理工作,全省国税系统70%以上县市成立代理

机构,审批第二批税务师资格 1254 人,其中国税系统 854 人,占 68%,安徽省税务师资格人数由 1996 年的 541 人增加到 1997 年年底的 1795 人,其中国税 1190 人,占 66.3%。

1998 年,省国税局提出:"征管改革要在深化、细化、规范、提高上下功夫。""要抓管理,攻难题,把征管改革的重点由量上的突破转到质上的提高。"成立 3 个课题组,形成《税务分局和稽查分局工作职责和业务衔接的意见》《个体税收征管办法》和税收征管软件 3.0 版等调研成果,有针对性地提出一系列具体措施,明确职责范围,规范操作标准,理顺工作关系,提高征管软件应用水平,加快网络化建设步伐。

2000 年,省国税局制定《安徽省国税系统税收征管业务规程(修订版)》,在国家税务总局《税收征管业务规程(修订版)》的基础上,进行顺向延伸和细化。

2000 年,省国税局深化农村税收征管改革,选择石台县作为全省国税系统深化农村税收征管改革试点单位。通过整合农村税收征收机构、完善纳税申报方式、调整税款征收方式、强化税务管理职能等一系列措施,初步实现"集中征收、一级稽查、多种申报和征收方式并存"的征管新模式。石台县征管改革后,月平均申报率为 98.9%,征期入库率为 96.2%,分别比改革前提高 12.8 和 1.3 个百分点。其中,邮寄申报的申报率和入库率为 100%。

2001 年 7 月 9 日,省国税局根据国家税务总局的部署,制定《加速税收信息化建设,推进税收征管改革实施方案》,成立安徽省国家税务局深化税收征管改革领导小组,组织、协调和指导全省国税系统基层征管机构调整、税收信息化建设以及推广应用 CTAIS 软件等工作。

2001 年,省国税局组织人员编制《省辖市局税收征管业务岗责体系》,包括岗位设置、岗位责任、工作流程和岗位设置与 CTAIS 软件运用对照表四大部分,选择芜湖、淮南作为 CTAIS 软件试点单位。指导各市局对省国税局统一征管软件进行优化,将软件操作环境由 DOS 升级到 WINDOWS,实现在广域网上的运行和信息的共享。

2002 年,省国税局按照税收信息以省辖市集中管理的原则,将税收业务的日常管理工作全部纳入信息系统监控,实现征、管、查相分离,上下级和部门间信息全面共享,各部门和岗位间相互制约,缩减基层单位,上收管理权限,建立现代化税收管理模式。选择芜湖、淮南市局作为 CTAIS 试点单位,芜湖于 9 月 1 日,淮南于 10 月 1 日成功上线运行 CTAIS 系统。两市实行多元化申报纳税试点,2000 多户企业实行网上申报纳税,1.7 万多户个体户通过 E-TA×实现银行代收税款。

2002 年,省国税局探索农村征管改革的新途径。在试点的基础上,石台县撤销全部农村税务分局,全县只设 1 个征收机构。在泗县进行县城及农村地区的征管改革试点。全县 7 个税务分局全部撤销,只在农村地区设立 4 个税务所,县局成为全县国税执法主体,实现城区及周边地区所有纳税人和全县一般纳税人的集中征收。

2003 年,全省范围内推行简化版 CTAIS(综合征管软件)。省、市两级国税部门成立CTAIS推行工作领导小组和推行工作办公室,抽调技术和业务骨干集中办公。制定全省国税系统简化版CTAIS推行工作实施方案,编制《安徽省国家税务局省辖市局税收征管业务岗责体系》;举办两期简化版CTAIS数据模版培训班,聘请专业技术人员讲解和演示,培训业务骨干300余人。

2003年6月18日,省国税局完成防伪税控开票系统推行任务。全省增值税一般纳税人31102户,除不需要安装防伪税控开票系统的3935户外,其余27167户一般纳税人全部纳入防伪税控开票系统。

2003年,省国税局开展业务重组试点,确定芜湖、六安(市区)市和泗县、霍山县为试点单位。按照依法重组、科学简便、管理创新,人机结合的原则,重新划分机构职能,简化办税流程,清理表、证、单、书,实现服务"一站式",即纳税人所有的涉税事项,都在办税服务厅完成;申报"一窗式",即增值税纳税申报实行"一窗式"管理;管理主管"一级式",即纳税人的日常管理只能对应一个主管国税机关,而不是多个、多级国税机关;调查"一次式",即对纳税人的基本信息和事前调查,要归口一个部门负责,一次采集,共同享用;管理"一网式",即所有业务管理都要在网上进行。处理好内网、公网和互联网的关系,加快网上办税步伐。

2004年,省国税局落实总局"以申报纳税和优化服务为基础,以计算机网络为依托,集中征收,重点稽查,强化管理"的34字征管模式。强调税源管理是税收征管的基础性工作,落实税源管理的各项措施,解决"淡化责任,疏于管理"的问题。

2004年4月1日,安徽省国家税务局在全国国税系统率先以省级集中模式,运行中国税收征管信息系统(综合征管软件)。上线后,全省国税系统的税收征管业务由各地分散操作转变为全省联网运行,由模式各异转变为全省统一。为保证省级集中版综合征管软件的顺利推行,分别制定6个实施方案,即应用实施方案、业务培训方案、数据准备方案、综合技术方案、压力测试方案和仿真演练方案。省国税局先后组织业务培训4次,即数据模版培训、业务操作培训、岗责体系培训、数据录入培训,累计培训400多人次,组织各类培训班110多个,培训人员8000多人;统一数据收集,根据综合征管软件推行工作需要,设计24张数据采集模版,统一印制各种数据采集表180多万张,下发各地使用。全省动员税务人员1.2万多人,历时近两个月时间,采集10万多户纳税人的各类信息4000多万条。

2004年,省国税局批复各地业务重组试点方案。在芜湖、六安(市区)和泗县、霍山县进行业务重组试点的基础上,扩大试点范围,增加泾县、石台县为试点单位。2004年6月全省实现文书流转模块的运行,芜湖、淮南两地于2004年9月1日与全省并库运行,同时税务稽查模块也在全省启用。

2005年,省国税局实施《安徽省国税系统业务重组工程规划》。整合内设机构职能,减少管理层级、优化业务流程,探索税收管理体制改革、流程改造、科学化、精细化管理方式。

2005 年，开通安徽国税门户网站，为纳税人提供办理税务登记、受理涉税文书申请等 7 项涉税服务，全省有 7.6 万纳税人通过这一网站申报纳税，占应申报总户数的一半以上。

2005 年，在省级集中模式下，按期完成综合征管、防伪税控、出口退税三大系统的数据整合工作，较好地解决了一般纳税人基本档案信息重复、增值税专用发票发售操作重复、纳税申报表和免抵退汇总表不能有效衔接、认证信息不能单户导出到出口退税系统等四个问题。通过 4 轮比对，清理数据近 40 万条，确保全省近 4 万户增值税一般纳税人信息的可靠性。

2005 年，采用“一个平台、两个网站、七个业务子系统”的总体设计思想，扎实推进网站一期工程建设，加快建设网上国税局，打造网上办税平台，建成税务登记、涉税文书、网上申报、短信发送、通知通告、发票发售和出口退税审核七个网上办税功能模块。2005 年，网上业务系统完成各类纳税人开业登记 4910 户，受理及办理各类文书申请 7757 份，完成进出口退税网上申报预审 6941 户次，发送各类短信 12 万条。全年网上申报用户数量达 8.8 万户，受理纳税人 73.3 万户次。

第五章　纳税服务

纳税服务，是税务机关依据税收法律、行政法规的规定，在税收征收、管理、检查和实施税收法规救济过程中，向纳税人提供的服务事项和措施。1994 年至 2005 年，全省国税系统的纳税服务工作从办税服务逐渐扩大到税收宣传、纳税咨询、信用管理等领域。2003 年，省国税局提出“尊重纳税人、还权纳税人、相信纳税人、服务纳税人”的纳税服务工作理念。2004 年，省国税局印发《安徽省国税系统服务工程规划》，强调在管理中提高服务水平，在优化服务中加强税收管理，构建和谐的税收征纳关系。

第一节　办税服务

办税服务厅是税务机关为纳税人、扣缴义务人集中办理涉税事项，提供纳税服务的机构和场所。

1995 年，全省修建改建一批办税大厅，共建成办税大厅面积 2000 多平方米。各地在办税大厅设置税务登记、发票领购、纳税申报、咨询代理等服务窗口。淮南、淮北、滁州、来安等地把银行引进大厅，为纳税人提供申报、缴款一条龙服务。有些办税大厅设置税法宣传公告栏、举报（意见）箱，安装磁卡电话，配备沙发、桌椅等，完善大厅服务设施。

1996 年，全省各级国税部门克服资金、人员、办公用房等困难，投入近 3000 万元资金，改建办税服务厅 130 多个，配备计算机设备近 500 台。

1997 年，省国税局制定《安徽省国税系统办税服务厅建设和管理意见》，对办税服务厅功能定位、建设要求、服务标准、管理规范等提出明确意见：

（一）办税服务厅是办税服务场所，应建在税源比较集中、交通便利地带，提供必要的通讯以及停车场地等便利条件。办税服务厅一般设在建筑物的底层。

（二）办税服务厅根据本地纳税户数、业务量等情况确定建设规模和配套设施。农村办税服务厅面积一般不少于 40 平方米，县城和城市市区办税服务厅面积一般不少于 100 平方米。

（三）办税服务厅由工作间和接待间两部分组成，工作间与接待间的面积比一般为 2∶3。

（四）工作间与接待间应采用阻燃材料，建立柜台式透明隔墙；工作间地面应铺设防静电活动地板，并具有局域网功能；有条件的地方，工作间应有独立的电源室，配备 UPS 电源或发电机组加自动调压器、电子稳压器供电，蓄电池必须放置于办税服务厅以外；计算机系统的供电路线一律不得接装负载变化服务的其他用电设备；在工作间周围应设立防火区域和紧急疏散门，并建立安全防盗措施。

（五）办税服务厅一般设置税务咨询、税务登记、纳税申报、税款征收、发票发售、发票代开、受理涉税申请等窗口。各类窗口的主要职责为：

税务咨询：包括税法宣传、政策解释、有关涉税事项的解答，发售各种纳税表格、纳税指南、税务法律法规宣传手册和税务法律文书等税务资料。

税务登记:包括开业登记、变更登记、停复业处理、注销登记、金银首饰消费税纳税人认定和登记、验证、补证、非正常户处理及开具《外出经营活动税收管理证明》等。

纳税申报:主要是受理纳税人纳税申报及审核等。

税款征收:填开缴款书、完税证和罚款收据等。

发票发售:主要是发票的领取、发售和收缴等。

发票代开:主要是为一般纳税人代管监开、小规模纳税人代开发票等。

涉税申请:主要是受理延期纳税、退税、减免税、一般纳税人认定等申请或待批文书等税收事宜。

各地根据办税服务厅规模大小、各窗口业务量多少等情况,将几类职责合在一个窗口处理,也可将一类职责设几个窗口办理。

(六)文明服务。办税服务厅工作人员提高服务技能和办事效率,为纳税人提供高效优质服务。

办税服务厅常备各种纳税宣传手册,一般配备不同业务层次的咨询人员或实行业务骨干值班制。办税服务厅墙壁上或橱窗内,应设有税法公告栏、办税要求和流程图以及各窗口职责示意图等。有条件的地方,在办税服务厅内安装电子屏幕及查询系统,开设咨询电话,便于纳税人及时了解纳税知识及所需信息。

办税服务厅工作人员提高工作效率,做到不拖拉、不扯皮、不推诿,尽量减少纳税人办理时间。对纳税人有问必答,答必负责;对代开发票的,经审核无误,及时开具;对开具《外出经营活动税收管理证明》和领购发票的,手续齐全,及时办理;对其他纳税事宜的办理,按规定时限及时办结。双休日和节假日,办税服务厅有人值班,为纳税人办理涉税事宜。

使用文明用语,礼貌待人,热情服务,廉洁奉公。接待间备有桌椅、笔墨等办公用品,方便纳税人办税。

(七)规范管理。办税服务厅有专人负责管理。建立岗位责任制度、窗口之间业务衔接制度、资料传递和保管制度、值班制度和个体的管理办法等,从制度上保证办税服务厅工作规范、有序运行。

1998 年,全省国税系统开始执行《全国税务系统办税服务厅规范化服务要求》。主要有:合理设置办税服务场所,实行相对集中征收;方便纳税人办税,实行一站式服务;优化涉税服务,逐步推行现代化管理;公开办税,接受监督;规范服务行为,提高服务质量。

2003 年,省国税局规范办税服务厅服务内容。各级国税机关健全办税服务厅硬件设施,合理设置窗口;在办税服务厅公开税务登记、纳税申报、税款征收、发票发售等业务的办税程序,免费向纳税人提供上述资料,设置举报箱、举报电话,自觉接受纳税人监督。办税服务厅内在岗税务人员要统一着装、挂牌上岗,用统一的标准为纳税人服务。

同年，省国税局在芜湖等地试点“一站式”服务，纳税人发起的涉税事项，都在办税服务厅完成；“一窗式”申报，增值税一般纳税人报税认证、申报纳税、票表比对在一个窗口完成。

2004年，省国税局制订《安徽省国税系统税收征管岗责体系》，把纳税服务的理念、内容和要求融入岗责体系。依托全省集中的综合征管软件，重新设计税收征管各环节业务流程，规范征管文书，简化办税程序和手续。

同年，省国税局开展行政审批事项清理工作，取消审批项目13项，下放审批权限38项。减少办税前置条件，减轻纳税人负担。对852种表证单书进行清理，废除、归并非法定、不适用的表单，共取消51种，停用32种，合并1种。

对办税服务厅窗口进行整合，压缩专业化窗口，增加“一窗式”窗口，扩大窗口服务功能，规范窗口业务操作。

2005年，全省国税系统对办税服务厅设置进行优化组合。结合税收征管改革，全省保留办税服务厅179个，比2004年减少118个，国地税共建办税服务厅1个，进驻办税服务厅的银行15家，办税服务厅工作人员1407人。

第二节　税收宣传

坚持集中宣传与日常宣传相结合，利用“税收宣传月”“法制宣传日”开展集中税收宣传。借助报纸、电视、网络等媒体，通过法规公告栏、税收宣传板块等载体开展经常性税收宣传。

税收宣传月

1992年，国家税务总局确定每年4月为“全国税收宣传月”。根据不同时期的社会情况和税收工作中的问题，设置不同的主题。此后，税收宣传月成为全国税务系统影响最大的“宣传品牌”，被社会各界广泛接受和认可。

1992年，税收宣传月的主题是“税收与发展”。

1993年、1994年，全国税收宣传月的主题同为“税收与改革”，全省国税系统从1月开始围绕税制改革开展宣传，集中对企业法定代表人、财会人员进行全面税制培训，通过面向各级领导和社会公众举行专题讲座、开办宣传专栏等多种形式，深入宣传税制改革的基本原则、主要内容和重大意义。

1995年，第4个税收宣传月以“税收与法制”为主题开展系列宣传活动。

1996年4月，省国税局以“税收征管与市场经济”为主题，重点宣传增值税及其专用发票有关知识、税收征管改革、新的纳税申报办法等内容。

1997年第6个税收宣传月的主题是“税收与文明”，主要宣传国务院批转的《深化税收征管改革方案》和个人所得税法，优秀税务干部、先进集体、模范纳税人事迹，曝光部分增值税专用发票和出口退税骗税案例。省国税局编印《安徽国税税收简介》，介绍国税征管范围、职责以及国税收入与地方经济的关系。

1998年第7个税收宣传月的主题是“税收管理与依法治国”,主要宣传依法治税的重要意义和税收为改革和建设做出的重大贡献,税务系统依法治税、开展优质服务的先进典型,曝光一批涉税大案要案。4月4日,全省统一开展“税法咨询日”活动,设立税收咨询点400多个,悬挂标语2000多条,散发宣传材料30多万份,接受群众咨询20余万人次,近1000名党政领导参加咨询活动。省国税局被国家税务总局评为全国税务系统税收宣传月活动先进单位。

1999年税收宣传月主题是“依法治税、强国富民”。3月,省国税局召开有各中央驻皖新闻单位和省级新闻单位参加的全省国税新闻宣传工作座谈会,学习国务院副总理李岚清致全国税收宣传月的一封信,共同商讨1999年全省税收宣传工作。4月3日—4日,全省国税系统近万名税务干部走上街头开展税法宣传咨询活动,共设置1100余个咨询点,散发30余万份宣传材料,接受咨询20余万次。省国税局获全国税务系统税收宣传月“优秀组织奖”和“项目创新奖”。

2000年4月,省国税局围绕“税收与未来”宣传月主题,大力宣传税收与强国富民、税收与新世纪、税收与WTO、税收与中西部开发、税收与科教兴国的关系等。省国税局被国家税务总局评为全国税务系统税收宣传月活动先进单位,并有两项活动获“优秀项目奖”。

2001年4月第10个税收宣传月期间,省国税局紧扣“税收与公民”主题,结合整顿和规范税收秩序等工作,开展税收咨询、税收听证会、发票知识宣传等活动,宣传《中华人民共和国税收征收管理法》,普及发票知识。省国税局被评为全国税务系统税收宣传月活动优秀组织单位,并有一项活动被评为“优秀创新项目”。

2002年4月,第11个税收宣传月主题是“诚信纳税,利国利民”,4月6日,全省统一开展“税收咨询日”活动,设立700多个咨询点,悬挂各式宣传横幅1400余条,散发宣传材料16万余份,接受咨询10多万人次。

2003年4月,省国税局围绕“依法诚信纳税,共建小康社会”主题开展宣传活动。全省统一开展“税收咨询日”活动,设立咨询点800余个,散发宣传材料17万余份,接受咨询11万人次,现场接受税务违章举报100余人次,举办企业财务人员培训辅导、讲座200余次,近4000户企业、9000余人次接受辅导和培训。省国税局获全国税务系统税收宣传月活动“优秀组织奖”。

2004年4月,第13个税收宣传月主题仍然是“依法诚信纳税,共建小康社会”。结合宣传月活动,各地加强行政许可法、税收征管法等税收法律法规宣传,增强党政领导对税法的认知度,增强纳税人依法纳税意识、维权意识,增强社会各界协税护税意识,税收外部环境进一步改善。在日常宣传工作中,各地把促进下岗失业人员再就业等与人民群众生活息息相关的税收优惠政策,作为宣传的重点来抓,采取有效形式,将税收政策送到千家万户。

2005年4月,第14个税收宣传月延用"依法诚信纳税,共建小康社会"的主题,省国税局开通门户网站,方便纳税人查阅税收法律法规,浏览税收信息,咨询税收事宜,办理涉税事项。召开征纳恳谈会,邀请中烟公司安徽分公司、省技术进出口公司、安徽商之都等企业负责人或财务负责人参加座谈,与会企业联名向全社会发出"诚信纳税倡议书"。

宣传月期间,全省国税系统组织召开各种类型的恳谈会、座谈会20余场,纳税人代表提出意见或建议近1000条。合肥市国税局在"江淮热线"网站开辟聊天室,组织业务骨干解答网民提出的涉税问题,为广大网民解答税收疑问。巢湖市国税局在外部网站开设"网送税法"专版,刊载最新出台的税收政策、规定等,方便纳税人及时了解和掌握税收知识和政策。芜湖市国税局在内外网站开设在线访谈栏目,专人负责接受咨询、在线解答。黄山市国税局通过"市民热线"栏目,与市民"近距离"接触,宣传和讲解下岗再就业等税收优惠政策,解答听众对减免税条件及办理程序、开具发票、个体户税款核定等方面的咨询。马鞍山市国税局在国税网站制作税收知识FLASH动画。铜陵、淮北市国税局开展短信编写大赛,利用新媒体开展税收宣传。

税收宣传月主题和宣传重点

表5-1

年份	主题	宣传重点
1994	税收与改革	突出宣传国税部门职能、职责。
1995	税收与法制	突出宣传国税基本知识。
1996	税收征管与市场经济	重点宣传增值税及其专用发票有关知识,税收征管改革,新的纳税申报办法等内容。
1997	税收与文明	税收征管改革的意义,纳税人如何自行申报,税务机关如何为纳税人提供服务和加强税收监控。
1998	税收管理与依法治国	突出宣传税收在经济社会发展中的地位、作用。
1999	依法治税,强国富民	改善税收执法环境,增强公民依法纳税意识。

续表 5-1

年份	主题	宣传重点
2000	税收与未来	重点宣传社会主义市场经济条件下税收的重要地位和职能作用;税收与新世纪、税收与 WTO、税收与科教兴国战略的关系;国税工作与地方经济发展和社会进步的关系;与人民生活联系密切的税收政策和法律法规;模范纳税户和协税护税先进单位的光荣事迹;国税系统严格执法、勤政廉政、无私奉献的先进典型;影响较大、案情明确、已有定论的涉税案例。
2001	税收与公民	重点宣传税收在新世纪社会经济发展中的地位、作用,宣传与群众生活息息相关的各项税收政策;围绕深化征管改革工作,宣传税收征管知识、发票知识以及强化税收征管、堵塞税收漏洞的措施,宣传征纳双方的权利和义务,并积极开展税法咨询、辅导和培训;围绕税收信息化建设,宣传"金税工程"等税收信息化建设的重大成就;围绕涉税大案要案,有计划、有重点、积极稳妥地开展反面典型的曝光和打击偷骗抗税等违法犯罪活动的宣传。
2002	诚信纳税, 利国利民	重点宣传"诚信纳税,利国利民"的意义、内涵、基本要求及正反典型;税收在经济和社会发展中的重要地位和作用;宣传"完善和稳定税制,强化税收征管"的指导方针;开展依法治税特别是纳税人权利和义务的宣传;围绕整顿和规范税收秩序,加大查处税收违法案件的曝光力度;开展科技化管理和征管改革的宣传;认真做好税收与中国加入世界贸易组织(WTO)的宣传。
2003	依法诚信纳税, 共建小康社会	把全面推进依法治税,大力倡导税务机关依法征税、诚信服务,纳税人依法诚信纳税,促进全面建设小康社会、构建社会主义和谐社会作为税收宣传的重点。
2004		
2005		做好电视连续剧《税务局长》播出宣传。

税法宣传

1994 年 1 月 9 日,全省各级税务部门开展大规模新税制宣传咨询活动。设咨询点 1315 个,散发宣传材料 26 万余份。安徽省委常委、常务副省长汪洋到省税务局和合肥市部分咨询点看望税务人员。

1 月 23 日,全省各级税务部门再次集中开展新税制宣传咨询活动,设咨询点近 1400 个,散发宣传材料近 30 万份。

2 月 1 日,全体省委常委、副省长参加的省委常委理论学习中心组,集中一天时间学习税收征管法。

1997 年开始,安徽省国税局将需要纳税人知晓的税收法律、法规和政策汇编成《安徽国税法规公告》,每月一期,及时发放到纳税人手中。

1998 年,全省国税系统举办有地方党政领导和社会各界人士参加的税法知识讲座 448 期,参与人数 4.6 万人。与司法部门联合举办“打击偷、骗税成果展”52 次,参观群众 8 万余人。与地方教育部门联合开展“税法进校园”活动 400 余次,参加的中、小学生 12.8 万余人。召开纳税先进表彰会 20 余次,表彰模范纳税户和纳税先进单位 2256 户。

1999 年,全省国税系统举办县以上党政领导税法知识讲座和国税工作报告会 100 余次,参加人员 2 万余人。其中,举办县以上领导干部专题税法知识培训班近 20 次,参加人员 750 余人。公开评选、表彰模范纳税户和协税护税先进单位 1324 个,公开曝光、严肃处理各类涉税违法违规企业 210 家,用正反典型进行宣传教育。

2000 年,全省各级国税机关抓住各地党委、政府举办领导干部财税知识研讨班的时机,向地方党政领导赠阅《领导干部税收知识读本》4200 余本,举办领导干部税收法制专题讲座 80 余期,参加人员 2400 余人次。在办税服务厅及公共场所张贴通告累计 4000 余张,印发宣传手册近 3 万份。

2001 年,省国税局开展《中华人民共和国税收征收管理法》宣传。编印 3 万本《新征管法问答》免费向纳税人和社会各界发放。各级国税部门主动向地方党委、人大、政府、政协领导汇报新征管法的主要内容;向公安、检察、法院、工商、财政、审计、银行等有关单位宣传新征管法的协税条款;向纳税户的法定代表人、办税人员宣传纳税人的权利和义务。全省各地在办税服务厅、税法公告栏、板报栏等载体,张贴新征管法宣传挂图。

2002 年,省国税局编写《税收征管法与新实施细则对照简释》,将《中华人民共和国税收征收管理法实施细则》与新征管法逐条对照,抓住重点和难点进行解释。利用报刊、电视、广播、互联网等舆论宣传工具,采取举办讲座、知识竞赛、印制宣传手册等形式,宣传新实施细则。省国税局将常用的税收法律、法规、规章和涉税法律、法规、规章进行梳理、归类,辑录成《国税部门常用法律法规汇编》,向广大国税干部和纳税人发放。

2004 年 4 月,全省各级国税部门将《国家税务总局关于贯彻〈中共中央国务院关于促进农民增加收入若干政策的意见〉落实有关税收优惠政策的公告》《致农民朋友一封信》翻印成宣传材料,在办税服务大厅、农贸市场、集贸市场、乡村、集镇广泛张贴。利用具有地方特色的、农民喜闻乐见的文艺形式,开展送税法下乡活动,把《致农民朋友的一封信》送到农户手中。将总局《关于“网送税法”的公告》印制成宣传品,在办税服务厅等显要位置张贴公告。编辑《国家税务总局公报》及《税法速递》电子版,通过互联网向社会免费提供。

媒体宣传

1994 年,省国税局编发《安徽国税信息》《税收信息摘报》共 57 期,传递信息 236 条,被上级采用 59 条,其中中央办公厅采用 2 条,国务院办公厅采用 5 条,国家税务总局采用 8 条,省委采用 22 条,省政府采用 22 条。《中国税务报》《中国财经报》《安徽日报》等共刊载省国税局宣传稿件 88 篇。

1995 年,省国税局共编发《安徽国税信息》17 期 175 条,《国税信息专报》32 期 32

条,共计49期207条。被上级采用37条,其中中央办公厅采用1条,国务院办公厅采用1条,国家税务总局采用9条,省委采用12条,省政府采用10条。省局办公室被评为全省政府系统信息工作先进单位,2人被总局和省政府评为信息先进工作者。宣传稿件被《人民日报》《安徽日报》《中国税务报》《中国财经报》、省电台、省电视台等新闻媒体采用46篇(次)。

1996年,省国税局编发《安徽国税信息》《税收信息专报》96期294条。被上级采用55条,其中国务院办公厅采用4条,国家税务总局采用18条,省委采用12条,省政府采用21条。省局办公室被评为全省政府系统信息工作先进单位,2人被总局和省政府评为信息工作先进个人。宣传稿件被《人民日报》《经济日报》《中国税务报》《安徽日报》、省电台、省电视台等新闻媒体采用60多篇。

1997年,省国税局编发《安徽国税信息》50期433条信息,编发税收专报109期,国家税务总局采用44条,省委、省政府采用42条。省局办公室被评为全省政府系统信息工作先进单位,2人被总局和省政府评为信息先进工作者。全年在中央级新闻媒体上发稿69篇,在省级新闻媒体上发稿134篇。

1998年,省国税局新增《信息快报》《国税信息参阅》《安徽国税调研》3个信息载体。全年共编发各类税收信息269期711条,上报各类信息140条,被上级机关采用106条,其中中央办公厅采用1条,国务院办公厅采用2条,国家税务总局采用59条,省委、省政府采用44条。全省国税系统分别在中央级、省级新闻媒体刊登稿件118篇、265篇。

1999年,省国税局编发各类税收信息249期778条,以《税收专报》等形式上报信息158条,上级机关采用110条。其中,中央办公厅和国务院办公厅采用6条,国家税务总局采用55条,省委、省政府采用49条。全省国税系统分别在中央级、省级新闻媒体刊登稿件225篇、321篇,《中国税务报》驻安徽记者站采写的稿件被中央级和省级新闻单位采用99篇。

2000年,省国税局共编发税务信息258期679条,上级机关采用119条。其中,中央办公厅和国务院办公厅采用5条,总局采用66条,省委和省政府采用48条。

2001年,省国税局共编发各类信息281期,上级机关采用信息168条。其中,中央办公厅和国务院办公厅采用2条,国家税务总局采用81条,省委和省政府采用85条。

2002年,省国税局编发信息341期,向上级机关报送信息264条,采用183条。其中,国家税务总局采用104条,省委、省政府采用79条。全省国税系统在中央新闻媒体刊登稿件690余篇,在省级新闻媒体刊登近千篇。在《新安晚报》连续刊发10篇税收新闻宣传稿件,在安徽人民广播电台开办《国税知识问答》栏目,每日一题,连续播出100题。

2003年,省国税局共编发信息458期915条,向总局和省委省政府报送信息357条,被采用190条。有58条信息被总局办公厅以《昨日要情》形式直接报送总局领导审阅,8 条信息得到总局和省委、省政府主要领导的批示。向各级新闻媒体寄发税收宣传稿件 262 篇,被采用 142 篇,其中《中国税务报》《经济参考》等中央级媒体采用 8 篇,《安徽日报》、安徽人民广播电台等省级媒体采用 113 篇。

2004 年,省国税局向总局和省委、省政府报送信息 263 条,被采用 168 条。向中央、省级新闻媒体寄发税收宣传稿件 175 篇,采用 164 篇,其中《中国税务报》等中央级媒体采用 7 篇,《安徽日报》等省级媒体采用 157 篇。

2005 年,省国税局编发《安徽国税信息》43 期,《信息快报》21 期,上报《税收专报》200 期,总局采用信息 39 条,省委采用 55 条,省政府采用 94 条。与《安徽日报》合作,开辟"国税巡礼"专栏。全年各类新闻媒体采用稿件共 145 篇。其中,《中国税务报》《中国税务》采用 32 篇,《安徽日报》采用 23 篇,安徽电视台、安徽人民广播电台刊播 38 篇,其他媒体采用 52 篇。

税务期刊——《安徽税务》

1985 年,《安徽税务》(月刊)创刊。1994 年至 2003 年,《安徽税务》编辑出版发行 120 期,多次被评为安徽省"双优"期刊、安徽省社科类优秀期刊,2002 年 9 月被评为第三届华东地区优秀期刊。

1993 年 12 月,《安徽税务》获得国家新闻出版署批准,对外公开发行,国内统一刊号为 CN34-1131。

1994 年,《安徽税务》出刊 12 期,刊登各类文章近 400 余篇,约 84 万字。重点对财税体制改革,各项新的税收政策、法规进行宣传,出版 4 期理论专刊。

1995 年,《安徽税务》侧重增值税征收管理宣传,开辟"增值税征收管理"栏目,大量刊登各地在增值税管理方面的做法和经验。注重税收征管改革宣传,开辟"征管改革"专栏,系统刊登各地领导关于税收征管改革的言论、意见及各地征管改革的动态。加大法规公报的宣传,及时刊登新的税收法规、政策,辅之以必要的税收政策辅导和咨询。全年发稿近 700 篇,发稿字数 100 余万字,图片近 200 幅。在安徽省新闻出版局组织的全省社科类期刊评比中荣获优秀期刊二等奖。

1996 年,《安徽税务》共编发各类稿件 544 篇,约 114 万余字,图片 540 余幅,发行量近 10 万份。开办的栏目有"税事综要""征管改革""警钟长鸣""说长道短""白鸽信箱""通联之声""开心铺子""艺苑"等。

同年,《安徽税务》加入国家《中国学术期刊(光盘版)》杂志出版组织。

1997 年,"征管改革"专栏组织编写 120 多篇有关征管改革的文章,集中报道和反映全省各地落实"两个转移"(工作重心转移到征管、转移到基层)工作的经验和做法。全年出版 12 期,编发稿件 700 余篇,约 120 万字,刊发图片近 600 幅。

1998 年,出版《安徽税务》12 期(包括光盘版),编发宣传稿件 700 余篇,约 130 万字;刊发图片 650 余幅。主要栏目调整为"税事综要""探索与思考""工作巡礼""征管改革""经济大舞台""江淮大地""国税风采""法规公告""纳税辅导""纳税人""说长道短”“八面来风”“警钟长鸣”等。

1999 年,《安徽税务》由小 16 开版本改为大 16 开版本。年初,省国税局成立《安徽税务》编委会,各市(地区)国税部门主要领导均为《安徽税务》编委。从全省 200 多名通讯员中精选 120 余人为“特约通讯员”。在省国税局内部广域网完成主页制作和期刊电子版内容的转换工作,申请专用网址。

2000 年,《安徽税务》出版 12 期,编发稿件 800 余篇,约 140 万字,到基层采访 50 余人次,采写文章 30 余篇,约 14 万字。

2001 年 10 月,《安徽税务》入选国家期刊方阵。在全国 70 多家公开发行的税刊中,成为 8 家入选刊物之一。杂志社将《安徽税务》电子版本剥离省国税局局域网,在互联网上建成“金税网”网站,申请域名。

2002 年,《安徽税务》增设“税收信息化”栏目,介绍全省国税系统一些单位在征管信息化上的有益探索;增设“政风建设”栏目,宣传政策,介绍经验,促进政风建设工作开展。10 月,《安徽税务》被评为华东地区优秀期刊。

2003 年,《安徽税务》出版 12 期,刊发文字约 170 多万,稿件约 1300 多篇,年发行量 110 多万册。

2004 年,《安徽税务》杂志社由办刊转换到税收科研。

2005 年 1 月起,《安徽税务》与《中国税务》联办,更名为《中国税务—安徽专版》月刊,成为安徽国税宣传新平台。《中国税务—安徽专版》全年编刊 12 期,刊发稿件 60 多万字。

第三节　纳税咨询

纳税咨询是税务机关为满足纳税人获取相关涉税信息而提供的服务,是纳税服务的基础性工作,目的在于帮助纳税人掌握税法知识,熟悉办税程序,提高税法遵从度,融洽征纳关系,营造良好税收环境。

窗口咨询

1997 年,省国税局制定《安徽省国税系统办税服务厅建设和管理意见》,规定办税服务厅设立税务咨询窗口,主要职责包括税法宣传、政策解释、有关涉税事项的解答,发售各种纳税表格、纳税指南、税务法律法规宣传手册和税务法律文书等税务资料等。办税服务厅常备各种纳税宣传手册,配备不同业务层次的咨询人员或实行业务骨干值班制。

2001 年,全省国税系统在办税服务厅内设置税法咨询窗口,设立税法公告栏,大多数办税服务厅设置触屏式税法查询系统,及时公布新出台的税收法律、法规和政策,提供税收常识、办税程序等涉税信息查询,随时为广大纳税人提供涉税咨询服务。

2005 年,全省国税系统在办税服务厅共设置专职咨询辅导人员 692 人,提供纳税宣传咨询辅导 18.52 万次。

热线咨询

1999 年 8 月 9 日，省国税局按照省政府安排，建立全省国税系统热线电话制度。通过热线电话，听取群众和纳税人有关国税工作情况和问题的反映，开展税收咨询，受理监督举报，加强各级国税部门与社会各界的联系。

省国税局将热线受理内容分为 3 类：在办公室设立热线电话，负责接受对国税工作全局性、倾向性、苗头性的反映、意见和建议以及有关税收法规政策的咨询；在监察室设立热线电话，负责接受对国税机关及其公务员税收执法、工作作风和违法违纪问题的批评、反映；在稽查分局设立热线电话，负责受理对偷、逃、骗税案件的举报。

各级国税机关分类设立热线电话，省、市（地区）国税局共设立热线电话 54 个，形成热线电话网络。

2002 年 11 月，省国税局向省通信管理局申请使用“12366”特服号码，制定特服号“12366”组网方案。

2003 年，“12366”特服号试运行。

2004 年 5 月，全省统一开通“12366”纳税服务热线，借助电信系统语音平台，对税收政策和办税流程编辑整理，制成语音查询系统。内容涵盖纳税咨询、综合查询、涉税举报、投诉监督、发票查询等，向广大纳税人提供及时的语音服务。

2004 年，“12366”纳税服务热线受理咨询 42668 次。

2005 年，“12366”纳税服务热线受理咨询达到 53862 次。

网上咨询

2005 年 5 月，省国税局在外网试运行出口退税信息的查询和下载，网上受理申报预审核业务。网上办税厅出口退税业务涉及范围：纳税人上网查询专用发票信息、出口货物报关单信息。网上提供外贸企业“进货\出口明细输入”功能（生产企业“出口货物明细申报录入”功能）。

2005 年 9 月 1 日，全省国税系统正式上线运行“网上办税系统”，在外网开设税法查询系统、纳税人之家、咨询栏、留言栏等栏目，为纳税人提供网络化的税法查询、涉税咨询等服务。2005 年，外网访问总量 41 万余次，日平均访问量达 1126 次。

第四节　纳税信用等级评定

纳税信用等级评定是税务部门对纳税人诚信程度所做的评价和分级，便于税务部门对不同类型纳税人实施针对性管理，促进纳税人依法诚信纳税、树立良好商誉和形象。

2001 年，淮北、芜湖、亳州、淮南、宿州等市国税局对本市纳税人实行纳税信用等级评定。

2003年,省国税局执行总局《纳税信用等级评定管理试行办法》,以市、县税务局为基本评定单位,国税局和地税局联合评定纳税人纳税信用等级,评定对象为从事生产经营活动,应当办理税务登记、实行查账征收税款的纳税人,对评定为A级的纳税人颁发《纳税信用等级证书》。

2004年,全省共有18009户企业参加纳税信用等级评定,评出A级企业1161户,B级企业12278户,C级企业3307户,D级企业1263户。

2005年,省国税局制定《安徽省国家税务局纳税信用等级评定管理实施办法(试行)》。纳税信用等级的评定指标为:

税务登记情况。包括开业登记、扣缴税款登记、税务变更登记、登记证件使用、年检和换证、银行账号报告、纳税认定情况;

纳税申报情况。包括按期纳税申报率、纳税申报准确率、代扣代缴按期申报率、代扣代缴按期申报准确率、报送财务会计报表和其他纳税资料情况;

账簿、凭证管理情况。包括报送财务会计制度或者财务会计处理办法和会计核算软件情况;账簿、凭证的设置、保管,记账核算情况;发票的领用、保管、开具、使用、缴销、取得情况;税控装置及防伪税控系统的安装、保管、使用情况;

税款缴纳情况。包括应纳税款按期入库率、欠缴税款情况、代扣代缴税款按期入库率;

违反税收法律、行政法规行为处理情况。包括涉税违规、违法犯罪记录、税务行政处罚记录、其他税收违法行为记录等情况。

纳税信用等级评定采用百分制,各项指标累计分值为100分。考评分在95分以上的,为A级。考评分在60分以上95分以下的,为B级。考评分在20分以上60分以下的,为C级。考评分在20分以下的,为D级。对办理税务登记不满两年的纳税人,不进行纳税信用等级评定。税务机关对不同等级的纳税人实行分类管理:

对纳税信用等级为A级的,在省级新闻媒体上进行公示,征求纳税人及社会各界的意见。自公示之日起30日内,没有重大异议的,即可确定为A级纳税信用等级。有异议的,由省国税局研究后予以确定。对评定为A级的纳税人,颁发由省国税局盖章确认的《纳税信用A级证书》和A级纳税信用等级牌匾,并将A级纳税人名单在省级新闻媒体上予以公告,向社会提供纳税人的纳税信用等级查询。

对A级纳税人,主管国税机关依法给予以下鼓励:两年内,除专案检查、金税协查、群众举报的税务违法违章案件和国家税务总局规定的专项检查外,其他税务检查可以免除;对税务登记证验证、各项税收年检等采取优先办理办法;可放宽普通发票的限量限额;在符合出口货物退(免)税规定的前提下,简化出口退(免)税申报手续;在符合条件的前提下,优先办理其所享受的各项税收优惠。

对B级纳税人,主管国税机关在税务登记、账簿和凭证管理、纳税申报、税款征收、税款退免、税务检查、行政处罚等方面进行常规税收征管的同时,重点加强日常涉税政策辅导、宣传等纳税服务工作，帮助其改进财务会计管理，提高依法纳税水平，提升纳税信用等级。

对C级纳税人，主管国税机关加强管理，并可依法采取以下措施：列入年度检查计划重点检查对象；对验证、年检等报送资料进行严格审核，并可根据需要进行实地复核；对发票实行严格限量供应；各地根据情况依法采取其他严格的管理措施。

对D级纳税人，除可采取上述C类纳税人的监管措施外，主管国税机关还应当将其列为重点监控对象，强化管理，并可实施以下措施：依照税收法律、行政法规的规定收缴其发票或者停止向其发售发票；依照税收法律、行政法规的规定停止其出口退（免）税权。

第五节　税务代理

1994年9月，执行总局《税务代理试行办法》，规范税务代理业发展。

1995年5月，省国税局、省地税局联合成立安徽省税务师资格审查委员会，负责管理、协调全省的税务代理工作。下设办公室，具体负责管理审核认定税务师及审批税务师事务所工作。全省各级税务机关根据规定组建税务代理机构，采取从税务部门选聘、从离退休老税干中返聘和从社会上招聘等方法，充实代理人员。

1996年，安徽国税监管税务代理工作全面开展。省税务师资格审查委员会审核批准首批税务师541人，其中国税系统336人。

1997年，省税务师资格审查委员会审批第二批税务师资格1254人，其中，国税系统854人。全省国税系统70%以上的市、县成立代理机构。

1998年3月，全省有代理机构177个，代理人员860多人，委托纳税人5万多户。

1998年7月27日，省国税局、省地税局联合成立安徽省注册税务师管理工作领导小组和安徽省注册税务师管理中心（以下简称领导小组、管理中心）。领导小组和管理中心代表国家税务总局在本地区行使税务代理管理职能。领导小组负责协调管理中心与国税局、地税局的关系，研究决定有关本地区税务代理的重大事项。管理中心受国家税务总局委托，负责组织本地区注册税务师资格考试、注册登记、业务培训、年检等项工作；负责审核、报批税务师事务所；对注册税务师及税务师事务所的执业情况进行监督、检查，处理违法违章行为等。

1999年，省国税局执行国家税务总局《清理整顿税务代理行业实施方案》，对税务代理机构进行全面清理整顿，税务机关兴办或挂靠的税务代理机构在编制、人员、财务、职能和名称5个方面与税务机关彻底脱钩，税务师事务所成为具有独立法人资格、自主经营、自负盈亏的中介机构。

脱钩后，税务代理机构成为独立的社会中介组织，与税务机关没有隶属关系。税务机关派往税务代理机构工作的税务机关公职人员，愿意留在代理机构继续从事税务代理业务的,在1999年12月31日以前到税务机关办理离职手续;愿意返回税务机关工作的,由原机关接收安排工作。使用行政或事业编制,专门调入(接收)从事工作的人员,与税务机关解除关系。已办理离退休手续的返聘人员,其人事档案由税务机关继续保管,税务代理机构按国家聘请离退休人员有关规定进行管理。

税务代理机构不得冠以部门、行业称谓。冠以税务机关或其他行业、部门称谓的税务代理机构必须更改其名称,也不能直接冠以地名或行政区名。

税务代理机构的办公地点与税务机关分开,不得在税务机关办税服务厅设置税务代理窗口或柜台。

税务代理机构上交发起、挂靠单位的一切资金、资产,属国有资产,不得变相成为小集体的财物或私分。

税务代理机构是社会中介服务机构,不能违反国家法律行使税务机关的行政职能,禁止以税务机关名义执业或招揽业务,禁止依靠行政权力占领市场。税务机关的行政职能不准转移,不得用行政权力为税务代理机构指定客户,以各种名义向税务代理机构收费。

2000年3月,税务代理机构脱钩改制工作完成,29个税务代理机构脱钩,55个代理机构办公与税务机关分开。

2001年,省国税局将全省脱钩改制和清理整顿后的税务师事务所的名称、法人代表、出资人、合伙人、执业注册税务师、办公地点、电话号码等刊登在《安徽税务》和《安徽地税》上,接受社会监督。

省国税局组织开展对全省59个税务师事务所进行复查,全省共有42个税务师事务所改制,2个停业,1个解散,2个撤销,9名税务干部按规定办理离职离岗手续。

2001年3月16日,安徽省第一届注册税务师协会筹备组成立。

12月6日,安徽省注册税务师协会第一届会员代表大会召开,安徽省注册税务师协会正式成立。大会选举产生第一届理事会、常务理事会和协会领导成员。理事会聘请省国税局局长程伯勤、省地税局局长陈先森为名誉会长,选举省国税局原总经济师鲁道立为会长。

2001年,省注税管理中心采取注册税务师就近挂靠税务师事务所,由税务师事务所进行注册登记的办法,对历年取得注册税务师资格人员进行第一次年检。审核和发放各类证照2444本,为1282人办理报名手续,为1126人预订、发放考试教材12165本。

2002年4月—6月,省注册税务师管理中心对全省62个税务师事务所进行第一次年检。对36个税务师事务所发出限期整改通知书;将通知书抄送到当地工商、物价和税务机关,请予协查和监督;扣押13个所的执业证书,责令其停业整顿。

2002年,省国税局和省地税局联合下发《关于充分发挥注册税务师在税收工作中的作用的通知》。针对税务师事务所脱钩改制后无法定业务、生存困难的实际情况,严格规定代理机构的执业行为和业务规范,适当增加事务所的业务范围。

实行税务代理许可制度。经国家税务总局注册税务师管理中心批准设立并持有“税务师事务所执业证”的有限责任或合伙税务师事务所及其分支机构是唯一合法的税务代理机构,其他社会中介机构及其个人不得以任何名义从事税务代理业务,其开展的税务代理业务视为非法,各级国税、地税机关拒绝受理。《中华人民共和国税收征收管理法》确认税务代理的法律地位。

拓展税务代理业务范围。根据国家税务总局对税务代理业务范围的规定及有关文件精神,对一些政策性强,技术难度高,涉税事项较为复杂,纳税人、扣缴义务人(以下简称为纳税人)较难掌握的以下事项,在坚持自愿委托、自愿选择的前提下,各级国税、地税机关可以建议纳税人委托税务师事务所办理。

纳税人多次出现延期申报、申报不实或自行申报有困难的,税务机关可建议其委托税务师事务所办理纳税申报;对电子申报,特别是网上申报有困难的中、小型及边远分散企业,税务机关可建议其委托有能力的税务师事务所办理纳税申报;企业在申请办理增值税一般纳税人资格认定和年审时,其附报经税务师事务所和执业注册税务师签章的审核报告,可作为税务机关审批的参考依据;纳税人申请减税、免税、缓缴税款、退税等事项,其附报经税务师事务所和执业注册税务师签章的有关纳税情况的审核证明,可作为税务机关审批的参考依据;纳税人对税务机关纳税审核、税务稽查等涉税事项持有不同意见或争议的,可委托税务师事务所制作陈述意见等涉税文书或申请税务行政复议,税务机关应当受理;对须经税务机关审核批准后在企业所得税税前扣除的事项如:财产损失、弥补亏损等,纳税人应附报税务师事务所和执业注册税务师签章的审核证明(已报注册会计师审核证明的例外)。对纳税人委托税务师事务所办理的企业所得税年度纳税申报、各税年终汇算清缴等纳税事项,税务机关应予以认可;中、小型企业纳税人可委托经省国家税务局批准认可、并使用符合国家税务总局统一要求的“防伪税控共享服务系统”的税务师事务所代为办理,以减轻在“金税工程”中的经济负担,解决在购机、聘用人员、安全使用等方面的实际问题和困难;经税务师事务所和执业注册税务师签章的涉税鉴证报告,税务机关作为受理企业纳税申报、开展税务稽查的参考依据;对委托税务代理的纳税人,经税务机关检查确认纳税信誉良好的,税务机关适当减少税务检查次数。

2002 年,省国税局、地税局会同省物价局重新制定《全省税务代理收费标准》和《收费管理暂行办法》。

2002 年,全省共有注册税务师 2392 人,其中非执业注册税务师 2157 人,就近挂靠在税务师事务所进行注册登记,由事务所到省注税管理中心统一年检。

2003 年年初,省注税中心为 3720 人办理注册税务师报名和资格认定工作,为 1200 多人预订、发放教材 2500 多本。举办一次注册税务师考前培训班,139 人通过当年的注册税务师考试。

7 月 10 日—9 月 30 日,省注税中心对全省税务师事务所及执业(非执业)税务师个人开展年检,共有53个税务师事务所、257名执业注册税务师和1150名非执业注册税务师通过年检。

11月19日—21日,省注税中心贯彻总局《关于2003年度注册税务师后续教育培训工作有关问题的通知》精神,在巢湖举办第一期业务培训班。邀请上海及江苏的有关专家教授授课,重点培训企业所得税工作底稿操作实务、内资企业所得税政策讲解和税务代理信息化建设等内容。

2004年4月,省注税中心根据总局《关于开展规范税收征管和税务代理专项检查工作的紧急通知》、总局管理中心《关于开展税务代理行业专项检查的紧急通知》,组织全省61个税务师事务所自查自纠,对部分事务所进行重点抽查。

2004年,省国税局、地税局派人赴重庆、四川等地学习考察,形成专题报告。省国税局领导阅后批示"重庆、四川两地的做法,很重要一条经验,就是当地国税、地税在代理机构脱钩改制后,没有撒手不管,而是依法、合规支持。请研究,能否争取省国税局、地税局联合下发一个文件,就在税收工作中如何发挥注册税务师作用做出若干规定,以推动安徽省税务代理事业稳步、健康发展"。省地税局领导作出批示,要求尽快拿出实施方案。

省国税局、地税局联合印发《关于充分发挥注册税务师在税收工作中作用的通知》,全省税务代理工作在国家税务总局规定业务基础上,增加18项业务,拓展税务代理的业务发展空间。

2005年,省注税中心对全省税务师事务所进行全面检查,重点包括:一是有无在职税务干部兼职参与税务代理行为;二是有无税务师事务所在国税机关大楼内办公、在办税服务厅设立代理窗口等现象;三是有无强制代理或只收费不服务、多收费少服务以及以费抵税等严重违纪行为;四是有无税务师事务所与税务机关进行代理收入分成或高额支付各种租赁费等违规行为;五是有无注册师人数未达到规定标准、执业质量存在严重问题等情况。全年共对73个税务师事务所和309名执业注册税务师进行年检,其中,对2个税务师事务所下发限期整改通知书,3个事务所年检不予通过。

省注册税务师管理中心共为2756人办理注册税务师报名和资格认定审核,其中在省注税中心直接报名的131人,为1800多人预订、发放教材3100多本。与省国税局培训中心联合连续举办3期注册税务师考前培训班,全省注册税务师通过率由原来的全国第25名上升到全国第9名。

第六章　税务稽查

1994 年以来,全省国税系统逐步建立健全税务检查组织,制定完善税务检查制度,依法开展日常检查和专项检查,打击治理涉税违法行为。与其他部门密切协作,加强社会综合治税,税务稽查在查处税收违法行为,保障税收收入,维护税收秩序,提高纳税遵从度等方面发挥重要作用。

第一节　稽查机制

1994 年 8 月,省国税局将各级税务稽查队改为税务局稽查分局,为同级国税局的直属机构。安徽省国家税务局稽查分局负责组织实施全省各项税务稽查工作,制定全省国税系统稽查工作制度,对下级稽查工作进行指导和协调,受理并查处各类重大税收违法案件。地区(市)、县稽查分局按同级局副局级设置。

1995 年,省国税局实施税务稽查改革,全省各试点单位共分流管户人员 300 多人,充实专职稽查人员 200 多人。

1996 年,省国税局执行国家税务总局《税务稽查工作规程》。税务稽查案源主要有 3 种途径:采用计算机选案分析系统筛选;根据稽查计划按征管户数的一定比例筛选或随机抽样选择;根据公民举报、有关部门转办、上级交办、情报交换的资料确定。实施税务稽查应当二人以上,出示税务检查证件。实施税务检查,采取询问、调取账簿资料和实地稽查等手段进行。

省国税局制定《稽查工作规程实施办法》。统一稽查文书,规范稽查程序,完善稽查管理,按照选案、稽查、审理、执行等程序开展税务稽查。

1997 年 9 月,省国税局规定:省、市、县三级国家税务局设立的税务稽查局(分局)具有独立执法主体资格。根据国家税务总局《关于税务稽查机构执法主体资格问题的通知》精神,全省国税系统初步建立起一级稽查和二级稽查相结合的稽查体系。城区实行一级稽查,日常稽查、专项稽查、专案稽查全部由稽查分局负责。县以下农村地区实行二级稽查,日常稽查由税务分局负责;专项稽查、专案稽查由稽查分局负责。全省国税系统稽查人员达到 3258 人,比征管改革前增加 2036 人,增长 1.7 倍,占基层税务人员总数的比重由征管改革前的 12.5% 提高到 33.3% 。

1998 年,省国税局、地税局系统建立稽查机构工作联系制度。工作联系采取定期或不定期的工作例会形式,每季度或半年召开一次,国税局、地税局稽查机构轮流召集。工作联系的主要内容为:

通报案情。国家税务局或地方税务局在稽查工作中发现属于对方管辖并需要对方单独查处的税收违法行为时,将案情及时通报对方,填写《税务稽查线索传递书》,连同已掌握的证据等有关资料送达对方同级稽查部门。

移送案件。双方接收的群众举报、有关部门转办的涉税案件,经研究属于对方管辖的税收问题时,及时连同有关资料一并移送对方同级稽查部门。

确定共查对象。一方收受群众举报案件,同时涉及到国税、地税两方税收管辖范围的,将情况及时通报对方稽查局。或由案件收受方牵头,从中选择部分案件,共同制定稽查方案,联合进户稽查,税务处理决定书分别下达。

传递查处结果。在各自案件查结后,与对方业务有关的,将《税务处理决定书》复印传递对方,以便对方根据查处结果追缴其他偷漏税款。交流在开展稽查工作中的经验和方法,剖析典型案例,发掘带有普遍特征的偷税行为,研究解决加强稽查工作配合和协作方面问题。

2000 年,省国税局下发《关于严格税务检查管理的通知》,要求对税务检查实行计划管理,统一组织实施,就检查次数、检查权限、检查纪律等问题做出具体规定,避免多头检查、重复检查。

2001 年,省国税系统市、县稽查局全部降格,市稽查局级别调整为科级,县稽查局调整为股级建制。在县级国税稽查部门推行一级稽查体制,全省国税一级稽查体制建立。

2002 年,省国税系统在全省各地按照 25% 的比例择优充实稽查人员。

2004 年,省国税局、地税局稽查局首次成立联合工作组,对 3 户企业进行检查,共查补增值税 200 多万元,调增应纳税所得额 4000 多万元。

2005 年,省国税局实施《安徽省国税系统稽查选案管理办法》,对稽查选案工作进行明确。稽查局选案管理部门对稽查对象进行分类管理,案件类型分为举报、领导和上级交办、内部转办、外部转办、自行选案、专项或专案检查、协查、其他稽查对象。

举报案件是根据举报提供的案源信息形成的稽查对象;上级交办案件是根据上级领导及上级有关部门交办的案源信息形成的稽查对象;内部转办案件是根据税务机关内部征收、管理部门发现移交的案源信息,经稽查部门筛选形成的稽查对象;外部转办案件是根据税务机关以外的其他单位发现的移交税务机关处理的案源信息形成的稽查对象;自行选案案件是各级稽查部门根据选案办法确定的案源信息形成的稽查对象;专项案件是根据各类专项检查提供的案源信息形成的稽查对象;专案案件是根据专案组提供的案源信息形成的稽查对象;协查案件是根据金税工程协查系统或其他税务部门来人来函的协查信息形成的稽查对象;其他案件是指除上述列举之外受理的案源信息形成的稽查对象。

2005 年,省国税局实行先立案后稽查制度。立案履行审批手续,立案后,查有问题的,要依法处理;认定情况不实或者证据不足,未发现违法事实的,由检查人员提出销案申请,经审理后,由稽查局长批准销案,制作并向企业送达《稽查结论书》。重大税收违法案件的立案、销案,抄报上一级稽查局备案。

推行稽查案件全审制。在案件实施稽查后,全部要进行审理。建立稽查案件审理工作规则和分级审理办法。一般性案件在稽查局内部审理机构初审基础上,稽查局组织检查,审理人员进行复审,审理形式可实行委员会制和表决制。重大案件及时提请所属国家税务局重大税务案件审理委员会审理,按规定办理提请手续。案件审理有审理记录，有审理人员签字。对涉税违法事实，有明确定性，严格按税收法律、法规规定加收滞纳金或给予处罚。对构成犯罪的，依法进行行政处罚（处理），及时移送公安机关，不得以补代罚、以罚代刑。

加强税收大案要案查办工作，严格按照规定及时上报有关情况，不得隐瞒不报或拖延上报。检查发现重大税收违法行为或线索，不依法及时查处，或不按规定向上级机关报告案情或隐瞒重要案情，要追究有关人员和主管领导责任。

规范税收专项检查牵头方式。各级稽查局负责税收专项检查牵头组织工作，按照“统一组织，各方参与，一次进户，票税统查，分口上报”的原则，组织好每次专项检查。规范举报案件查处工作，完善举报案件受理、立案、查处、归档各环节的管理措施，严禁有案不查、拖延应付。对领导批示或上级要求报送查处结果的举报案件，直接组织查处，不得下转，在限期内报送查处结果。要求上报查处结果的举报案件，实行半年通报制度。加强案件解剖和分析，掌握案件的分布情况和税收违法活动的总体趋势，为制定查处打击重点、改进征管措施、完善税收政策提供基本依据。

2005 年，实施《安徽省国税系统稽查建议制度》，规范稽查办案成果运用的方式和途径。对稽查过程中发现的税收征管问题、税政问题和企业财务、会计处理问题，通过格式文书分别情况向征管、税政、纪检监察部门反馈。各级稽查局全年共制作稽查建议 330 份，其中向企业提出稽查建议 194 份，向征收管理部门反馈问题 178 条，形成稽查与征管既相互监督又紧密配合的良性互动机制。

2005 年，省国税局下发《关于进一步加强和规范国税稽查工作的若干意见》，从稽查体制、工作程序、工作机制、工作管理、信息化建设、人员素质、执法监督等七个方面加强和规范全省稽查工作。

明确稽查选案、检查、审理、执行四个执法环节的完整性问题，内设机构设置做到“四分离”，初步划分稽查与征收、管理部门的职责范围和业务边界。

明确稽查工作职责。国家税务局稽查局作为国家税务局依法对外设置的直属机构，接受所属国家税务局管理。在业务上接受上级国家税务局稽查局的管理和指导。各国税稽查局主要负责查处涉嫌偷逃骗抗税案件、虚开发票案件和牵头组织实施税收专项检查。省国家税务局稽查局以系统业务管理为主兼具直接办案职能，市国家税务局稽查局以实施稽查办案为主兼具系统业务管理，县国家税务局稽查局以实施稽查办案为主要职能。相对于征收管理部门的日常检查、纳税评估和发票核查，稽查局办案的范围和标准是：检查对象为立案案件的涉案纳税人；检查时间为往年的某个纳税期间（特殊情况可向前追溯或向后延期）；检查方法以对纳税人整体纳税情况的全面、系统检查为特征；检查性质是调查、惩处涉税违法行为。

第二节　稽查实施

日常检查与专项检查

1994 年,全省国税稽查部门共检查纳税户 13116 户,查补税款 10893.29 万元,罚款 148 万元,入库 9803 万元。

1995 年,全省国税稽查部门共检查纳税户 25888 户,查补税款 48294 万元,分别比 1994 年增长 97.4% 和 349.6%。

1996 年,全省国税稽查部门共检查纳税户 26138 户,查补税款 5.6 亿元,入库税款 4.4 亿元,加收滞纳金、罚款 1070 万元。其中,省国税局稽查分局直接查处纳税户 29 户,查补税款 2067.5 万元,查补“两金”1000 万元。

6 月—10 月,省国税局在全省范围内组织开展对电力企业的专项稽查,共检查纳税户 1381 户,查补税款 1.6 亿元,入库 1.33 亿元,入库率 81%。其中,省稽查分局直接对 11 户电力企业进行专项稽查,查补增值税 1879 万元,中央企业所得税 184 万元,“两金”1000 万元。

1997 年,全省国税稽查部门共检查纳税户 5.6 万户,查补税款 6.64 亿元,罚款 1813 万元,移送司法机关查处 40 件,拘捕 5 人。组织专项稽查 46 次,查补税款 2.3 亿元。

1998 年 5 月 22 日,省国税局与省公安厅在合肥联合召开“金华案件”取证、补证会议。对 47 个地区(市)、县的 214 份专用发票进行检查,查实虚开发票 147 份,虚开应税销售额 344.5 万元,查实税款 57.4 万元,罚款 57.6 万元。

1998 年 6 月,省国税局完成税务分局与稽查分局的业务衔接、征管软件的完善、个体税收征管等 3 个专题的攻关性调研,制定下发税务分局与稽查分局的业务衔接的意见、关于加强个体税收征管的意见和办法,下发新的 V3.0 版征管软件。

1998 年,全省国税稽查部门共稽查纳税户 7.5 万户,比上年增长 36.3%,查补税款、罚款、滞纳金合计 10.9 亿元,其中:“两税”9.7 亿元,滞纳金 1442 万元,罚款 9858 万元,入库 10.2 亿元,入库率 94%。

全省组织开展对年实现“两税”50 万元以上的 3000 多个重点税源户和连续三个月异常申报的企业、商业企业、医药行业、福利企业、金融保险业、漏征漏管户等开展一系列专项稽查,查补税款 5.6 亿元,入库 5.2 亿元。按照总局布置,对烟草、电力、石油天然气、石化四个行业开展税收专项稽查,查补税款、罚款、滞纳金 8799 万元,入库 7469 万元。

对 1998 年 1 月 1 日以后办理出口退(免)税情况进行专项检查。全省共检查 368 户出口企业,发现 29 户生产企业少提或未提销项税金 2157.45 万元,全部补征入库;1 户生产企业未办理《进料加工贸易申请表》,自行模拟抵扣进项税 739.3 万元,1 户外贸企业少报进料加工应扣税款100万元，多抵的税款和少申报的扣税款均及时纠正。

1999年，省国税局转发国家税务总局、中国人民银行、财政部《关于税务稽查部门查补收入入库暂行规定的通知》，制定有关加强专户管理的具体规定。

1999年年底，全省设立“税务稽查收入”专户63个，通过“税务稽查收入”专户解入金库的查补收入达3.5亿元。

1999年，全省国税稽查部门共稽查各类纳税人7.6万户，查补税款、罚款、滞纳金合计7.94亿元（其中：税款6.47亿元，滞纳金、罚款1.47亿元），入库7.97亿元，入库率达101%（含入库上年查补数）。其中：省国税局稽查分局直接检查纳税户44户，查补税款、罚款、滞纳金8271万元，入库8115万元，入库率为99%。

4月—5月，省国税局组织开展全省电力企业专项稽查；6月—7月，组织开展城市公用企业、石油公司（加油站）专项稽查；10月—11月份，组织开展内外资企业所得税、生产和供应出口货物企业税收专项稽查。5次专项稽查共检查纳税户2146户，发现有问题的1578户，查补收入1.4亿元。

在省国税局推动下，各地开展专项稽查，全省专项稽查查补收入4.2亿元，比上年增长68%。

2000年，全省国税稽查部门共检查纳税户5.3万户，查补总额6.61亿元，其中：查补税款4.98亿元，罚款8942万元，滞纳金7294万元，没收非法所得3万元。实际入库总额5.89亿元，其中：入库税款4.61亿元，罚款7254万元，滞纳金5525万元。与1999年同期相比，罚款率、滞纳金占查补税款的比例明显提高，全年全省平均罚款率18%，增长10.1个百分点，滞纳金占查补税款的比例达14.6%。

省国税局对全省民政福利企业、校办企业、物资回收企业、劳改企业和对新华书店、报社、出版社及经营烟酒副食品等私营个体商业大户组织开展2次专项稽查；根据国家税务总局部署，对农业银行、股份制银行、联通公司、民航等所得税汇缴企业和增值税一般纳税人增值税专用发票申报抵扣情况开展专项稽查。4次专项稽查共查补收入4170万元。

2001年，全省国税稽查部门累计检查纳税人3.3万户（次），查补收入4.92亿元，占同期全省国税收入总量的3%。其中，查补税款3.64亿元，加收滞纳金6908万元，罚款5894万元，罚款和滞纳金占查补税款的比例达35.1%。全年累计入库查补收入4.47亿元，入库率90.9%。

省国税局对铁道部、工行、农行系统所属汇缴成员企业所得税、防伪税控商贸企业增值税和储蓄存款利息所得个人所得税组织开展专项检查，累计查补收入5670万元。对省建行、省中行1999年、2000年企业所得税缴纳情况实施检查，调增应纳税所得额2亿余元。对1998年以来未办理税务登记或未进行纳税申报以及稽查部门尚未检查的漏征漏管漏查户20098户开展检查，查补税款1596万元，加收滞纳金、罚款355万元。

2002年7月，省国税局同省公安厅、省地税局开展涉税违法犯罪专项治理活动。至年底,立案查处涉税案件3202件,累计查补税款7209万元,加收滞纳金1136万元,罚款1268万元,曝光案件218件,移送涉税案件75件,其中公安机关立案46件,移送起诉4件,判刑5人。

省国税局对大型专业市场、加油站、烟草、酒类等八个领域开展税收专项检查。检查专业市场1583个、其他纳税户6800多户,查出有问题户5300多户,查补税收收入2.1亿元。

2003年1月中旬~2月底,全省国税与当地公安、工商、地税等部门配合,抽调5000余人次,对车站、码头、大市场、大宾馆等主要集散地和公共场所开展打击制售和购买假发票活动。检查各类场所1000余个,纳税户2万余户,发现未按规定使用发票的纳税户570户,查获假发票426份,查补税款124万元,罚款12万元。

至年底,全省国税稽查部门共稽查各类纳税人2.42万户,查补税款、罚款、滞纳金合计5.98亿元,其中税款4.08亿元,滞纳金1.06亿元,罚款8467万元,滞纳金、罚款占查补税款的比例分别为25.9%和20.7%。查补收入入库5.65亿元,入库率94.5%。

省国税局组织开展生产企业出口货物"免、抵、退"税检查,烟草、电力企业所得税等8个专项检查,查补税款共计7676万元。

2004年10月底,全省各级国税部门综合征管软件稽查模块全部上线,实现征收、管理、稽查、法制各部门信息共享和分工协作。至年底,全省国税稽查部门共稽查各类纳税人1.87万户,查补税收收入4.83亿元,其中滞纳金4753万元,罚款1.04亿元,分别占查补税款的14.4%和31.5%,入库收入4.41亿元,入库率达91.4%。省国税局组织开展医药行业等5个专项检查,共查补收入1.49亿元。

2005年,全省共稽查各类纳税人1.18万户,查补税收收入4.15亿元。其中,滞纳金3487万元、罚款6439万元,合计入库3.77亿元,入库率90.77%,滞纳金、罚款分别占查补税款的11.05%和20.4%,各项指标达到或超过总局要求。

省国税局对钢铁生产企业、水泥生产企业、煤炭生产及运销企业、大型批发、零售企业和酒类生产、销售企业组织税收专项检查,共查补收入1.88亿元,发现典型行业问题164个,撰写稽查建议160篇,提出征管建议和对策措施268条。

举报案件

1994年,全省国税系统受理群众举报案件5646件,查补偷逃税款7609万元。省国税局稽查分局收到举报信95件,查补税款40万元,对举报人员兑现奖金1.6万元。

1995年,省国税局稽查分局受理并及时转接群众举报94件。

1996年,全省国税系统执行总局《税务稽查工作规程》。各级税务机关建立了税务违法案件举报中心,受理公民举报。举报中心设在所属税务稽查机构。公民举报税务违法案件用书面或口头方式均可。受理口头举报(含电话举报)的作笔录或录音,笔录经与举报者核实无误后,由其签名、盖章或者押印,不愿留名或者不便留名的除外。举报者不愿公开其情况的,为其保密。对不属于本机关管辖的问题,告知举报者到有权处理的机关或者单位反映，或者将举报材料转交有关部门。

1996 年，省国税局稽查分局受理和转办公民举报案件 112 件，接待来访来电举报及协查案件 98 人次。

1997 年，全省国税稽查部门查结举报案件 568 件，查补税款近 2000 万元。

1998 年，省国税局执行国家税务总局《关于税务违法案件举报管理办法》，县及县以上税务机关的稽查局相继设立税务违法案件举报中心，公布举报电话和地址。

举报中心的主要职责是：宣传、鼓励群众举报税务违法行为；受理、管理、处理举报材料；转办、交办、督办举报案件；审核举报案件的查办情况；上报、通报举报事项的查办情况；统计、分析举报管理工作的数据情况；开展对举报人的保护、奖励工作。

举报中心受理举报的范围是：偷税、逃避追缴欠税、骗税和虚开、伪造、非法提供、非法取得发票，以及其他税务违法行为。举报可以采用书信、口头、电话或者举报人认为方便的其他形式提出。

税务机关工作人员在举报管理工作中遵守保密制度：举报的受理、登记、办理等各个环节，依照国家有关法律、法规严格保密，建立健全工作责任制，不得私自摘抄、复制、扣压、销毁举报材料。严禁泄露举报人的姓名、单位、住址等情况；严禁将举报情况透露给被举报人。调查核实情况时，不得出示举报材料原件或者复印件，不得暴露举报人；对匿名的举报书信及材料，不得鉴定笔迹。宣传报道和奖励举报有功人员，除本人同意外，不得公开举报人的姓名、单位。

1998 年，全省国税稽查部门受理各类举报 931 件，查结 898 件，结案率 96%，查补税款、罚款 2149.36 万元。

1999 年，省国税局实施《税务违法案件举报奖励办法》。税务机关对举报偷税、逃避追缴欠税、骗税和虚开、伪造、非法提供、非法取得发票，以及其他税务违法行为的有功单位和个人，给予物质奖励和精神奖励，为其保密。根据举报人的贡献大小，按照追缴税款数额的百分之五以内计发奖金；没有应纳税款的，按照实际追缴罚款数额的百分之十内计发奖金，每案奖金最高数额不超过人民币十万元。安徽省国税局建立税务违法案件举报奖励基金，专款滚动使用。举报奖励基金由各级国税稽查局管理，稽查局未设财务机构的，委托国税局负责开支的财务机构代管，专户存储，专款专用。

1999 年，全省国税稽查部门受理举报案件 1632 件，比上年增长 75%；查结 1519 户，结案率 93.1%；查补收入 3600 多万元，向举报人支付奖金 15.3 万元。

2000 年，全省国税稽查部门受理举报案件 2418 件，查结 2053 户，查补税款、罚款、滞纳金 7647.08 万元。其中，省国税局稽查局受理举报案件 324 件。

2001 年，全省国税稽查部门受理举报案件 1823 件，查结 1769 件，查补税款 4266 万元，加收滞纳金 894 万元，罚款 1228 万元，合计 6388 万元，兑现举报奖励 19.3 万元。省国税局稽查局通过信函、电话受理的各类举报案件 393 件，及时转交各地的稽查部门查处，其中要求上报查处结果的 78 件，累计查补收入 400 余万元。

2003年,省国税局稽查局共受理举报案件218件,其中,国家税务总局转办44件,查补税款、滞纳金、罚款共计2360.53万元。

2004年6月,全省国税稽查部门完成“税收违法检举案件管理系统”安装、运行工作。省国税局制定《税收违法检举案件管理系统操作办法》,规范操作运行,增强举报案件的监控管理能力。全年受理举报案件712件,立案查处561件,查补收入3762万元,全省共发放举报奖金78万元。

2005年,省国税局规范举报案件查处办法。在管理方面,对领导批示案件、反复举报案件、重大税务违法举报案件,实行跟踪管理和督查督办;对未按规定期限查结或上报查处结果的单位,实行通报制度。在案件查处方面,鉴于举报案件的特殊性,推行举报案件异地稽查。对省国税局直接组织查处的举报案件,抽调案件所在地以外的稽查人员检查。

2005年,省国税局制定《安徽省国税系统稽查选案管理办法》。明确举报案件下达60日内未办结又无延期报告说明理由的,选案管理部门向承办部门下达《税务举报案件催办单》。对需要批转下级稽查部门查处的举报案件,选案管理部门应于受案后的3日内填写、报批《税务举报案件转办单》,随同举报材料一并转给下级稽查局查处。对不属于本局管辖的举报案件,根据稽查局领导的转出处理意见,填写《税务举报案件转出单》,移交给此案的有权管理机关处理。

2005年,省国税局稽查局直接查处古井集团税收违法案、六安精工齿轮有限公司账外经营偷税案等5起举报案件,查补税款600余万元,按规定发放举报奖金。对举报人上访的黄山龙胜化工公司和立安茶叶公司税收违法案件,配合国家税务总局稽查局调查处理。

案件协查

1995年,安徽省国税局确定专人负责处理专用发票稽核的日常工作,建立上下联系制度。制定专用发票稽核实施办法,建立稽核工作责任制,实行谁稽核、谁签字、谁负责。全年组织并直接参与交叉稽核专用发票7000多份,查补税款7000多万元。

1996年9月1日,省国税局制定《增值税专用发票交叉稽核管理暂行办法》,规定:对一般纳税人开具或取得的增值税专用发票,国税机关发现其异常或有疑问的,必须委托购(销)货方所在地国税机关进行交叉稽核。

交叉稽核主要是核查增值税专用发票的真实性,即是否属于假票、遗失被盗票,虚开代开票、大头小尾票、“阴阳票”、免税货物开票,是否存在销售额不真实,以及项目填写不全、计算错误、税率不符等问题。

交叉稽核分为发出交叉稽核和接收交叉稽核。发出交叉稽核,主要由县(市)国税局(含地区(市)国税局所属分局)办理,将所辖一般纳税人开具或取得的有疑问的专用发票委托异地同级国税机关进行协查。对涉及利用专用发票违法犯罪的一类案件,由案发所在地区(市)、县国税局报省国税局统一办理协查,二、三类案件由案发所在地区

(市)国税局负责办理协查。省及地区(市)国税局收到异地的专用发票核查单或协查函,无力直接查证的,采取下达稽核通知书的办法,要求相关的下级国税机关进行核查、回复。

1996年,全省国税稽查部门共接收协查函8831份,回复率56%,比上年提高11个百分点。

1997年,省国税局组织开展对浙江金华虚开增值税专用发票案涉及安徽省地区的检查,共查实虚开专用发票1146份,查补入库税款1206万元,入库罚款726万元。

1998年,全省国税稽查部门按时完成河北“南宫案件”、河南“夏邑案件”等7起案件的协查以及“金华案件”的取证、补证工作,追缴税款、滞纳金、罚款243万元。协查浙江、湖北、江苏、广东等省直接发来的协查专用发票30多份。

1999年,省国税局稽查局完成国家税务总局布置的14个增值税专用发票案件和重大涉税案件的协查工作,协查增值税专用发票723份,查补税款、罚款145.3万元。

2000年,省国税局稽查局完成国家税务总局布置的“4·20”专案、“8·07”专案等案件的协查工作,共协查增值税专用发票2030份,查补税款818万元,罚款、滞纳金32万元。

2001年,全省国税稽查部门通过协查系统组织协查增值税专用发票12953份,累计查补税款、滞纳金、罚款4281万元。同时,按照国家税务总局的统一部署和总体要求,圆满完成“8·07”案件协查任务,累计协查增值税专用发票1383份,查补税款909万元,加收滞纳金和罚款530万元。

2002年,省国税局制定《协查系统岗位流程图》《协查系统信息传递制度》等,对协查工作定期通报,确保协查信息质量和准确程度。2002年共协查专用发票8214份。截至2002年年底,安徽省国税系统协查按期回复率连续18个月保持100%的良好成绩,并列全国第一。

2003年,省国税局重新修订《安徽省协查系统操作规程》《协查系统岗位流程图》《协查系统信息传递制度》。全省累计通过协查系统发出委托协查发票10176份,收到受托协查发票9748份,查补税款747.3万元。收到纸质协查案件28件,涉案发票3万多份,及时分发各地调查取证,为国家挽回损失500多万元。

2004年,省国税局开展大规模的“四小票”整治活动。查核货物运输发票、海关代征增值税完税凭证、废旧物资收购或销售发票和农副产品收购发票计8660份,查补收入5351万元,移送司法机关案件5起。省国税局直接组织天津、江苏等8起协查纸质案件,向外省协查运输发票504份,涉及21个省、直辖市和自治区。全年机内协查发票1.65万份,查补收入3670万元,移送司法机关案件33起。开展新版稽核系统协查软件试运行和联调测试,测试发送协查发票320多份。全省委托协查选票准确率达60%,高于全国平均20多个百分点,累计按期回复率连续42个月保持100%,并列全国第一。

2005年,省国税局稽查局组织江苏省镇江市奇美化工有限公司等发票协查17

起,受托协查发票2900多份。协查系统共受托协查发票13530份,委托协查发票39070份,委托协查选票准确率达66.15%,高于2004年6个百分点,按期回复率全年保持100%。安徽国税协查工作的做法在2005年全国税务稽查工作会议上进行交流。

第三节 稽查监督

1998年,省国税局从全省各地区(市)抽调100多名业务骨干,组成15个组,对全省50户烟、酒、电力、冶金、石化及大型商业企业等重点税源大户开展稽查复查,查补税款、罚款、滞纳金1.53亿元(其中税款1.21亿元),入库1.48亿元,入库率97%。

1999年,省国税局实施《安徽省国税系统稽查执法过错责任追究办法》。组织5个检查组在全省范围内开展稽查执法检查,对检查发现的17个方面问题进行通报,督促纠正。5月—10月,省国税局组织120多名稽查人员对全省14个市(地)的44户烟草、酒类、冶金、建材、机械、商业等重点税源企业进行稽查复查,查补收入8271万元,入库8115万元,入库率99%。其中复查加收滞纳金4451万元,占查补税款的比例113%,比上年增加92.2个百分点。

2000年,省国税局实施《安徽省国税系统税务稽查案件复查办法》。税务稽查案件复查的主要内容是调查取证和审理、执行是否符合法定程序;有无未作处理的税务违法违章行为;认定事实是否清楚、证据是否确凿、数据是否准确;定性处理适用法律法规依据是否正确、适当;税务处理决定执行是否及时、得当;税务文书使用是否规范。省国税局稽查局对每个市(地)局稽查局的复查抽查户数每年不少于2户;各市(地)局稽查局对所属县(市)局稽查局的复查面不低于2%,各市(地)、县国税局对所属稽查局的复查面不得低于2%。

4月—5月,省国税局抽调40人,对9个市35户企业进行稽查复查,查补收入7698.63万元;7月—8月,抽调20人,对省农行、省证券、省国投、省民航等10户企业营业税、所得税进行检查,查补收入1354万元。9月—10月,开展第二次复查,抽调35人,对7个市10户企业进行复查,查补收入969.75万元。

2001年,省国税局对全省17个省辖市的34户企业开展稽查案件复(抽)查,查补收入2802万元,其中,税款2017万元,滞纳金、罚款785万元,直接缴入省稽查专户2056万元。全省国税系统共复查企业265户,查补收入4865万元。

2002年,省国税局先后抽调100多名稽查人员,对17个市39户企业开展稽查案件复查,共查补税收收入2706万元,调增企业应纳税所得额1700余万元,入库税款2751万元,比上年增长25%。

2003年,省国税局从全省稽查人才库选调人员,组织17个复查组60多名业务骨干,对17个市34户卷烟、供电、建材、钢铁、制药等企业开展稽查抽、复查,查补税款5251万元,对一些当地国税部门想查而查不了或处理不到位的问题依法进行查处,促进企业规范适用税收政策。对复查组实行稽查复查廉政监督卡管理，对复查中曝露的稽查执法问题采取措施进行整改。

2005年，省国税局实施《安徽省国税系统稽查检查人员监督制约办法》，明确检查的程序、项目、工作质量标准、工作纪律等。

第四节　综合治税

1994年，全省各级税务检察室受理涉税案件995起，立案侦查139起，逮捕43人，为国家挽回直接经济损失2767.7万元。

1995年，全省各级税务检察室受理涉税案件1376件，立案侦查265件，在立案查处的涉税犯罪案件中，虚开增值税发票案件70件（价税合计10.8亿元，税款1.7亿元），其中亿元以上大案3件，偷税案件126件，抗税案件50件，其他经济犯罪案件19件（贪污13件，挪用公款2件，玩忽职守4件），拘留逮捕161人，挽回经济损失5368.5万元。

1996年，全省各级税检室受理涉税案件1747件，立案257件，其中虚开增值税专用发票案55件，为国家挽回经济损失5587.6万元。

1997年9月，《中华人民共和国刑事诉讼法》调整，涉税犯罪案件不再由检察机关直接受理。根据最高人民检察院、国家税务总局《关于撤销税务检察机构有关问题的通知》要求，全省国税系统税务检察室撤销。12月，全省国税系统贯彻落实公安部、国家税务总局《关于严厉打击涉税犯罪的通知》精神，对有犯罪嫌疑的涉税案件，移送公安机关，建立案件登记备案制度。

1999年，全省国税系统移送案件116件，司法机关拘留49人，逮捕22人，判刑5人。

2000年，全省国税系统共采取税收保全措施5644户次，强制执行措施1464户次。有46个市（地）、县国税局与公安机关协作成立税务治安联合办公室。全年全省移送公安机关的涉税案件155件，司法机关已立案查处133件，拘留27人，逮捕19人，判刑1人。

2001年，省国税局加强与省公安、检察、法院、工商、金融、新闻等部门的协调配合，做好信息传递和案件移送工作。全年全省国税系统共移送公安部门案件177起，涉案金额4.79亿元，涉案税额7509万元，司法机关拘捕57人，判刑22人，曝光案件96起。

2002年，省国税局与省公安厅联合建立涉税案件移送等制度，明确查办涉税案件的职责权限和移送程序。全年向公安机关移送案件144件，涉及税款3086.7万元，司法机关拘捕62人，判处有期徒刑17人。采取税收保全和强制执行措施404户次，执行入库税款1537.3万元，公开曝光案件451起。

2003 年,全省国税系统移送案件 144 件,涉案税款 9194 万元,司法机关拘捕 52 人,判刑 16 人。

2004 年,省国税局与省地税局、省公安厅联合印发《安徽省国、地税稽查机构协作稽查暂行办法》《安徽省国税局、安徽省地税局、安徽省公安厅关于协税犯罪违法案件移送暂行办法》,为联合协作办案、信息交流提供制度保证。全年召开 3 次联席会议。

是年,省国税局与省地税局、省公安厅联合制定《安徽省涉嫌危害税收征管犯罪案件移送暂行办法》,明确涉税犯罪案件移送的范围和标准。

2004 年,全省国税系统共向公安机关移送涉税案件 110 件,涉案税款 1.27 亿元,司法机关拘捕 92 人,判刑 40 人。省国税局稽查局、省地税局稽查局首次成立联合工作组,对 3 户企业进行检查,共查补增值税 200 多万元,调增应纳税所得额 4000 多万元。

2005 年,全省发生 45 个税收大案要案,涉及金额 9.11 亿元、税额 1.33 亿元,涉及增值税专用发票 5486 份、海关缴款书 231 份,其他发票 26 万多份,挽回损失 2574.7 万元,司法机关拘捕犯罪嫌疑人 52 人,判刑 15 人。

2005年安徽省税务稽查查处税收违法案件情况统计表

表6-1　　　　　　　　　　　　　　　　　　　　　　　单位:户、万元

类别项目		合计	国有经济	集体经济	私营经济	个体经济	联营经济	股份制经济	外商投资经济	港澳台投资经济	其他经济	无证户
纳税户数		433793	6010	9560	50695	336536	138	25709	1262	1157	2723	3
检查户数		11755	1346	1471	3423	1066	92	3201	183	30	940	3
有问题户数		6486	739	916	1712	733	37	1698	90	18	540	3
结案户数		7732	911	1145	2228	812	41	2008	95	16	473	3
被检查户应纳税额		389571	102844	32121	47435	7404	1529	91894	16873	2462	86948	61
应补税额		31564	6744	2035	7480	979	144	7649	1600	1224	3648	61
罚款		6349	809	567	1738	218	27	1894	139	13	1003	31
没收非法所得		38			36			2				
滞纳金		3487	571	315	721	135	46	765	202	95	637	
实际入库	合计	37696	6467	2525	9271	1226	65	9870	1436	1087	5662	87
	其中税款	28912	5196	1812	7171	891	54	7452	1183	1065	4027	61
税收保全措施	户数	37	3	9	15	1		5	1	1	2	
	金额	358	154	44	60	1		89		10		
强制执行措施	户数	24		9	7	1		6		1		
	税款	135		31	12			82		10		
	滞纳金	33		11	2			20				

第七章　税收法治

1994年至2005年，省国税局坚持依法治税，按照“内外并举、重在治内、以内促外”的工作方针，规范税收执法行为，推行税收执法责任制，加强税收执法监督，税收法治工作取得长足进步。

第一节　税收法制建设

2001年11月，省国税局召开全省国税系统依法治税工作会议，传达全国依法治税工作会议精神，总结全省国税机构组建以来依法治税工作，讨论《安徽省国税系统税收执法责任制实施办法》《安徽省国税系统税务人员执法资格与执法能级认证暂行办法》《安徽省国税系统重大税务案件审理办法》3个办法，部署全省依法治税工作。

2002年6月，省国税局印发《关于全面加强税收法制工作的意见》，省国税局与市、县国税局均成立专门的税收法制工作部门。落实税收法制工作人员，省辖市国税局不少于2人，县(市)国税局不少于1人。有些县局法制工作部门与办公室合署办公，实行“一个机构、两块牌子”，有专门从事税收法制工作的人员。

2002年8月，省国税局制定《安徽省国税系统地方税收法规、规章和税收规范性文件备查备案实施办法》，明确地方税收法规、地方税收规章以及省辖市党委、人大、政府制定的税收规范性文件，应当自接到之日起5日内，一式三份报送安徽省国家税务局备案。国税机关单独制定或者与其他部门联合制定的税收规范性文件，应当自发布之日起5日内，一式三份按规定报送上一级国税机关备案。

2004年1月，省国税局印发《关于进一步全面推进依法行政的决定》，就贯彻落实《国务院关于全面推进依法行政决定》和《安徽省人民政府关于全面推进依法行政决定》，提出7个方面的要求。

2005年3月，省国税局印发《关于进一步推进依法治税的决定》，就贯彻落实《国务院全面推进依法行政实施纲要》，推进依法治税提出9个方面的要求。

税收执法资格管理

2002年3月，省国税局印发《安徽省国税系统税务人员执法资格与执法能级认证实施办法》。自2002年起，全省国税系统税务人员必须先取得税收执法资格，后从事税收执法活动；未取得税收执法资格的税务人员，不得从事税收执法活动。税务人员执法资格与执法能级认证工作，实行统一领导，分级管理。市、县国税机关税收执法责任制委员会负责本级及所属单位税务人员执法资格与执法能级认证的组织领导，由法制工作部门牵头，人事、教育等部门参与。执法资格认证采取考试的方式进行。执法资格由省辖市国税局根据税务人员执法资格考试成绩进行评定，报省国税局核准。已取得税收执法资格的税务人员，可以参加税收执法能级认证。税收执法能级分为三级：执法能级一级、执法能级二级、执法能级三级。一级最高，依次递减。取得税收执法资格或相应执法能级的税务人员，由省国家税务局审核，颁发执法资格证书或执法能级证书，统一编号。

2002 年,全省各级国税机关均成立税收执法资格考试领导小组。按照总局《全国税务人员执法资格统一考试实施方案》,全省国税系统组织 8954 名税务干部参加 2002 年全国税务人员税收执法资格统一考试,考试成绩在“合格”以上的 8606 名,通过率 96.11%。

重大税务案件审理

1997 年,省国税局制定《税务案件审理委员会工作制度(试行)》,1998 年 1 月 1 日起执行。明确县以上国税机关应成立税务案件审理委员会,负责重大税务案件审理工作。各案件审理委员会主任委员由本级国税局分管稽查工作负责人兼任,委员由办公室、税政、征管、监察、稽查等部门负责人组成。税务案件审理委员会下设办公室,设在稽查分局,主任由稽查分局负责人兼任,成员由稽查分局负责税务稽查审理的人员组成。

省国税局稽查分局应将下列税务案件提交省国税局税务案件审理委员会审理:稽查查补税额在 500 万元以上;虚开增值税专用发票或利用虚开专用发票非法抵扣税额在 100 万元以上;税务行政处罚罚款金额在 100 万元以上;需移送司法机关查处的涉税案件;稽查分局认为需提交审理的其他税务案件。

地、市国税局稽查分局应将下列税务案件提交地、市国税局案件审理委员会审理:稽查查补税额在 200 万元以上;虚开增值税专用发票或利用虚开专用发票非法抵扣税额在 50 万元以上;税务行政处罚罚款金额在 50 万元以上;需移送司法机关查处的涉税案件;稽查分局认为需提交审理的其他税务案件。

县(市)国税局稽查分局应将下列税务案件提交县(市)国税局税务案件审理委员会审理:稽查查补税额在 50 万元以上;虚开增值税专用发票或利用虚开专用发票抵扣税额在 10 万元以上;税务行政处罚罚款金额在 10 万元以上;需移送司法机关查处的涉税案件;稽查分局认为需提交审理的其他税务案件。

2002 年 7 月 1 日,《安徽省国税系统重大税务案件审理办法(试行)》开始施行。县及县以上国税局成立重大税务案件审理委员会,负责本级重大税务案件的审理工作。重大税务案件审理委员会设主任一名、副主任若干名,由局领导担任;成员包括法规、征管、税政等部门和稽查局的主要负责人。

省、市、县国税局重大税务案件的标准,由省、市、县国税局根据涉案金额、案件性质、争议程度、社会影响面等自行确定但必须确保按重大税务案件标准审理的案件达到上年实际查处案件数的 10%。

省国税局稽查局应将下列案件移送省国税局重大税务案件审理委员会审理:稽查查补税额在 500 万元以上的;虚开增值税专用发票以及其他抵扣凭证或利用上述凭证非法抵扣税额、涉嫌骗取出口退税额在 100 万元以上的;拟实施税务行政处罚金额在 200 万元以上的;稽查部门认为需要移送审理,且经重大税务案件审理委员会主任同意的。

2002年,全省国税机关共审理重大税务案件535件,其中改变稽查部门拟处理意见149件,占审理案件总数的27.9%;退回稽查部门补充调查、取证93件,占审理案件总数的17.4%。

2003年,全省国税机关共审理重大税务案件694件,其中,改变稽查部门拟处理意见184件,占审理案件总数的26.5%;退回稽查部门补充调查、取证89件,占审理案件总数的12.8%。

2004年,全省国税机关共审理重大税务案件695件,其中,改变稽查部门拟处理意见210件,在案件审理数量基本持平的情况下比上年增加26件,占审理案件总数的30.2%;退回稽查部门补充调查、取证80件,占审理案件总数的11.5%。

2005年,全省国税机关共审理重大税务案件617起,其中,改变稽查部门意见的141起,占审理总数的22.9%;退回稽查部门补充证据的60起,占审理总数的9.7%。

第二节 税收执法监督

税收执法责任制

税收执法责任制是在依法确定税务人员税收执法资格、岗位职责和相关工作规程的基础上,对税收执法质量进行评议考核,对执法过错行为予以责任追究的一种监督制约制度。推行税收执法责任制是依法治税的重要举措。

1998年12月,省国税局成立行政执法责任制领导小组,在省国税局机关推行税收执法责任制,省国税局与对外具有独立税收执法权的稽查分局、进出口税收管理分局分别签订《1999年行政执法责任书》,在省国税局机关初步建立起税收执法责任制。

2002年3月,省国税局印发《安徽省国税系统税收执法责任制实施办法(试行)》,县以上国税机关均成立由主要负责人任主任的税收执法责任制委员会。税收执法责任制委员会下设办公室,设在承担税收法制工作的职能部门,负责处理税收执法责任制日常工作。各市、县国税局多数单位对税收执法指标进行量化,制作日常考核底稿和考核台账,与所属税收执法人员签订《税收执法责任书》。

2002年7月1日,各级国税机关的税收执法过错追究工作全面展开。按照"以事定岗、以岗定责、权责相当"的原则,税收执法人员违法或不当行使税收执法权,以及未按规定履行执法职责,损害国家利益,侵害纳税人、纳税担保人合法权益的,承担过错责任。税收执法过错责任追究的形式,包括行政处理和经济惩戒。行政处理包括批评教育、责令书面检查、通报批评、责令待岗、降低税收执法能级、取消税收执法资格等。经济惩戒(可与行政处理并处)是扣发一定数额的奖金、岗位津贴。对有税收执法过错的人员除按上款规定予以追究外,可并处取消当年评先评优资格。

2002年年底,税收执法责任制在全省所有省辖市局、80%以上的县(市)局推行。

2004 年,省国税局根据税收法律、法规及政策调整和变化情况,对原有的税收执法责任制岗位职责和工作规程进行修订和细化,重新与税收执法人员签订《税收执法责任书》,将所有税收执法人员纳入税收执法责任制约束范围。

全省全年共实施过错责任追究 3038 人次,其中经济惩戒 3021 人次,合计金额 36.70 万元;予以批评教育等行政处理 55 人次;移送纪检监察部门予以行政处分 7 人次。

2005 年,省国税局根据总局要求,修订和完善安徽省税收执法责任制考核评议方法和过错责任追究办法。全省各级国税机关针对税收管理、日常检查、考核评议过程中发现的税收执法过错行为,严格责任追究,督促国税人员规范执法行为。

2005 年,全省国税系统累计追究税收执法过错行为 3547 人次,经济惩戒 36.13 万元,行政处理 139 人次,行政处分 3 人次。

税收执法检查

1996 年 6 月—8 月,省国税局按照总局部署在全省范围内组织开展税收执法检查,纠正执法中存在的问题,补税和清理欠税 5000 多万元。

11 月,省国税局抽调 50 名业务骨干,组成 10 个组,对 10 个地区(市)开展以组织收入为重点的执法检查,共抽查 126 个县(市)局、分局和 59 户重点企业。

1997 年 6 月,省国税局发出通知,部署全省国税系统 1997 年税收执法检查。围绕有无执法不严、应征未征、有无违反规定办理税收返还,有无以缓代免、以缓代减,有无改变税基、税率、混税混库,有无未按规定程序和权限审批缓缴税款等重点问题开展检查。7 月 1 日—9 月 15 日,各级自查面达到 100%,地区(市)局对县(市)局重点检查面不少于 30%。

1998 年 7 月—9 月,省国税局根据总局统一部署,在全省范围内组织开展税收执法检查。共检查系统内发文 3000 余件、各类收文 4500 余件,检查纳税人 16 万户,查补税款 3000 多万元,自查面达 100%。

在各地自查基础上,省国税局对 10 个地区(市)局、28 个县(市)局、91 个分局进行重点检查,检查纳税人近 5 万户,查补税款 800 余万元,重点检查面达 40%。

1999 年 3 月,省国税局从各地抽调 17 名业务骨干,组成 4 个检查组,采取随机抽样的方法,在全省范围内开展税务稽查执法检查,共抽查 1490 户案卷,分别就其执法程序、文书制作与送达、法律法规运用等情况进行严格审查,就检查中发现的问题在全系统通报。

1999 年 7 月—9 月,省国税局按照总局统一部署,开展税收执法检查。整个检查分自查、重点检查和总结整改三个阶段。全省自查面达 100%,市(地)局重点检查面为 65%。其中,芜湖、淮南、淮北、宿州、六安等 5 个市(地)局的重点检查面达 100%。全省各级国税部门查出违规税前列支补亏、未按规定加收滞纳金及有其他问题的纳税人 732 户,查补税款 572.5 万元;查出不当税务处罚 24 件,不规范税务处理决定书 219 份;

涉税违规文件、会议纪要8份，全部纠正。

2000年8月—10月，省国税局组织开展税收执法检查，共抽调业务骨干343人，组成149个检查组，对249个县(市)局、税务分局和85个稽查分局的税收执法情况进行全面检查。通过执法检查，全省各级国税部门共发现涉税违规文件24份，纠正13份，其中，地方党委、政府制定的22份，占涉税违规文件总数的91.7%；查出少收清理欠税及逾期税款滞纳金合计52025.8万元，涉及纳税人1498户。

2001年9月—11月，省国税局组织开展税收执法检查，采取自查与抽查相结合的方法，查出违规批缓税款368.9万元，补征税款368.9万元，补征率100%；查出混淆入库级次的罚款1.13万元，调库1.13万元，纠正率100%；查出应移送未移送税务案件42起，补移送23起，整改率55%；查出未如实统计上报的欠税69.4万元，按规定进行纠正；发现涉税违规文件12份，纠正12份，纠正率100%。

2002年6月下旬至10月底，省国税局组织开展白酒行业专项税收执法检查和2002年税收执法检查，分自查、重点检查和总结整改三个阶段。通过检查，全省各级国税机关共发现涉税违规文件、会议纪要11份，其中地方党委、政府制定的9份，基层国税部门制定或参与制定的2份，全部纠正；查出税务处罚不当和税务处理决定不规范的34件，按规定纠正29件；查补入库白酒行业税收1253.27万元。

2003年8月中旬至10月底，省国税局以增值税起征点调整、促进下岗失业人员再就业税收优惠政策贯彻落实等15项内容为重点，组织开展税收执法检查。全省17个省辖市局的重点检查面都在50%以上，其中，合肥、淮北、蚌埠、淮南、滁州、六安等地的重点检查面达100%。省国税局重点检查亳州、阜阳、滁州、六安、马鞍山、安庆等6个地市，重点检查面为35%。全省17个省辖市局重点检查阶段累计下达《行政执法纠正通知书》53份，涉及各类问题105个。

2004年9月中旬至11月底，省国税局根据总局《税收执法检查规则》规定，组织开展年度税收执法综合检查。分自查、省辖市局重点检查、省国税局重点检查以及总结整改四个阶段。列举12项重点内容作为检查重点，突出检查行政许可法组织学习、税务行政许可工作开展情况、依法行政制度、税收执法责任制的贯彻落实情况、新出台税收政策贯彻落实情况等，检查内容基本涵盖税收执法的主要环节。全省17个省辖市局自查面均达100%，重点检查面均在50%以上，其中，合肥、淮北、蚌埠、淮南、马鞍山、巢湖、池州、安庆等地的重点检查面达100%。省国税局对合肥、宿州、蚌埠、巢湖、芜湖、铜陵、池州等7个地市进行重点检查，重点检查面为41%。通过此次税收执法检查，全省各级国税机关共下达《税收执法检查处理决定书》158份，行政处分31人。

2005年8月中旬至12月底，省国税局组织开展全省税收执法检查。总局布置6项检查重点，省国税局增加增值税零负申报企业纳税评估、内外资房地产开发经营企业所得税管理、税务行政许可实施情况以及税款退库制度贯彻执行等9项内容。各单位自查面达100%，17个市国税局重点检查面都在50%以上。省国税局组织人员对宿州、蚌埠、淮南、安庆、巢湖、铜陵等6个地市进行重点检查,检查面为35%。通过检查,发现极少数国税机关在税收政策执行、税务行政许可实施、税务执法文书使用、税务稽查管理等方面存在问题,多数问题集中在税收执法程序上。共下达《税收执法检查处理决定书》90份,行政处理28人次。

第三节　税收法律救济

税收法律救济是国家机关为排除税务具体行政行为对税收相对人合法权益的侵害,通过解决税收争议,制止和矫正违法或不当的税收行政侵权行为,从而使税收相对人的合法权益获得补救的法律制度的总称。内容包括税务行政复议、税务行政诉讼和税务行政赔偿。

1997年,全省国税系统共设税务行政复议机构84个,其中省国税局1个,地区(市)局16个,县局67个,专职从事税务行政复议的人员33人。

1998年,全省国税机关共收到税务行政复议案件8件,至年年底结案7件,应诉税务行政诉讼案件1件。

1999年10月1日,《中华人民共和国行政复议法》施行,全省各级国税机关组织32期法制培训班,培训基层国税干部1341人次,共受理税务行政复议案件4件,结案3件,1件因涉及规范性文件审查,复议中止。

2000年11月,省国税局下发《关于完善税务行政复议和行政应诉案件统计报告制度的通知》,要求税务行政复议案件统计报表和税务行政应诉案件统计报表每半年统计上报1次;在上报下半年的统计报表时,一并报送所属年度税务行政复议、行政应诉案件的统计分析报告。

同年,全省共收到税务行政复议申请20件,依法受理税务行政复议案件12起。当年依法审结案件11起,其中,经复议维持原税务处理、处罚决定的6起,占已审结案件的54.5%;变更或撤销原税务处理、处罚决定的4起,占已审结案件的36.4%。全省共收到税务行政诉讼案件应诉通知书2起,作出具体税务行政行为的2个县级国税机关依法参与应诉活动。其中,人民法院撤销税务处理决定的1起。

2001年8月,省国税局下发《税务行政复议和应诉案件统计报告制度及相关材料报送制度实施办法》,规定对本机关受理的税务行政复议案件以及纳税人、其他税务当事人以本机关为被告提起的税务行政诉讼案件,各级国税机关应当自受理或者收到人民法院受理案件通知书之日起3日内,向上一级国税机关报告。税务行政复议案件的报送材料,包括税务行政复议申请书、税务行政复议受理通知书、答辩书、税务行政复议决定书的复印件以及在税务行政复议过程中撤回复议申请的原因和结果的报告等。税务行政应诉案件的报送材料,包括起诉状、答辩状、裁定书或判决书复印件以及在税务诉讼过程中改变原具体税务行政行为的原因和结果的报告等。税务行政复议案件、税务行政应诉案件结案后，报送案件分析报告。

同年，全省国税机关共收到税务行政复议申请11件，受理税务行政复议案件8起，占收到申请数的73%，比上年提高13个百分点。当年依法审结案件8起，审结率100%，其中，经复议维持原税务处理、处罚决定的5起，占审结案件的63%；撤销原税务处理、处罚决定的1起，部分维持撤销变更责令履行的1起，纳税人撤回申请的1起。全省共收到税务行政诉讼案件应诉通知书5起，其中，经复议后应诉的2起，未经复议直接应诉的3起。人民法院维持原税务处理、处罚决定的3起；变更原税务处理、处罚决定的1起；纳税人撤诉的1起。

2002年，全省国税机关共收到税务行政复议申请23件，受理税务行政复议案件18起，占收到复议申请数的78.3%，比上年提高5.3个百分点。当年依法审结案件17起，审结率达94.4%。其中，经复议维持原税务处理、处罚决定的6起，占审结案件的35.3%；撤销原税务处理、处罚决定的5起，部分维持撤销变更责令履行的2起；纳税人撤回申请的4起。全省共收到税务行政诉讼案件应诉通知书3起。人民法院依法维持原税务处理、处罚决定的2起。有1起税务行政诉讼案件，人民法院一审，税务机关胜诉。

2003年，全省国税机关共收到税务行政复议申请13件，比上年度减少10件，减幅43.5%。受理税务行政复议案件8起，占实际收到复议申请数的61.5%，比上年度下降16.8%；其中，属于复议前置的2起，属于选择复议的6起。当年依法审结案件8起（含上年未审结案件1起），审结率87.5%；其中，依法撤销的3起，依法维持的2起（含上年未审结案件1起），纳税人主动撤回申请的3起。

全省国税机关共收到税务行政诉讼案件应诉通知书4起，比上年度增加1起，增幅为33.3%。应诉的4起税务行政诉讼案件中，经复议后应诉的3起；未经复议直接应诉的1起。人民法院裁定同意纳税人撤回起诉的1起，判决维持税务机关税务处理、处罚决定的3起。

2004年，全省共收到税务行政复议申请11件，受理税务行政复议案件9起，占收到复议申请数的81.8%，比2003年提高20.3个百分点。当年依法审结案件9起，审结率100%。其中经复议维持原税务处理、处罚决定的2起，撤销原税务处理、处罚决定的3起，部分维持撤销变更责令履行的1起，纳税人撤回申请的3起。全省共收到税务行政诉讼案件应诉通知书4起。人民法院维持原税务处理、处罚决定的3起；当年有1起税务行政诉讼案件尚未审结。

2004年12月，省国税局根据国家税务总局布置，对1994—2004年间发生的税务行政复议、诉讼案件、文件审查案件和行政赔偿案件等有关情况进行调查、统计。1994—2004年，全省共收到税务行政复议申请83件，受理税务行政复议案件69起；受理的案件中，相对人撤回申请的22起，经审理维持具体行政行为的28起，变更或确认违法的3起，撤销16起。全省共收到税务行政诉讼案件应诉通知书21起，其中，未经复议直接应诉 8 起,复议后应诉 13 起;经人民法院依法审理,驳回原告诉讼请求的 3 起,维持具体行政行为的 12 起,确认违法 1 起,撤销 5 起。全省共发生文件审查案件 3 起,发生行政赔偿案件 4 起。

2005 年,全省国税机关共收到税务行政复议申请 3 件,比 2004 年减少 8 件。受理税务行政复议案件 3 起,占收到复议申请数的 100%,比 2004 年提高 18.7 个百分点;受理的 3 起税务行政复议案件皆为复议前置案件。当年依法审结案件 3 起,审结率 100%,其中经复议维持原税务处理、处罚决定的 2 起,纳税人撤回申请的 1 起。全省共收到税务行政诉讼案件应诉通知书 2 起,比 2004 年减少 2 起。其中,经复议后应诉的 1 起,未经复议直接应诉的 1 起;纳税人撤回起诉的 1 起,另有 1 起税务行政诉讼案件尚未审结。

第八章　信息化建设

1994年至2005年,安徽省国税系统信息化建设快速发展,金税网络连通各级国税机关,各类信息应用系统不断推广运用,被国家税务总局列为"金税工程"实施单位。2004年在全国税务系统率先以省级集中模式成功运行中国税收征管信息系统。信息技术在安徽国税税收工作中得到广泛应用,覆盖纳税服务、税款征收、税源管理、税务稽查、行政办公等税收工作各个环节,成为税收工作的重要手段,在税收工作中发挥着重要作用。

第一节　信息化基础设施建设

1995年,部分单位建立计算机局域网,在全国税务系统率先使用电子邮箱系统。

1996年1月,税收主干广域网线路在全省范围内联通,并接入全国税务网络。

1996年年底,安徽国税系统拥有各类计算机设备1000余台,154个基层单位使用各种税收软件管理纳税人94400户。信息化投资额2600万元,处理税款43亿元。

1997年,完成主干广域网二期扩容工程,建设省国税局第一个核心机房。

2000年,省国税局制定并发布《安徽省国税系统计算机应用管理办法》,规范计算机设备及应用管理。

2001—2003年,完成金税网络的两次扩容,对省国税局核心机房进行升级改造,推行省级集中的征管软件。

2004年,实施省国税局至总局的线路带宽扩容,建成上连国税总局、下联市县局的网络视频会议系统,实施信息安全防护体系一期建设。

2005年,全省国税系统共装备各类计算机15203台,其中小型机35台,PC服务器621台,联网运行的工作站14547台;路由器467台,UPS1591台,MODEM659台,打印机7340台;省内广域网联通节点数181个,采用结构化布线单位数量147个;视频会议节点18个,配备智能视讯服务器、视频会议管理服务器、中兴视频终端、硬盘录像机等成套视频设备。

全省国税系统共有计算机管理人员398人,其中高级技术人员1人,中级技术人员85人,其他技术人员224人;所有基层单位均已采用电子化征收,纳入计算机管理的纳税户42.3万户,计算机处理的当期税款346.9亿元。

第二节　金税工程建设

金税工程是国家电子政务重点工程"十二金"工程之一,是以现代化技术手段加强对增值税监控的基础性手段。金税工程的建成,是税收信息化建设取得突破性进展的重要标志。

1995年,金税工程开始建设,在全国一些大中城市试点运行增值税计算机交叉稽核系统。

金税工程工作流程是:销货企业通过防伪税控开票子系统开具电脑版增值税专用发票,将专用发票存根联信息通过报税子系统报送主管税务机关,主管税务机关通过报税子系统的数据输出功能将企业存根联信息传入增值税计算机稽核子系统。购货企业将增值税专用发票抵扣联交主管税务机关通过防伪税控认证子系统进行认证,认证相符的数据传入增值税计算机稽核子系统。增值税计算机稽核子系统对抵扣联认证数据和存根联数据进行比对,比对不符的输入发票协查子系统,交稽查部门处理。企业的抵扣联数据、存根联数据、纳税申报数据、税款入库数据进入纳税评估系统,对企业的纳税情况进行评估,并与发票管理、协查、认定管理等系统互相联系、互相制约。

1996 年年初,全省增值税防伪税控和大面额交叉稽核系统正式投入运行,全省税收主干广域网联通,并入全国税收广域网。税收主干广域网是应用大面额交叉稽核系统、全国丢失被盗增值税专用发票查询报警系统、出口退税专用税票认证系统运行的网络基础。

1999 年,省国税局召开全省金税工程工作会议,传达贯彻全国增值税防伪税控系统推行工作会议和加快金税工程网络建设电视电话会议精神,布置金税二期工程主要工作。形成以流转税管理、征收管理和信息中心等部门合理分工、相互配合的金税工程管理体系。省国税局及 17 个市(地)局成立金税工程领导小组,下设办公室,从相关职能部门抽调人员,集中办公,具体负责金税工程的组织实施。

金税工程二期建设内容主要包括一个网络和四个系统。一个网络即覆盖全国国税系统的,区县局、地区(市)局、省国税局到总局的四级广域网络;四个系统是:增值税防伪税控开票系统、防伪税控认证系统、计算机交叉稽核系统和发票协查系统等四个应用系统,这四个系统基本上覆盖增值税征收管理的各个环节,实现增值税一般纳税人管理链条上的完整性。

1999 年 3 月 31 日,省国税局成立“金税工程”办公室,负责全省国税系统计算机征管软件应用与开发工作的指导和督促。

2001 年 2 月 18 日,全省国税系统“金税工程”网络的 178 个节点开通,各地 RAS 电话备份线路的调试和 WEB 站点主页的制作基本完成。3 月 27 日,下发《安徽省金税工程实施方案》。7 月 1 日,省国税局及 17 个省辖市局、116 个县区局的金税工程主干网络全部建成,与总局联网,稽核、协查系统开通运行,全省 159 个网络均达到国家税务总局规定的性能标准。

2001 年 7 月—12 月,全省国税系统认证专用发票抵扣联 91.4 万份。至 2003 年 1 月份,全省共对 33.65 万户次 381.6 万份专用发票抵扣联进行认证,发现涉嫌违规发票 787 份,占全部认证发票的比例由 2001 年的 0.16% 下降到 0.02% 。

2002 年,省国税局制订一体化的信息化建设方案。做好金税三期的相关准备,拟定《安徽省国税系统“金税”三期准备阶段信息化发展规划》。

2002年3月30日,省国税局组织全省国税系统1万多人参加金税工程业务知识考试,统一试卷、对象、时间、方式。

2003年,金税二期工程建设基本完成。

2003年,省国税局拓展金税二期工程,成功推行"一窗式"管理模式。定期检测各地金税工程网络节点的运行连通情况,保证全省金税网络畅通、各系统安全高效运行。开展防伪税控远程认证、报税子系统的测试、试运行工作。

6月底,全省31102户增值税一般纳税人除不需安装使用防伪税控开票系统的3935户外,全部纳入防伪税控系统。

7月1日起,安徽省所有增值税一般纳税人必须通过防伪税控开票子系统开具增值税专用发票。

2003年7月份征期开始,推行增值税一般纳税人纳税申报"一窗式"管理模式,实施"票表比对"重组业务流程,规范窗口设置。

"一窗式"管理,即实行纳税申报"一窗一人一机"模式,将办税大厅的窗口功能进行归并,由申报纳税窗口统一办理防伪税控IC卡报税、专用发票抵扣联认证和纳税申报。其核心内容是,征收单位办税大厅的纳税申报窗口必须进行"票表稽核",以审核增值税纳税申报的真实性。具体做法是,用防伪税控报税系统采集的专用发票存根联销项金额、税额信息比对纳税人申报的防伪税控系统开具的销项金额、税额数据,二者的逻辑关系必须相等;同时,用防伪税控认证系统采集的专用发票抵扣联进项金额、税额信息比对纳税人申报的防伪税控系统开具的进项金额、税额信息,且认证系统采集的进项信息必须大于或等于申报资料中所填列的上述进项信息。不符合上述两项逻辑关系的则为申报异常。凡属申报异常的,应查明原因,视不同情况分别按有关规定予以处理。

"一窗式"管理,克服金税工程二期只能对增值税专用发票的存根联信息和抵扣联信息"祟祟稽核",不能利用专用发票信息与增值税的申报表信息进行"票表稽核"的不足。并且,征收单位大厅受理防伪税控IC卡报税、抵扣联认证和纳税申报三个环节,各自独立操作、信息不能共享,给纳税人申报带来不便。

2003年12月份征期结束,安徽省增值税纳税申报"一窗式"管理模式全面推行到位,全省116个区县级征收单位实现增值税纳税申报的票表比对,办理纳税申报的时间由20分钟缩短到4~5分钟,提高办税效率。

2003年12月,全省基本实现总局提出的金税工程二期建设三个"全面覆盖"的目标,即全面覆盖所有增值税一般纳税人,全面覆盖所有省、市、县,全面覆盖增值税管理主要流程。

2004年,为深化"一窗式"管理模式,采取"手工采集、网络传输、电脑比对",开始"四小票"(海关代征增值税专用缴款书、货物运输发票、废旧物资发票和税务机关为小规模纳税人代开增值税专用发票)审核、协查系统建设,利用金税工程(二期)稽核信息实施持续性管理,在发票发行、发售环节全部实现网络监控。

2005 年,安徽作为全国四个试点单位之一,开展“三级”变“两级”的稽核系统省级集中试运行,得到总局肯定。启动“一机多票”工作试点,将淮南市 51 户一般纳税人纳入“一机多票”管理。通过防伪税控系统开具普通发票,在全国率先开展普通发票的票表比对。建立失控发票快速反应系统,及时发现并依法处理 341 户企业的 1729 份失控专用发票,挽回国家税款 9736.7 万元。

全面推行防伪税控代开票系统,通过利用防伪税控系统为小规模纳税人代开专用发票,代开发票时预征税款,有效避免税收流失。试行远程认证、报税系统,修改完善操作流程及应用功能,为扩大推广运行奠定基础。完成防伪税控系统户籍迁移,实现与综合征管软件的同步运行。建立增值税重要数据通报制度,规范和监督防伪税控技术服务,确保金税工程持续、高质量地稳定运行。

全省专用发票存根联采集率、一般纳税人档案采集率始终保持在 99.999% 以上,实现对增值税管理的规范化和系统化,促进税收征管由传统的粗放型向信息化、自动化和集约化的方式转变,加强税源控管,提高企业申报率,提升税收征管质量和效率,有效促进增值税收入的稳定增长。

2005 年,根据总局“一体化”的建设思路,省国税局制定《安徽省国税系统金税工程建设规划》,构建集中、统一、安全、网络化的涉税信息综合应用体系,逐步实现“所有工作都上机,所有数据都入网,所有信息都共享,所有人员都会用,所有考核都量化”的应用目标,推动安徽省国税系统税收信息化建设朝着系统规划、规模建设、集中处理的方向发展,为金税工程三期建设打下基础。

第三节 信息系统应用

综合征管系统

1995 年,铜陵市国税局在全省率先开发出“铜陵市国税局税收征管信息系统”。合肥市国税局在借鉴无锡等地软件基础上,开发出基本满足征管改革需要的计算机征管软件。安庆、淮南、泗县等地根据征管改革的需要,自行开发部分征管软件模块。滁州、来安采用先进的光电录入系统,提高工作效率。

1997 年,安徽省国税局在马鞍山市局征管软件的基础上,梳理业务规程,规范操作流程,实现税务登记、发票管理、申报征收、统计查询等自动化处理,并在全省范围内进行推广。

1999 年,国家税务总局在全国各省、自治区、直辖市分别选择 1 至 2 个省辖市,试点中国税收综合征管信息系统(China Taxation Administration Information System,以下简称“综合征管系统”或“CTAIS”),安徽省芜湖、淮南两市被列为试点单位。

综合征管系统是以《税收征管业务规程》《市局级业务需求》和《国家税务总局

CTAIS 技术要求概要》为依据，由国家税务总局和联想神州数码公司共同开发，面向全国各级税务机关税收征收管理的应用系统。推行综合征管系统，有利于规范税收执法、推进依法治税，优化税收服务、提高服务质量。

2002 年，省国税局在芜湖、淮南进行征管改革和推行综合征管系统试点。制定加速信息化建设推进征管改革的实施方案，编制税收征管业务岗责体系。试点单位制定综合征管系统上线实施、数据准备、数据录入等一系列具体工作方案。试点单位开展大规模的数据采集和录入工作，共采集 1300 多万条数据，编制 1279 种代码，建立以市为单位的完全集中的数据分布模式。芜湖市于 2002 年 9 月 1 日成功运行综合征管系统，淮南市于 2002 年 10 月 1 日上线运行。

2003 年，经总局同意，省国税局决定采用省级数据集中的模式运行综合征管系统。安徽省国税系统税收征管软件有多个不同版本，平台偏低、功能不全，信息不能共享，监控能力不强，不能满足日常征管需要，制约税收业务建设和基层建设的发展。

安徽省国税局广泛调研、反复权衡、科学论证，在国家税务总局技术组的指导下，制定 6 个实施方案：应用实施方案、业务培训方案、数据准备方案、综合技术方案、压力测试方案和仿真演练方案。省国税局成立全省国税系统推行简化版综合征管系统领导小组，下设办公室，组成 5 个工作组，集中办公，具体负责综合征管系统推行工作。将推行综合征管系统作为全省国税系统压倒一切的中心工作，加强组织领导，确保综合征管系统以数据省级集中模式按时上线。

根据综合征管系统推行工作需要，设计 124 张数据采集模版，统一印制各种数据采集表 180 多万张，下发各地使用。全省共动员税务人员 1.2 万多人，历时近两个月时间，共采集 10 万多户纳税人的各类信息 4000 多万条。在数据录入阶段，全省组织 1300 多台计算机，动员 3000 多人进行数据集中录入，数据录入差错率低于万分之一，为综合征管系统如期上线奠定基础。

根据“先上线，后完善”的总体思路，按照规范上线的总体要求，组织人员，虚拟机构设置，梳理业务流程，编制一套符合综合征管系统上线需要的征管岗责体系，明确岗位人员职责，规范业务操作。

2004 年 4 月 1 日，安徽国税在全国率先以省级集中模式，成功运行中国税收征管信息系统。

6 月，系统文书流转模块运行。

9 月，芜湖、淮南两市征管数据并入省国税局。

10 月底，全省各级国税部门综合征管系统稽查模块全部上线，实现征收、管理、稽查、法制各部门的信息共享和分工协作。

综合征管系统成功上线，标志着省级集中模式的确立，为税收管理集约化和数据增值利用创造条件，为全国以省级集中模式推行中国税收征管信息系统提供成功经验。

2005 年，安徽国税运行的综合征管系统被总局定为“安徽版”，在 11 个省的国税系统推行。

综合征管系统,管理权限设定集中在省国税局,国税干部的权限、操作统一规范;从工作程序看,各征管环节都纳入软件统一管理,建立对应关系,加大对税收执法活动的监控力度;从涉税服务上看,税收征管流程更加规范,岗位责任更加明晰,办事时限更加明确,责任追究措施更加有力。

2005 年年底,全省国税系统使用税收综合征管系统的基层征收单位共有 178 个,纳入计算机管理的纳税户 42.3 万户,计算机当期处理纳税额 346.9 亿元。

办公自动化系统

1999 年,省国税局机关安装国家税务总局统一下发的办公自动化系统,建立税收法规库及局机关的电子文件传递系统。办公自动化系统由公文处理、档案管理和远程收发系统组成。

2000 年,推行办公自动化系统。在总结省国税局机关计算机公文处理系统运行经验的基础上,选择 10 个市(地)局进行试点。

2000 年年底,17 个市(地)局机关办公自动化全面推开,有 2 个市局实现与省国税局远程传递。

2001,全省实现所有县以上国税机关和部分市区分局办公自动化。

2002 年 6 月,全省系统完成办公自动化系统 4.0 版升级工作。通过应用公文处理软件,规范电子公文运转流程,提高办文效率和公文质量。

2003 年 1 月 1 日起,省、省辖市和县(市)局之间实行电子公文远程封发传递,基本取消机关内部收文环节纸质文件流转。

税收信息采集系统

随着增值税"一窗式"管理模式的推行、金税工程二期的完善与拓展,以及综合征管系统全省集中上线,传统的纳税人向税务机关报送纸质申报材料及其附表的方式,存在数据质量不高、征纳双方劳动强度大、办税效率低下、单项应用系统分别采集等问题,制约税收信息全面采集和增值利用。为解决上述问题,马鞍山市国税局从信息化进程的实际需求出发,从服务纳税人的角度出发,从信息综合应用的角度出发,开发出具有自主版权的纳税人端税收信息采集系统,免费提供给纳税人使用。马鞍山市国税局根据安徽省国税局的要求,完善该系统。

实践表明,通过该系统纳税人能准确快速地填报各类纳税申报表、财务报表、"四票"信息采集表和重点税源报表。

2005 年,省国税局在全省国税系统全面推行信息采集系统。9 月 1 日开始,首先在全省范围内对所有增值税一般纳税人推行。纳税人端税收信息采集系统,实现与综合征管软件、税务端"四票"采集汇总系统、重点税源管理系统、出口退税审核系统的对接。对法定需要纳税人报送的所有信息,可以一次采集、集中存储、共享使用,提高纳税人报送信息的质量和税务端信息的共享度,减轻征纳双方的数据采集工作量,其中,增值税数据采集量减少 39%。

企业所得税税源台账管理软件

1997 年 7 月,企业所得税税源台账管理软件研制成功,目的是全面掌握全省企业所得税税源变化情况。省国税局选择巢湖市含山县的 1 个税务分局开始试点工作。

1998 年年初,试点范围扩大到整个含山县所有管理企业所得税纳税人的分局,下半年,推广到整个巢湖地区。

1999 年,省国税局在全省范围内推广使用该软件。在全省企业所得税税源调查方面发挥作用。按季将全省国税系统管理的企业所得税纳税人的收入、成本、费用、利润、税款征收等数据录入台账软件,逐步建立起省国税局、市(地区)局、县市局、基层税务分局四级税源监控体系,能系统地反映企业登记、生产经营、纳税申报、税款征收(减免)、检查调整及欠税情况等,实现日常管理各个环节的有机连接。实现各级税务机关对本级纳税户相关涉税信息的查询,最终打印输出与本级税务机关有关的半年度税源报表和年度所得税汇算清缴表。

税收执法管理信息系统

2004 年 12 月 1 日,芜湖市国税局税收执法管理信息系统试点上线运行。芜湖市国家税务局为国家税务总局选择的税收执法管理信息系统 5 个试点单位之一。

2005 年 12 月起,安徽省国税系统依托省级集中的税收综合征管系统,全面推行税收执法管理信息系统。税收执法管理信息系统是充分利用税收信息化建设的成果,在反复实践、不断总结的基础上开发研制的集税收执法考核、执法监察为一体的税收执法管理软件。其中,执法考核子系统通过全过程监控日常执法行为、分析验证执法过程,着重解决税收执法人员“做得怎么样、做错了怎么办”的问题,目的在于建立以电子化评议考核为主、人工评议考核为辅的税收执法责任制评议考核模式,达到真正规范税收执法行为,不断提升执法水平的目的。执法监察子系统通过设立监察选项点,规范监察流程,提高监察工作的针对性和工作效率。

数据省级集中

2003 年年底,安徽国税局完成网络及硬件设备的升级和集中等硬件准备工作。

2004 年 4 月,实现综合征管系统的全省集中,为其他应用系统的省级集中提供信息基础和工作经验。

2005 年,对主流应用系统进行省级集中。

推行防伪税控系统的省级集中。从市级到省级集中,防伪税控系统面临服务器负载集中、数据并库、数据可靠性要求的提高等问题。本着节约原则,上收 2 台市级综合征管系统服务器,分别承担防伪税控的生产和查询工作。在并库的同时,规范全省的用户组和用户,将防伪税控中的用户和综合征管系统中的用户一一对应,以确保三大系统整合工作的顺利进行。在集中步骤上,将个别市局先集中在省国税局,取得经验后扩大到全省集中。在全省数据集中后的一个征期内,对数据库服务器和应用服务器进行全程跟踪和风险分析,以确保系统运行和信息的安全可靠。

推行出口退税系统的省级集中。通过调研、分析、了解,结合全省出口退税业务的实际情况,在省国税局设立一台服务器,将分散在各市的数据库进行合并。采用全省所有基层客户端远程登录访问的方式,对全省所有用户权限梳理后统一分配,实现总局统一的“出口退税审核系统”省级集中。拓展出口退税数据宏观分析和微观监控应用功能,为报表集中处理提供有利条件。

推行执法管理信息系统的省级集中。总局统一推行的“税收执法管理信息系统”一直是市级集中模式的版本。安徽国税实现综合征管系统省级集中,税收执法管理信息系统的后台设在省国税局,系统的后台安装、维护等工作也在省国税局。试点市局通过税收主干网访问省国税局服务器,直接将系统的运行模式提升到省级集中模式。省级集中模式下的用户权限、数据抽取和导入、岗责体系的修订、系统参数设置、模拟考核等作详细测试,提出省级集中版本的维护建议。从试点效果来看,基于省级集中模式下的税收执法管理信息系统,各项工作规范、合理、严格和缜密。

推行三大系统整合的省级集中。在总局要求三大系统整合的期限内,综合征管系统和出口退税系统已省级集中,而防伪税控系统仍是市级集中,两系统间数据传递存在问题。通过认真研究整合方案,对认证信息采取按市上传、集中传递、在出口退税系统一次读取的方法,解决两者间的数据对接问题。在防伪税控系统实现省级集中后,两系统之间实现数据的自动读取,从而实现真正意义上的三大系统省级集中模式的整合。

集中实现电子申报、缴款。安徽国税充分利用公共资源开展外部应用的起步,采用B/S方式,免费向纳税人提供服务,直接在省国税局与各商业银行联网,申报的同时划转税款。2005年,全省实行网上申报有7500多户,占应申报总户数的50%以上。

集中开通“12366”咨询热线。省国税局统一设置“12366”咨询热线服务内容,统一租赁电信系统“10000”语音平台,集中开通“12366”咨询热线。国税部门只需支付中继线路月租费,无需任何设备投入,便可实现纳税人在省内任何一个地方直接拔打“12366”咨询热线,话费按本地正常话费收取。至2005年,共为纳税人提供各类咨询70多万人次。

集中建立信息发布平台。在外网上建立短信业务发送平台,采集纳税人的手机信息,实现短信的群发,包括发送催报催缴提醒信息、通知通告信息、税法宣传信息等。

委托代售普通发票。2005年在全省范围全面推开,利用邮政系统信息化程度高,服务网点多的特点,委托邮政系统代售普通发票。邮政部门通过其业务系统,直接受理纳税人的购票申请,经邮政网络实时传递到国税机关,由综合征管系统审核后,向邮政系统发送是否卖票的指令,邮政部门再根据国税机关的信息办理发票发售手续。

开设网上办税服务厅。在省级集中的安徽国税门户网站中,设立互联网上的办税厅,纳税人足不出户,就可以在网上以全省统一的流程,统一的风格,统一的内容,办理开业登记、涉税文书申请、出口退税预受理等业务,接受个性化的涉税通知、涉税信息查询、在线咨询服务、个人信息管理等特色服务。通过统一网站链接或各自的域名访问当地国税部门的信息发布栏目，了解当地涉税信息。

2005 年 4 月，安徽实现全省出口退税数据省级集中，是全国较早完成该项工作的省份之一。退税数据集中前，18 个单位分散处理，多头维护，数据集中后一次接收，一次处理，集中维护，实时监控，退税管理方式实现突破。全面推广远程预审。在全省正式运行出口退税远程信息查询、下载、申报预审核系统，实现出口退税电子信息远程查询、下载和申报数据预审核功能。开发外贸企业辅助申报系统，通过使用该系统，减少企业办税员申报数据采集工作量 70% 左右。1996 年至 2005 年，通过网络版软件共审核退税单证 100 多万份、退税款近 40 亿元。

第四节　税务网站建设

利用全省统一的安徽国税门户网站和全省集中的外部信息交换平台，构建网上国税局，形成一个面向全省所有纳税人的“网上办税服务厅”，确保所有纳税人可以在任何时间、任何地点，借助任何一台连通互联网的电脑，办理纳税申报、专用发票认证、涉税申请等符合规定条件的涉税业务。国税机关也通过“网上办税服务厅”面向社会发布税收政策法规、提供涉税咨询和受理涉税举报等。

1999 年，省国税局作为安徽省“政府上网”工程的首批站点，开通“安徽国税信息网”，开辟 18 个栏目，并通过安徽省政府网站接入因特网。

2003 年年底，省国税局提出要把安徽国税网站建成“全国一流税务网站”的目标。

2004 年 2 月，省国税局明确专门部门负责网站工作，抽调人员组建网站工作团队，改造省国税局网站系统平台。省国税局从“实用性、经常性、合规性、可操作性”的角度，确定网站一期工程项目实施内容，具体概括为：一个平台——综合数据交换平台；两个网站——内部网站系统、外部网站系统；七个税务业务应用项目——行政中心税务登记，涉税文书申请受理，网上申报（申报、纳税、认证）系统整合，普通发票发售接口，出口退税申报审核，催报催缴与短信群发，个性化办税通知等。

10 月，省国税局新版安徽国税信息网（新版内网）网页正式上线运行，以税务工作人员为主要服务对象，主要版块有：首页、国税在线、新闻频道、税收手册、我的办公室、纳税人之家、税收视野等。开发的功能系统有：网站信息发布与管理、局长信箱、图片库、藏书阁、网上投稿、税法检索、论坛、嘉宾在线、站内消息、文章跟评、网站检索等。整合在省国税局网站平台的淮南、六安、巢湖等 3 个市局网站同期投入使用。

11 月，省国税局从各市局抽调近 20 名办税操作人员对部分网上业务子系统进行第一次性能测试。

12 月初，网上税收业务项目开发工作基本完成，组织各市国税局通过内、外网模拟环境对网上税收业务系统进行第二次性能测试。年底，全省各市局将内、外网站所有数据及权限管理系统整合进省国税局网站平台的工作基本完成。

2005年,建设网上国税局,打造网上办税平台。建成税务登记、涉税文书、网上申报(接口)、短信发送、通知通告、发票发售(接口)和出口退税申报审核七个网上办税功能模块。全年,网上业务系统共完成各类纳税人开业登记4910户、受理及办理各类文书申请7757份,完成进出口退税网上申报预审6941户次,发送各类短信息12万条,全年网上申报数量达到8.8万户,受理纳税人申报73.3万户次。

5月起,试运行出口退税信息查询、下载、申报预审核网上受理业务。网上办税厅出口退税业务涉及:纳税人上网查询专用发票信息、出口货物报关单信息。网上提供外贸企业"进货\出口明细输入"功能(生产企业"出口货物明细申报录入"功能)。

8月,省国税局开发的"网上办税业务系统",经过合肥市局试点,进入全省推行实施阶段。

9月1日起,全省国税系统上线运行"网上办税系统",在内网开设局长信箱、嘉宾在线、系统论坛、博客日志等栏目。在外网开设税法查询系统、纳税人之家、咨询栏、留言栏等栏目,为纳税人提供网络化的税法查询、涉税咨询等服务,加强网上税收宣传。

全年,内网访问总量200多万次,日平均5480次;外网访问总量41万余次,日平均访问量1126次。

第九章　税收计划会计统计

第一节　税收计划

税收计划是税务机关在一定时期内组织收入的预算设计和目标，是检查、考核税收工作的重要依据。

国税系统税收计划实行垂直管理，要求专人负责，各级国税部门根据本地实际确定1～2人专门负责。税收计划的分配和编制，坚持实事求是、积极可靠、留有余地的原则。省国税局根据总局下达的税收收入计划数，结合各地区（市）局编报的计划建议数，下达全年税收计划。各单位收到上级局下达的各项税收计划后，分解落实到基层征收单位。税收计划一经确定，即具有严肃性和稳定性，非国家政策发生重大调整或上级部门另有要求，一般不作调整。当地政府同时下达税收指导性计划。

各级国税机关根据不同时期的税收计划执行情况，召开不同形式的汇报会、分析会，由各单位或其基层征收单位直接向上级局汇报。在计划执行中，如遇税收政策变更、征管制度调整、税制改革或出现其它重大增减收因素而影响税收计划执行的，各单位应及时向上级局上报专题分析报告。

省、市、县国税局从事计划管理的人员应深入基层、重点税源企业进行调查研究，运用统计调查方法和先进科学技术，做好税收计划执行情况的分析检查，并制作计划执行情况分析报告。

省国税局按年对地、市国税局进行考核，市局按季分月对各县（市、区）局、城区分局计划考核，保持对税收收入进度的监控。以月保季，以季保年，确保顺利完成税收计划。此外，市局还实行计划管理综合考评制度。

计划任务

总局在每年年初下达税收计划任务。其后，总局会根据经济、税源等变化进行计划调整。

1994年度，国家税务总局分配安徽工商税收计划80亿元，按可比口径计算，比上年度增长10.2%。其中，中央级48亿元，地方级32亿元。其中，“两税”57.4亿元。

9月，国家税务总局下达安徽“两税”增长目标64.14亿元，比年初计划增加6.74亿元，全省工商税收任务达到86.74亿元（国税局任务达67亿元，占77.2%）。其中，中央级53.42亿元，地方级33.32亿元。

1995年，国家税务总局两次分配安徽国税系统工商税收任务共77.99亿元，比上年实绩增长10.2%。其中，中央级60.65亿元，增长10.3%；地方级17.34亿元，增长10%。“两税”计划73.2亿元，比上年实绩增长10.5%。

1996年度，国家税务总局下达安徽国税系统工商税收任务88.89亿元，其中，国内消费税、增值税两税收入任务为88.2亿元，比1995年实绩增长11.5%。下达国有企业所得税中央级收入计划2.51亿元。

1997 年度,国家税务总局下达安徽国税系统工商税收计划 105.56 亿元。“两税”收入任务 105.1 亿元,比上年实绩增长 7.9%。国有企业所得税中央级收入计划(含股份制企业所得税中央级收入)2.68 亿元。

1998 年度,国家税务总局两次追加任务后,收入任务达 131.33 亿元,比 1997 年增长 13.8%。

1999 年度,国家税务总局年初下达安徽国税系统收入必保任务 140.18 亿元,奋斗目标任务 141.57 亿元,比基数增长 8.5%,比上年实绩增长 4.6%。其中,“两税”必保任务 132 亿元,奋斗目标 133.3 亿元,比基数增长 8.6%,比上年实绩增长 4.5%。年初,省政府追加“两税”收入任务 2.7 亿元。

2000 年度,国家税务总局下达安徽国税系统税收任务 148.75 亿元,比上年实绩增加 8.4 亿元,增长 6%。其中,“两税”收入计划 141.78 亿元,比上年实绩增加 8.7 亿元,增长 6.5%。

2001 年度,国家税务总局下达安徽国税系统税收计划 151.9 亿元,比上年实绩增加 4 亿元,增长 2.7%。其中,“两税”计划 142.6 亿元,比上年实绩增加 4.4 亿元,增长 3.2%。

2002 年度,国家税务总局下达安徽国税收入计划 181.7 亿元,比上年实绩增加 11.9 亿元,增长 7%。其中,“两税”收入计划 158.48 亿元,比上年实绩增加 10.8 亿元,增长 7.3%。中央企业营业税 1.87 亿元,企业所得税 13.16 亿元,涉外企业所得税 1.835 亿元,储蓄存款利息所得税 6.35 亿元。

2003 年度,国家税务总局下达安徽国税系统税收计划 206.5 亿元,比上年实绩增长 7.5%,其中,增值税收入计划 144 亿元,比去年实绩增长 10%;消费税计划 38.88 亿元,比上年实绩增长 3%。

2004 年度,国家税务总局下达安徽国税系统税收计划 231.5 亿元,比上年实绩增长 7.2%,奋斗目标为 239.5 亿元,增长 11%。

2005 年度,国家税务总局下达安徽国税系统税收计划 308 亿元,比上年实绩增长 12%。其中,增值税 210.16 亿元,消费税 60.3 亿元。

计划管理

安徽国税系统改变过去由计统单一职能部门预测收入的传统,建立上下共同预测收入,上下联动的税收预测办法,以下级预测为主,及时反馈。改变过去集中在年年底预测收入的传统,建立按收入结构细化预测指标,建立征管预测批缓税款、退税管理部门预测免抵调库、计统部门在摸排经济税源的基础上统筹平衡的办法。建立月初预测本月税收、按日掌握税款入库、按旬摸排本月收入的办法。

1994 年,分析税收计划执行情况。按旬掌握收入进度,按月检查收入成果,按季分析收入情况,全面进行税收计划执行情况的检查分析。全年编制 12 册《税收收入进度表》,编发 2 期税收收入信息和 12 期《收入情况分析》,召开两次收入情况分析汇报会,分析收入情况,提出组织收入的意见和措施。

1998年,国家税务总局改革编制税收分配方法,由原先的“基数法”向“GDP税收负担率法”过渡。基数法是采用“基数×系数±特殊因素”计算公式进行计算的方法。GDP税收负担率法编制分配税收计划的基本公式:计划年税收计划数=计划年GDP计划数×近年税收负担率±特殊因素,是比较切合实际的税收计划分配方法。

2002年起,省国税局安排各市局编报税收收入计划建议数。上报的税收计划建议数作为省国税局分配下年税收计划的重要依据。

2004年,省国税局探索科学实用的税收预测方法,根据历年收入规律和税源发展变动趋势,运用数理理论和统计工具,研究建立科学、实用的税收预测模型。采取重点税源项目分析、线性回归分析等方法,运用逐月回归预测模型、经济增长模型等多种定性、定量分析预测工具,开展税种规模测算。当年,全省国税收入实绩比预计完成数仅多出425万元,预测偏差仅为万分之一。

2005年,把收入总盘子细化为当期应征、免抵调库、缓缴税款、延期申报、新欠入库、陈欠入库六个组成部分统筹考虑,并按职能分工,与税政、征管、进出口等职能部门积极沟通,详实掌握税源动态。通过努力,初步建立领导统筹、内部互动、上下联动、左右促动的税收收入新机制。当年,按月(12次)下达总量计划及免抵指标,科学调度收入。日常按旬、12月份分别按5日和1日掌握收入进度,以日、旬收入促月计划,以月计划保年目标,做到计划与税源联动,收入与经济协调,促进税收质量的提高和收入的可持续发展。

第二节　税收会计

税收会计是国家预算会计的重要组成部分,是税务机关核算税收收入,反映和监督税款实现、征收、解交、入库和提退情况的重要方法,其主要任务是正确记载税收征解和有关税金增减变化过程,按时编报会计报告,监督税款的入库和报解。

1994年,沿用《安徽省税收会计核算办法》(1988年执行),以基层税务所为一级核算单位,分预算科目、分乡(镇)核算税款入库数。

省国税局先后6次与省地税局联合发文,布置计会工作。承担省地税局暂时不能承接的工作,配合省地税局解决机构分设后的工作衔接问题,如税收计划的管理和分析,会统报表的编报和口径解释,税种分级收入的划分等。针对国税、地税征收范围、税种收入级次较为复杂的状况,设计“中央与地方收入划分一览表”,印发各地参照执行。

1995年,省国税局成立以副局长杨宪彭为组长,计会、征管、税政、稽查等部门负责人参加的税收会计改革领导小组。领导小组下设办公室,统一负责全省税收会计改革工作的组织实施。研究制订全省《税收会计核算办法及实施意见》。

全省各级国税机关相继成立税收会计改革领导小组和办公室,把税收会计改革列入年度税收工作要点,并作为考核各级局(所)领导政绩和工作业务的一项内容。在先进单位、文明税务所等考核评比中,实行“一票否决”:没有全面推行税收会计改革的县(市)局和税务所,取消评比先进单位和文明税务所的资格。

省国税局拓宽计算机应用领域,配合税收会计改革,建立会计核算软件模型。在全国国税系统首家成功使用电子信箱,解决信息传递过程中相关技术问题。对省国税局7个处室的50多种报表进行排队摸底,提出“统一编制,归口管理”的设想及意见。

6月1日,省国税局落实《关于税收会计和税收票证档案征管期限的通知》,规定税务统计月报表、季报表的保管期限为5年;税务会计年报表的保管期限为10年。

11月15日,省国税局印发《税收会计核算办法及其实施意见的通知》,规定核算单位类型、会计科目(总账科目、明细科目)、科目核算内容及使用方法、会计凭证、会计账簿、会计报表等内容。

1996年1月1日,国家税务总局全面推行税收会计改革工作。一是实行全面规范的纳税申报制度,建立应征税金核算体系;二是对应征、减免、滞欠、征收、入库、提退等税收业务活动进行全面核算、监督;三是由分税种、分级次核算,增加到分纳税户核算;四是采用借贷记账法,建立以税收会计为监控中心,以税收资金运动为监控主线的税收管理机制,将国税机关各部门、各环节、各方面的管理工作有机结合起来,综合管理,达到对客观经济税源进行全方位、多层次的全面监控。

省国税局为确保税收会计改革工作顺利进行,开展业务培训30多次,培训人员1700多人次,会计人员全部进行一次业务培训。

1996年,各地按照省国税局制定的税收会计改革达标验收标准,积极开展自查,逐级检查验收。省国税局在各地自查的基础上,确定“分步检查,统一验收”的原则,组织力量,历时4个月,分三批对全省146个县局级核算单位进行全面验收检查,并抽查442个基层核算单位。146个县局级核算单位全部通过验收。其中,优秀单位113个,占77.6%;合格单位33个,占22.4%。

1996年,为配合征管制度改革,全国税务系统推行税收会计制度改革。改革主要内容是:扩大核算范围,由原来的从征收数开始核算,改为建立以应征税金为核算起点的体系,对应征、减征、征收、入库、在途、提退、滞欠等税收业务活动进行全面核算和监督;增加明细核算内容,由分税种、以预算级次核算,增加到分纳税户核算;在记账方法上,由原来的收付记账法改为借贷记账法;各种会计统计报表一律由原来填写征收数改为入库数。1月1日起,执行国家税务总局《税收会计核算办法》。该办法对税收会计记账方法、会计科目、会计凭证、税收会计核算程序、会计报表作出统一规定。

根据《税收会计核算办法》,省国税局制定《税收会计改革实施意见》。全系统按照“独立核算、分级管理”的原则,独立进行税收会计业务的单位都是一级核算单位。其类型分为:省、地区国税局是税收会计的管理单位,不进行税收会计业务核算;县(区)国税局为入库单位;负责税收资金征收业务管理的分局、所为上解单位;负责乡镇级以下收入的征收入库业务管理和县级以上收入的征收、上解业务管理的税务分局、所为混合业务单位；市国税局直属分局按其管理的业务属性，适用双重业务单位；税务分局下设的税务所或征收科（组）为报账制单位，由分局统一核算；凡直接征收税款或罚款的税务稽查机构、税务检察室、发票管理部门，以及委托代征单位、扣缴义务人等为报账制单位。报账制单位进行税收资金的单式登记、核算。

1997年，为更好适应税收征管改革，规范税收会计、统计基础工作，省国税局印发《安徽省国税系统税收会计、统计业务规程》。规定了适用对象、业务内容和业务规程，明确职责范围，规范工作行为，整顿工作秩序，初步解决征收分局内部、征收分局与稽查分局之间、征收分局与主管局之间的资料传递、业务衔接、范围划分等问题。

1999年，国家税务总局对《税收会计核算办法》进行修订和完善，制定《税收会计制度》。制度规定了税收会计的核算对象、核算单位和记账方法。国家税务总局统一规定总账科目名称、编号、核算内容及其使用方法，各地不得自行变更，省级以下各级税务机关必须严格按照规定设置和使用会计科目。税收会计凭证按其填制程序和用途分为原始凭证和记账凭证；原始凭证又分为应征、减免、征解、入库、提退和其他凭证。会计账簿设置总分类账、明细分类账、日记账、辅助账。各核算单位和汇总单位应按期向上级税务机关编报税收资金平衡表、应征税金明细报表、入库税金明细报表等10类报表。

针对税收会计工作中存在原始凭证报送不全、不及时和核算不实、报表虚假等问题，省国税局制定若干补充规定。对税收会计原始凭证的传递和会计账簿的登记、会计报表的编报提出明确要求：会计核算对象所涉及的税收业务，必须在税收业务发生时填制或取得合法的会计原始凭证，由核算单位各凭证受理部门于填制或收到凭证的次日送交会计机构或会计人员。各核算单位对所有实际发生的并引起税收资金运动的税收业务，必须如实、及时地进行会计核算，不得伪造、变造会计凭证、会计账簿，报送虚假的会计报表。

2001年，省国税局执行国家税务总局《欠缴税金核算管理暂行办法》，对欠缴税金的分类确认、会计核算和追缴清理进行严格管理。在“待清理呆账税金”总账科目下，增设“关停企业呆账税金”“空壳企业呆账税金”“政府政策性呆账税金”“其他呆账税金”四类明细科目，在“待征”类总账科目下，增设“未到期应缴税款”“缓征税款”“往年陈欠”“本年新欠”四类明细科目。11月，执行国家税务总局修订后的《欠缴税金核算方法》。对2001年5月1日前发生的欠缴税金，单设账外科目专项核算反映；在“应征”类科目下增设企业注册类型明细科目。

12月，执行国家税务总局《关于呆账税金清理和滞纳金核算等有关事项的通知》，要求在2002年3月底前对呆账税金清理核实完毕。

2002年，对于在2001年5月1日以后发生的欠税应缴未缴滞纳金不纳入应征数核算，在账内单独设置“应缴未缴滞纳金登记簿”，以辅助账方式分户、分税种专门核算反映新征管法实施后发生的欠税滞纳金的应征、已征和按规定核销情况。其账页设置和登记方法与原账外“应缴未缴滞纳金登记簿”类似,2003 年纳入应征数核算。

2002 年 7 月起,执行国家税务总局《代征代扣税款会计核算问题的通知》,将代征代扣税款纳入会计核算。各入库单位和双重业务单位设置“代征代扣税款登记簿”,下设“代扣代收”“委托代征”明细科目,以辅助账形式分税种登记反映代征代扣税款征收情况。

2004 年 2 月,省国税局与财政部驻安徽省财政监察专员办事处、省地税局、中国人民银行合肥中心支行、合肥海关联合印发《财政部驻安徽省财政监察专员办事处实施中央税收收入监督管理操作规程》,商定每月 15 日报送中央税收收入相关数据资料,建立各单位工作联席会议制度,按月、季、年进行中央税收收入对账。

3 月,执行国家税务总局《关于调整企业所得税会计核算内容有关事项的通知》,各入库单位和双重业务单位在“入库”类总账科目下设置“入库企业所得税登记簿”,分设“企业所得税”和“外商投资企业所得税”两类明细科目,每类科目下均分设“预缴”“汇算清缴”“缴纳以前年度欠税”三个栏目,调整税收会计统计月报表和税收电月报相关项目。

4 月,执行国家税务总局《关于调整查补税金会计核算事项的通知》,各入库单位和双重业务单位《应征和入库查补税金登记簿》的“应征查补税金”科目下增设“税务稽查查补”“税务其他查补”和“外部门查补”三类明细科目,“入库查补税金”科目下除上述三类明细科目外,另增设“稽查分级次入库税金”明细科目。同时调整税收会计统计月报表和税收电月报相关项目。

对税收会统操作和数据修改反馈流程进行规范,将会统核算方式由分级核算改变为省国税局统一核算,报表编制方法由层层汇总上报改变为省国税局集中生成,建立“统一核算、集中生成、分级查询”的税收会计核算新模式。

9 月,省国税局制定《安徽省国税系统 CTAIS 会统数据质量考核暂行办法》,明确“前台操作要规范、技术支持要到位、业务覆盖要全面”的防错纠错要求。建立完善数据质量考核体制,引入激励机制,将会统数据质量与前后台人员的奖励挂钩,保证数据的真实性和完整性,降低综合征管系统运行风险。推进税款缴库方式改革。确定芜湖为试点单位,探索税收电子缴库模式,实现税票销号的自动化、税款报缴的一体化、税库对账的电子化,达到财、税、银、库和纳税人五方面满意。

第三节 税收统计

税收统计是社会经济统计的组成部分,基本任务是按照统一的工作制度和工作方法进行统计调查、统计整理、统计分析,提供税收统计资料,实行统计监督,反映经济税源发展变化情况和税收政策的实施效果,为研究制定国家税收政策、编制和检查税收计划服务。

税收统计报表包括税源报表、税收报表和税政报表三个基本内容。税源报表根据纳税申报表、税收缴款书和征收清册等整理、汇编，反映税款来源和发展变化，是税收统计的主体；税收报表根据税收会计账簿资料整理编制，用以反映各项税收收入的解缴入库情况；税政报表用以反映税务机关干部状况、税收票证管理、减免税收以及纳税户增减变化等情况。

税收统计报表种类，在不同时期随税制变化而有不同的规定。实行复税制时，报表种类相应增加；实行单一税制时相应减少。1996 年税收统计报表共 13 种，2004 年增至 14 种。

税收统计要求报表种类、指标口径、计算方法、预算级次、报表表式和计算机参数文件等，必须严格遵守规定，如实填报，不得擅自修改，做到"资料完整、数字准确、口径统一、报送及时"。

1994 年，全年共审核编制会计统计月报表 2880 张，年报 380 张，报表质量稳定。获 1993 年度全国会统年报质量评比二等奖。

1995 年 2 月 25 日，省国税局印发《安徽省国家税务局系统统计会计报表报告竞赛评比办法》。规定竞赛对象为计会部门，竞赛范围为：各种税收计划、会计、统计、票证、报表；各种定期的税源调查报告、统计分析报告；会统报表的会审、汇编工作。办法还规定了评比办法、记分标准和依据。

1995 年，计会统报表实现优质快报。开展全省自上而下的计会统报表、自下而上的会计统计报表会审会编工作和"优质快报"竞赛评比活动，推动会计统计工作向"报送及时、口径一致、内容完整、资料准确"的总体目标迈进。省国税局共编报的 12 种会统月报表（共 2328 张）和 7 张会统年报表，涉及 65 万个指标。报表基本无差错，受到国家税务总局的肯定。

各市向省国税局共报送税收收入情况报告 192 份，税收电旬报、五日报和电月报 620 多份（次），税源调查报告 41 份，统计分析报告 25 份。从不同侧面及时、客观、准确地反映全省经济税源的组成结构、总量规模、发展动态及其规律。密切财、税、库三家的工作联系，协调工作关系，按照税收征管范围，国库条例及税收会统计指标口径的分类，严格税款的征收、解库、提退工作，抓好税收收入对账，确保财、税、库三家数字的一致性。

1996 年，各地向省国税局合计报送电旬月报 576 份，收入快报 192 份，税收收入简报 192 份，经济税源调查报告和统计分析报告 75 份，反映税收收入情况及动态发展规律。

1997 年 4 月，省国税局制定《安徽省国税系统税收计会统报表报告竞赛评比办法》。明确评比范围（各地区（市）局）、评比内容及基本分（包括税收计划 40 分，税收会计、统计 45 分，税收票证 15 分）、扣分标准、计分依据。于当年 1 月 1 日起执行。

1998 年 3 月，省国税局根据《安徽省国税系统税收计会统报表报告竞赛评比办法》,组织对1997年全省税收计会统报表报告“优质快报”竞赛活动进行总结评比,评选出6名综合奖单位和5名单项奖单位,并予以通报表扬。

2000年,省国税局制定《安徽省国税系统计会报表报告“优质快报”竞赛评比办法》。竞赛评比内容包括税收计划、税收会计统计、税收票证、重点税源监控、年度计会工作总结。竞赛评比分为综合评比和单项评比,综合评比以扣分较少的前3名为优秀单位,单项扣分最少的为优胜单位,省国税局对评比优秀、优胜单位予以通报表彰。于当年1月1日起执行。

2002年1月,省国税局执行国家税务总局、中国人民银行《关于所得税收入分享改革后有关预算管理问题的通知》,省国税局征收的企业所得税和个人所得税按规定属地方分享部分,作为省级财政收入,就地缴入省国库。

2004年,延伸税收分析层次,以税收负担率和经济税收弹性等指标为基础,借助数理统计工具,深入研究经济和国家宏观调控政策的税收效应,同时通过分析税收结构变化、税收政策执行效果,客观评价税收对经济的调节作用。全年撰写及布置指导的增减收因素分析文章共计20余篇,经济税收相关关系分析文章5篇,质量及数量较2003年均有一定提高。

省国税局为适应新的核算形式,从税收会统工作流程操作、数据修改反馈情况、税收会统报表质量三个方面进行考核。

全年,省国税局受理CTAIS运行问题提交单300余份,答复各类问题1000余个,审核上报各类报表5000余份,编报经济及税收指标50余万个,各类报表报送无差错,总局对此充分肯定。

2005年1月1日,车辆购置税划归国税部门征收后,省国税局对83个征收单位近10年的征收台账和统计年报表进行检查、归集,确保会统核算资料体系完整。

11月1日,实施《安徽省国家税务局系统税收分析工作管理办法》。省国税局根据国家税务总局要求,明确税收分析的任务、原则,分析制度,职责及分工,考核及奖惩内容。

税收分析预测方面,建立计统部门侧重收入执行情况和税收与经济相关关系分析,税政、征管、稽查部门侧重政策、管理等因素分析的新机制。全年5000余份各类报表、40多万个经济和税收指标无差错,荣获2004年度总局会统报表质量评比优秀等次。

根据组织收入工作发展要求,省国税局采取宏观和微观相结合,定性和定量、静态和动态相结合的分析方法,依托349户重点税源监控资料和42户行业骨干企业生产经营税收资料,按月生成重点税源企业和行业骨干企业报表,借助报表资料,系统分析行业税负、征收率等经济税收指标,从微观角度动态观察宏观政策调整产生的收入效应和各地区、行业税源税收波动情况,为科学预测税源提供第一手资料。相关调研文章《关于税基的计量分析及其在税收收入预测中的应用》在省国税局《税收研究报告》中发表,并入选2005年度《中国税收报告》专家篇。

第四节　税收票证

税收票证是国税机关组织税款、费用及滞纳金、罚款等各项收入(以下统称税款)时使用的法定收款和退款凭证。基本要素包括征收单位名称、开具日期、纳税人名称、纳税人识别号、税种、税目、金额、税款所属时期等。税收票证管理(种类)随着经济的发展和征管改革的深入不断变化。

1994 年,执行国家税务总局《关于检发税收票证统一式样的通知》,统一 21 种税收票证和章戳的使用范围、格式、尺寸、编号方法、印制权限和印制要求及主要栏目的填写要求等。

为适应税制改革需要,省国税局做好新旧税票的衔接使用工作,印制新版税收缴款书、完税证,并与财政、银行等单位联合发文,对新版税票的使用作出解释。及时做好税收票证的印制、发送工作,全年共印制各种税票 850 多万份。发现票证案件,及时查清处理,全年核查票证损失案件 21 起,核实材料 51 份,核销票证 400 多份。

1995 年,税收票证包括税收缴款书、出口产品专用缴款书、固定资产投资方向调节税专用缴款书、税收汇总专用缴款书、税收完税证、代扣代收税款凭证、税收罚款收据、税收收入退还书、小额税款退税凭证、出口产品完税分割单、固定资产投资方向调节税零税率项目凭证、税票调换证、纳税保证金收据、印花税票销售印证、车船使用税完税和免税标志、印花税票、税收票证监制章、征税专用章、税收戳记和税讫专用章。

同年,省国税局制定《安徽省国税系统税收票证管理办法》。明确税收票证的种类及使用范围、管理及奖罚;明确账簿、报表、报告内容;明确规定税收票证的领发、保管、填用、结报缴销、作废、停用、盘点、损失处理、核算及检查等各个环节管理。采用行政手段、经济手段相结合的办法强化管理。

省国税局按照票证审核的四审制度(专管员自审、分局所长抽审、会计复审和县市局会审),清理税票管理历史积案,销毁停用作废税票和超期保管档案。

开展税收票证管理情况的检查、清查、兑换工作。全省清查税票 50 多万份,清点持票人员 1.7 万多人(包括代征单位和代征员、协税员)。县(市)局全部开展自查;抽查 300 多个税务分局、所,抽查面在 30% 以上;省国税局直接抽查 8 个税务分局、所,清点税票 5000 多份。

1996 年 1 月 1 日,统一全省税收汇总专用缴款书、税收收入退还书、小额税款退税凭证、税收罚款收据、纳税保证金收据等 5 种税票的印发使用等管理工作。

4 月 1 日,制定专用税票制度,执行国家税务总局出口货物恢复使用增值税税收专用税票制度,明确专用税票使用范围,健全领、销、存手续。要求开具专用税票的供货企业在销售出口货物给出口企业和市县外贸企业时,须向主管征税的税务机关提供购货方的营业执照(副本)复印件,主管征税的税务机关要对此进行严格审核,确认为出口企业的,为其开具专用税票。

4月17日,省国税局落实国家税务总局《关于调整税收征管范围后有关税收计划会计统计处理事项的通知》,规定固定资产投资方向调节税专用缴款书、零税率凭证和车船使用税标志,由地区(市)局集中收缴、销毁。印花税票集中上交省国税局后集中移交省地税局。

1997年,省国税局制定实施《税收票证工作规程》,明确工作内容、管理方法和业务流程,制定全省《税收票证处理软件程序》。

开展税收票证检查,检查持票人员4403人,查验空白税票100多万份;省国税局重点抽查53个分局,抽查持票人员424人,清点税票1万多份。通过检查,发现有问题人员190人,压票2461份,压结税款13.85万元,挪用1.3万元。

5月,实施《安徽省国税系统计算机专用税票管理暂行办法》,明确计算机专用税票种类及使用范围,专用税票的设计、印制、领发、保管、使用、核销、作废、停用和长短处理,丢票、丢款、毁损票款的核销,专用税票管理的奖励和处罚,专用税票账簿、报表、报告。

1998年7月1日,执行新的《税收票证管理办法》和新的《税收票证统一式样》。规定税收票证共分为十五个大类,其中,国税系统使用的有十四个大类。

同年,制定《安徽省国税系统税收票证管理实施办法》,明确税收票证的印制、领取、使用、保管、销毁等内容。

1999年1月1日,启用微机专用税收汇总缴款书。主要用于税务机关自收现金税款、基金、费用及滞纳金和罚款,以及委托代征代售单位(个人)代征税款、基金、费用及滞纳金后,向银行汇总缴款时使用的一种微机专用缴款书。

7月1日,执行《国家税务总局关于核发税收票证统一式样的通知》,停止使用税收通用缴款书。纳税人直接向银行缴纳、扣缴义务人代扣代收税款后向银行汇总缴纳的税款、基金、费用、滞纳金、罚款等各项收入,开具微机专用税收缴款书。税收收入退还书、税收罚款收据、代扣代收税款凭证、税票调换证和税收(汇总专用)缴款书等停止使用,启用新版税票。

2000年3月,省国税局决定从2000年5月1日起启用税收转账专用完税证,该凭证是纳税人采用信用卡(或磁卡)、支票和电子结算等转账结算方式缴纳税款、基金、费用及其滞纳金、罚款等各项收入时使用的完税凭证。

2000年9月,省国税局根据总局《关于开征车辆购置税有关税收票证问题的通知》,明确各地征收车辆购置税时,应根据纳税人税款缴纳方式的不同,分别使用税收通用完税证、税收转账专用完税证和税收通用缴款书3种税票。鉴于本省税收通用缴款书已停止使用,使用微机专用缴款书。

2002年6月,省国税局对1998年制定的《安徽省国税系统税收票证管理实施办法》进行修订和完善,对税收票证的概念、种类和使用范围、各级税务机关的职责、税收票证的设计、印制、领发、保管、填用、结报缴销、作废、停用、盘点、损失处理、核算及检查等各个环节作了明确规定。

根据纳税人缴款方式和票证作用的不同,国税系统使用的税收票证有以下种类:

(一)税收票证种类

1. 税收缴款书类。包括税收通用缴款书、税收(汇总专用)缴款书、税收(出口货物专用)缴款书等。

2. 税收完税证类。包括税收通用完税证、税收定额完税证和税收转账专用完税证(含税收电子转账专用完税证)等。

3. 其他。包括税收收入退还书、税收罚款收据、代扣代收税款凭证、当场处罚罚款收据、小额税款退税凭证等。

(二)列入税收票证管理的其他凭证和章戳

1. 列入税收票证管理的其他凭证。包括出口货物完税分割单和税票调换证等。

2. 列入税收票证管理的章戳。包括税收票证监制章、征税专用章、退库专用章、车购税征税专用章和车购税退库专用章等。

税收票证种类及使用范围

表9-1

票证税类	使用范围	备注
(一)税收通用缴款书	纳税人直接向银行缴纳及扣缴义务人向银行汇总缴纳税款	
(二)出口货物税收专用缴款书	纳税人直接向银行缴纳出口货物增值税、消费税的	国家税务局系统专用
(三)固定资产投资方向调节税专用缴款书	纳税人直接向银行缴纳固定资产投资方向调节税的	现已暂停收取
(四)税收汇总专用缴款书	税务机关自收现金税款以及代征代售单位(人)代征税款后,向银行汇总缴款时使用的	
(五)税收通用完税证	税务机关和代征单位自收现金税款时使用的	
(六)税收定额完税证	税务机关和代征单位征收屠宰税、临时性经营等流动性零散税收时使用的一种票面印有固定金额的现金收款凭证	
(七)税收转账专用完税证	纳税人采用信用卡(或磁卡)、支票和电子结算等转账结算方式缴纳税款	
(八)代扣代收税款凭证	扣缴义务人向纳税人扣收税款、费用时使用的	

续表 9-1

票证税类	使用范围	备注
(九)税收罚款收据	纳税人或扣缴义务人发生税务违章行为,由税务机关依法处以罚款,事后以现金向税务机关缴纳罚款时使用	
(十)当场处罚罚款收据	纳税人或扣缴义务人发生税务违章行为,由税务机关依法处以罚款,并当场以现金向税务机关执罚人员缴纳罚款时使用	
(十一)税收收入退还书	税务机关依照税法及国家有关规定,将已征收入库的税款从国库退还给纳税人、扣缴义务人和代征代售单位及税务机关办理税收提成时使用	
(十二)小额税款退税凭证	税务机关从自收现金税款中退还限额以下的纳税人多缴税款时使用	
(十三)列入税收票证管理的其他凭证及章戳	1. 出口货物完税分割单。2. 税票调换证。3. 固定资产投资方向调节税零税率项目凭证。4. 纳税保证金收据。5. 票证专用章戳。	
(十四)国家税务总局、省级国家税务局和地方税务局规定列入税收票证管理的其他各种票证及章戳。		

2001 年 10 月 25 日—11 月 20 日,省国税局在全省范围内抽调 18 名业务骨干,组成 6 个检查组,对全省 17 个省辖市局进行一次税收票证专项大检查。共检查税务分局 34 个,持票人员 256 人,清查各种税票 50 多万份,兑换税票 3.7 万份,发现压票 0.2 万份,压款 35.3 万元,混库 8.4 万元。

2002 年 3 月 12 日—20 日,省国税局组织 6 个检查组,对全省 2001 年度的税收票证领发、保管、填用、结报、缴销、作废、损失等方面进行重点检查,共检查 17 个市区分局和 17 个县城关分局,清点各种税票 50 多万份,抽查持票人员 256 人。检查发现存在领发管理不够严格,税票填用质量不高,缴销程序不规范,票证保管存在隐患,压票压款尚未杜绝等问题,并要求对发现的问题及时进行整改。

2003 年 4 月,省国税局启用税收定额完税证。该证是有固定面值的税收票证,票面金额分为一元、二元、五元、十元、二十元、五十元和壹佰元等 7 种,主要用于屠宰点代征增值税、国税机关和代征单位征收临时性经营等流动性零散税收。

2005 年,共印制各类税票 192 万份,实际支付费用 48.2 万元,比 2004 年预算减少 101.8 万元,下降 67.9%,比 2004 年实际支付费用减少 89.02 万元,下降 64.9%。科学制定送票计划,在统筹考虑各地用票量的基础上,按时发送各类税收票证。全年共发车 100 多车次,送票 230 余万份。

2005 年,车辆购置税由交通系统移交国税局征收,国税系统印制车购税缴税凭证、退税凭证和车购税征税专用章等税收票证。对其中的缴、退税凭证视同现金严格管理。

第十章　综合管理

第一节 干部管理

1995年5月,印发《安徽省国家税务局系统垂直管理暂行办法》。全省国税系统在人员编制、干部管理等方面实行垂直管理。地区、省辖市国家税务局副县(处)级以上干部由省国家税务局管理。地区、省辖市国家税务局按照分级管理、下管一级的原则,制定本地干部管理办法。各级国家税务局正副局长级干部实行委任制,其他人员实行委任制或聘任制。上级税务机关发现下级税务机关任免干部不当时,有权纠正或者撤销其决定。全省国税系统干部的奖惩工作,按干部管理权限由各级国家税务局人事部门负责实施。全省各级国税机关分层次建立后备干部队伍,做好后备干部的选拔、培养、锻炼和使用工作。全省国税系统实行干部交流制度,省国家税务局管理的干部在全省范围内交流,其他干部由其所在的国家税务局按照干部管理权限进行交流。对直接从事税收征收管理工作的人员,实行岗位轮换制度;轮换时间根据岗位的不同,由各地确定。全省国税系统的离退休人员,由所在单位按照统一规定管理。

班子建设

1995年4月,省国税局印发《关于加强地区(市)国家税务局领导班子建设的意见》,提出把地区(市)国家税务局领导班子建成政治坚定、业务精通、廉洁务实、精干高效的领导核心。

同月,省国税局下发《关于建立地区(市)、县国家税务局领导班子后备干部制度的意见》,要求各地尽快建立领导班子后备干部队伍;下发《关于建立和完善地区(市)国家税务局领导干部选拔任用工作制度的意见》,明确地区(市)国家税务局领导干部选任原则、选任条件、组织纪律和民主推荐、考察酝酿、讨论决定、辞职降职的具体程序。

5月,省国税局下发《地区(市)国家税务局领导干部管理试行办法》,明确地区(市)国家税务局处级领导干部的任职条件、选拔程序、考核评价、交流、培训等规定。

10月,省国税局下发《安徽省国家税务局党组关于抓紧培养选拔优秀年轻干部的意见》,提出经过三至五年的努力,各级国家税务局力争有一批30、40岁左右的优秀年轻干部进入领导班子;为保持领导班子年龄结构合理,领导干部可以转任非领导职务。

1996年1月,省国税局下发《中共安徽省国家税务局党组议事暂行规则》,规范党组议事范围和程序。

1997年,省国税局对池州地区国税局领导班子进行全面考核;考察调整淮北、滁州等3个地区(市)局领导班子。

1998年,省国税局对淮北、阜阳、亳州、滁州4个市局和省税务干部学校领导班子进行全面考核。考察任命宿县、淮北、滁州3个地区(市)局局长。按照省政府的统一要求,接管亳州市国税局领导班子。

1999 年,省国税局对全省 16 个市(地)国税局和省税务学校领导班子进行考核,有重点地对马鞍山、宣城 2 个市(地区)国税局班子进行全面考核。

2000 年 9 月,省国税局下发《关于认真贯彻执行中纪委、中组部〈关于改进县以上党和国家机关党员领导干部民主生活会的若干意见》的通知》,各市(地区)局党组民主生活会由一年召开两次改为一年召开一次,详细规定民主生活会的内容、形式和步骤,建立健全民主生活会制度。省国税局对 9 个地区(市)国家税务局领导班子进行调整充实,调整数量占地区(市)国家税务局领导班子总数的 52.9%。重新任命马鞍山、黄山、宣城、亳州等 4 个地区(市)国家税务局局长。

2001 年,安徽省国税系统组织开展机构改革定编定岗和人员分流工作。改革后,全省 17 个市局领导班子的平均年龄为 46.5 岁,比改革前下降 1.8 岁;"一把手"平均年龄为 47.1 岁,比改革前下降 3.1 岁。具有大学专科以上学历的占 98.5%,比改革前上升 2.4 个百分点;具有大学本科以上学历的占 51.6%,比改革前上升 1.2 个百分点。全省 62 个县(市)局领导班子的平均年龄为 37.1 岁,比改革前下降 1.6 岁;具有大专以上学历的占 80.9%,比改革前提高 1.1 个百分点。

2002 年,省国税局对合肥、蚌埠等 12 个市局领导班子及其领导干部进行全面考核;对巢湖、安庆等 16 个市局领导班子成员进行调整补充,调整数量占全省 17 个市局班子总数的 94.1%。

2003 年,省国税局对 8 个省辖市局领导班子进行调整,占省辖市局班子总数的 47.1%。其中,调整省辖市局"一把手"4 人,补充班子成员 8 人,改善省辖市局班子结构。

2004 年,省国税局对 9 个市局班子进行调整、配备,调整数量占省辖市局总数的 52.9%,其中调整、配备市局"一把手"6 人。

8 月,省国税局印发《中共安徽省国家税务局党组关于加强自身建设的决定》《中共安徽省国家税务局党组议事规则》,加强党组的各项建设,规范党组议事程序。

10 月,省国税局印发《安徽省国税系统领导班子建设工程规划》,明确班子建设具体实施目标,规范后备干部管理。提出:到 2006 年,各市国家税务局应形成以 50 岁以下干部为主体的梯次配备,其中 45 岁左右的干部应占较大比例,35 岁以下的干部至少要有 1 名;县局领导班子应形成以 45 岁以下干部为主体的梯次配备,其中 40 岁左右的干部应占较大比例,30 岁以下的干部至少要有 1 名。

按照"把老同志安排好,把中年同志使用好,把年轻同志培养好"的思路,有计划、有步骤地推行以竞争制、限龄制、任期制、转任制、交流制等五项制度为主要内容的干部人事制度改革。一是完善竞争制。市、县国家税务局领导职位出现空缺,除各市国家税务局党组书记、局长、纪检组长以外,一般以竞争上岗的方式予以补充。二是试行限龄制。市国家税务局领导班子成员任职的最高年龄,正职不超过 57 周岁,副职男不超过 55 周岁、女不超过52周岁；县国家税务局局长任职的最高年龄，男不超过53周岁、女不超过52周岁；新任市、县国家税务局局长的年龄，一般分别不超过48周岁、45周岁。三是试行任期制。担任市、县国家税务局领导职务，在同一单位同一职位上的最长任职时间，正职不得超过8年，副职不得超过12年。四是试行转任制。担任市、县国家税务局领导职务，达到最高限龄或最长任职时间（不含提拔交流）的，转任同级非领导职务，其中符合晋升上一级非领导职务任职资格条件的，经考察批准可晋升上一级非领导职务。五是扩大交流制。市、县国家税务局领导班子中交流干部人数，一般应不少于2名。新任市、县国家税务局局长和纪检组长，一律实行异地任职。对在同一领导职位上达到最长任职时间且符合交流条件的干部，也可安排交流。

同月，省国税局印发《安徽省国家税务局系统副处级后备干部管理办法（暂行）》。

10月—12月，省国税局在全省国税系统范围内选拔20名35岁以下副处级后备干部、66名30岁以下副科级后备干部。

2005年，省国税局按照《安徽省国税系统领导班子建设工程规划》，调整、交流、补充市局主要负责人7名，通过竞争上岗的方式补充16个空缺的副处级领导职位，集中选拔和易地交流任职8名市局纪检组长。对部分市局领导班子成员进行内部职位转任。

选拔任用

全省国税系统按照德才兼备、任人唯贤、群众公认、注重实绩，公开、平等、竞争、择优，民主集中制和依法办事的原则，按照规定程序选拔、任用干部。

1994年，省国税局组成8个考察组，对16个地区（市）国税局领导班子成员进行民主测评、推荐，按程序任命地区（市）国税局领导班子成员63名。

1995年，省国税局组成9个考察组，41次分赴14个地区（市）考察干部54人，任命副县级以上干部48人。

1996年，省国税局调整充实蚌埠、芜湖、六安等5个地区（市）国家税务局领导班子，任免副县级以上干部24名，1名处级干部由领导职务转任非领导职务。全省有12个地区（市）国税局配备45岁以下干部21人。

1997年2月，省国税局下发《关于基层征管、稽查分局调整领导干部配备问题的通知》，提出在配备基层征管、稽查分局领导干部时，引入竞争机制，通过竞争上岗的办法，将政治业务素质好、有组织领导能力、实绩突出、群众公认、具有现代管理知识、能尽快适应新的工作要求的优秀人才选配到领导岗位上来。

3月，省国税局下发《安徽省国家税务局关于基层税务机构领导职位实行竞争上岗的意见》，对竞争上岗的总体要求、实施范围、资格条件、基本程序、组织领导作出具体规定。全省16个地区（市）共2447人报名参加481个科、股级职位竞争，竞岗比例为5：1；竞争上岗的职位占基层领导职位总数的22%。

1997 年,省国税局派出 11 个考察组,对六安、芜湖等 14 个地区(市)局 43 名干部进行考察,提拔任命副县级以上干部 39 人,对 9 个地区(市)13 名县处级干部办理转任手续。

1998 年,省国税局组织开展全省国税系统副处级领导干部竞争上岗工作,选拔 7 名副处级领导干部。全系统 324 名干部报名,258 人经审查符合条件参加笔试,70 人入围参加面试,35 人被确定为考察对象,7 人分别被任命为省国税局征管处副处长、稽查分局副局长及淮北、滁州、宿县、六安、池州 5 市(地区)国税局副局长。

3 月—4 月,省国税局根据国家税务总局统一部署,组织开展享受政府特殊津贴人员选拔工作。

1999 年 1 月,全省国税系统开始实行领导干部任职试用期制度,对新提拔的干部实行一年试用期。

3 月,省国税局下发本级管理干部职务名称表。

11 月,省国税局下发《安徽省国家税务局系统国家公务员非领导职务管理暂行办法》《安徽省国家税务局系统国家公务员职务升降管理暂行办法》。

1999 年,全省国税系统共考察任命处级干部 26 名,科级干部 163 名。

2000 年 10 月,省国税局下发《安徽省国税系统领导干部任职试用制暂行规定》。适用对象包括:由安徽省国家税务局负责管理的各地区(市)国家税务局局长、副局长、纪检组长、总经济师、总会计师,安徽省国家税务局机关及所属单位非经选举产生的处级、副处级领导干部。晋升为非领导职务和平级调动任职的,不实行任职试用制。

同年,省国税局机关组织开展机构改革定编定岗和人员分流工作。改革后,安徽省国家税务局机关 45 名处级干部中,35 人留任原职,3 人交流任职,2 人转任非领导职务,4 人提前离岗,1 人退休;86 名科以下干部中,66 人留任原职,14 人晋升为副主任科员,6 人交流任职,1 人回避任职。改革中,参加定岗的人员 100% 参加民主测评,处级领导干部实行竞争上岗,非领导职务干部在双向选择的基础上安排上岗。

2001 年 4 月,省国税局开展安徽省税务学校副校长、校长助理职位竞争上岗工作,选拔 1 名副校长,1 名校长助理。

6 月,省国税局执行总局《国家税务局系统干部晋升考察预告任前公示暂行办法》,建立健全干部晋升考察预告、任前公示制度。

12 月,省国税局组织开展全省国税系统副处级领导干部竞争上岗工作,选拔配备 16 名副处级领导干部。

2001 年,安徽省国税系统组织开展机构改革定编定岗和人员分流工作,市县国家税务局普遍推行以竞争上岗和双向选择为主要内容的人事制度改革。全省 17 个市局内设机构、直属机构和事业单位的 514 个科级领导职位中,有 175 个通过竞争上岗确定人选,占总数的 34.1%;62 个县(市)局机关内设机构、直属机构和事业单位的 910 个股级领导职位中，有 311 个通过竞争上岗确定人选，占总数的 34.2%。全省共有 70 个科级职位、134 个股级职位通过公开选拔形式确定定岗人选。

2002 年 1 月，省国税局印发《党委（党组）讨论决定干部任免事项守则》。全年通过竞争上岗和组织推荐考察任用充实市国家税务局领导班子副职共 31 人，占全省 17 个市国家税务局领导班子副职总数的 30.4%。全省有 11 个市局开展竞争上岗工作，共拿出 76 个职位，选拔 9 名正科级和 67 名副科级干部。

2003 年，省国税局制定《关于进一步加强全省国税系统干部管理的意见》。全省国税系统选拔任用处级干部 14 人、科级干部 229 人。

2004 年 1 月，省国税局下发《关于对县国税局党组书记、局长等职务实行备案管理有关问题的通知》，加强科级干部任免备案管理。

10 月，省国税局开展全省国税系统副处级领导干部竞争上岗工作，方案规定选拔配备 23 名副处级领导干部。

全年，全省国税系统共有 10 名符合限龄制、任期制、转任制条件的处级领导干部转任非领导职务。

2005 年，省国税局下发《关于省国税局选拔的后备干部培养管理使用有关问题的通知》，对后备干部的培养途径、管理方法和使用原则、程序、方向等予以明确，加强对后备干部的管理。

12 月，省国税局采取竞争上岗的方式从省国税局机关副处级后备干部中选拔任用 8 名副处级领导干部。

全年，有 13 名符合限龄制、2 名符合任期制、7 名符合转任条件的市局班子成员退出领导岗位。

录用调配

1995 年 4 月，省国税局执行国家税务总局《关于国家税务局系统补充特殊岗位工作人员有关问题的通知》。在国税系统人员编制尚未核定完成前，通过考试从应届大中专毕业生和当年军转干部中录用急需补充的法律、会计、计算机、税收专业人员，其他人员调进一律冻结。

全年，全省国税系统共录用补充特殊岗位工作人员 547 人，其中录用大中专毕业生 300 人，军队转业干部 16 人，聘用汽车驾驶员 81 人，从国税系统职工子女中的复退军人中选聘 150 人。

1996 年 4 月，省国税局下发《关于停止聘用助征员的通知》，各地停止聘用助征员（包括协税员、代征员等）。

6 月，国家税务总局批准安徽省国家税务局系统国家公务员制度实施方案。省国税局组织开展工作人员向国家公务员的过渡，实施国家公务员制度。转发《国家税务局系统国家公务员职位分类工作实施办法》，组织实施职能分解、设置职位、编制职位说明书等工作。

7月,省国税局下发各地区(市)国家税务局国家公务员制度实施方案。

1996年,全省国税系统全年共录用大中专毕业生235人,接收军转干部14人。

1997年7月,安徽省人事厅、安徽省国家税务局联合下发《安徽省国家税务局从本系统在公务员职位上工作的工人中录用公务员工作实施办法》,采取考试考核相结合的办法,从国家税务局系统工人中录用公务员。至年年底,全省国税系统约3000名以工代干人员和聘任制干部中,有1789人被录用为国家公务员。

同月,执行人事部《新录用国家公务员任职定级暂行规定》。

8月,省国税局下发《安徽省国家税务局系统人员调配工作暂行办法》,明确调配原则、调配程序、审批权限和调配纪律。

1997年,全省国税系统共录用231人,其中应届大中专毕业生217人,军转干部14人。

1998年,全省国税系统从工人中录用418人为国家公务员,录用大中专毕业生234人,接收军转干部16人。

1999年,全省国税系统共录用公务员180人,其中应届大中专毕业生157人,军队转业干部23人。

2000年,全省国税系统共录用公务员130人,其中应届计算机专业大学毕业生110人,军队转业干部20人。

2001年,全省国税系统共录用公务员60人,其中应届计算机专业大学毕业生51人,军队转业干部9人,安置退役士兵53人。

2002年,全省国税系统共录用公务员82人,接收军转干部8人,安置退役士兵25人。

2003年,全省国税系统共录用公务员90人,接收军转干部9人,安置退役士兵27人。

2004年,全省国税系统共录用公务员40人,接收军转干部11人。接收交通部门车辆购置税划转人员268人,其中,划转公务员23人,录用事业单位干部217人、工人9人,接收退休人员19人。

2005年,全省国税系统共录用公务员40人,接收转业干部13人、退役士兵17人。安徽省国家税务局培训中心机构改革,分流52名教职工到合肥市国家税务局基层单位工作。

干部交流

1996年,全省国税系统共交流县处级干部24人,交流面达16.3%,其中异地交流4人;交流科级干部650人,交流面达29.8%,其中异地交流135人。

1999年12月,省国税局实施《安徽省国家税务局系统县处级领导干部交流暂行办法》。交流对象主要是全省国税系统男55周岁、女50周岁以下，身体健康，能坚持正常工作的县处级领导干部，确定在同一单位任正副职满10年的或者任正职满5年的，有计划地进行交流。全省国税系统共交流县处级干部8人，科（局）级干部130人。

2000年，全省国税系统共交流县处级领导干部10人，其中：正处级干部3人，新提拔处级干部4人；从省国税局机关交流到地区（市）国家税务局任职的3人，地区（市）国家税务局之间交流任职的4人。

2001年3月，省国税局执行国家税务总局《关于进一步做好国家税务局系统公务员任职回避和公务回避工作的通知》，建立健全任职回避和公务回避制度。全省国税系统全年共交流正处级干部12人，占正处级领导职位总数的37.5%；交流科级干部176人，占各市国家税务局科级领导职位总数的34.2%。

2003年，省国税局结合领导班子调整、干部选拔任用、税务管理重组及机构调整等工作，在全省国税系统内共交流各级干部1291人（次），交流、轮岗面比上年提高9个百分点。

2004年，省国税局实施《安徽省国税系统领导班子建设工程规划》，规定新任市、县国税局长和纪检组长必须异地交流，市、县国税局领导班子中，异地交流干部不得少于2人。

2005年，全省国税系统共交流调整市国家税务局主要负责人7人，选拔补充纪检组长8人，全部异地任职。

监督考核

1995年8月，省国税局执行总局《关于处以上干部收入申报问题的通知》，在全省国税系统副处级以上干部中实行收入申报制度。

1996年7月，省国税局实施《中共安徽省国家税务局党组关于地区（市）国家税务局领导班子考核的意见》，采取个别谈话、召开小型座谈会、民主评议、实地考察等方式，对地区（市）国家税务局领导班子及其成员的工作完成、领导班子和干部队伍建设、坚持民主集中制、思想政治建设、党风廉政建设、基层组织建设等情况进行考核。

10月—12月，省国税局安排全省各地区（市）局开展《党政领导干部选拔任用工作暂行条例》贯彻执行情况自查，有选择地到部分地区（市）国家税务局开展检查。

12月，省国税局下发《关于全省国税系统国家公务员年度考核问题的通知》，开始实行国家公务员年度考核制度。

1997年7月，省国税局执行国家税务总局《关于税务系统领导干部报告个人重大事项的实施意见》，在全省国税系统副处级以上干部中实行领导干部个人重大事项报告制度，要求各地区（市）国家税务局在本系统副科级以上领导干部中建立相应的报告制度。

1998年6月，省国税局执行国家税务总局《关于受党纪处分的党政机关工作人员年度考核有关问题的意见》。

1999 年 11 月,省国税局实施《中共安徽省国家税务局党组关于建立领导干部诫勉制度的暂行规定》,建立健全领导干部诫勉制度。

2001 年 3 月,省国税局执行中共中央组织部《关于加强组织部门干部监督工作若干意见(试行)》。

7 月—9 月,省国税局组织全省各地区(市)国家税务局开展《党政领导干部选拔任用工作暂行条例》贯彻执行情况自查,到部分地区(市)国家税务局开展检查。

9 月,省国税局执行《中共中央组织部人事部中央编办关于加强管理严肃人事工作纪律的通知》。

12 月,省国税局执行国家税务总局《关于国家税务局系统开展经济责任审计工作检查的通知》。

2002 年 6 月,省国税局在全省国税系统内组织开展人事检查工作。

2003 年 9 月,省国税局执行《党政领导干部选拔任用工作监督检查办法(试行)》。

10 月,省国税局组织全省各市国家税务局开展《党政领导干部选拔任用工作暂行条例》贯彻执行情况自查,到部分地区(市)国家税务局开展检查。

12 月,省国税局执行《中共国家税务总局党组国家税务局系统领导干部报告个人重大事项暂行办法》,健全领导干部报告个人重大事项制度。

2004 年 2 月,省国税局执行国家税务总局《国家税务局系统干部监督工作联系会议制度实施办法(试行)》,健全监督体系,发挥监督合力。

5 月,省国税局执行国家税务总局《关于加强国家税务局系统人事部门干部监督工作的意见》。

6 月,省国税局对全省国税干部在企业兼职情况进行排查清理。

2005 年 7 月,省国税局组织全省各地区(市)国家税务局开展《党政领导干部选拔任用工作暂行条例》贯彻执行情况自查,到部分地区(市)国家税务局开展检查。

8 月,省国税局执行《中共中央组织部关于切实解决干部选拔任用工作中几个突出问题的意见》。

第二节 教育培训

1994 年至 2005 年,省国税局以促进税收事业科学发展为目标,以提高税务干部定向能力、行政能力、学习能力、研究能力、创新能力为主线,坚持政治理论、文化知识、业务知识培训一起抓,立足省税务学校,充分利用省内优质教育资源,加强领导干部、业务骨干和基层一线"三支队伍"培养,全面推进学习型国税机关建设,稳步实施大规模干部教育培训工作。

安徽省税务学校(安徽省国家税务局干部培训中心)

1994年,省税务学校增设财务科,为正科级建制。为加强教学研究工作,改革用人制度,学校试行全员聘任制,成立财税、计会、基础课、政治四个教研室(副科级建制),聘定学科带头人,成立学科备课小组,提拔一批年轻教师充实到中层领导岗位。除完成16个中专班的正常教学外,还举办“专业证书”班、大专函授班、稽查队长培训班、半脱产岗培班,并在校外多次举办新税制培训班。成立扬州大学税务学院安徽省函授站。建立教学档案和教师考核制度、调课制度、图书资料管理制度和计算机机房管理制度。后勤服务引进承包制,对食堂、锅炉房、实业公司完善承包制。

1995年,省税务学校在总结1994年试聘经验的基础上,实行全员聘任制。发表论文9篇,自编讲义3种,共约75万字。一篇论文获全国税务院校体育论文二等奖,健康教育课获全省中专学校一等奖,体育公开课获合肥地区中专学校一等奖。全年组织体育比赛50多场次,4人参加合肥地区及省中专学生演讲比赛,分获一、二等奖。参加合肥地区税收知识大奖赛,5人分获一、二、三等奖。全年共培训税务干部4700多人次。7月,国家税务总局副局长牛立成到税务干部学校指导工作。

1996年,省税务学校按《安徽省中专学校管理规范》要求,制订20余项规范教学管理的规章制度,并汇编成册。全年有6本教材出版发行,其中《工商企业财务管理与分析》被国家税务总局选定为统编教材。探索成人教育新途径,开办萧县、蒙城两个教学点。当年被省教委评为“招生先进单位”。

1997年,学校有专任教师46人,其中本科学历37人,在读研究生4人,占教师总数89.1%。分配派遣省税校应届中专毕业生249人。成立教学评估自评领导小组和办公室,根据教育合格评估指标体系要求准备资料,完成评估工作。经过专家评估验收,省教委批准在省税务学校设立计算机等级考试考点。建立会计模拟实验室,开设会计实验课。3月,国家税务总局对全国税务学校进行税制课统考,学校人均分高于全国平均分12.1分,及格率为100%,总分全国第6名,受到国家税务总局表彰。按照省国税局“以干训为主”的要求,转变办学观念,着力加强干部培训工作,举办全省国税系统科(局)长培训班、人事微机培训班、老干部人事报表培训班,省教委语音培训班以及合肥市国税局岗位培训班等8起培训班,培训学员800余人次。将以往出台的各类制度进行完善,将108项制度汇编成《教职工手册》。

1998年,经国家税务总局批准,安徽省国家税务局在安徽省税务学校增挂“安徽省国家税务局干部培训中心”的牌子,与安徽省税务学校合署办公,两块牌子,一套人马,负责全省国税系统在职干部的培训工作。当年即承办为期一个月的全省国税系统稽查人员培训班。

1999年,省税务学校组织“两证”(会计资格证、计算机等级证书)考试,全校合格率达97.5%,其中《会计实务》人均82.8分,《会计法规》人均85分。组织举办第四届珠算技术比赛。在海峡两岸珠算比赛中,全校20名参赛选手全部获优胜奖。承办全省国税系统稽查业务、税收会计业务培训班和两期科(局)长培训班。9月,国家税务总局同意安徽省税务学校增挂“安徽省国家税务局培训中心”牌子,与安徽省税务学校合署办公,明确要求不再招收中专学生,全面转轨干部培训。

2000年,省税务学校不再进行普通中专教育,工作重点转到干部培训上来。共举办5期培训班,培训学员220人。完成扬州税院大专函授班54名学员面授任务。最后一批中专学生毕业离校,学校积极寻找合作对象,谋求联合办学,与合肥新华学校进行联合办学,利用闲置校舍,缓解人多事少的矛盾,盘活教育资源。

2001年,省税务学校继续办好函授教育,完成99级大专函授班40名学员的面授工作。

2002年,省税务学校99级大专函授班40名学员毕业,试招财政学(税务)本科函授学员70人,完成2002级38名学员招生面授工作。经与长春税院协商,并经安徽省和合肥市教育部门审查批准,学校设立长春税院本科函授站,设置税收、会计、法学、计算机4个专业。

2003年,省税务学校承办省注册税务师管理中心和合肥市国家税务局举办的3期培训班,培训学员200人。招收专升本函授学员107人,完成145名学员的函授面授工作。

2004年,省税务学校承办全省国税系统所得税业务培训班、全省国税系统科(局)长培训班,培训130名所得税业务骨干和48名科(局)长。招收专升本函授学员161人,完成268名学员的函授面授工作。终止与新华学校的联合办学。8月,国家税务总局总会计师宋兰、教育中心主任程永昌到学校视察指导工作。

2005年,省税务学校承办全省国税系统所得税业务培训班和科(局)长培训班,培训51名所得税业务骨干和50名科(局)长;承办合肥市国家税务局纳税服务厅服务人员及税收专管员47人参加的更新知识培训班和深圳市国税系统30人参加的发票业务培训班。4月国家税务总局纪检组长贺邦靖到学校调研指导工作,9月国家税务总局副局长崔俊惠到学校调研指导工作。

2005年,省国税局对安徽省国家税务局培训中心进行规范机构设置和人员安排工作。规范后的培训中心(税务学校)为省国税局直属事业单位,主要负责全省国税系统干部的职务培训、岗前培训、业务培训等工作,级别为正处级,内设综合管理科和教学管理科。保留人员15名(含行政领导班子成员3人),其他52名教职工安排到合肥市国税系统基层分局工作。

思想政治教育

1995年,全省国税系统组织开展向孔繁森学习和爱祖国、爱税收、爱岗位、树立税务新形象“三爱一树立”活动。

1996年，省国税局组织全体国税人员学习《邓小平文选》、中共十四届五中、六中全会精神和《税务职业道德教育》。及时发现、树立和县乌江税务所优秀国税干部林晓东先进典型，在全省国税工作会议上组织林晓东先进事迹报告会，号召全省广大国税干部职工向林晓东学习。

1999年5月10日—7月9日，省国税局开展以讲学习、讲政治、讲正气为主要内容的党性党风“三讲”教育，重点包括坚定理想信念，严明组织纪律，改进工作作风，推进依法治税，强化从严治队。第一阶段学习提高。实行集中学习和个人自学相结合，制定“三讲”教育的具体实施方案，明确“三讲”的指导思想、方法、步骤、原则和要求，分阶段制定详细的实施计划和活动的日程表。第二阶段自我解剖，找出问题，剖析原因，听取意见。第三阶段交流思想，开展批评。第四阶段，主要是认真整改，巩固成果。“三讲”教育期间，共编发简报39期，办理各类文件、讲话、材料100余份，归档卷宗81个。

4月，省国税局在全省国税系统范围内组织开展“三讲”回头看活动。

12月，省国税局在全省国税系统范围内组织开展“加强和改进党的作风建设”活动。

2002年6月—7月，省国税局在全省国税系统范围内组织开展学习江泽民总书记“5·31”重要讲话活动。

2003年6月—7月，安徽省国家税务局在全省国税系统范围内组织开展“学习贯彻中央政治局会议精神、做好人才工作”活动。

10月，省国税局连续举办两期全省国税系统处级领导干部学习“三个代表”重要思想培训班，累计培训141名处级领导干部。

12月，省国税局在全省国税系统范围内组织开展学习贯彻中共十六届三中全会精神活动。

2004年1月，省国税局落实国家税务总局《关于切实加强税务系统各级领导班子思想政治建设的通知》。

10月，省国税局在全省国税系统范围内组织开展学习贯彻中共十六届四中全会精神活动。

2005年1月—6月，省国税局按照中央统一部署，开展以实践“三个代表”重要思想为主要内容的保持共产党员先进性教育活动，活动分四个阶段。一是准备阶段。建立领导责任制和联系点制度。二是学习动员阶段。通读《保持共产党员先进性教育读本》，反复学习《中国共产党章程》及中央、省委、国家税务总局领导讲话等规定篇目。开展“为党旗添光彩，为崛起当先锋”主题实践活动。组织党员到泾县新四军军部旧址开展“缅怀革命先烈，永葆党员本色”活动。三是分析评议阶段。共征求意见建议247条，归纳整理为67条。撰写党员个人剖析材料，开好“两个生活会”。四是整改提高阶段。对群众反映的67个问题，明确主办、协办单位和整改要求。开展群众满意度测评,满意率达91.53%。保持共产党员先进性教育活动中,编发简报51期,信息专报15条,被省级以上新闻媒体和上级部门刊用18条。

12月,安徽省国家税务局在全省国税系统范围内组织开展学习贯彻中共十六届五中全会精神活动。

学历教育

1996年,省国税局招收169名税务专业(函授)成人中专生,分别在省税务干部学校、萧县、蒙城设3个函授站。

1998年,省国税局加强对扬州大学税务学员的大专函授教育(19人)和省税务学校在蒙城、萧县举办的中专函授教育(167人)管理工作。

1999年,省国税局开展调查摸底,掌握全省国税系统具有国民教育系列大学本科以上学历并具有学士学位的人员情况,全系统共有1100多人具备上述学历、学位。同时,精心挑选人员参加全国税务系统高层次学历教育。与安徽财贸学院联系,挑选业务水平和政治素质较高的教师,为选拔工作命题、阅卷,将选拔出的有关名单上报总局,参加全国税务系统硕士研究生升学考试,为安徽省国税系统培养高层次人才。

2000年,省国税局做好国家税务总局委托有关院校培养硕士研究生报考的组织工作,推荐3人报考中国人民大学硕士研究生。

2001年,省国税局做好国家税务总局2001年在职攻读硕士研究生招生工作,按照总局规定的报考条件和要求,推荐2名基层税务干部报考。

2002年,省国税系统有2人参加国家税务总局2002年委托培养硕士研究生"跟班学习",推荐4人报考总局委托培养的硕士研究生。

2003年,省国税局推荐6名业务骨干参加国家税务总局组织的硕士研究生考试,均被录取。

2004年,省国税局制定《安徽省国税系统干部学历学位教育工作管理办法》及补充通知,鼓励广大国税人员在岗自学,提高学历学位层次,改善专业知识结构。

制定《关于加强干部脱产培训和学历教育管理的有关规定》,对参加在职学习提高学历层次的人员,给予时间上的保证,无论脱产还是非脱产学习人员,考试或者规定的学习期间,都视同在岗。委托安徽财贸学院举办法律和财税专升本学历班,全省国税系统104人报考,共99人通过全国统一的录取考试。在全省国税系统考试选拔85人报考中国科级大学MPA,82人达到录取分数线。

省国税局联合有关院校,实行合作办学,开展学历教育。举办MBA学历班,MPA专业学位班,法律、财税专升本学历班共4个,每个班级人员在50人以上。通过自愿报名、考前预测选拔参训人员,采取脱产1年的学习方式,学习期满回单位工作并进行社会实践、撰写论文,在学校规定的时间领取毕业证书。鼓励干部职工根据工作需要,结合个人志向和爱好,自主选择院校和专业,利用业余时间参加继续教育,提高学历层次。

专门下发文件，对取得更高层级学历学位的人员，按照程序给予报销学费。此外，推荐7人参加国家税务总局组织的各类脱产攻读学历学位的学习，全部被录取。

2004年年底，全省国税系统大专以上学历人数占干部队伍总人数的67.62%，低于全国平均水平10个百分点。

2005年，省国税局采取市局推荐加考试的方式，委托中国科技大学举办第二期公共管理硕士班、委托安徽财贸学院举办第二期公共管理硕士班、财税研究生班和法学"专升本"班。

税务春训

1994年税务机构分设后，全省国税系统沿用春季干部培训形式（简称春训）开展形势教育、反腐倡廉教育和职业道德教育。

1995年，省国税局向全省16个地区（市）局派出8个工作组，指导部分地区（市）春季集训。全省国税系统95%以上的税干参加春训。

1996年1月—3月，全省国税系统95%以上的国税人员参加春训。

1997年，全省1万余名国税人员参加春训。

1998年，各地区（市）国税局将学习领会中共十五大精神、整顿税风税纪、加强思想政治教育作为春训主要内容。全省国税系统1万多人参加春训，参训率达到95%以上。

1999年年初，省国税局把春训与整顿纪律、改进作风结合起来，突出抓好以"反腐倡廉"为主要内容的作风纪律整顿活动。整个春训活动历时10天，全省1万多名国税干部参加集训。

2000年2月12日—29日，全省国税系统以市、县国税局为单位开展为期7天的春训活动。春训中，深入开展思想政治教育和党性党风教育，整顿税风税纪，组织全员考试，表彰先进。全省国税系统95%的国税干部参加集训。

2001年，省国税局下发《关于组织开展2001年春节集训的通知》，全省国税系统组织干部职工认真学习"三个代表"重要思想和十五届五中全会精神，联系本系统、本单位实际，深入开展思想政治教育、全心全意为人民服务的宗旨教育和党风廉政教育。总结、部署年度工作，表彰先进，弘扬正气，整顿税风税纪。以"金税工程"知识为重点，组织开展多种形式的业务培训和考试。在春训期间围绕年度收入任务进行认真分析、讨论，积极挖掘税源潜力，寻找新的税源增长点，签订责任状，实行领导与征收人员同奖同罚，共同考核。组织时政报告、法制讲座、军事训练、先进事迹演讲、业务竞赛以及各种形式的文艺活动。全省国税系统1万多名税干参加集训，占正式职工的95%以上。

2002年2月19日—3月上旬，全省国税系统以市、县国税局为单位开展为期一周的春训，广泛开展思想政治教育、道德修养教育、作风纪律整顿、反腐倡廉教育和业务培训等。全省国税系统96%以上的国税干部参加集训。

2003年2月中下旬，全省国税系统以市、县国税局为单位开展为期一周的春训，主题是:深入学习中共十六大精神,总结部署工作,表彰先进,开展艰苦奋斗、增强服务意识教育,抓好业务培训,为完成2003年各项国税工作任务打下坚实的基础。全省国税系统95%以上的国税干部参加集训。

岗位培训

1996年,省国税局制定《安徽省国税系统1996—2000年干部教育发展规划》。

1月20日,国家税务总局对芜湖市国税局公务员新税制培训进行随机抽样考试、验收,50人税干参加考试。

全年,组织公务员培训2950人,微机培训1511人;省国税局举办两期县(市)国税局长培训班,计180人。全省国税系统举办新税制知识模拟考试,了解各地新税制业务培训工作的基本情况和培训效果,16个地区(市)同时封闭考试。

1997年,省国税局下发《关于认真开展1997年全省国税系统公务员培训工作的通知》,对全年干部培训工作进行部署,确定以纳税检查、税收会计和计算机应用为重点的干训内容,组织编写、征订教材,安排师资。按照"分工负责、分级培训"的原则,省国税局全年共举办两期科(局)级干部脱产培训,培训人员177人。根据国家税务总局的安排,选送11名县(处)级领导干部到扬州培训学习。全省国税系统累计培训在职税干3200多人,占在职人员的五分之一。省国税局机关每周五下午半天进行业务培训,组织编写印发《流转税》《税收征管》《企业所得税》《税务稽查、复议、应诉》《税收计会统》《出口退税》等6本讲义,落实授课人员,进行结业考试。

1998年,省国税局制定《安徽省国税系统1998年度培训工作要求》。全年共培训在职税干3773人。其中:稽查业务培训1168人,微机知识培训1309人,更新知识培训1263人,岗前培训33人。省国税局专门举办一期稽查人员培训班,从全省抽调51名稽查业务骨干,在省税校进行为期20天的理论培训。根据总局的安排,分6期派出15名县(处)级干部,参加国家税务总局在扬州培训中心和湖南税务专科学校举办的培训班,完成国家税务总局下达的县(处)级干部培训任务。

1999年,省国税局执行《国家税务局系统公务员任职培训实施办法》和《国家税务局系统公务员初任培训实施办法》。印发《1999年度干部培训计划表》,将省国税局机关各处室组织的专业业务培训,纳入全省国税系统干部培训计划,统一安排部署。制定《干部培训授课教师考核管理办法》,实施干部培训工作通报制度。全省国税系统实际培训人员总数7838人,占在职人员的46.62%。举办初任培训班4期,培训183人;举办任职培训班7期,培训360人。举办专门业务培训班86期,培训3754人。举办更新知识培训班实际培训3541人。完成国家税务总局下达的司级培训计划1名,处级及业务骨干培训计划11名。

2000年,省国税局印发《2000年教育培训工作要点的通知》,18人参加国家税务总局举办的17期县处级干部培训班,8人参加国家税务总局举办的7期其他人员专门业务培训班。做好科(局)长计算机应用技术培训工作;举办基层分局长计算机应用技术培训班1期,培训分局长50人。组织全省国税系统依法治税业务统考。举办《涉外税务审计规程》培训班、监察软件培训班各1期,分别培训51人、17人。

2001年,省国税局制定《安徽省国税系统"十五"教育发展规划》,确定"十五"教育发展的指导思想、总体目标和主要任务。对拟提拔的各级领导干部,原则上都需经过任职前培训,逐步做到"不培训不上岗,不培训不任职,不培训不提拔"。总结和推广"全员考试""双考定级"的做法和经验,逐步建立和完善培训与使用相结合的机制,将教育培训与干部的提拔任用、转岗分流结合起来。省国税局安排11期、选派13人参加国家税务总局举办的处级干部专门业务培训和任职培训班学习。组织开展新《中华人民共和国税收征收管理法》培训,并进行全省统考。根据《国家税务总局关于税务系统2001年国家公务员培训工作考评的通知》要求,组织开展全省国税系统信息技术应用知识统考,滁州市国税局40人参加全国统考。

2002年,省国税局组织省国税局机关部分干部和市、县局领导班子成员参加全国税务系统"中国加入世界贸易组织与税收"电视电话专题培训,开设分会场18个,参加培训的司(局)级领导6人,其他人员855人。7月30日—8月1日,在国瑞宾馆举办全省国税系统县(市)局长更新知识培训班。省国税局根据国家税务总局要求分7批、选派10人参加总局举办的县(处)级干部培训班学习;4位省国税局领导参加司局级领导干部税收信息化培训班学习;2人参加总局举办的"高级涉外税收研修班"和"第三期稽查人员高级法律研修班"学习。

2003年,省国税局制定《2003—2007年全省国税系统干部教育培训规划》《安徽省国税系统干部素质工程规划》。

全年,全系统共举办各类培训班622期,累计培训35498人次,完成年度培训计划的110.2%。其中,初任培训1期,培训98人次,占新进人员的98%;任职培训11期,培训497人次,占新提拔人员总数的28.6%;专门业务培训428期,培训34582人次,占人员总数的171.9%;更新知识培训182期,培训10321人次,占人员总数的72%。加大教育培训投入,全系统累计投入教育培训经费1583万元,占税务事业经费的2.83%。

2004年,省国税局组织参加国家税务总局司局级培训班5人次,处级干部任职及知识更新培训班71人次,青年业务骨干培训班39人次;省国税局直接举办28个专门业务培训班培训国税人员1420人次,举办任职培训班1期培训55人;各市国税局举办各类知识更新培训班和专门业务培训班401期,培训人员21555人次。

2005年,省国税局组织专门业务培训班、任职培训班、知识更新培训班共596期,培训人员2.5万人次,完成培训计划的128%。其中,省国税局举办车购税、行政管理、信息化等12个专门业务培训班,培训1800人次。开展大规模的干部轮训。全年有3位省国税局领导参加总局的司局级领导干部轮训班3期;32位处级领导干部参加总局举办的各类培训班 13 期;52 人次参加总局青年业务骨干培训班 30 期。

岗位练兵

为提高国税人员综合素质和岗位技能,建设一支"政治过硬、业务熟练、作风优良、执法公正、服务规范"的国税干部队伍,省国税局制定统一岗位技能标准,开展岗位练兵活动。

1996 年 5 月,省国税局举行全省国税系统"税收征管能手"竞赛,通过考试、测试,从各地区(市)参赛的 16 名选手中评选产生 5 名"全国税收征管能手"候选人。各级国税部门层层开展竞赛、评选活动,全省共评选 100 名省级"税收征管能手"。

2002 年 9 月,全省国税开展国税系统"征管能手""稽查能手"竞赛活动,各市国税局制定具体竞赛办法,组织征管、稽查干部考试,确定参加全省国税系统"征管能手""稽查能手"竞赛名单。

12 月 15 日,省国税局在合肥组织集中考试,选出 100 名"征管能手"、100 名"稽查能手",通报表彰。

2005 年,省国税局制定《安徽省国税系统全员岗位练兵、系列能手竞赛活动实施方案》。省国税局统一制定岗位技能标准,统一印发岗位练兵学习大纲,按照机构规范设置的工作序列,将岗位划分为政工、征收、管理、稽查、法制、财务、计统、文秘、后勤、信息 10 个类别。明确以县(市)、区局为单位按照岗位类别开展练兵活动;市局负责制定本单位岗位练兵活动具体意见,检查督促所属县(市)、区局的岗位练兵活动;省国税局检验各市局岗位练兵活动成果,组织开展全省国税系统系列岗位能手竞赛活动。总局总会计师宋兰对安徽国税开展的全员岗位练兵活动充分肯定,作出批示:"安徽国税开展岗位练兵、争当能手的竞赛活动是提高全体干部业务素质的重要举措,请教育中心商人事司注意总结其经验,必要时转发全国税务系统。"

第三节 纪检监察

全省国税系统纪检监察工作,严格遵守党风廉政建设责任制,狠抓各项制度落实,开展反腐倡廉宣传教育,加强"两权"(税收执法权和行政管理权)监督制约,重视政风行风建设和案件查处,规范执法行为,健全纪检监察机构和队伍建设,促进全省国税工作的顺利推进。

党风廉政建设责任制

1995 年 5 月 23 日—25 日,省国税局召开全省国税系统组建以来第一次纪检监察工作会议,明确领导干部在反腐倡廉工作中的责任,建立领导干部廉政责任制,在全系统建立县(处)级以上领导干部廉政卡,建立健全纪检监察各项制度。制定《关于加强安徽省国税系统党风廉政建设的规定》等各种规定 27 件,全省国税系统纪检监察工作逐步制度化、规范化，推动全省国税系统的廉政建设。转发《国家税务总局关于处以上干部收入申报问题的通知》，开始在全省国税系统副处级以上干部中实施收入申报制度。

1996年，全省国税系统把反腐倡廉工作提上重要议事日程，既对本地区、本单位税收全面负责，又对反腐败斗争和廉政建设全面负责。全省国税系统按照"谁主管谁负责"的原则，把是否做到"两个全面负责"作为考核各级领导班子及主要负责人政绩的重要依据。狠抓各项制度的落实，坚持完善廉政责任制，强化领导干部廉洁自律。

1997年，省国税局根据国家税务总局要求，在建立各级领导干部廉政责任制的基础上，全面推行签订"廉政责任书"。省国税局与地区（市）局以及机关处（室）签订，地区（市）局与县（市）局以及机关科（室）签订，县（市）局与基层分局（所）以及机关股（室）签订。

省国税局下发《关于建立安徽省国税系统县（处）级干部廉政档案》《关于实行〈廉洁自律通知书〉制度的通知》，建立廉洁自律通知书制度和县（处）级干部的廉政档案，全省国税系统共有8名厅级干部和140多名县（处）级干部建立廉政档案。下发廉政责任制考核办法和评分标准，各地区（市）、县局根据廉政责任制的要求，制定切实可行的考评办法，作为衡量各级领导履行廉政责任制的标准。

1998年，省国税局制发《领导干部廉政责任量化考核办法实施细则》，建立廉政档案和"廉洁自律通知书"制度，对8名领导干部下达《廉洁自律通知书》。省国税局和17个市（地）局重新调整和成立党风廉政建设领导小组。

1999年，全省国税系统层层签订廉政责任书，制定《安徽省国税系统党风廉政建设责任制实施办法》。

10月，省国税局制定《纪检组监察室与有关部门工作联系制度》，加强纪检监察部门与机关有关部门的工作联系，共同推进全省国税系统党风廉政建设。按照责任追究制度规定，党纪政纪处分2人，组织处理7人。

2000年3月，全省国税系统纪检监察工作会议召开，就强化党风廉政建设责任制的监督检查提出明确要求。执行国家税务总局党组《全国税务系统党风廉政建设责任制实施办法》，实施《安徽省国税系统党风廉政建设责任制考核暂行办法》和《安徽省国税系统党风廉政建设责任制责任追究暂行办法》《安徽省国家税务局党组关于对领导班子和领导干部实施巡视检查的意见》。

全年，有3个单位受到责任追究，有3人受到党纪政纪处理，有2人受到通报批评。

2001年，省国税局制定2001年度全省国税系统党风廉政建设和反腐败工作任务分解表，明确主要负责单位、主要负责人和协同负责单位。

8月，省国税局制定《安徽省国家税务局纪检组关于实行廉政谈话制度的实施意见》，在全省国税系统实行廉政谈话制度，对新提拔的6名市局"一把手"进行任前廉政谈话。

2002年,省国税局落实廉政谈话制度,对本年度全省国税系统新提拔的16名副处级干部进行任前廉政谈话。

2003年,省国税局将党风廉政建设和反腐败工作的任务分解为34项具体内容,明确主管局领导、主要负责人和协同责任单位。部分单位制定并实施经济处罚制度。同年,省国税局转发《中共国家税务总局党组国家税务局系统领导干部报告个人重大事项暂行办法》,完善领导干部报告个人重大事项制度。

2004年,省国税局对所属17个市局领导班子和领导干部2004年党风廉政建设责任制情况进行量化考核,确定考核等次,将考核考评结果作为评优及干部任用的重要依据。

2005年,省国税局对党风廉政建设和反腐败工作任务进行分解,细化成11大类57个小项,并将任务分解到机关各有关部门,明确主要负责人、主要负责单位和协办责任单位,提出完成任务的具体要求和完成时限。制定《安徽省国税系统廉政工程建设规划》,全面构筑全省国税系统预防腐败体系,明确三年内党风廉政建设和反腐败工作目标。

反腐倡廉宣传教育

1994年,全省各级税务部门分别召开党组会、局务会、中层干部会和全体职工大会,传达学习中纪委三次、四次全会文件,开展反腐倡廉教育。

1996年,省国税局组织开展全省党纪政纪条规学习教育活动,组织广大国税人员参加党纪政纪条规知识竞赛,省国税局机关有4人在中纪委和省纪委抽奖中获奖。9月中旬—10月上旬,省国税局统一命题对全省国税人员集中进行税务人员廉洁自律规定知识考试,省国税局组成6个组,分赴8个地区(市)局监考,统一评阅各地区(市)局机关人员的试卷,全省20511人参加考试,参考率达98.53%,平均成绩89.36分。组织全体国税人员观看《巨浪淘沙》《警钟》等反腐倡廉电教片。

1997年,省国税局认真抓好以“两学”“三讲”即学党章、学理论、讲学习、讲政治、讲正气为主要内容的党性党风教育。集中3个月时间在全省国税系统开展党纪政纪条规和税务人员廉洁自律规定再学习再教育活动。在全系统组织开展反腐倡廉演讲比赛。

1998年,省国税局组织处以上党员干部参加党风廉政法律法规学习活动,44名处级以上干部参加省纪委组织的5场讲座,有44名处级以上干部参加测试。

1999年,省国税局以整风精神开展以“讲学习、讲政治、讲正气”为主要内容的党性党风教育,组织广大国税干部观看中纪委制作的《中国共产党纪律处分条例》和国家税务总局制作的《蓝色的情怀》《沉重的思考》系列电视教育片,开展以反腐倡廉为主要内容的纪律整顿活动,增强广大国税人员法制观念、纪律观念和勤政廉政意识,促进全省国税系统党风廉政建设和反腐败斗争的深入开展。

2000 年,省国税局开展以“三讲”为主要内容的党性党风教育、政治思想教育、形势任务教育。集中 3 周时间在全省国税系统党员干部中,开展以胡长清、成克杰重大典型案件为反面教材的警示教育活动。利用办专栏和纪检监察简报等形式,加强廉政宣传。全年共办纪检监察简报 11 期,组织观看录像片 2 次,办宣传橱窗 2 期。

2001 年,省国税局转发国家税务总局税务系统内违法违纪案件通报,将其作为反面教材,开展警示教育。在党员干部中开展党纪政纪条规学习测试活动,加强培训,提高纪检监察干部业务素质。省国税局及各市国税局先后举办 14 期纪检监察培训班,培训人员 200 名,提高纪检监察干部政治理论修养。

2002 年,省国税局以李真案件为反面典型深入开展警示教育,在全省国税系统集中 4 周时间观看《法不容情》等专题片。对霍山县国税局西城分局原局长吴彩森等人参与虚开增值税专用发票案件进行通报。对省国税局机关及所属二级机构近年来受党纪政纪处分的党员干部开展回访教育活动。开展以“强化党的意识,正确行使权力”为主题的教育。围绕“加快发展,富民强省”主题,开展解放思想大讨论,增强国税系统的凝聚力和战斗力。

2003 年 6 月起,集中 5 个月时间,在全省国税系统党员干部中组织开展以“艰苦奋斗廉洁从政”为主题的专项教育活动。组织观看《一心为民的好书记郑培民》等电教片。

9 月中旬,省国税局在全省国税系统进行《廉洁从政知识》学习测试。

10 月下旬,省国税局分两批组织全省 8 个厅级干部、141 名处级干部进行“三个代表”重要思想集中学习。组织观看《责任重于泰山》《扭曲的人生——李真贪污受贿案件剖析》等警示教育片。开展预防职务犯罪教育活动,邀请纪委、检察院的领导讲课。

2004 年 5 月 9 日起,全省国税系统开展为期一个月的作风纪律整顿活动。组织 32 名县处级以上领导干部参加“勤廉兼优领导干部”事迹报告会,分批组织 35 名处级以上干部参观“安徽省反腐倡廉警示教育图片展览”。各级国税机关组织观看《王怀忠的两面人生》等录像片。

2005 年,在全省国税系统集中开展“两个纲要”的学习暨知识竞答活动,对优秀单位和优秀个人给予通报表扬。在保持共产党员先进性教育活动中,局党组书记、局长胡道新带头为党员上党课。邀请省纪委副书记张东安为构建“和谐安徽国税”工作会议作廉政报告。组织观看内蒙古自治区国税局肖占武案件警示教育专题片。

“两权”监督

2000 年,国家税务总局提出加强对税收执法权和行政管理权(简称“两权”)的监督制约。8 月,省国税局在全省国税系统队伍建设工作会议上,强调和部署加强税收法制工作,开展税务执法监察,研究制定“两权”监督制度和措施。

2001 年,省国税局专门成立“两权”监督制约工作领导小组,确定以税收执法权和行政管理权为重点监督内容,明确税收执法权以征收、管理、稽查、处罚为重点监督环节,在行政管理权上以人事、财务管理等为重点监督环节。初步拟定全省国税系统税收征收权、税收管理权、稽查执法权、行政处罚权、人事管理权、财务管理权等六个监督制约实施办法。

2002年10月,省国税局召开“两权”监督座谈会,对“两权”监督试点工作进行总结,探索在新形势下如何强化“两权”监督制约。

2003年,省国税系统逐步健全“两权”监督机制。下发《安徽省国税系统税收征收权监督制约实施办法等6个办法的通知》,各地国税部门结合“两权”监督制约的实施,制定相应的制度、办法。

省国税局加强对大宗物品采购的监督,成立由有关处室组成的机关采购小组,从政协、民主党派、工商联、高校、企业等单位聘请9名专家学者为安徽省国税系统第二届特邀监察员。全省国税系统从社会各界共聘请特邀监察员1749名,广泛接受监督。

2004年,省国税局制定《安徽省国税系统廉政工程建设规划》,从加强廉政教育、规范权力运行、强化权力监督、加大办案力度、加强组织领导五个方面构筑惩治和预防腐败体系。对领导干部“约法三章”:不准违规直接插手基建、大宗物品采购等事项;不准违规干预下级的人事安排问题;不准采取任何方式为自己的亲属子女和身边工作人员谋取私利。规定“一把手”原则上不直接分管具体工作,纪检组长不分管人事、财务和基建工作。深化政务公开,在税收执法方面,继续推行文明办税“八公开”。在行政管理方面,重点推行透明行政“四公开”:领导班子议事和决策公开、干部人事工作公开、财务管理使用公开、领导干部廉洁自律情况公开。在芜湖市国税局试点运行税收执法监察信息系统和税收执法责任制监督管理系统。

2005年,省国税局健全“两权”监督机制。税收执法权方面,重点是对税收管理人员、税收稽查人员、行政审批人员的监督制约,制定下发《安徽省国税系统税收管理员监督管理实施办法》《安徽省国税系统稽查检查人员监督制约办法》。行政管理权方面,重点是健全选人用人机制、全面推行财务公开、大力规范政府采购、切实加强基本建设管理工作。探索税收执法监察的途径和方法,在全省全面推广税收执法管理信息系统。

政风行风建设

1994年,省国税局结合实施新税制和税务机构分设,做好专项清理和纠正部门不正之风。制定全省统一的税务登记证工本费标准,防止乱收费。对全省税务系统所办的各类经济实体(除印刷厂、招待所外)进行脱钩、撤销、划转。全省设立举报电话390部,举报箱1289个,聘任兼职监察员1041人,义务监督员2362人,广泛接受社会监督。

1995年,全省国税系统狠刹吃喝玩乐风,制定《安徽省国家税务局机关工作人员不准接受公款宴请和参与高消费娱乐活动的规定》,3次通报吃喝玩乐方面的典型事例。

清理纠正税务人员参与炒股及领导干部超标准用车等问题。对占用企业钱物，到企业报销票据，向企业推销商品以及私设小金库等问题列为专项清理内容，检查清理，予以纠正。全系统拒受奖金、红包1158人次，折合人民币54.9万元，全省国税系统处理进口豪华轿车2台，调整国产超标准轿车3台。登记股票38人，近7万股，金额23万元。

1996年，全省国税系统把公款“吃喝玩乐”和“接受纳税人宴请”问题作为纠风工作的重点，开展税风税纪百家评、千人评和行风评议活动。省国税局加强监督检查，在各地普遍自查的基础上，于9月底组成6个组对8个地区(市)局，2个县(市)局进行重点抽查。各地在检查中，对顶风违纪人员进行严肃处理，在系统内通报批评。

1997年，省国税局把狠刹“吃喝玩乐”和制止“接受纳税人宴请”作为重点，发送《公开信》《国税形象调查问卷》，公开接受社会监督。开展清理“小金库”工作，全系统共清理违规资金2.5万元，清理“小金库”金额6.4万元。全面清理在税务代理、报刊发行中强制代理、乱收费和硬性摊派行为。全省国税系统有9个单位在地方组织的行风评议中获得第一名，6个单位获得第二名，81个单位被评为文明单位。

1998年，省国税局健全监督机制，聘请8名特邀监察员，整顿基层窗口单位245个。贯彻落实中央八条规定，清理住宅电话282部，补交初装费14.7万元，清理超额配备的移动电话253部。对群众反映强烈的问题认真查处，全省国税系统共清理违规收费项目3个，金额5517.6万元，清理税务报刊自办刊物15种，发行量1.6万份，减轻企业负担130.8万元。取消基建项目17个，节约基建经费2322万元，取消或合并会议45次，节约会议经费94.1万元；取消庆典活动118个，节约经费74万元；取消评比达标活动26个，节约经费13多万元。在行风评议中，有1个地区(市)局和7个县市局获第一名，7个县市局获第二名，1个县市局获第三名，25个单位被当地评为“先进单位”。

1999年，省国税局狠刹“吃拿卡要报”等不正之风，强化监督、查处措施。整顿和规范税务代埋行为，取消在分局设置的税务代理分支机构，有29个税务代理机构脱钩，55个税务代理机构的办公地点与税务机关分开，减轻企业负担60.4万元。清理超范围、超标准收取的发票保证金。推行《廉政监督卡》，拓宽监督范围，接受社会监督。全省国税系统压缩基建项目13个，节约基建经费4932万元；精简会议21次，节约56.4万元；取消庆典活动37个，节约46.4万元；取消评比达标活动11个，节约经费4.3万元。查处接受纳税人宴请18人，退赔吃喝费用1.1万元；查处向纳税人索要礼金、物品者3人，退回金额0.7万元；查处在纳税人或下属单位报销个人费用1人，查处利用会议滥发钱物1人，清理违规收费项目18个，查处违规收费1人次。在政府部门组织的行风评议中有1个市局和14个县(市)局获得第一名，2个县(市)局获得第二名，3个市局和6位个人被评为全省纠风工作先进单位和先进个人。

2000年，全省国税系统开展税务代理机构脱钩改制工作，全省有35个税务代理机构与国税部门脱钩改制，其余代理机构取消。清理行政事业性收费、罚款项目和向企业或下级单位所借钱物,清理不合理收费项目 1 个,减轻企业负担 867.6 万元;查处违规收费 1 人次,清退 7000 元。

12 月,省国税局采取明察暗访的形式,走访纳税人,征求对税收执法的意见,对存在的问题,限期改正。开展政风建设专题调研,抓创建“最佳办税服务厅”活动,规范服务行为,保证服务质量。全省取消或压缩基建项目 9 个,节约经费 2828.7 万元;取消(合并)会议 15 个,节约经费 28.6 万元;取消庆典活动 19 个,节约经费 26 万元;查处接受纳税人宴请 12 人次计 2000 元,查处向纳税人索要礼品、物品 18 人次计 1.5 万元,整顿基层窗口单位 243 个。在政府组织的行风评议中有 2 个市(地区)局和 6 个县市局获得第一名。

2001 年,省国税局规范收费行为,清理行政审批项目,经省政府审核,保留 19 个行政审批项目。通过政务公开和开办“税风热线”等多种形式抓纠风工作。全系统共清理违规收费项目 5 个,金额 29.5 万元;压缩基建项目 12 个,节约基建经费 1704.9 万元;取消庆典活动 10 个,节约经费 12.7 万元;2 人违规受到处理,整顿基层窗口单位 287 个,省级推行服务承诺制的试点单位 30 个,地区(市)级文明单位 100 个,省级文明单位 27 个,在政府组织的行风评议中有 2 个市局和 14 个县局获得第一名。

2002 年,全省国税系统共清理违规收费项目 2 个,金额 8.75 万元;整顿基层窗口单位 136 个,省级推行服务承诺制的试点单位 105 个;在政府组织的政风评议中有 5 个市局和 23 个县局获得前三名,省国税局被评为省直机关政风建设优秀单位。全省各级国税部门重新聘请特邀监察员 610 名,将国税执法置于社会广泛监督之下。

2003 年,下发《安徽省国家税务局关于严禁用公款大吃大喝严格招待费管理的实施办法》,贯彻落实中纪委关于坚决刹住用公款大吃大喝的规定,开展政风建设工作。全省国税系统有 46 个单位参加当地政府组织的政风评议,15 个单位获第一名,5 个单位获第二名,4 个单位获第三名。

2004 年,全省国税系统规范税收服务行为,率先推出“一人一窗一机”管理模式,提高办事效率。贯彻《中华人民共和国行政许可法》,取消 13 项行政审批项目,下放 38 项审批项目,减少办税环节和程序。在全省第二次万人评行风活动中,国税系统名列执法部门第一名,有 30 个市县国税局在当地政府组织的行风评议活动中获得前三名。

2005 年,省国税局在安徽广播电台直播一期“政风行风热线”,省国税局领导和有关处室人员走进直播间解答纳税人提问。

纪检案件查处

1994 年,全省国税系统加大案件查处力度,受理案件线索 253 件,立案查处 34 件,给予党纪、政纪处分 28 人,移送司法机关 5 件,挽回经济损失 18.41 万元。全省退回礼金、礼品、有价证券 1060 元,清理公款安装住宅电话 15 部、占用企业汽车 2 台。

1995 年,省国税局组织 7 次下基层办案,受理群众举报信件和上访案件。重点查办税务人员以权谋私和参与出口骗税、代开、虚开、盗窃增值税专用发票，造成国家税款损失案件。

全年，省国税局受理人民来信108件、上访11人次，向国家税务总局上报查处结果3件，上报省纪委、监察厅查处结果2件。

1996年，全省国税部门受理群众举报392人次，立案67件，查结57件，结案率85%，其中追究刑事责任的3人，开除公职1人，给予撤职降级处分15人，辞退1人，批评教育50人，挽回经济损失65.3万元。开展执法监察9项，检查发现问题线索65条，立案查处22件，给予党纪政纪处分14人，挽回经济损失183万元，提出各种改进意见和建议118条，协助建章立制142项。

1997年，全省国税系统受理群众举报439件，立案296件，查结270件，结案率91%。刑事处分2人，开除公职4人，撤职、降级处分8人，辞退1人，批评教育90人，挽回经济损失40余万元。开展税收票证专项执法监察，全省开展执法监察81项，检查单位753个，发现问题线索91条，执法监察立案146件，帮助建章立制204项，提出监察意见141条，处理违纪人员13人，挽回经济损失1248.8万元。

1998年，全省国税系统接受群众举报270件，初步核实违纪线索118件，立案32件，结案处分37人，结案率达92%。其中：警告处分17人，记过4人，记大过6人，降级4人，撤职3人，开除3人，党纪处分6人，挽回经济损失591.5万元。按时查结上报财政部、国家税务总局和省政府转送查处的案件6件。

省国税局组织开展税收票证工作执法监察，执法监察立项114项次，检查单位411个，发现问题线索51条，执法监察立案30件，处分12人，提出建议139项次，帮助建章立制171项次，挽回经济损失224.8万元。

1999年，省国税局先后对8个地区（市）、县局领导的举报件进行初查，对存在的问题进行纠正，对有关责任人进行处理。查结上报国家税务总局、省政府、省纪委及省财政监察专员办事处转来举报信8件。全省国税系统收到人民来信304件，受理举报电话15件，接待来访15人次。初步核实132件，立案67件，结案65件，结案处分72人，移送司法机关1人，开除党籍6人，挽回经济损失6.1万元。全省国税系统县以上纪检监察部门执法监察立项135项次，检查单位490个，发现问题线索69条，执法监察立案14件，处分人员10人，提出监察建议195项次，帮助建章立制138项次，挽回经济损失2167.3万元。

2000年，全省国税系统办理群众来信376件，受理举报电话28件，接待来访15人次。初步核实157件，立案34件，结案28件，结案处分33人。其中行政处分：警告10人，记过8人，记大过4人，降级降职3人，撤职5人，开除1人。移送司法机关9人。党纪处分：警告1人，严重警告1人，留党察看3人，开除党籍3人。挽回经济损失25.48万元。

2001 年,全省国税系统办理群众来信 384 件,受理举报电话 24 件,接待来访 12 人次,初步核实 143 件,结案 29 件,结案处分 33 人。其中行政处分:警告 11 人,记过 8 人,记大过 7 人,降级 3 人,撤职 2 人,开除 1 人。党纪处分:警告 2 人,严重警告 1 人,留党察看 2 人,开除党籍 1 人。移送司法机关 4 人,刑事处理 2 人。

2002 年,全省国税系统办理人民来信 302 件,受理举报电话 23 件,接待来访 13 人次,初步核实 137 件,立案 27 件,结案 23 件,结案处分 38 人,其中行政处分:警告 11 人,记过 8 人,记大过 6 人,降级 1 人,撤职 6 人,开除 5 人,刑事处理 5 人。移送司法机关 1 人。党纪处分:留党察看 2 人,开除党籍 4 人。挽回经济损失 11.73 万元。全省执法监察单位 284 个,提出监察建议 144 个,发现问题线索 11 个,帮助建章立制 42 个。

2003 年,全省国税系统受理群众信访举报 233 件次,初步核实 85 件,立案 26 件,结案处分 33 人,移送司法机关追究刑事责任 5 人,挽回经济损失 16.98 万元。开展执法监察 215 项,查处违法违纪金额 80.63 万元,挽回经济损失 46.51 万元,发现案件线索 4 件,立案查处 3 件,给予政纪处理 7 人,诫免 2 人,移送司法机关 3 人。

2004 年,全省国税系统受理群众信访举报 261 件,初步核实违纪线索 83 件,立案 26 件,结案处分 37 人,刑事处理 7 人,组织处理 8 人,挽回经济损失 10.77 万元。执法监察立项 246 项,查处违纪金额 13.067 万元,挽回经济损失 2 万元,协助建章立制 88 项,推广先进典型 16 个,发现案件线索 17 个。

2005 年,全省国税系统办理人民来信 234 件,受理举报电话 10 件,接待来访 5 人次。初步核实 83 件,立案 21 件,结案处分 30 人,挽回经济损失 30.97 万元。对宁国市、休宁县国税局违规建办公楼的问题进行严肃查处,追究当事人的纪律责任及有关领导责任,并在全系统进行通报。应用税收执法管理信息系统加强税收执法监察,全年执法监察立项 198 项,处理违法违纪人员 12 人,纠正退还违法违纪金额 2.8 万元。

纪检监察机构队伍

1995 年,省国税局下发《安徽省国税系统纪检监察组织建设若干问题的规定》,各级高度重视纪检监察部门的组织建设,各县国税局配备专职纪检监察干部。全省当年有纪检监察机构 87 个,专职纪检监察干部 204 人。有 63 个地区(市)、县落实纪检监察干部办案补贴,购置照相机、录音机等必备办案工具,有的配备专用交通工具。

1996 年,省国税局落实《国家税务局系统纪检监察组织建设几个问题的规定》,加快健全系统纪检监察机构和人员的配备。加强思想政治建设,提高纪检监察队伍的政治素质。加强业务建设,提高工作水平。加强作风建设,树立良好形象。

1997 年,省国税局加强业务培训,组织纪检监察干部学习纪检监察业务知识和税收业务知识,熟练掌握从事纪检监察工作的“三个基本功”,提高在新形势下做好纪检监察工作的能力。加强纪检监察队伍力量,举办各类提高班培训专兼职纪检监察人员,提升纪检监察队伍素质。

2002年，省国税局健全用人机制，提出要“用好的观念选人、用好的机制选人、用好的作风选人”。有步骤、有计划进行纪检监察干部交流工作。

2004年，省国税局下发《关于规范和调整纪检组长分工的通知》，明确规定国税机关的纪检组长主要负责纪检监察工作，不得分管人事、财务、基建等工作。

2005年，省国税局制定下发《关于加强和改进全省国税系统纪检监察工作的意见》，规定市、县和设党组的区国税局都要设立纪检组、监察室；未设党组但人数超过50人的区局要设立监察室；区局、稽查局配一名同级领导副职的专职纪检监察员。各级税务机关在2005年年底前健全纪检监察机构，配齐纪检监察干部。

10月9日，省国税局下发《关于成立安徽省国家税务局巡视工作办公室的通知》，省国税局巡视办成立，行政级别为正处级，编制5人，选调4名工作人员。巡视办的主要职责是：负责巡视工作的综合协调、政策研究、制度建设、文件起草、巡视组人员管理、后期保障；研究、组织、协调本省的巡视工作；承办总局巡视办、省国税局党组和纪检组交办的其他事项。

10月12日，省国税局制定《安徽省国家税务局党组巡视工作暂行规定》，明确巡视工作任务和职责、工作方式和程序、工作纪律和人员守则等，巡视工作进入专业化管理阶段。巡视工作的主要任务：对市局领导班子及其成员执行政治纪律、组织纪律、经济工作纪律、群众工作纪律和党风廉政建设等方面情况进行监督检查，重点是了解市局主要负责人廉洁从政和落实党风廉政建设责任制以及选拔任用干部的情况；报告巡视工作中了解的情况，提出意见和建议。

11月28日，省国税局派出巡视组，对阜阳、宣城市国税局领导班子及成员进行巡视。

第四节　文明创建

全省国税系统坚持“两个文明”一起抓，通过开展文明单位、文明行业、“青年文明号”“人民满意的基层分局”等创建活动，加强干部队伍建设，实施规范化管理，树立行业新风，激发国税人员工作热情，推动国税事业发展。

1995年，省国税局与有关部门联合转发国家税务总局、团中央《关于在全国税务系统开展“青年文明号”活动的通知》，成立创建“青年文明号”活动领导小组，制定创建方案。开展爱祖国、爱税收、爱岗位、树立税务新形象“三爱一树立”活动。制定创建“文明税务所”实施办法。

1996年，省国税局下发《安徽省国家税务局系统形象工程建设的意见》，全省国税系统开展“为国税争光、树国税形象”活动。全省国税系统有16个集体被省政府表彰为“1995年度全省财税系统先进集体”，省国税局与团省委联合表彰20个“全省国税系统青年文明号”,省国税局评选表彰60个文明税务所(分局)、20个先进集体和100名先进工作者。

1997年,省国税局推进国税形象工程建设,开展“讲文明、树新风”,争当“优秀税务员”和争创“最佳办税服务厅”活动,深化“青年文明号”和“文明单位”创建。至年年底,全省有301个基层征收分局达到规范化建设要求,占基层征收分局总数的51%。4月,在全省范围内开展国税形象问卷调查,发放问卷8.2万份,收回7.1万份,其中综合评价“好”的有6万份,占收回问卷的81.3%,“较好”的有1.1万份,占18%。向社会公布16个文明示范单位,发挥全省国税系统文明服务的窗口作用。审查推荐巢湖地区国税局、合肥市国税局第二分局、蒙城县国税局、铜陵市国税局一分局、涡阳县国税局稽查分局为全国税务系统先进集体,推荐青阳县国税局庙前分局张向东、霍邱县国税局户胡分局夏士珍为全国税务系统先进工作者。

1998年,全省国税系统以规范化服务为突破口,狠抓基层“窗口”形象建设,开展“三爱一树立”活动和创建“规范化税务分局”“青年文明号”“最佳办税服务厅”活动,有224个基层分局达到规范化标准。

1999年,铜陵市国税局办税服务厅被中央文明委授予“全国创建文明行业先进单位”,全省国税系统有3个单位、4名个人分别被国家税务总局表彰为“全国税务系统文明单位”和“全国税务系统优秀税务工作者”。省国税局评选表彰34个先进集体和50名先进工作者。

2000年,省国税局下发《关于深入开展创建文明行业活动的通知》,制定《安徽省国税系统办税服务厅规范化服务标准》,积极参与“万人评行风”活动。全省国税系统有16个集体获评第四届安徽省“文明单位”。

2001年,省国税局成立安徽省国税系统精神文明建设领导小组,负责全省国税系统及省国税局机关文明创建的指导工作。以规范化分局建设为立足点,大力开展文明行业创建活动,有40个分局被批准为第三批“安徽省国税系统规范化税务分局”。开展“为人民服务,为党旗增辉”主题教育演讲比赛。与省妇联、省委宣传部、省总工会等10家单位联合表彰10名“十佳”女税官、省“三八红旗手”。4个单位获“全国税务系统先进集体”,2人获“全国税务系统先进工作者”。

2002年,省国税局下发《关于开展创建“人民满意的基层国税分局”活动的实施意见》,对全省国税系统开展创建“人民满意的基层国税分局”活动作出统一部署。省国税局、团省委联合命名五河县国税局城区分局等8个单位为2001年度省级“青年文明号”。无为县高沟分局被国家税务总局、团中央命名为2001年度全国“青年文明号”。全省国税系统有21个集体被省委、省政府授予第五届“安徽省文明单位”称号。省国税局表彰55个文明单位和98个优秀税务工作者。举办“安徽省国税系统第二届美术书法摄影作品大赛”,丰富职工业余文化生活。

2003 年,省国税局下发《关于加强行风整治认真抓好创建文明行业工作的意见》《关于在全省国税系统开展创建“巾帼文明示范岗”活动的实施意见》,调整安徽省国税系统创建文明行业活动指导委员会。成功举办全省国税系统首届乒乓球联赛。开展“捐赠幸福工程,帮助贫困母亲”活动,募捐 13.7 万元爱心捐款。全省国税系统有 9 个集体和 3 名个人获省部级表彰,省国税局与团省委联合表彰 2 个省级青年文明号标兵、8 个省级青年文明号,继续认定 45 个单位为省级青年文明号,省国税局评选表彰 55 个文明单位和 98 名优秀税务工作者。在地方政府统一组织的民主评议中,有 458 个基层分局获评满意,占全部基层分局的 95%。

2004 年,省国税局印发《安徽省国税系统文明建设工程规划》,积极开展“人民满意的基层分局”创建活动。全省国税系统有 45 个集体被省委、省政府授予第六届“安徽省文明单位”称号,10 个市国税局和市国税局所属机构被评为安徽省文明窗口或安徽省创建文明行业先进单位,1 个市国税局获得安徽省思想政治工作先进集体,2 个单位被省政府授予“人民满意公务员集体”,1 个集体获全国“青年文明号”,5 个集体获省级“青年文明号”,省国税局教育处被团中央、国家税务总局评为青年文明号优秀组织奖。省国税局与省人事厅联合表彰 40 个先进集体和 49 名先进个人。在全省创建“人民满意的基层站所”活动评议考核中,有 371 个分局参加评议,群众满意率达 96%。

2005 年,省国税局调整精神文明建设领导小组及其办公室人员。省国税局和 58 个市、县局被省委、省政府授予第七届“安徽省文明单位”称号,1 个市局获得“全国文明单位”称号,4 个市(区)局获得“全国精神文明创建工作先进单位”。有 3 个单位和 2 名个人获得全国税务系统先进集体和先进工作者称号。有 5 个集体获得省级青年文明号、48 个集体被重新确定为省级青年文明号,推荐 2 个集体参加全国青年文明号评选;有 3 个集体获得全国“巾帼文明岗”称号,1 人获得全国“巾帼建功”标兵,1 个集体获得省“巾帼建功”先进集体,4 个单位获省级“巾帼文明岗”称号,10 人被表彰为国税系统“十佳女税官”、省“三八红旗手”。

安徽省国税系统受表彰情况统计表

表10–1

年份	受表彰单位	表彰单位	表彰内容
1994年	集体		
	怀宁县国家税务局	省委、省政府	安徽省第一届文明单位
	个人		
	黄山市查坤锡	省政府	授予安徽省先进个人(财税系统)称号
	滁州市李德海	最高人民法院、最高人民检察院、公安部、国家税务总局	"打击伪造倒卖盗窃发票违法犯罪活动专项斗争"嘉奖
	怀宁县国家税务局	省政府	全省财税系统先进集体
	黟县国家税务局	省政府	授予先进集体(财税系统)称号
1996年	集体		
	天长市国税局直属分局	国家税务总局	全国税务系统文明税务所(单位)
	广德县国税局牛头山分局	国家税务总局	全国税务系统文明税务所(单位)
	当涂县国税局石桥税务所	国家税务总局	全国税务系统文明税务所(单位)
	涡阳县国税局稽查分局	国家税务总局、团中央	1995年度全国青年文明号
	合肥市国税局一分局、蚌埠市国税局、芜湖市国税局、怀宁县国税局、马鞍山市国税局、淮南市国税局、淮北市国税局、铜陵市国税局一分局、黟县国税局、来安县国税局、阜阳地区国税局、泗县国税局、霍邱县国税局叶集分局、无为县国税局牛埠税务所、宣州市国税局、东至县国税局	省政府	1995年全省财税系统先进集体
	个人		
	林晓东(和县乌江税务所)	全国总工会	全国"五一"劳动奖章
	杨雷(泗县)	省政府	先进个人
	怀宁县国家税务局	省委、省政府	安徽省第二届文明单位

续表 10–1

年份	受表彰单位	表彰单位	表彰内容
1997 年	集体		
	巢湖地区国税局、蒙城县国税局、合肥市国税局二分局、铜陵市国税局一分局	人事部、国家税务总局	全国税务系先进集体
	来安县国税局、怀宁县国税局、太湖县国税局、宁国县国税局、涡阳县国税局直属分局、泗县税务局、亳州市税务局薛阁税务所	省委、省政府	第三届安徽省文明单位
	涡阳县国税稽查分局、淮南市国税三分局办税服务厅	共青团中央、税务总局	青年文明号
	个人		
	夏士珍（霍邱县国税局户胡分局）	全国总工会	全国“五一”劳动奖章
	张向东（青阳县国税局庙前分局）、夏士珍（霍邱县国税局户胡分局）	人事部、国家税务总局	全国税务系统先进工作者
	郭凤鸣（巢湖地区国税局）、贺文敏（凤台县国税局城关分局）	省政府	安徽省先进工作者
1998 年	集体		
	铜陵市国税局办税服务厅	国家税务总局	全国税务系统最佳办税服务厅
	淮南市国税局三分局办税服务厅	团中央、国家税务总局	青年文明号
	合肥市国税局三分局、蚌埠市国税局一分局、滁州市国税局二分局、含山县国税局东关分局、铜陵市国税局一分局、马鞍山市国税局三分局、安庆市国税局一分局、淮南市国税局二分局、宣州市国税局集贸分局、太和县国税局镜湖分局	省政府	全省税务系统十佳征收单位
	安徽省国税局	省政府	集体二等功
	合肥市国税三分局、定远县张桥国税分局、阜南县三塔国税分局	国家税务总局	全国税务系统文明单位
	涡阳县国税稽查局、淮南市第三国税分局办税服务厅	团中央、国家税务总局	青年文明号
	阜阳市国税三分局办税服务厅	团中央、国家税务总局	青年文明号
	个人		
	林晓东（和县国税局）	省委、省政府	安徽省第二届精神文明建设先进个人

续表 10-1

年份	受表彰单位	表彰单位	表彰内容
1999 年	集体		
	铜陵市国税局办税服务厅	中央精神文明建设指导委员会	全国精神文明创建工作先进单位
	合肥市国税局三分局、阜南县国税局三塔分局、定远县国税局张桥分局	国家税务总局	全国税务系统文明单位
	个人		
	黄万成(庐江县国税局白山分局)	团中央等 12 个部委	中国优秀青年卫士
	汪六十(怀宁县国税局)、倪国初(祁门县国税局)、朱永平(泾县国税局城郊分局)、魏伯双(无为县国税局白茆分局)	国家税务总局	全国税务系统优秀税务工作者
2000 年	集体		
	宣城市国税局水东分局	团中央、国家税务总局	青年文明号
	芜湖市国税局一分局办税服务厅	中华全国总工会、全国职工职业道德建设指导协调小组	全国职工职业道德百佳班组
	蚌埠市国家税务局、淮南市国家税务局、当涂县国家税务局、太湖县国家税务局、望江县国家税务局、灵璧县国家税务局、泗县国家税务局、阜南县国家税务局、界首市国家税务局、临泉县国家税务局、来安县国家税务局、凤阳县国家税务局、寿县国家税务局、石台县国家税务局、贵池市国家税务局、无为县国家税务局蜀山分局	省委、省政府	第四届安徽省文明单位
	个人		
	夏士珍	国务院	全国先进工作者
2001 年	集体		
	蚌埠市国税局一分局、淮北市国税局二分局、池州市国税局二分局	人事部、国家税务总局	全国税务系统先进集体
	淮北市国税局一分局办税服务厅	全国城镇妇女“巾帼建功”活动领导小组	全国城镇妇女巾帼文明示范岗
	淮北市国税局一分局办税服务厅、铜陵市国税局办税服务厅	全国总工会、全国职工职业道德建设指导协调小组	全国职工职业道德建设百佳班组
	个人		
	许建国(肥东县国税局梁园分局)、孟繁久(阜阳市国税局稽查局)	人事部、国家税务总局	全国税务系统先进工作者

续表 10-1

年份	受表彰单位	表彰单位	表彰内容
2002 年	集体		
	淮北市第二税务分局	中央精神文明建设指导委员会	全国创建文明行业工作先进单位
	无为县国税局高沟分局	团中央、国家税务总局	全国青年文明号
	临泉县国税局	省委、省政府	第三届安徽省文明单位标兵
	蚌埠市国税局、马鞍山市国税局、淮南市国税局、池州市国税局、阜阳市国税局、寿县国税局、阜南县国税局、界首市国税局、全椒县国税局、来安县国税局、天长市国税局、凤阳县国税局、当涂县国税局、望江县国税局、太湖县国税局、青阳县国税局、石台县国税局、淮北市国税局二分局、池州市国税局二分局、池州市国税局九华山分局、宣城市国税局集贸分局	省委、省政府	第五届安徽省文明单位
	池州市国税局二分局	省政府	安徽省先进集体
	阜阳市颍泉区国税局	全国巾帼文明示范岗	全国妇女“巾帼建功”活动领导小组
	个人		
	肖远（蚌埠市国税局）、张克春（合肥市国税局一分局）、冯敏（利辛县国税局）、张朝先（宣城市国税局集贸分局）、高亮（铜陵市国税局信息中心）、朱福根（石台县国税局）、鞠顺光（安庆市国税局稽查局）	省政府	安徽省先进工作者
	刘占勉（合肥市国税二分局）	全国职工职业道德指导协调小组	全国职工职业道德建设十佳标兵

续表 10-1

年份	受表彰单位	表彰单位	表彰内容
2003 年	集体		
	淮北市国税局第二分局	中央精神文明建设指导委员会	全国创建文明行业工作先进单位
	淮南市国税局、太湖县国税局、泗县国税局	国家税务总局	全国税务系统文明单位
	芜湖市国税局、合肥市国税局第二分局、全椒县国税局、淮北市国税局第三分局、蚌埠市国税局第一分局	国家税务总局	全国税务系统信息化建设先进单位
	蒙城县国税局城区分局	省政府	人民满意的基层站所
	个人		
	陶守玉(铜陵市国税局第三分局)、肖远(蚌埠市国税局)、夏斌贤(马鞍山国税局第二分局)	国家税务总局	全国税务系统优秀税务工作者
2004 年	集体		
	芜湖市国税局办税服务中心	全国妇联	全国三八红旗先进集体
	淮北市国税局、蚌埠市国税局、阜南县国税局、黄山市国税局	省创建文明行业活动指导委员会	安徽省创建文明行业工作先进单位
	肥东县国税局龙岗分局办税服务厅、宿州市国税局市区分局办税服务厅、淮南市国税局征收大厅、天长市国税局办税服务厅、六安市国税局市区办税服务厅、马鞍山国税局三分局	省创建文明行业活动指导委员会	安徽省文明窗口
	蚌埠市国税局、天长市国税局	安徽省委思想政治工作领导小组	全省思想政治工作先进集体
	安徽省国税局教育处	团中央	十年全国青年文明号组织奖
	霍山县城关国税分局、涡阳县国税稽查局、淮南市国税三分局办税服务厅、宣城市水东国税分局、无为县高沟国税分局	团中央、国家税务总局	青年文明号

续表 10-1

年份	受表彰单位	表彰单位	表彰内容
2004 年	肥东县国税局、肥西县国税局、淮北市国税局二分局、淮北市国税局三分局、蒙城县国税局、利辛县国税局、砀山县国税局、宿州市国税局、蚌埠市国税局、蚌埠市国税局一分局、界首市国税局、临泉县国税局、阜南县国税局、阜阳市国税局、淮南市国税局、凤台县国税局、凤阳县国税局、定远县国税局、明光市国税局、天长市国税局、来安县国税局、全椒县国税局、六安市国税局、舒城县国税局、霍邱县国税局、寿县国税局、马鞍山市国税局、当涂县国税局、巢湖市国税局、无为县国税局、芜湖市国税局、宣城市国税局集贸分局、宣城市国税局、铜陵市国税局、东至县国税局、青阳县国税局、石台县国税局、池州市国税局九华山分局、池州市国税局、池州市国税局二分局、望江县国税局、太湖县国税局、怀宁县国税局、黄山市国税局、祁门县国税局	省委、省政府	第六届安徽省文明单位
	芜湖市国税局办税服务中心	省委、省政府	安徽省人民满意的公务员集体
	个人		
	厉萍芳(池州市国税局)	省创建文明行业活动指导委员会	安徽省模范文明职工
	戴新建(宣城市国税局)、王德福(当涂县国税局)	安徽省思想政治工作领导小组	全省优秀思想政治工作者
	刘占勉(合肥市国税局二分局)	全国职工职业道德建设指导协调小组	全国职工职业道德建设十佳标兵
2005 年	集体		
	宣城市国税局	中央精神文明建设指导委员会	全国文明单位
	蚌埠市国税局、铜陵市国税局、巢湖市国税局、池州市国税二分局	中央精神文明建设指导委员会	全国精神文明创建工作文明单位
	宣城市国税局、黄山市国税局	国家体育总局	全国群众体育先进单位

续表 10-1

年份	受表彰单位	表彰单位	表彰内容
2005 年	马鞍山市国家税务局一分局、全椒县国家税务局、芜湖市国税局	人事部、国家税务总局	全国税务系统先进集体
	郎溪县国税局直属分局办税服务厅、阜阳市国税局二分局办税服务厅、黄山市国税局一分局	全国妇女“巾帼建功”活动领导小组	全国巾帼文明岗
	安徽省国税局信息中心	省劳动竞赛委员会、省总工会	安徽省“十五”发展创新工程先进集体
	颍上县国税局六十铺分局	团中央、国家税务总局	青年文明号
	芜湖市国税局	省政府	全省财税系统先进集体
	个人		
	戴新建(宣城市国税局)、王国华(东至县国税局)、汪宁生(怀宁县国税局)、高英年(铜陵市国税局)	省劳动竞赛委员会、省总工会	安徽省“十五”发展创新工程先进个人,颁发安徽省五一劳动奖章
	沈爱华(宿州市国家税务局)、武道炯(黄山市国家税务局)	人事部、国家税务总局	全国税务系统先进工作者
	朱瑞华(砀山县国税局)	全国妇女“巾帼建功”活动领导小组	全国“巾帼建功”标兵
	高杰(蚌埠市国税局第四分局)、张声(池州市国税局稽查局)、曹武(怀宁县国税局)、周应东(六安市国税局稽查局)、王卫东(肥东县国税局石塘分局)、费杨(滁州市国税局)、徐健(宣城市国税局市区分局)	团省委、省国税局等15 个厅局	第四届“安徽省优秀青年卫士”
	陈泰来(临泉县国税局)、黄恒(淮南市国税局一分局)、吴维平(六安市国税局)、陈瑛(庐江县国税局)、宋一星(芜湖市国税局)、郑林(郎溪县国税局直属分局)、胡桂珍(铜陵市国税局稽查局)、厉萍芳(池州市国税局)、徐太华(太湖县国税局)、齐国萍(黟县国税局)	省妇联、省国税局	省国税系统十佳女税官

第五节　税收科研

税收科研是以税收工作为研究对象,以调查研究和理论探讨为基本方式,对税收客观规律性进行科学研究的活动,是国税工作的重要组成部分,是开展群众性调研活动、提高国税干部理论水平的重要途径,是领导决策的重要依据。

1994 年至 2003 年,全省国税科研工作主要由安徽省国家税务局办公室负责,形成税收科研成果 144 项,受到省部级以上组织表彰的税收科研成果有 7 项。

省国税局税收科学研究所

2004 年,省国税局成立税收科学研究所,负责全省国税科研工作组织实施。市、县国家税务局以办公室为税收科研主管部门,指定专人负责本级税收科研工作。

安徽省国家税务局税收科学研究所的职责是:拟订并组织实施本系统税收科研工作规划、方案;承担税收基础理论、应用理论和专题研究等工作;收集、整理税收资料;编辑税务内部期刊、地方税志。承担系统内学会、研究会秘书处的日常工作;承担《中国税务》(安徽专版)的采编及相关管理工作。

市、县国家税务局办公室的税收科研职责是:贯彻落实上级制定的税收科研工作制度和管理规定;组织落实上级布置的税收科研工作任务,收集、编辑和提供税收科研信息;组织基层开展群众性的税收科研活动;组织税收科研成果推介,为领导提供决策依据;加强组织协调,发挥科研联动作用等。

2004 年,落实《安徽省国家税务局关于加强税收科研工作的意见》,各市国家税务局成立税收科研工作领导小组,加强对税收科研的领导。确立一把手负总责,分管领导具体抓的机制。各地挑选一批税收理论研究骨干,组建以税收专业人员为主,专职和兼职相结合的基层税收理论研究骨干队伍。

2004 年,安徽省国家税务局承担国家税务总局两个课题任务:国家税务总局税收科学研究所的《税源分析与税收预测》和中国国际税收研究会的《关于落实出口退税政策问题》。

2004 年 11 月,胡道新和杨宪彭担任正副组长的课题——《税源分析与税收预测》,被评为《2003 年至 2004 年全国税务系统优秀科研成果》一等奖。

2004 年,各市国家税务局采取积极有效的措施,平均每个市国税局完成税收调研文章 50 篇,有的市国税局完成 100 多篇。

2005 年,省国税局承担国家税务总局税收科学研究所下达的《税源预测监控与指标体系》和《税收征管精细化管理》两个课题研究任务。

2005 年,实施《安徽省国税系统税收科研成果评审与奖励办法(试行)》。设立税收科研成果评审委员会,分管税收科研工作的省国税局领导担任评审委员会主任、税科所所长担任副主任,成员包括相关领域的专家、学者和安徽省国家税务局有关处室负责人。在评审委员会领导下,税科所负责科研成果评审的具体工作。

税收科研成果的评审在公开、公平、公正的前提下,采取专家审读、集体评议、民主评审、精神鼓励与物质奖励相结合的办法,突出科研成果的实用性,注重基础理论和应用理论的指导作用。税收科研成果评选范围包括:全省国税干部于规定年度内在《中国税务》《税务研究》《中国税务报》《税收经济调研》《税收研究资料》《涉外税务》《中国税务——安徽专版》《安徽国税调研》等省级(含)以上报刊上刊发的政策理论研究文章、调研报告以及出版的税收专著等;规定年度内在省级(含省级)以上学术会议上参加过交流的税收论文;规定年度内受到市级以上党政部门领导肯定的调研报告;其他符合当年评选标准的税收调研报告或理论研究文章。税收科研成果的评审奖项分为著作奖和论文奖两大类。论文奖设一、二、三等奖和优秀奖,其中一等奖 3 个;二等奖 6 个;三等奖 10 个;优秀奖 30 个。

2005 年,省国税局组织专家学者及相关处室负责人对全省国税系统 2004 年至 2005 年上报的 100 多篇科研成果进行评审,评选出一等奖 3 个,二等奖 6 个,三等奖 10 个,优秀奖 31 个。

2005 年 7 月,实施《安徽省国税系统税收科研工作管理办法(试行)》,明确课题研究是税收科研工作的主要形式。

科研课题的内容可分为三类:一是工作类课题,主要探讨不同时期国税工作的重点和难点;二是政策类课题,主要研究税收政策执行中出现的有关问题;三是理论类课题,主要研究税收的基本理论问题。课题选择从实际出发,突出工作研究重点,抓住国税工作全局性、关键性和突出性的问题,集中力量进行调查研究。安徽省国家税务局税收科学研究所根据国家税务总局下达的调研课题,结合本省国税中心工作,确定全省年度调研课题计划并组织落实。市、县国家税务局根据安徽省国家税务局课题计划和本部门的工作重点,制定本单位的年度课题计划,并报科研管理部门备案。课题调研计划由安徽省国家税务局税收科学研究所统一组织。

安徽省国际税收研究会

2005 年 1 月 24 日,安徽省国际税收研究会成立大会召开,选举杨宪彭为安徽省国际税收研究会会长。

2005 年,安徽省国际税收研究会承担中国国际税收研究会两个课题:《转让定价的国际比较与借鉴研究》,10 月底完成。被选为中国国际税收研究会"2004—2005 理论研讨会优秀推荐论文",在国家税务总局税收科学研究所主办的《研究报告》2005 年第 34 期发表。《关于废旧物资增值税政策研究》,6 月底完成,为国家税务总局加强废旧物资增值税管理提出意见和建议。

2005 年,安徽省国际税收研究会被中国国际税收研究会确定为"企业所得税相关问题研究"大课题牵头单位之一,同时也是"转让定价"子课题的组织牵头单位。

11 月,中国国际税收研究会在广东南海召开二届三次常务会暨理论研讨会,吸收安徽省国际税收研究会为中国国际税收研究会单位会员。

第六节　后勤管理

经费管理

省国税局按照上级要求,结合实际工作需要,建立完善各项管理制度,规范财务管理,提高资金使用效率。

省国税局按时给市国税局划拨经费,市国税局按年度预算指标定时给基层核算单位划拨经费,年终结算。专项经费由省国税局直接划拨或者通过市国税局转划县(区)局。

省国税局在经费使用和安排上,本着先基层后机关、勤俭节约、量财办事、留有余地的原则,合理有效使用资金。

市国税局各项经费支出按照"量入为出、保证重点、优先基层、留有余地"的原则,合理安排使用。专项资金实行专题研究、专项追加、专款专用办法。工资、福利等个人部分和办公费、差旅费等公用部分,按县(区)局所在地劳动人事、财政部门有关规定执行。税务人员牺牲、病故、抚恤、离休、退休、退职、遗属等支出费用,按国家机关工作人员的标准执行。税务业务费开支标准,按省国税局规定执行。对于地方政府出台政策增加支出,各单位自理,报市国税局备案。

税务专项经费是指上级主管部门拨入的具有一定用途的不得挪为它用的专项资金。具体包括基层建设经费、稽查办案经费、税务登记证费和发票工本费等。税务专项经费由市局统一掌握,根据轻重缓急核拨,由各县区局具体实施管理。

大额项目开支经领导集体研究决定,实行分管财务领导一支笔签批制度,规范财务报销凭证并附正规发票。对采购商品较多,货物名称、单价、数量等不能在发票中详细反映,还应附有供应商提供的明细清单。不符合制度规定的开支,财会人员有权拒绝支付。

1994 年,适应全省国税系统垂直管理的需要,省国税局草拟《安徽省国税系统税务经费管理办法》《安徽省国税系统业务经费开支范围和标准的暂行规定》和《安徽省国税系统基本建设管理办法》《安徽省国税系统基本建设管理办法》《安徽省国税系统车辆管理办法》等。

1995 年 9 月 11 日,实施《安徽省国税系统经费管理暂行办法》,税务经费的管理范围包括所有预算内经费和预算外资金,实行"垂直管理、下管一级、分级核算"的管理体制,各级财务审计部门为经费管理部门,经费支出的原则为:"量入为出,保证重点,优先基层,留有余地"。省国税局以分设时预算内资金、预算外资金的实际数为基础,核定各市国税系统收入和支出总额。以后年度按照实有干部职工、离退休人员、助征员、临时工以及车辆、装备为依据,增人增资增加基数。

1995年,省国税局制定《业务费开支范围和标准》《安徽省国税系统基建管理办法》等,对固定资产和基本建设的管理范围、管理部门、审批权限作明确规定。

1996年,省国税局制发《安徽省国税系统税务经费管理办法》《安徽省国税系统固定资产管理办法》《安徽省国税系统内部审计实施办法》《安徽省国税系统税务服装管理办法》《安徽国税系统内部审计文书格式》。

1998年,省国税局编印《财务审计法规制度汇编》,保证财务人员在实际工作中,执行有政策、开支有标准、管理有规定。

1998年,省国税局下发《关于做好国税系统新旧经费会计制度衔接与转换的通知》和《国税系统预算支出目节级科目》,组织全系统县以上单位经费会计130余人,集中对新制度内容、核算要求、账务处理、新旧制度衔接与转换进行培训,全系统151个基层会计单位的财务核算体制全部转换。

全省国税系统经费使用实行"三个优先":经费预算安排上,优先保证基层工作需要;交通工具和其他征管装备配置上,优先安排基层征收单位指标;基建自筹投资规模上,优先分配基层。全年分配下达基层建设专项经费9000多万元,安排基建自筹投资规模指标1.2亿元,申办基层购车指标46部,保证基层建设和征管工作需要。

省国税局按照国家税务总局规定,把各项经费收入全部纳入单位统一核算范围,统一管理,统筹使用。统一设计、印制国税系统统一的总分类账、银行存款日记账、现金日记账、固定资产分类账、各种明细账和记账凭证等12种账证。

1999年,省国税局制定《安徽省国税系统税务经费开支范围和标准》,规范系统各项费用支出的标准。全年,全省清理银行账户552个,撤并231个,归口集中大账以外的各种资金4250多万元。

2000年1月1日起,全省国税系统财务核算全部实行会计电算化。

1月,执行《安徽省国税系统税务经费会计档案管理实施办法》。省国税局根据财政部、国家档案局《会计档案管理办法》,明确税务经费会计档案的范围、保管期限、归档及销毁办法,统一系统经费会计档案工作制度,对会计档案进行全面清理。

同年,全省清理银行账户896个,撤并各会计核算单位银行账户132个,撤销非独立核算单位和各级国税机关内设账户267个,基建账户42个,清理出的其他各种资金2.31亿元,全部纳入财务部门统一管理。

2001年,全省清理银行账户720个,其中基本存款户352个,一般存款户179个,临时存款户20个,专用存款户169个,按规定保留银行账户605个,撤销银行账户115个。通过清理整顿,基本上解决非单位账务部门开设银行账户,多头开户有账外设账以及私设小金库问题。

全省清查出各种账外资产1500万元,其中已交付使用但未及时登记入账的800多万元,上级调拨和接受捐赠的200多万元,各级自行购置的350多万元,从个人手中收回的150多万元。

2002年1月1日起,代扣代收和代征手续费纳入预算管理,财务部门统一核算。

同年,执行《国家税务局系统代扣代收和代征手续费专项经费管理(暂行)办法》。按照国家税务总局要求,统一印制手续费领取单,强调代征代扣手续费支出范围和标准。

全年,清理银行账户1321个,撤并各会计核算单位银行账户132个,撤销非独立核算单位和各级机关内设账户56个,撤销非专项资金账户39个,基建账户42个,全省清理其他各种资金1.3亿元。

省国税局按照“优先基层、公平合理、减少档次、缩小差距”的原则,核定和分配各市、县局的经费预算,减少中间环节。

2003年9月,省国税局根据国家税务总局《关于撤销“税务稽查收入”等账户问题的通知》,决定撤销“税务稽查收入”账户,省国税局稽查局组织的各项税收检查查补的地方级税款,原则上入省金库。

2004年,实施《安徽省国税系统财务公开暂行办法》,对年度经费收支、资金分配使用、基本建设项目、政府采购、固定资产处置等重大财务事项,通过适当形式,定期或不定期向单位中层干部或全体职工公布。

省国税局按人均1000元的标准,在基数经费以外为各地建立医疗补助基金,房改基金直接拨到市、县国税局,专项用于无房职工和住房面积未达标准职工的货币化补助。全省国税系统的银行账户由928个撤并为307个,撤并的银行账户全部按照规定向财政部驻安徽省财政监察专员办事处履行报批程序。清理建设项目欠款4760万元。清理收回领导干部拖欠公款6.5万元,清理收回其他人员拖欠公款23.67万元。清退资金9.1万元,参保职工152人,被保险224人次,资金全部由单位收回。

2005年,省国税局明确车辆购置税机构划转后,其会计核算方式实行报账制,即各市车购税征收管理办公室人员经费由所在市国税局统一支付,日常公用支出向所在市国税局报账;各县(市)车购税征收管理办公室人员经费由所在县(市)国税局统一支付,日常公用支出向所在县(市)国税局报账。落实无房职工和住房面积未达标准职工的货币化补助,全年兑现职工住房补贴金额共计4210万元。

财务审计

内部审计工作由各级国税局的财务审计部门(或计会部门)执行,其职责为:对预算内外资金收支及预决算进行审计监督,对基建工程项目、固定资产、专项资金、往来款项、货币资金、内部会计工作及监控管理进行审计监督,对各级领导干部离任实行财务审计,按照法律、行政法规的规定对应当进行审计的事项,进行审计监督。

内部审计分为全面审计和专题审计。全面审计在每一会计年度终了后进行。在实施审计时发现有经济问题,需要追溯以前年度审计的,不受时限限制。专题(单项)审计,根据需要随时进行。内部审计工作的范围包括决算报表审计、固定资产管理审计、基建项目管理审计、银行账户和其他收入管理审计。其中审计的重点是决算报表的真实性和完整性、贯彻落实固定资产管理制度情况、贯彻落实基本建设管理制度情况以及贯彻落实银行账户和其他收入管理制度情况。

实行“同级审”和“上审下”的审计监督制度。市局财务审计部门审计管辖范围为:本级有财务收支科室、分局、县区局和全市30万元以上(含30万元)基建工程项目;县区局审计管理范围为:本级有财务收支的股室、分局以及30万元以下的基建工程项目。市局财务审计可以对下属县区局审计管辖范围的财务进行延伸审计:县区局有财务收支的部门,其财务收支未纳入财务部门管理的;专题审计需要的;局长交办或审计涉及到的有关问题;需要对基层分局进行的审计。

同级审计每年全面进行一次,上级对下级的全面审计每年不少于所属单位的50%。

1995年,按照国家税务总局要求,清理全省各级国税部门的“小金库”和各种基金及附加。

1996年1月1日,执行《安徽省国税系统内部审计实施办法》。规定国税系统内部审计机构和人员、内部审计机构的职责、内部审计机构的权限、内部审计的基本程序、审计处理内容。省国税局成立审计工作领导小组,全省各级国税部门相应配备专兼职的内部审计人员。

5月—10月,全省各级国税部门对所属会计单位的经费、基建和国有资产管理使用情况进行审计,审计面达72%。

全年,省国税局检查建设项目49个,其中,1995年以来已完工的项目5个,1996年在建项目44个。

1997年1月7日,省国税局在全省国税系统实行统一内部审计文书格式,规范统一审计通知书、审计报告、审计报告征求意见书、审计意见书、审计决定、审计文书送达回证格式。

同年,省国税局先后组成4个审计工作小组,对省税校、阜阳、六安、安庆等单位进行内部审计和领导干部离任审计,发现问题,督促纠正。

1998年9月—11月,省国税局按照国家计委和国家税务总局要求,在全系统开展行政事业性收费清理检查,全系统清理检查收费单位116个,收费项目12个,收费金额9292.8万元,发现问题,及时整改,得到国家税务总局的肯定。

1999年,省国税局组织或委托58家中介机构,对136个基建工程项目进行审计,送审金额2.32亿元,审计验证金额1.96亿元,审减资金3600多万元,全省综合审减率达15.5%。

2000年1月,执行《安徽省国家税务局系统基本建设项目审计规定》,根据国家税务总局要求,全省各级国税部门新建、改建、扩建、购建的综合业务用房、培训中心及其旧楼装修项目,投资额在3000万元以下、500万元以上的基建项目,由省国家税务局委托审计。同时明确基建项目审计基本程序、审计报告的内容及审计收费标准内容。

同年,省国税局委托81家中介机构对96个基建完工项目进行审计,送审金额累计

1.02亿元,审减资金1800万元。

2000年,全省国税系统组织546人对321个单位进行财务审计,查出违纪违规资金462万元,审减违规资金134万元,查处违纪问题21个。对156名调任、转任、离岗、退休干部进行任期经济责任审计。

2001年,省国税局组织16人次分别对机关、税校等12个单位进行审计;各市局组织123人对48个单位进行审计;各县局组织142人对170个单位进行审计,查出违纪违规资金362万元,审减违规资金84万元,查处违纪问题21个。全省国税系统委托52家中介机构对72个基建完工项目进行审计,送审金额累计1.6亿元,审计验证金额1.4亿元,审减资金0.2亿元,全省综合审减率达13%。全省审计基建完工项目72个,审减资金2000多万元,撤销账户115个,清理其他收入资金6000多万元。

2002年2月,执行国家税务总局《国家税务局系统领导干部任期经济责任审计办法(试行)》,建立健全经济责任审计制度。完成对淮南、芜湖、六安、阜阳等市局原局长任期经济责任审计工作。

全年,全省各级国税部门组织762人次对313个单位进行内部财务审计,其中,省国税局组织12人次分别对滁州、蚌埠等市进行审计;各市局组织98人次对51个单位进行审计;各县局组织411人次对263个单位进行审计。全省审减开支124万元,查出违纪问题121个。各级国税部门委托21家中介机构对32个基建完工项目进行审计,送审金额累计为1.1亿元,审计验证金额为0.97亿元,全省综合审减率达11.8%。

2003年,建立省国税局、市国税局二级专业内部审计体系,要求各地配备1名专职审计人员和若干名兼职审计人员。全年组织781人次对251个单位进行审计。委托中介机构对62个基建完工项目进行审计,送审金额2371万元,审减资金364万元,综合审减率达15%。省国税局组织8个检查组,对全省17个市局2002年度重点工作完成情况进行检查考核和综合评定,并通报考核结果。全省国税系统清理出其他收入资金838.24万元,主要包括税务周转金、新产品风险基金、资料工本费、公告发行费、办案补助费和IC卡款,所有资金全部纳入财务部门统一管理。开展行政审批事项清理工作,取消审批项目13项,下放审批权限38项。

2004年5月—6月,省国税局配合国家税务总局审计组对省国税局及合肥、阜阳、蚌埠、芜湖、宣城、黄山市国税局及部分县(区)国税局2003年度预算安排及执行情况、政府采购和基本建设管理情况、代征代扣手续费核算和使用情况进行专项审计。对亳州、宿州两个市国税局开展领导干部经济责任审计。

同年,全省国税系统组织内部审计114次,审计面70%。撤销违规账户621个,下达审计决定书29份,审计意见书82份,完善制度42条,制定并落实整改措施65条,挽回经济损失10万元,处理有关责任人1人。

2005年7月1日起,市局所有新建项目,500万元以上的附属工程及维修发行、装修项目,县(市)局3000万元以上的新建项目,500万元以上招待所维修、装修项目由省国税局审核后报总局审批,其他项目由省国税局审批。

同年,全省国税系统组织内部审计86次,对省税务学校、巢湖、滁州、淮南四个单位进行专项审计,查出违纪违规问题10个,违规资金9.9万元。对44个被审计单位的56名经济责任人实施离任经济责任审计,查出违规金额3万元,利用审计结果29项,审计面达93%以上。审核竣工基建项目19个,审结竣工项目9个,审结项目累计送审金额8623万元,审减额1137万元,综合审减率13.2%。

资产管理

1994年,对全省国税系统资产情况进行统计。国税、地税机构分设后,省国税局设计《国税系统资产情况统计表》,对省国税局机关资产进行清查。

全年为基层国税部门购车91辆,免除控购附加费130多万元。

1995年7月19日,国家税务总局批准省国税局建综合性办公楼计划,总面积1.7万平方米,总投资5000万元。

1996年,实施《安徽省国家税务局系统固定资产管理暂行办法》,明确全省国税系统的固定资产所有权归属省国税局,各级国税机关分级管理使用。对固定资产划分标准、分类管理、核算计价等进行明确。

4月2日,省国税局同意巢湖地区国家税务局建巢湖地区国税系统干部培训中心,建筑面积1500平方米,总投资120万元,建设资金自筹解决。

7月11日,实施《安徽省国家税务局系统着装管理暂行办法》。税务服装由省国税局按照国家税务总局统一规定的面料色泽、式样、制作工艺、质量标准、标志、项目等,在国家税务总局规定的定点厂家制作发放,各地不得自行变通。规定着装范围与供给标准、领取和发放、着装纪律、着装管理内容。

1996年,全省投入资金近3000万元,改建办税服务厅130多个,配备计算机设备近500台。向基层投入资金8000多万元,新建、改建、在建分局、税务所136个。

7月—9月,全省各级国税部门对本单位所占有、使用的固定资产进行重新登记,清理账外资产,并对资产结构和装备情况进行详细分析。

1996年,全省国税系统按照总局要求,对88个行政事业单位的产权进行登记,对各单位非经营性资产转经营性资产进行清理,合理准确核定其价值并重新补办审核审批手续。

1996年,全省总建安及局部装潢面积3万多平方米,其中新办公楼结构验收,各项指标合格率均为100%。

1995年—1996年,全省投入基层建设资金1.9亿元,建地区(市)级局办公楼4幢,县(市)级办公室楼11幢,基层征收分局办公楼275幢,投入征管改革的资金0.96亿元,新建办税服务厅92个,购置微机1500台,打印机1200台。

1997年,省国税局制定《国税系统固定资产管理办法》,印发国税系统固定资产调拨单,下发《关于对国税系统报废、闲置计算机处理意见的通知》,建立并实行国有资产统计年报制度、行政事业单位产权登记制度等。

落实《安徽省国家税务局关于基层税务分局规范化建设意见》《安徽省国税系统规范化税务分局考核标准》，作出基层分局规范化建设三年规划，对基层分局的基础设施建设、队伍建设、业务建设、内务管理等4个方面，制定量化细化标准。

全省国税系统投入资金3亿元，新建、改建税务分局323个，新建职工宿舍2950套，半数以上的农村分局因地制宜地进行“五小”建设。

1998年，落实《安徽省国税系统基本建设项目审批办法》《安徽省国税系统综合用房建设标准的规定》《安徽省国税系统基本建设项目审计规定》等，分别对各级国税部门基本建设项目的审批权限、申报程序、建设标准和竣工工程决算审计等作出规定，并对擅自超标准、超面积及实施计划外建设项目的行为制定责任追究办法。

省国税局对系统内固定资产进行调查摸底，发现问题，及时纠正。对历年固定资产进行清理，登记造册。

省国税局机关新办公楼落成，培训中心投入使用。

2000年1月，执行《安徽省国家税务局系统综合业务用房建设标准的规定》，对综合业务用房的范围、面积、费用支出等内容作出规定。执行《安徽省国家税务局系统基本建设项目审批实施办法》，明确审批原则、报送内容、时间及程序、问题处理内容。

同年，省国税局对全省国税系统各种资产进行清查，查出账外资产1.15亿元，及时按规定做账务处理。

省国税局积极向省控办申请控购指标，向供货单位联系车源，协助购车单位谈价格、办手续，帮助各地购车48辆，为基层统一配备业务用车165辆，累计节省车辆控购附加费200多万元，节约购车资金160多万元。

2001年，落实《安徽省国家税务局车辆使用管理办法》《安徽省国有税务局机关消防安全制度》。

省国税局制订固定资产管理办法，建立国有资产管理制度，明确固定资产管理的责任部门、内容和要求，实行固定资产购置、处置报批。明确规定各市、县国税局新建办公业务用房，一律上报省国税局审批；改扩建办公用房，投资额在100万元以上的上报省国税局审批。

2002年，省国税局对全系统各种资产进行彻底清查，清查出各种账外资产7300多万元，其中已使用但未及时登记入账的固定资产5800多元，上级调拨和接受捐赠的固定资产1100多万元，各部门自行购置的固定资产150多万元，从个人手中收回的20多万元。

2003年，省国税局制定车辆管理暂行办法，明确管理范围、定编数量、配备标准和管理单位，实行全省国税系统公务车辆统一保险，统一规定参保项目，公开招标确定中标单位，规范系统车辆管理。

2004年，省国税局建立基本建设管理责任状制度，所有基建项目立项批准后，项目所在地的市国税局要与省国税局签订《基建管理责任状》,明确责任,确保各项规定执行到位。

全省清理出欠款的基建项目25个,欠款金额累计4760万元。积极采取措施筹措资金,2004年偿还基建欠款项目11个,共计还款2320万元。

2005年,省国税局加强基建项目审批和开工审批管理,批准新增立项基建项目10个,批准面积29278平方米,批准投资额7266万元。此外,批准开工基建项目8个,批准建筑面积55975平方米,批准投资额17604万元。

政府采购

2001年,实施《安徽省国家税务局系统政府采购管理办法》,明确规定政府采购操作规程和采购目录,根据金税工程、征管改革及办公自动化需要,先后两次组织实施政府采购。累计采购计算机671台、打印机207台、交换机14台、服务器30台,与市场价格比较,节约资金近200万元。

2002年,省国税局采取邀请招标、议标等形式,组织采购税控读写器657套,IC卡2100张,计算机等办公设备550台,小汽车等各类交通工具86辆,全年实行政府采购节约资金110万元。

2003年,省国税局先后组织实施8项政府采购、签订12份采购合同,累计采购金额4935万元,与市场价格比较,节约资金近345万元。

2004年,省国税局对"全省国税系统普通发票承印厂"和"基本建设项目竣工决算审核中介机构"两个项目分别进行公开招标和邀请招标,确保招标的公平、公正、公开,提高资金使用效益。

2005年,省国税局通过公开招标、邀请招标、竞争性谈判、询价采购等方式,对全系统公务用车、计算机类设备、网络设备及工程、普通税务发票印制、省国税局机关部分建筑装修工程等项目实行政府采购,全年共计组织政府采购16次,采购金额13409万元,节约率13.89%。

第七节　"十一项工程"

2003年开始,省国税局经过广泛调研、充分酝酿,提出丰源、业务重组、金税、服务、班子建设、干部素质、廉政、系统党建、文明创建、健康和安居十一项工程建设的设想。2003—2005年,全省国税系统以"十一项工程"为主线,推动发展改革创新,构建和谐安徽国税。

丰源工程

2005年5月26日,省国税局印发《安徽省国税系统丰源工程规划》。

基本原则:依法治税的原则,促进发展的原则,科技强税的原则。

总体目标:税收政策全面落实,税收管理日趋规范,税收服务明显改善,税源控管逐步增强,税收职能有效发挥,经济与税收的协调、可持续发展机制初步形成,在提高税收质量的基础上,税收收入稳步增长。在2004年收入规模的基础上,全省国税收入到2005年达到300亿元,2006年达到350亿元,2007年达到400亿元,年均增长15%左右。收入质量提高,全省国税收入与生产总值、国内增值税与工业增加值的增长弹性指数稳定在0.8~1.2区间,税收收入与经济发展基本协调。

主要任务:树立税收经济观,强化税收职能,建立能动反映、应对有效的税经协调机制;严格政策执行,提高办税效率,建立公正透明、便捷高效的政策落实机制;转变管理理念,增强管理效能,建立科学简便、规范有序的征管运行机制;加强税源监控,实施动态分析,建立依法征收、稳定增长的收入管理机制。

业务重组工程

2005年8月24日,省国税局印发《安徽省国税系统业务重组工程规划》。

总体目标:建立以流程为导向、以"六个一"为主要内容的征收管理运行机制,提高管理质量和效率,降低管理成本和风险,逐步实现税务管理集约化、信息化、法制化、科学化和社会化。

基本原则:依法重组的原则,科学便利的原则,人机结合的原则,鼓励创新的原则。

主要任务:实行办税申请"一站式",实行办税服务"一窗式",实行信息采集"一次式",实行档案管理"一户式",实行业务运行"一网式",实行税务管理"一级式"。

金税工程

2005年8月25日,省国税局印发《安徽省国税系统金税工程建设规划》。

基本原则:统筹规划、统一标准;突出重点、分步实施;整合资源、讲究实效;加强管理、保证安全。

总体目标:通过三年的努力,基本完成"一个平台,两级处理,三个覆盖,四个系统"的建设。

"一个平台"是指建立一个包含网络硬件和基础软件的统一技术基础平台,通过内网、外网、公网三个层面的应用,全面支持税务管理信息化。

"两级处理"是指依托统一的技术基础平台,逐步实现相关信息系统在省级进行集中加工处理,在省以下统一进行信息采集和数据正确性保证的处理。

"三个覆盖"是指应用内容逐步覆盖国税所有税种,覆盖所有工作环节,覆盖全省各级国税机关。

"四个系统"是指通过业务的重组、服务的优化和程序的规范,逐步形成一个包括税收业务、行政管理、外部信息和决策支持四个子系统为主要内容的税务管理信息系统。

通过金税工程建设,逐步实现"所有工作都上机,所有数据都入网,所有信息都共享,所有人员都会用,所有考核都量化"的应用目标。

主要任务:完善现有主体业务系统,整合应用系统,拓展系统功能,建设门户网站,扩大省集中范围,提高应用水平,加强网络和信息安全建设,强化设备管理,加强队伍建设。

服务工程

2004 年 12 月 20 日,省国税局印发《安徽省国税系统服务工程规划》。

总体目标:采取有效措施,为各类服务对象提供全方位、高水平、多层次的服务,增强税收与经济之间、征纳双方之间、机关与基层之间以及领导与群众之间的良性互动,实现税收成本最小化和服务对象满意度最大化,提高税收管理质量和效率。

主要内容:税收为经济服务,征税人为纳税人服务,机关为基层服务,领导为群众服务。

领导班子建设工程

2004 年 10 月 20 日,省国税局印发《安徽省国税系统领导班子建设工程规划》。

基本目标:经过 3 年努力,使各级领导班子及领导干部的思想政治素质和领导能力有明显提高;使各级领导班子的年龄、知识、专业结构日趋合理,整体效能有明显增强;使各级领导班子及领导干部的作风有明显改进;使各级领导班子的团结和活力有明显增强。

主要任务:加强学习,提高素质;强化锻炼,提升能力;坚持标准,用好干部;优化结构,增强效能;深化改革,创新机制;求真务实,改进作风;发扬民主,增进团结;严格要求,廉洁自律;强化管理,有效监督。

干部素质工程

2005 年 3 月 15 日,省国税局印发《安徽省国税系统干部素质工程规划》。

总体目标:着眼于国税工作发展的需要,围绕国税人员 5 种能力的提高,不断加强政治理论教育,改进干部教育培训工作,建立健全人才培养激励考核机制,深入创建学习型国税机关,力争通过 3 年的努力,使全省国税人员政治素质和业务素质明显提高,学历、知识结构得到优化,学习型组织建设取得明显成效,努力造就一支政治过硬、业务熟练、作风优良、执法公正、服务规范的高素质国税干部队伍。

主要任务:围绕"谋发展、抓落实"的工作主题,认真贯彻落实省国税局"十一项工程"建设,以全面提高国税人员的素质为目的,切实增强全体国税人员的定向能力、行政能力、学习能力、研究能力和创新能力,并使这 5 种能力不断发展和提高。

廉政工程

2005 年 2 月 22 日,省国税局印发《安徽省国税系统廉政工程建设规划》。

基本原则:坚持教育、制度、监督三者相互促进,共同发挥作用;坚持系统构建,科学有效,总体规划,分步实施;坚持制定短期目标与建立长效机制相结合,不断丰富完善惩治和预防腐败体系;坚持总结继承与改革创新相结合,在继承中发展,在改革中创新,在实践中完善。

主要目标:建立具有安徽国税系统特点的惩治和预防腐败体系的基本框架。全省国税系统反腐倡廉教育深入人心,国税人员廉洁从政的自觉性明显增强;权力运行基本规范,从源头上预防和治理腐败的工作取得明显成效;逐步推进政务公开,"两权"监督制约明显加强;加大惩治腐败力度,查处案件的质量和效率明显提高;政风评议进入当地先进行列,部门不正之风得到明显遏制。

党的建设工程

2005年7月19日,省国税局印发《安徽省国税系统党建工程规划》。

基本原则:坚持"条块"结合、以"块"为主原则;坚持围绕中心、服务大局原则;坚持思想领先、教育党员从思想上入党原则;坚持建章立制、强化基础原则;坚持与时俱进、务实创新原则。

总体目标:切实解决以往党建工作中存在的"脱节、忽视、弱化、降低"等问题,提高党员的组织意识、宗旨意识和思想政治素质,增强基层党组织的创造力、凝聚力和战斗力,强化党员领导干部党内生活的管理和监督,改进领导班子和领导干部的作风,为全面完成国税工作任务提供坚强的政治保证和组织保证。

主要任务:加强党的思想建设,加强党的组织建设,加强党的作风建设,加强和改进思想政治工作,加强党的群众工作,加强党务干部队伍建设。

主要措施:健全领导体制,完善工作机制;深入调查研究,推动工作创新;建立健全制度,加强督促检查;加强组织领导,保证工作落实。

文明建设工程

2004年12月30日,省国税局印发《安徽省国税系统文明建设工程规划》。

总体目标:通过3年努力,全省国税系统文明建设取得显著成效。税收收入持续增长,国税在安徽省经济社会发展中的地位和作用日益突出。民主政治稳步发展,民主、公开、公平、公正的机制基本建立。改进思想政治工作,加强国税文化建设,促进文明创建活动开展,形成系统上下争先创优、人人积极进取的良好氛围,广大国税人员的思想道德素质和业务素质明显提高,实现全系统物质文明、政治文明、精神文明和国税文化建设的协调发展,树立起"开放、实干、廉政、效率、文明"的安徽国税形象,到2006年年底,85%以上市局、60%以上县局获总局、省委、省政府表彰的"文明单位"称号;同时,85%以上市局获市级"文明行业",全省万人评行风群众满意率达85%以上,全省国税系统成为省级"文明行业"。

主要任务:推进物质文明建设;推进政治文明建设;推进精神文明建设;推进国税文化建设。

健康工程

2004年7月30日,省国税局印发《安徽省国税系统健康工程规划》。

总体目标:经过3年左右的努力,力求做到全省国税人员治病有保障,体检有制度,休假有时间,健身有设施,文体活动有计划,人人享有医疗保险,健康素质明显提高,3年后国税人员体质测定合格率超过70%,文明先进单位达标率超过80%。

主要任务:设立国税系统医疗补助基金;制定医疗费支出管理办法;定期组织健康

检查;开展各种文体活动;定期组织体质测定;开展爱国卫生运动。

安居工程

2005 年 4 月 14 日,省国税局印发《安徽省国税系统安居工程规划》。

总体目标:积极清理出售现有公有住房,认真落实各项房改政策,三年内,将应该一次性兑现的住房补贴全部兑现;鼓励无房和住房困难职工自购商品房,通过单位和职工共同努力,使安徽省国税系统职工家庭住房面积不低于房改规定最低标准,成套住房率达到 95% 以上,力争实现户均一套功能配套、宽敞舒适的住房。

主要任务和措施:落实房改政策,兑现住房补贴;加大资金筹措力度,落实住房补贴资金政策;加快现有公有住房清理出售;加大提租补贴和住房公积金提缴力度;改造闲置办公用房出售或出租;利用存量土地组织集资建房;个人自购商品房。

附　　录

重要文献辑存

安徽省国税系统税收征管改革总体方案

皖国税征〔1995〕17号

为指导安徽省国税系统税收征管改革，建立适应社会主义市场体制要求和科学、严密的税收征管体系，根据国家税务总局的统一部署，并结合安徽省实际，制定本方案。

一、改革的指导思想和原则

税收征管的指导思想是：适应建立社会主义市场经济体制和保障新税制有效运行的需要，理顺征纳关系，规范征纳行为，明确法律责任，优化管理服务，增强监控能力，优化依法纳税，防止税收流失，逐步建立一个有现代技术支持，申报、管理、稽查相互监督配合的税收征管新模式。

征管改革必须遵循以下原则：

1. 规范统一的原则。改革必须税收征管模式、征管各项业务工作流程及各种文书、表格加以规范统一。

2. 整体协调的原则。改革在设计上要通盘筹划，各项改革措施要协调、配套，改革要积极稳妥地实施。

3. 实用易行的原则。改革既要从现有实际情况出发，又要重视借鉴外地先进经验，既要有利于税收监控，又要便利纳税人.

4. 监督制约的原则。改革要有利于建立起“外反偷漏，内防不廉”的双向监督制约机制，促进依法治税。

二、改革的主要内容

国家税务总局提出的征管改革总的目标是，要在本世纪末，建立起适应社会主义市场经济要求，具有现代技术支持的征收、管理、检查相互制约，促进申报、管理、稽查相互监督、配合，科学、严密的税收征管体系。

征管改革的主要内容是，在健全透明的法制体系下，建立严格的“自核自缴”纳税申报制度，广泛利用税务代理，普遍应用计算机监控，建立强有力的税务稽查系统。同时进-步密切与有关部门的行政协助，强化涉税案件的司法监督。

（一）建立纳税人“自核自缴”纳税申报制度

建立以纳税人“自核自缴”为基础的严格的纳税申报制度，是进一步理顺征纳关系,缓解国税机关当前日益突出的人少事多矛盾的有效措施,是增强纳税人依法纳税意识的关键,也是深化改革的核心内容。鉴于纳税人的核算水平和办税能力参差不齐,"自核自缴"纳税申报制度应逐步推行,力争用3-5年时间在全省纳税企业中普遍建立以"自核自缴"为基础的纳税申报制度。实行"自核自缴"纳税申报制度主要包括以下内容:

1.统一纳税申报程序,纳税人实行"自核自缴"纳税申报程序暂统一为:

①在税务机关依法核定的纳税申报期内,由纳税人自行计算应纳税额、填写纳税申报表和通用税收缴款书,并向有关银行缴纳税款,然后由纳税人持纳税中报表,并附盖有银行收讫税款印戳的缴款书和其它纳税资料向税务机关办理纳税申报。

②在税务机关依法核定的纳税申报期内,由纳税人自行填写纳税申报表,并携带其它有关纳税资料,向税务机关办理纳税申报.由税务机关集中开具通用税收缴款书,然后由纳税人持通用税收缴款书向银行缴纳税款。

改革试点单位在征得省国税局同意后,也可试行其他简便有效的纳税申报程序。

2.实行蓝色纳税申报报表制度。将现行纳税申报表划分为蓝色、白色和红色三类,对"自核自缴"纳税人在税务机关依法核定的纳税申报期限内,办理纳税申报和缴纳税款手续的,均使用蓝色纳税申报表;对其他纳税人在税务机关依法核定的纳税申报期限内,办理纳税申报和缴纳税款手续的,均使用白色纳税申报表;凡超过纳税申报期院办理纳税申报、缴纳税款的纳税人,一律使用红色的纳税申报表。

对使用蓝色和白色纳税申报表的纳税人在纳税期限、发票印章使用、税款缴纳、纳税检查等方面依法区别管理,有关蓝色纳税申报表制度由省国税局统一制定。

3.完善纳税申报规范。建立规范统一的纳税申报业务流程和纳税申报、延期纳税申报等有关制度;文书、表格在省国税局未统一制发前,各试点单位可结合本地实际,本着简便效能的原则制定必要的配套制度、文书和表格。

4.统一税务代码。纳税人税务代码拟统一采用:(1)由国家技术监督局印制的专用于企业、事业单位和私合团体的9位码;(2)由公安部编制的专用于个人《居民身份证》的15位码。凡涉税的各种证件、文书、表格、档案均使用这一代码,在总局未统一部署前,各试点单位仍使用现行税务代码。

5.实行办税人员合格证制度。纳税企业均应确定1-2名办税人员,并参加税务机关统一举办的纳税业务培训,经考试合格后,发给合格证书.办税人员持证依法办理纳税事宜。有关办税人员培训办法及合格证制度由省国税局统一制定。

6.完善申报纳税柜台,试办综合申报纳税大厅。各国税分局(所)都应设立申报纳税柜台,完善配套设施和服务项目。省、地辖市市区和有条件的县城关镇应科学规划、合理布局,有计划的建设综合申报纳税大厅,并在大厅设立税务咨询(包括设立咨询电话)、税务登记、发票领购、纳税申报、税款缴纳等服务窗口,集中办理各类税务事宜,为纳税人和税务代理人提供便利。

7. 建立税务公告制度。各基层国税机关，要通过适当的形式如报刊、电视、橱窗、税务公报、办税人员例会等，定期向纳税人和代理人提供有关税法和税务信息，使其了解税法的渠道畅通.

(二)推行税务代理

推行税务代理是实行纳税人"自核自缴"的重要外部条件和维护纳税人合法权益的重要措施，也是税收征管改革的重要内容，各地要认真贯彻执行国家税务总局制定的《税务代理试行办法》，尽快建立税务师队伍和税务代理机构，健全代理制度，规范代理行为，开展税务代理业务。

1. 建立税务师队伍。一是严格按照税务师资格认定条件，在全省范围内考核认定一批税务师，考核认定的税务师必须参加由省税务师资格审查委员会统一组织的培训，经考核成绩合格者，核发税务师资格证书；二是组织参加全国税务师资格统一考试，并对成绩合格者核发税务师资格证书。

取得税务师资格证书者，要从事税务代理业务，必须向省税务师资格审查委员会提出执业申请，经审核对符合条件的，由省税务师资格审查委员会核发给税务师执业证书。

2. 建立税务代理机构。一是按规定审批设立税务师事务所；二是在现有的税务咨询机构、合计师事务所、律师事务所、审计师事务所内按规定审批设置专门的税务代理部。

3. 加强对代理业的管理。税务代理业务，涉及到税务代理人与委托人的切身利益. 并直接影响到国家税收政策法规的贯彻实施，必须建立健全科学、严密的各项管理制度，严格管理。有税务师资格审查委员会拟根据国家税务总局颁发的《税务代理试行办法》，结合安徽省实际，逐步制定有关配套管理制度。各地要严格加以执行，以规范代理行为，推动代理业务健康发展。

(三)强化税务稽查

强化税务稽查，是促进纳税人"自核自缴"申报纳税的必要条件，是实现依法治税、减少税收流失的重要手段。随着纳税申报制度的普遍建立和税务代理的广泛实行，税务机关的主要精力转移到对纳税人纳税行为的稽核监控上。目前，安徽省国税系统税务稽查体系和工作规范虽已初步建立，但还难以适应税收征管改革的要求，必须进一步强化稽查工作。

1. 健全稽查机构，充实稽查力量。各地要主动适应深化征管改革的新形势，使税务稽查从机构、编制、人员等方面都得到切实加强。各地、市、县国税局都应设立专职稽查机构，各分局(所)设立相应的稽查机构，要不断调整和充实稽查力量，逐步使税务稽查人员占全体税干的比例达到35%以上。

2. 明确稽查工作职责，加大执法力度。各级税务稽查机构应负责所有纳税人涉税，事务的稽核、查处和审计工作。县以上各级稽查机构主要负责：指导和协调下级开展稽查业务,复查下级案件查处质量,受理和查处辖区内群众举报以及下级移送的有关严重税务违法案件。分局(所)专职稽查机构主要承担日常大量的税收稽核检查任务。各地应加大稽查工作力度,对纳税人实施严格的纳税,监控稽查工作的重点应放在未实行“自核自缴”的纳税人,对实行“自核自缴”的纳税人定期进行检查,每年检查一至二次。

3. 建立健全稽查制度和工作规范。各级税务稽查机关要逐步建立健全稽查规程、岗位责任、稽查人员守则、案件(受理、移送和备案等)管理、稽查建议、着装亮证、调账检查、以及档案、保密和奖惩等工作制度;统一税务稽查法律文书。

4. 加强稽查队伍的业务培训。对稽查人员应分期分批进行业务培训,提高其业务素质、查账技能和办案能力,并要逐步建立稽查人员尚前培训和业务等级制度,以适应税务稽查工作需要。

(四)建立征管工作系列,改进对纳税人的管理形式

1. 科学划分征管系列。按照整体协调、监督制约、简便效能原则,根据税收征管从税务登记开始到行政复议为止的整个工作流程,应将征管划分为管理服务、征收数控、税务稽查和复议应诉四大系列。各系列的职责划分如下:

①管理服务系列:主要负责税务登记、发祟管理、税法咨询、催报催缴、送达税务文书、办理纳税人其它有关纳税申请等。

②征收数控系列:主要负责受理各种纳税中报、税款缴库、监控申报和税款滞纳,制作有关税务文书,传递纳税人申报和税款入库情况,税收会计核算、税收统计等。

③税务稽查系列:主要负责对纳税人进行稽核、审计,查处各种税收违法案件,实施强制征收措施,和税收保全措施中的扣押、查封、拍卖等。

④复议应诉系列:主要负责审理各种税务行政复议案件,参与税务行政诉讼工作等。

2. 逐步取消“专管员”制度。全省力争用3年左右时间,使市区和县城关镇税务机关的专管员全部分流到稽查、管理、征收等。基层税务机关要按新的征管系列,定岗定员定责,并建立规范的征管业务流程,使管—征—查等各工序间,通过传递信息、资料达到循序协调运行,形成征管有机整体。

3. 调整和改造对纳税人的管理形式,把现行按行业或所有制性质管理纳税人为主逐步改为按区域划块管理为主。

(五)应用计算机征管

在税收征管领域推行计算机管理,是改进征管手段,提高征管效率,严密税收监控的战略措施,是税收管理现代化的重要标志。鉴于该工程涉及到计算机模式选择、硬件配备、应用软件开发、尝试运行等诸多方面,特别是受到财力制约,必须本着统筹规划合理布局、分步实施,量力而行的原则进行。一是抓好利用现有计算机在申报纳税柜台或大厅进行单项管理服务。二是有选择的进行计算机征管理系统软件开发试点,并在各

试点单位推广。三是按照总局统一部署，在县城关镇以上税务机关推行计算机化管理。

（六）建立健全税收司法体系

建立健全税收司法体系，是维护税法严肃性，打击偷、骗、抗税犯罪分子，保障税务执法人员人身安全的强有力武器。一要密切与有关部门的行政协助。二是强化涉税案件的司法监督，要继续加强与公、检、法部门的密切配合，如加对偷、骗、抗税大案要案的查处力度，从严从重从快惩办严重偷、骗、抗税犯罪分子。三要加快建立税务警察队伍和税务法庭。

三、改革的实施，方法和步骤

（一）改革的实施方法

1. 制订方案，广泛宣传。各地应结合当地实际情况，制定出本地区征管改革实施方案，健全征管制度，完善征管理规范。从上而下组织学习培训，由内向外宣传发动，使税务干部和广大纳税人充分掌握征理改革的原则精神和主要内容，积极支持和参与征管改革。

2. 整体规划，分层推进。先个别试点，再全面推行，先城市，后城镇，先财务健全的增值税一般纳税人，后其他纳税人。

3. 抓点带面，推动全盘。征管改革试点阶段，各地市都要选择 1～2 个单位，开展征管改革试点，建立税收征管改革示范。征管改革全面实施后，各地、市、县局都应确定改革联系点，以点带面，椎动全盘。

4. 因地制宜，量力而行。有条件的地方，可按改革的总体要求一步到位，试办综合申纳税大厅，运用现代化手段管理。其他地方也应积极创造条件，分步实施，设立纳税申报柜台，采用手工操作方式进行管理服务。

5. 边实施边完善。征管改革的各项举措诸如建立新的征管业务流程、操作规范、征管制度和法律文书等均应在实践中不断改进、配套和完善。

（二）改革的实施步骤

按照统筹规划，分步实施，整体推进的要求，征管改革拟分三个阶段实施：

1. 准备和试点阶段（1995–1996 年年初）

各地要按照省国税局总体方案的精神，制定本地区征管改革实施方案，并进行宣传发动，同时要积极推行税务代理，实行办税人员合格证和税务公告制度，完成统一税务代码和换发税务登记证工作。省国税局各试点单位，应按省国税局试点工作意见，抓紧落实，如期完成试点任务。

2. 实施阶段（1996–1998 年）

争取用 3 年左右时间使省、地辖市市区和县城关镇以及有条件的乡镇实现以上目标：

①增值税一般纳税人和有条件的其他纳税人实行“自核自缴”纳税申报；纳税人有关涉税事宜集中到申报纳税柜台（大厅）办理。

②现行“专管员”制度基本取消;新的征管系统建立并有放运行。

③税收征管以运用计算机化管理为主。

④征管规范基本统一、健全。

⑤在“依法、公正客观、自愿有偿”的原则下,广泛开展税务代理业务。

3. 提高阶段(1999 年— 2000 年)

经过 2 年巩固完善,到本世纪末基本实现改革的总体目标。

四、改革的组织领导

深化征管改革是贯彻征管立法精神,保障新税制有效运行,实现多方位、多层次监控,防止税收流失的一项系统工程,是实现税收管理现代化的关键一步。国家税务总局明确提出,从 1995 年起,税收工作重心要转移到基层、转移到征管,并对加快征管改革作了部署,安徽省各级国税部门务必统一思想,转变观念,充分认识到征管改革的重要性、必要性和艰巨性,切实加强对征管改革的领导,认真制定本地征管改革具体方案,精心组织实施。

各地市县国家税务局均应成立由局领导挂帅,征管、稽查、计会、涉外、人事等部门参加的税收征管改革领导小组及其办事机构,负责组织、协调和指导本地区的税收征管改革工作。省国税局各试点单位的一把手要亲自抓征管改革,要抽调精兵强将,精心设计试点方案并给予必要的人力、财力、物力支持,认真组织实施,如期建立高质量的改革示范系统。

各地还要积极主动向党委和政府汇报征管改革工作,以取得地方党政领导的重视和支持。同时要加强整体协调,密切与地税、银行、司法等部门的合作。要广泛宣传发动,切实抓好对纳税人和税务干部的培训工作使其理解、支持改革、积极参与改革。要加强专管员思想政治工作,严格组织纪律性,搞好内部各职能部门的配合协调。要建立联系和报告制度,密切注意研究和解决征管改革中出现的新问题,确保圆满完成改革任务。

安徽省国税系统税收票证管理实施办法

皖国税发〔1998〕102号

第一条 为了加强税收票证管理,保证税收票证和国家税款的安全完整,按照国家税务总局《税收票证管理办法》第二十条的规定,特制定本实施办法。

第二条 本办法所称税收票证,是指国税机关组织税款、基金、费用及滞纳金、罚款等各项收入(以下统称税款)时使用的法定收款和退款凭证。省级以下各级政府委托国税机关代征的其他收入不得使用税收票证,其使用凭证由委托机关自行确定。

税收票证既是纳税人实际缴纳税款或收取退还税款的完税或收款法定证明,也是国税机关实际征收或退还税款的凭据,又是国税机关进行税收会计和统计核算的原始凭证以及进行税务检查管理的原始依据。

第三条 本办法的适用对象是负责印制、领发、使用和保管税收票证的各级国税机关和税务人员,以及领取和使用税收票证的扣缴义务人、代征单位(人)、自核自缴的纳税义务人等。

第四条 各级国家税务局的税收会计主管部门主管税收票证的管理工作。省级、地(市)级、县级国家税务局(包括省辖市直属分局)必须配备专职票证管理人员;使用税收票证的各级国税机关的票证管理工作由税收会计负责;扣缴义务人及代征单位必须指定专人负责票证的管理工作。

各级国税机关票证主管部门和主管人员的主要职责如下:

(一)省局税收票证主管部门的主要职责:1. 根据全国税收票证管理办法,制定本地区的税收票证管理实施办法及有关规定,并监督其贯彻实施;2. 负责本级权限范围内的各种税收票证的印制及本地区税收票证的领发工作;3. 负责本地区税收票证检查工作;4. 组织本地区税收票证管理工作经验的交流。

(二)地、市局税收票证主管部门的主要职责:1. 监督税收票证各项管理制度的贯彻实施;2. 负责本地区税收票证的领发工作;3. 组织本地区税收票证检查工作;4. 组织本地区税收票证管理工作经验的交流。

(三)县级局税收票证主管部门的主要职责:1. 负责本地区税收票证的领发工作,保证票证及时供应;2. 指导和监督基层国税机关正确填用和及时结报、缴销票证;3. 对基层国税机关结报缴销的票证进行严格的审核;4. 负责本地区税收票证的盘点工作;5. 组织本级和基层国税机关的税收票证核算工作;6. 组织本地区税收票证检查工作。

(四)使用税收票证的国税机关票证主管人员的主要职责:1. 负责本单位税收票证的领发和保管工作,确保税收票证及时供应和安全存放;2. 指导和监督税务人员、扣缴义务人和代征单位(人)正确填用票证和及时结报缴销税收票款;3. 对税务人员、扣缴义务人和代征单位(人)结报缴销的票证进行严格的审核;4. 负责本单位税收票证的盘点和核算工作。

第五条 税收票证种类及其使用范围如下:

一、税收通用缴款书。纳税人直接向银行缴纳及扣缴义务人向银行汇总缴纳税款(出口货物税收除外)时使用的一种通用缴款凭证。

实现税务与国库计算机联网时,应使用税收联网专用缴款书。其使用方法由省局根据有关规定另行制定。

运用计算机开票的,应使用计算机专用税收通用缴款书。

二、出口货物税收专用缴款书。专门用于纳税人直接向银行缴纳出口货物增值税、消费税的缴款书。随增值税、消费税附征的税款、费用和滞纳金及罚款收入等,不得使用本缴款书,应使用"税收通用缴款书"。

三、税收汇总专用缴款书。国税机关自收现金税款、以及代征单位(人)代征税款后,向银行汇总缴纳时使用的专用缴款书。运用计算机开票的,可使用计算机专用汇总缴款书。

四、税收通用完税证。国税机关和代征单位自收现金税款时使用的一种通用收款凭证。

手工集中开票时使用普通纸型的税收通用完税证;计算机开票时,使用计算机专用税收通用完税证;征收临时性经营、流动零散税收时使用税收限额完税证。

五、税收转账专用完税证。纳税人采用信用卡(或磁卡)、支票和电子结算等转账结算方式缴纳税款时使用的完税凭证。此凭证仅用于证明纳税人已完税,可发给纳税人开户银行使用,但不得用于收取现金税款。该凭证在未正式使用前可暂用税收完税证代替使用。

六、代扣代收税款凭证。税法规定的扣缴义务人向纳税人扣收税款、费用时使用的一种专用收款凭证。国税机关委托的代征单位代征税款时不得使用此凭证,应使用"税收通用完税证"。

七、税收罚款收据。纳税人或扣缴义务人发生税务违章行为,由国税机关依法处以罚款,事后以现金向国税机关缴纳罚款时使用的一种专用收款凭证。

八、当场处罚罚款收据。纳税人或扣缴义务人发生税务违章行为,由国税机关依法处以罚款,并当场以现金向国税机关执罚人员缴纳罚款时使用的一种专用收款凭证。

九、税收收入退还书。国税机关依照税法及国家有关规定,将已征收入库的税款从国库退还给纳税人、扣缴义务人和代征单位及国税机关办理税收提成时使用的一种退库专用凭证。本退还书由县级或县级以上国税机关领导签发,设立乡(镇)金库的地区,也可以由其相应的国税机关领导审查后报主管机关批准,并按乡(镇)金库的退库范围办理退库。本凭证一律由税收会计部门填开。

十、小额税款退税凭证。国税机关从自收现金税款中退还限额以下的纳税人多缴税款时使用的一种专用退款凭证。小额税款退税限额为50元,超过限额以上的退税应使用“税收收入退还书”。

十一、列入税收票证管理的其他凭证及章戳

(一)出口货物完税分割单。出口企业或市县外贸企业将购进货物再调拨给其他出口企业时,凭原购进货物的“出口货物税收专用缴款书”到当地国家税务局换取的一种出口货物退税专用凭证。

(二)税票调换证。国税机关进行税收票证检查时,换取纳税人收执的税收完税凭证收据联时使用的一种证明性完税凭证。税票调换证不得用于征收税款。

(三)纳税保证金收据。国税机关收取纳税保证金时使用的专用凭证。

(四)扣押商品货物财产专用收据、查封扣押证、查封商品货物财产清单等法律文书,暂列入税收票证管理范围,视同税收通用完税证管理。

(五)票证专用章戳。国税机关印制税收票证和征退税款时使用的各种专用章戳,包括税收票证监制章、征税专用章、退库专用章等。

1.税收票证监制章是套印在税收票证上,用以表明税收票证制定单位和票证印制合法性的一种章戳。税收票证监制章由国家税务总局制发。

2.征税专用章是国税机关办理税收征收和管理业务,填开税收票证时使用的征税业务专用公章。

征税专用章为园形,边沿直径为30mm;边沿刻一道粗线,宽度为1mm.字体为正楷。环边位置刻国税机构名称“××市(县)国家税务局××分局”;中央偏下位置刻“征税专用章”字样;中央为“第×号”字样,号码用阿拉伯数字,表示该国税分局第几号征税专用章。

征税专用章由市、县国家税务局按上述规定自行刻制,报主管机关留底存档备查。

3.退库专用章是国税机关办理税收退库业务,填开退库凭证时使用的并在国库预留印鉴的退库业务专用公章。

各级国税机关在办理税收退库业务,填开“税收收入退还书”等退库凭证时,在退库凭证的税务机关盖章处均加盖本章,不得以国税机关的机关公章等其他任何章戳代替本章。国税机关填开“小额税款退税凭证”时不得使用退库专用章,应使用“征税专用章”。

退库专用章为园形,边沿直径为30mm,边沿刻一道粗线,宽度为1mm.字体为正楷。环边位置刻国税机构名称“××市(县)国家税务局”;中央偏下位置刻“退库专用章”字样。

退库专用章由市、县国家税务局自行刻制。报主管机关留底存档备查。

4.税务查验收讫章戳等由各地自行确定。

第六条　各级国税机关必须对本办法第五条所列的各种税收票证的设计、印制、领发、保管、填用、结报缴销、作废、停用、盘点、损失处理、核算及检查等各个环节进行严格的管理。其中出口货物税收专用缴款书和完税分割单、税收通用(限额)完税证、税收罚款收据、当场处罚罚款收据、代扣代收税款凭证、税票调换证、查封扣押法律文书和退库专用章等应视同现金进行严格管理,并严密核销手续。

第七条　税收票证的设计和印制:

一、当场处罚罚款收据由省级财政部门制定并印制。

二、出口货物税收专用缴款书和完税分割单以及其他需要由国家税务总局印制的票证由国家税务总局负责设计和印制。

三、本办法规定的其他税收票证除上述列举项目外,其格式、规格、联次及各联颜色、用途、项目内容和票证字号的编制方法均由国家税务总局统一制定,省局负责印制。省以下各级国税机关不得自行印制税收票证。

四、所有分联式票证各联的右上角字号上方,都印有国家税务局的"国"字标记。

第八条　税收票证领发。为了加强票证印制和领用的计划性,确保票证领发安全,防止票证领发数量、号码发生差错和票证浪费,各级国税机关必须按照下列要求发放、领取税收票证:

一、定期编报票证领用计划。各县(市)局应根据本地税收票证使用情况,在年度开始前2个月向上级局编报下一年度(按年分季)各种税收票证的领用数量计划,由县级以上国税机关汇总上报至省局,省局根据上报的数量安排印制和发放。

二、专人专车领取或发送。税收票证领发应使用税收票证专用车,派票证管理人员领取或发送,不得委托他人捎带或代领,更不得以包裹、信件邮寄。出口货物税收专用缴款书和完税分割单领取或发送时,应有专人押运。

三、交接手续齐全、严密。各级国税机关领取票证时,必须由领、发人员当面共同清点领发数量和号码,双方清点核对无误后,在"票证领用单"上登记各种票证的领发数量、字轨和起止号码、领发时间,然后加盖机关及领、发人员印章。办完手续后,领、发双方各执一联,双方据此作为登记票证账簿的原始凭据。

税务人员、扣缴义务人和委托代征单位(人)向基层国税机关领取票证时,必须持"票款结报手册"(领发双方各备一册或发出票证单位使用票证领销登记簿)领取,领发的票证清点完毕后,领、发双方交换结报手册互为对方登记领发票证的种类、数量、字轨号码及领发时间,然后在手册上双方共同签章。

各级国税机关在发放视同现金管理的票证时,如需要拆包发放,必须有两人以上在场共同拆包点本(张)、点份,数量核对无误后发放。税务人员、扣缴义务人员和委托代征单位(人)向基层国税机关领取视同现金管理的票证时,必须拆包发放。

四、税务人员、代征单位(人)在领取票证时,先在交验空白票并要核对其存票号码,准确无误后方可发放。核发代征单位(人)的票证数量应严格控制,一般每次核发不得超过50份,三个月不开展代征业务的,存票应予收回。对税务人员领票数量,各基层单位应根据征收实际从严掌握，适当发放，但一次发放最高不得超过100份，实行集中开票的单位可适当放宽。对扣缴义务人的票证领发，比照代征单位办理。

第九条　税收票证保管。各级国税机关和票证使用人员必须按下列要求保管票证：

一、票证保管要有专人，票证存放要有专门设施。各级国税机关由票证主管人员负责票证的保管工作。并设置具有安全条件的票证专用库房，其中：地、市局的票证库存量不得小于存放本地区一个季度的用票量，县、市局票库存量不得小于存放本县（市）两个月的用票量，分局不得小于存放一个月的用票量；扣缴义务人和委托代征单位必须配备票证保险专用箱柜；税务人员和代征单位经办人员外出使用票证要有票证专用包袋。

二、票证存放要安全。票证管理人员和用票人员要经常检查票证安全情况，做好防盗、防火、防潮、防虫蛀、防鼠咬和防丢失等“六防”工作。

三、携票人员票不离身。税务人员和代征单位经办人员外出征收税款，要做到票不离身，不准带票进行非工作活动，不准带票回家。

四、票清离岗。领用票证的各级国税机关、扣缴义务人和代征单位的票证管理人员、税务人员、代征单位经办人员发生调动，以及扣缴义务人和代征单位（人）终止税款征收业务时，必须将所经管的票证、账簿等核算资料交接清楚，造册登记，交接双方共同签章，并经国税机关领导审查核准，才能离岗。其中，票证管理人员离岗，必须由上级计会部门和本级领导共同监交。

五、已填用的票证（作为会计凭证的除外）和作废、停用及损失上缴的票证，必须按一定的方法整理、装订（税收完税证、罚款收据、当场处罚罚款收据和小额税款退税凭证报查联与相应的汇总专用缴款书报查联一起装订），加具封面，登记造册，连同票证账簿和票证报表按规定的保管要求移送归档，并按规定期限保存。税收票证保管期限为10年；票证账、簿、册保管期限为7年；票证报表保管期限为5年；票证移交清册、销毁清册等保管期限为10年。

第十条　税收票证填用。税收票证填开质量的好坏，直接影响着凭证的法律效力和税款缴库的及时性、准确性，也影响到税收会计、统计核算的准确性，因此，税务人员和扣缴义务人、代征单位（人）的经办人员，必须按规定的要求填用票证：

一、票证使用人员在启用票证前，必须先检验票证的号码、联次、品质等印制质量，合格后方可填开。如发现问题，应及时向领导报告。

二、税收缴款书可由各国税机关征收单位填开，也可将其发给缴款人自行填开。

主管税务机关对自行开票的缴款人，必须事先进行辅导，使之准确掌握其应纳各税的缴款书填写方法。税收会计对自行填开的缴款书要进行认真审核，以保证填票质量。

三、出口货物税收专用缴款书一律由纳税人到当地国家税务局填开，完税分割单一律由调拨销售企业凭原购进货物的“出口货物税收专用缴款书”或“出口货物完税分割单”到当地县级国家税务局填开，并同时收回原缴款书和原分割单。

四、专票专用,先领先用,顺序填开。各种税收票证均按规定的使用范围填开,不得互换使用。一个填票人员领取多本同一票证时,要从其最小的号码开始填用,按票证号码大小顺序逐本、逐号填开,不得跳本、跳号使用,不得几本同种票证同时使用。

五、税收票证必须分纳税人、分次填开。每个纳税人每次缴纳税款都必须填开票证,不得几个纳税人合开一张票证,不能同一个纳税人几次缴税合填一张票证。同一纳税人缴纳同一种税款,如税款不是同一所属时期的,也应分别按各个所属时期填开票证。

六、税收汇总专用缴款书、联网专用缴款书、税收通用完税证和代扣代收税款凭证可一票多税,但必须在票证上按税种分行填写,以便按税种分别汇总缴库。同一纳税人缴纳同一所属时期的同一税款,如税目或计征项目不同,必须在票证计税栏按不同的税目或计征项目分行填写。

七、多联式票证要一次全份复写或打印,不能分次分联填开。票证各栏目要填写齐全,字迹端正清晰,不能漏填、简写、省略、自行编造、涂改、挖补。票证填写错误和发生污迹时,应全份作废另行填开。作废票应全份保管,经国税分局领导审批后按期上缴县级国税机关。

八、票证应使用蓝色或黑色圆珠笔、复写式纸填开或打印,不准用铅笔、水笔或其他颜色的笔和纸填开。

九、严格执行票证填用"十不准"。即:不准用缴款书收取现金;不准用完税证代替缴款书;不准用其他凭证代替税收票证;不准用税收票证代替其他收入凭证;不准用白条子收税;不准开票不收税(赊税);不准收税不开票;不准几本(同类)票证同时使用;不准跳号使用;不准相互借用票证。

第十一条 税收票证结报缴销。为严防税收票款发生损失,保证税款及时、足额入库,各级国税机关必须按下列要求结报和缴销凭证。

一、税务人员必须按规定要求和规定期限,持"票款结报手册"和已填用的出口货物税收专用缴款书报查联、完税分割单存根联,连同作废、停用、损失及未填用的出口货物专用税票向税收会计或票证主管人员办理票证销号和票证上缴手续。当面清点无误后,在手册上登记销号并相互签章。

二、自收现金税款的税务人员、扣缴义务人和代征单位填用税收完税证、税收罚款收据、当场处罚罚款收据、小额税款退税凭证、代收代扣税款凭证后,应按规定的时间和要求,持已填用的票证存根联、报查联(扣缴义务人还必须持代扣代收税款报告表)和作废、停用、损失及未填用的票证,连同所收的税款和"票款结报手册"向发放票证的基层国税机关税收会计办理票款结算、票证销号和票证上交手续,结报人员和税收会计当面清点票款无误后,在手册上登记销号并相互签章。

税款结报的时间要求是:当地设有国库经收处的,应于当日或次日办理;当地未设国库经收处和代征代扣税款的,应按限期、限额的规定办理(限期 10 天,限额 1000 元);

交通不便的边远山区税款结报时间由县(市)局确定,最长不超过1个月;扣缴义务人应按税法规定的申报期限办理。

三、上述一、二款规定结报缴销的票证,在结报时发现票证跳号、缺号、涂改等,要及时查明原因并向领导报告。

四、基层国税机关应将填票人员结报缴销的票证,根据"税收票证出纳账",按期(最长不超过10天)填报"票证缴销表"一式两份,连同汇总缴款书报查联及必须上缴的票证上报县级国税机关,经县级国税机关核对无误后,在"票证缴销表"上签章并退基层国税机关一份。

五、税收缴款书的结报缴销:

(一)缴款书回执联、报查联同行,由国库随收入日报表送市、县局的:

1. 市、县局按日将缴款书报查联分类传递各征收单位(分局),作税收会计凭证。

2. 征收单位按市、县局传递来的缴款书报查联,采用"逐份销号"(计算机填开税收缴款书的销号)或"抽根销号"(手工填开税收缴款书的销号)的方法办理销号手续,登记票证账簿。同时,对未销号的已填用税收缴款书进行检查。

3. 征收单位根据票证账簿的登记,按期编制"票证缴销表"随"征解凭证汇总单"向市、县局办理结报缴销。

4. 实行乡(镇)金库的农村国税分局比照办理。

(二)缴款书报查联由国库经收处退征收单位,回执联由国库传递市、县局的:

1. 征收单位根据国库征收处退回的税收缴款书报查联采用"抽根销号"或"逐份销号"的方法办理票证销号,登记票证账簿;同时对未销号的已填用税收缴款书进行检查。

2. 征收单位根据票证账簿,按期编制"票证缴销表"一式两份(自收现金票证的结报缴销分别编制),随同"征解凭证汇总单"及所属的缴款书报查联上报市、县局。

3. 市、县局审核"票证缴销表",签章退征收单位(缴款书报查联退征收单位作税收会计凭证)。同时,对已结报但尚未入库的在途税票进行检查。

第十二条　税收票证作废和停用处理。

一、各级国税机关和票证填用人员在领发票证时,如发现票证原包、原本、原份和原联多出、短少、污损、残破、错号、印刷字迹不清及联数不全等印刷质量不合格情况,应及时查明字轨、号码、数量,全包、全本、全份作为废票清点登记,妥善保管,按规定集中上缴省级国税机关,按"作废"处理。

二、在填用过程中因填写错误而作废的票证应在该份废票各联注明"作废"字样和作废原因,全份保存,按期与已填用的票证一起办理结报缴销手续,上缴县级国税机关,不得自行销毁。

三、印发机关规定停用的票证,应由县级以上国税机关集中清理,核对字轨、号码、数量无误后,造册登记,妥善保管,按规定上缴地(市)级国税机关,按"上缴"处理。

第十三条　税收票证盘点。各级国税机关对结存的票证要经常进行盘库和清点,保证结存票证与账簿数字一致。如发现账实不符,应及时查明原因,并报告上级国税机关查处。

一、填票人员每日工作结束后,要将剩余票证与“票款结报手册”相核对。

二、各级国税机关票证主管人员要按月对本单位库存的票证进行盘点,并与账簿结存数进行核对。

三、基层国税机关的税收会计对税务人员和扣缴义务人、代征单位(人)所存票证,要按月结合票款结报,与“票款结报手册”进行清点核对,核对后在“票款结报手册”上互相签章。

四、县以上国税机关对所属单位的结存票证,每季至少要组织一次全面的盘库和清点。

五、清仓查库工作分别由税收计会部门的处、科、股及国税分局长负责实施,并在盘点清册上签章。对发现的长、短票证要逐级如实上报。

第十四条　税收票证损失处理。各级国税机关要采取切实措施,严防票证损失,一旦发生损失,要严肃查处。视同现金管理的票证发生损失时,应按下列要求处理:

一、因水灾、火灾等自然灾害和发生虫蛀、鼠咬、霉毁等事故造成票证损失时,由受损单位及时组织清点核查。清查后票证没有发生丢失,仅发生毁损的,毁损残票报经有权核销的上级国税机关核实批准后,予以核销;票证发生丢失的,按本条第二款规定处理。

二、因被盗、被抢或发生自然灾害等原因丢失票证时,应及时查明丢失票证的字轨、号码和数量,并立即报告上级税务机关和报请当地公安机关协助查缉。经查不能及时追回的票证,应及时登报声明作废并按规定权限报请核销。

三、票证损失残票和损失后又追回的票证,应封存保管,按规定直接销毁,不作废票处理。

四、丢失票证的,应查明责任。对责任人,按下列规定责令其赔偿:

(一)有价证券照价赔偿。

(二)税收缴款书每份赔偿50元至100元。

(三)税收通用完税证、税收罚款收据、当场处罚罚款收据和税票调换证每份赔偿100元至300元。

(四)出口货物税收专用缴款书和完税分割单每份赔偿200至500元。

五、对完税证、罚款收据、代征代扣税款凭证纳税保证金收据和其他视同税收完税证管理的票证,凡一次丢失、毁损25份以上的,报省局核销;25份以下的由地、市局核销。对各类缴款书,凡一次性丢失、毁损50份以上,由省局核销;50份以下的由地、市局核销。票证单联丢失视同全份处理(税款已入库的除外)。

凡丢失、毁损、被盗的税款,人民币500元(含500元)以下的地(市)局核销;500元以上的由省局核销。

省局核销票款时必须具备下述材料：地、市、县局的正式报告；对当事人的处理意见；基层分局的调查材料；当事人的检查认识及赔款证明材料（复印件）等。误收假币的核销，还应附有银行的收据（证明）。属地、市局核销的票款，在下达核销批复时抄报省局备案。

第十五条　税收票证销毁。

一、销毁的票证包括：已填用票证的存根联和报查联（作为会计凭证的除外）、填用作废的全份票证、印制不合格票证、停用票证、损失残票、损失后追回票证、以及票证印制机关规定销毁的票证等。

二、已填用票证的存根联和报查联应在规定保管期限后销毁。

三、未填用的出口货物税收缴款书及完税分割单等特种票证需要销毁的，必须逐级上缴由省局负责销毁。其他未填用的视同现金管理的票证需要销毁时，必须由两人以上共同清点，并编造销毁清册，报经地（市）级国税机关领导批准，指派专人复点并监督销毁。

其他各种票证需要销毁时，由票证主管人员清点并编造销毁清册，报县级国税机关票证主管部门领导批准。

对填用过的已超过保管年限的票证和经印制机关规定停用的票证进行销毁时，应经市、县局领导批准，成立有计会、监察等部门组成的监毁小组，分年限、票种、数量，编制销毁清册，一式数份与账证核对无误后，由领导亲自参加监毁，单位领导及监毁人员在销毁清册上签章。县（市）局向地（市）局报送二份销毁清册，由地（市）局留存一份并转报省局一份备案。

第十六条　税收票证核算。各级国税机关都必须按票证种类、领用单位（人）设置“税收票证分类出纳账”，依据票证领用单、票款结报单、票证缴销表、票款结报手册和票证损失报告单等原始凭证，对各种税收票证的领发、用存、作废、结报缴销、停用上缴、损失和销毁的数量、号码进行及时的登记和核算，定期结账，据以核对票证结存数，并按期编制“税收票证用存报表”，报送上级国税机关。票证核算的各种原始凭证应及时整理，装订成册，妥善保管。年度终了，各级国税机关还必须将票证管理情况以书面形式逐级报告上级国税机关。

税收票证核算业务规程另行制定。

第十七条　税收票证审核。县级以下国税机关应根据税法规定、国家预算制度、国家金库制度和票证管理制度，对结报缴销的票证进行严格的审核。

一、日常审核。对税务人员、扣缴义务人和代征单位（人）结报缴销的票证，应由税收会计结合会计原始凭证审核工作进行全面的审核；对基层国税机关结报缴销的票证，应由票证主管人员进行复审。

二、专门审核。除日常审核外，县级以下国税机关还应经常对结报缴销的票证组织抽审和复审。

三、国税分局应按日审票，县(市)局按旬或按月审票。地(市)局要每半年组织一次抽审、调审或互审。各级计会、监察、税政、征管等部门要密切配合，把票证审核工作列为税收基础工作的一项重要内容。

四、票证审核中发现的问题，应及时处理，并结合岗位责任制进行考核。

第十八条 税收票证检查。各级国税机关都必须根据税收票证管理办法的各项规定，定期对税收票证的印制、领发、保管、填用、结报缴销、作废、损失处理和核算等项工作进行认真的清理检查。

一、基层国税机关每季必须进行一次全面票证检查；县级和地(市)级国税机关每半年至少要组织一次票证抽查，全年抽查单位数不得少于总数的30%；省国税机关每三年至少要组织一次全面的票证清查。

二、票证调换：各市、县对已使用的完税证、罚款收据等收现票证的收据联有重点、有计划地进行调换，调换面由各地根据工作情况确定，但每年不得少于2个分局。

第十九条 各级国税机关在年度终了，应将税收票证管理情况，包括领发及使用管理、票证盘点、审核、检查，以及税收票证管理制度落实情况，进行一次全面总结，并书面报上级主管机关。

第二十条 税收票证违规行为的处罚。

一、对虽未损失票款，但有章不循，执章不严的国税机关管票、用票人员及单位负责人，应分别情节给予批评教育、通报或扣发奖金，直至行政处分。

二、对发生票证损失的责任人，除按本办法第十四条的规定责令其赔偿外，可处以罚款。其中，对扣缴义务人、自核自缴纳税人和其他纳税人等每次损失票证的处罚金额不超过1000元；对代征单位(人)损失票证的处罚，按代征合同规定办理。

三、对利用税收票证混库和积压、挪用、贪污税款，及不遵守本办法规定造成税款损失的，要严肃查处，并追究有关责任人和单位主管领导的经济和行政责任；触犯刑律的，移送司法机关查处。

四、违规行为的处罚范围和内容：

(一)不按规定保管票证、办理票证领发手续的，应给予批评教育，因此而发生丢票、丢款、压票压款的，除按规定赔款和罚款外，还要扣发直接责任人当季奖金，情节严重者，给予必要的行政处分。

(二)填错税票应按错票份数给予罚款，涂改、漏填税款所属日期、填票日期以及单联填写等，比照错票加倍罚款；罚款额度由市、县局确定。经批评教育无效的，扣发填票员当月奖金。

(三)不按规定进行票款检查和票证调换的，取消该单位当年评比先进的资格。

由此而造成的贪污、挪用、大头小尾等损失税款达1000元，时间达半年而未及时发现，除给予当事人处理外，还要对单位领导给予批评教育并酌情扣发奖金。

(四)对丢票、丢款、压票、压款等问题未能在一个月内发现的，或发现后不及时向市、县局报告的，视情节轻重，分别扣发分局长和会计一个季度以内的奖金；市县局在发现上述问题后三个月内未能进行处理的，扣发市、县局长一个季度的奖金。

（五）凡将税款以个人名义存入银行并套取利息的，对责任人除追缴所得利息外，还按利息所得的数额加倍罚款，并给予行政处分。

（六）对压票、压款（按当地结报期为准）、挪用税款的，除及时追缴税款入库外，还视情节轻重分别给予当事人经济处罚或行政处分；严重者追究刑事责任。

经济处罚的规定为：

1. 凡压解税款的，按压解数额按日处以1%的罚款并扣发一个月的奖金。

2. 将压解税款挪作他用或借给他人使用的，按挪用数额按日处以3%的罚款，并扣发一个季度的奖金。经济处罚与行政处分可以并用，凡行政处分在开除以下者，都要给予经济处罚。

3. 压票压款、挪用税款超过一个月时间的，应追究分局长及会计的经济责任。

按直接责任人员罚款数额分别处以10%的罚款。

（七）对属于遭受水、火灾等人力不可抗拒的票款损失人，经查实验证后，应给予核销。但因抢救不力，或未能认真执行票款管理制度而造成的损失，仍根据情节进行处理。

（八）丢票、丢款的人员，不得参加本年度先进个人的评比。压票、压款以及贪污挪用税款的税务人员在国家公务员考核中，不得确定其“称职”以上的等次。

（九）对票证保管不善，丢票、压票、贪污、挪用造成重大经济损失的要追查有关领导人员的渎职责任。

（十）行政处分按《国家公务员暂行条例》有关条文处理。

五、税收票证违规行为处罚可结合岗位责任制考核的内容办理。处罚由上一级国税机关作出决定，人事、监察、计会部门负责落实。计会部门提供处罚的对象、依据，人事、监察部门按照有关规定提出处罚的意见，报请局领导批准后实施。处罚应正式行文予以通报。

对扣缴义务人、代征单位、纳税人的处罚和赔偿处理，由税务分局提出意见，报市、县局批准后执行。

处罚、赔偿的款项由市、县局计会部门统一管理，专项用于工作奖励。

第二十一条　税收票证式样和保管期限另行制发。

第二十二条　本办法自1998年7月1日起实施。此前制发的有关税收票证管理规定同时废止。

第二十三条　本办法由省国税局负责解释。

第二十四条　各地、市国家税务局可根据本办法的规定制定实施细则。

安徽省国税系统税收收入考核办法(试行)

皖国税发〔2000〕110号

第一章　总　则

第一条　为充分发挥税收计划对组织收入工作的指导、检查、督促职能,不断提高全省国税系统的税收管理水平,全面、科学、客观、公正地反映和评价各级国税部门组织收入成果,进一步推进依法治税,强化组织收入工作,促进税收收入任务的全面完成,根据国家税务总局《国家税务局系统组织收入工作考核办法(试行)》,结合安徽省实际,制定本办法。

第二条　税收收入考核,遵循促进组织收入和提高征管质量相结合、定性考核和定量考核相结合的原则,实行统筹管理和逐级考核相结合、日常考核和年终考核相结合的办法。

第三条　考核对象为各市、地国家税务局。

第四条　考核内容包括税收收入完成情况、税收与经济相关度两部分。

第二章　考核指标

第五条　税收收入完成情况考核指标

(一)收入计划完成率。指年度税收收入实绩与年度税收收入计划的比例,用以考核税收收入计划的执行情况。公式为:

收入计划完成率=年度税收收入实绩/年度税收收入计划×100%

年度税收收入实绩,为各市、地局全年税收收入实际入库数。

年度税收收入计划为省局正式下达的税收收入计划数。收入计划在一年中有变动的,以省局确定的税收收入计划为准。各地经济税源如遇重大变动(指新出台的税收政策造成的重大税源变动,调整行政区划引起的税源变化,国家计委、省计委立项项目投产形成的税款增收,重大自然灾害造成的税款减收),经省局核实,对相关指标作适当调增(减)后,计算收入计划完成率。

(二)季度收入计划进度差异率。指季度税收收入计划进度与省局核定的季度税收收入目标进度之间的差异,用以考核季度税款入库情况。公式为:

季度收入计划进度差异率=季度税收收入计划进度—省局核定的季度税收收入目

标进度

季度税收收入计划进度=季度税收收入实绩,/年度税收收入计划×100%

季度税收收入实绩,为各市、地局上报的季度税收收入实际入库数。

市、地局务必于每季开始后1个月内,向省局上报本季度的税收收入计划进度目标。在此基础上,省局根据各市、地局计划年度前3年的季度实际进度和当年实际税源状况,核定季度税收收入计划进度目标,以正式文件下达各市、地局执行,并作为考核的依据。

(三)收入增减率。指计划年度税收收入实绩与上年度税收收入实绩的对比,用以考核税收收入的增减变化情况。公式为:

收入增减率=计划年度税收收入实绩一上年度税收收入实绩/上年度税收收入实绩×100%

计划年度和上年度税收收入实绩,均为各市、地局税收收入实际入库数。

第六条　税收与经济相关度考核指标

(一)税收负担增减率。包括GDP税收负担增减率,第二、三产税收负担增减率,重点税源企业税收负担增减率三个组成部分。

1. GDP税收负担增减率。通过对计划年度GDP税收负担率与上年度GDP税收负担率的比较,考核宏观税负增减变化情况。公式为:

GDP税收负担增减率=计划年度GDP税收负担率一上年度GDP税收负担率

计划年度GDP税收负担率=计划年度税收收入实结/计划年度国内生产总值×100%

上年度GDP税收负担率=上年度税收收入实绩/上年度国内生产总值×100%

计划年度和上年度税收收入实绩,均为各市、地局的税收收入实际入库数。

计划年度和上年度国内生产总值,均为统计局公布的数据。

2. 第二、三产税收负担增减率。通过对计划年度第二、三产税收负担率与上年度第二、三产税收负担率的比较,考核第二、三产税负增减变化情况。公式为:

第二、三产税收负担增减率=计划年度第二、三产税收负担率一上年度第二、三产税收负担率

计划年度第二、三产税收负担率=计划年度税收收入实绩/计划年度第二、三产业增加值×100%

上年度第二、三产税收负担率=上年度税收收入实绩/上年度第二、三产业增加值×100%计划年度和上年度税收收入实绩,均为各市、地局的税收收入实际入库数。

计划年度和上年度第二、三产业增加值,均为统计局公布的数据。

3. 重点税源企业税收负担增减率。通过对计划年度实现“两税”前10名企业的计划年度税收负担率与上年度税收负担率的比较,考核企业实际税负增减变化情况。公式为:

重点税源企业税收负担增减率=重点税源企业计划年度税收负担率—重点税源企业上年度税收负担率

重点税源企业计划年度税收负担率=计划年度实现“两税“前10名企业计划年度入库税款/计划年度实现“两税“前10名企业计划年度销售收入(不含税)×100%

重点税源企业上年度税收负担率=计划年度实现“两税“前10名企业上年度入库税款/计划年度实现“两税“前10名企业上年度销售收入(不含税)×100%

计划年度实现“两税“前10名企业的计划年度和上年度入库税款、销售收入,均取自企业的年终决算报表。

(二)税收弹性系数综合率。包括税收弹性系数增减率和税收弹性系数区间两部分组成。

1. 税收弹性系数增减率。通过对计划年度税收弹性系数与上年度税收弹性系数的比较,考核其增减变化情况。公式为:

税收弹性系数增减率=计划年度税收弹性系数—上年度税收弹性系数

计划年度税收弹性系数=计划年度税收收入增长率(%)/计划年度国内生产总值增长率(现价%)

上年度税收弹性系数=上年度税收收入增长率(%)/上年度国内生产总值增长率(现价%)

计划年度和上年度税收增长率,均按各市、地局上报的税收收入实际入库数计算。

计划年度和上年度国内生产总值增长率(现价%),均按统计局公布的数据计算。

2. 税收弹性系数区间。通过对计划年度税收弹性系数波动范围的界定,考核税收增长与经济发展是否基本同步。

计划年度税收弹性系数的区间界定为0.7~1.1之间。

第三章　附　则

第七条　税收收入考核实行分项计分办法,评分标准和考核方式按照全省国税系统目标管理考核的有关规定执行。

第八条　各市、地局可参照本办法,结合本地实际,制定实施办法,细化考核指标,对所属县(市)局、分局实行考核,但必须按本办法的统一口径计算相关指标。

第九条　本办法由安徽省国家税务局负责解释。

安徽省金税工程实施方案(节选)

皖国税发〔2001〕37号

为推进全省金税工程各项建设工作顺利开展,确保如期建成并运行"一个网络、四个系统",根据国家税务总局《金税工程增值税计算机稽核系统建设规划》《金税工程网络建设方案》以及《发票协查信息系统管理暂行办法》等项规定,结合安徽省实际,制定本方案。

一、总体目标和建设原则

(一)总体目标建立以计算机主干网络为依托,以增值税计算机稽核系统、发票认证系统、发票协查系统和防伪税控系统为主体,与税收征管、出口退税、税务稽查等信息系统紧密衔接的税收信息化管理体系。实现对税收全方位、征纳全过程的实时监控和科学管理。

(二)建设原则统一实施原则。金税工程网络及各应用系统的建设,由省局统一领导。统一规划,统一组织实施。有关自购设备由省局统一标准。统一招标,统一采购配备。各地要按照省局的部署和要求,认真做好各项工作配合。

整体协调原则。金税网络建设必须通盘筹划,既要满足近期的增值税计算机稽核、发票认证、发票协查和防伪税控系统建设需要,又要着眼于服务税收征管、税务稽查、出口退税、办公自动化等税收工作全过程,以充分发挥计算机网络在新征管模式下的依托作用。

因地制宜原则。既要坚持国家税务总局规定的各项建设标准,又要兼顾当地的实际情况,将先进性、规范性与实用性结合起来。

循序渐进原则。严格按照国家税务总局既定部署,有计划、分系统地稳步实施。

网络建设先开通四级主干网,后实现五级联网;防伪税控系统按"先城市、后农村;先工业,后商业"的次序推行;认证、税控系统先独立运行,后全面并网。

二、基本任务和具体内容

(一)建立四级金税网络网络建设作为"金税工程"的重点和基础,要建成省局至总局、省局至省辖市局、省辖市局至所属县(市、区)级国税机关的四级树状广域网络,为金税工程四个应用系统的贯通运行提供必要的数据通信手段。以此为基础,逐步将金税网络拓展到县以下税务分局及其征收点,实现与税收征管、税务稽查、出口退税、办公自动化等系统的信息衔接,最终形成整个税务工作信息化的通用平台。

1. 网络结构

(1)省局作为上联总局、下接省辖市局网络的主节点,采用端口速率为512K的帧中继接入方式,与总局及省辖市局实现连接,形成全省的信息交换和管理中心。

建立一个专用的局域网,对内连入局机关办公自动化局域网,对外通过路由器接入广域网。该局域网由工作组交换机、通信服务器、稽核服务器和网管工作站等设备组成;其广域接口部分由帧中继接入设备、帧中继密码机及密码监控中心组成。

(2)省辖市局作为全省网络的骨干节点,至少申请一条速率为64K的帧中继端口,以实现同省局及其下属县(市、区)局的连接,承担各种税务电子信息的汇集和分析职能。根据增值税专用发票的用量,分别配备小型机或高档计算机服务器作为稽核服务器;配备局域网工作组交换机、通讯服务器,组成本单位的局域网;配备路由器、帧中继接入设备、加密机,接入广域网。同时,采用电话拨号方式作为备份手段,用作省、市、县(市、区)三级国税机关发票稽核和数据采集的备份通信方式。

(3)县(市、区)局作为整个金税网络的支节点,采用速率为64K的DDN通信方式与省辖市局连接,承担所有税务基础信息的采集和处理工作。配备稽核和通讯共用的服务器,通过工作组交换机连接若干台数据采集工作站,组成县(市、区)局机关的局域网络。对外通过路由器以DDN方式与省辖市局连接。同时,为方便县(市)以下基层单位的电话拨号接入,各县(市)局还应配备一台远程访问服务器。

(4)县(市)以下税务分局作为县(市)局的延伸,可通过电话拨号方式登录县(市)局远程访问服务器,实现与县(市)局之间的网络连接。

2.网络节点分布根据现有机构编制,全省国税系统金税网络共有178个信息节点,具体分布如下:(略)

(二)建立增值税计算机稽核系统增值税计算机稽核系统作为整个金税工程的核心组成部分,要在省、市、县(市、区)级国税机关建立起以企业申报信息稽核为主导、以专用发票稽核为辅助的稽核体系,通过对增值税专用发票使用、纳税申报信息的全面采集和全部稽核,能够防止购货方已申报抵扣但销货方未申报纳税的情况出现,从而实现对专用发票的严格管理和对纳税人纳税的动态监控。对于稽核中发现的比对不符、缺联、重号、丢失、作废等专用发票信息以及其他偷逃骗税案件线索,通过网络及时传送稽查部门组织协查。今年,稽核系统主要开通的是专用发票稽核功能。

1.系统结构

(1)数据采集。县(市、区)级及其以下国税部门负责全面采集基础数据(包括专用发票存根联、抵扣联数据、失控专用发票数据以及纳税人档案信息),为稽核系统提供真实、完整的数据来源。其中,税务征收分局负责采集专用发票存根联数据和抵扣联数据,采集方式为:专用发票抵扣联数据通过防伪税控认证子系统采集,专用发票存根联数据通过防伪税控报税子系统采集(因纳税人计算机硬盘损坏等原因而无法从报税子系统采集的,可改用认证子系统采集);县(市、区)级国税部门负责对失控专用发票数据和纳税人档案数据进行采集,方式为:失控发票数据以手工录入,纳税人档案数据区分两种不同情况分别采集:在推行全国统一征管软件前,采用手工录入或从其他计算机管理系统载入；推行 CTAIS 后，直接从征管软件的纳税数据库中调用。数据采集完毕，县（市、区）级国税部门应将所采集的数据连同征收机关上报的专用发票抵扣联、存根联数据，一并传入稽核系统。

（2）数据稽核。各省辖市局和省局负责专用发票数据的稽核，实行"两级比对"管理。首先，省辖市局负责一级比对，即将当月发票抵扣联数据与失控、作废发票数据库进行比对；在对下级上传的专票数据进行清分的基础上，对购、销双方均属本市范围的专票数据在本级进行比对，将异地的专票数据上传省局；同时，接收上级下传的专票稽核结果信息。其次，省局实行二级比对，要将当月发票抵扣联数据与失控、作废发票数据库进行比对；接收、清分本、异地专票；对购、销双方属省内跨市的专票数据进行比对；将跨省区专票上传总局，并从总局接收专票稽核结果信息。对稽核中发现的比对不符、缺联、重号、失控、作废等有问题发票，及时移交发票协查系统。

（3）建立数据库。在省、市、县（市、区）局分别建立稽核数据库，作为采集中心和稽核中心信息交换的结合点，该数据库主要由"专用发票数据库""失控、作废专用发票数据库""专用发票流向数据库""一般纳税人档案数据库"以及"结果查询数据库"等部分组成。

2. 业务流程（略）

（三）扩大推行增值税防伪税控系统增值税防伪税控系统是运用数字密码技术和电子信息存储技术，通过强化增值税专用发票的防伪功能，适时监控企业销售行为，解决销项发票信息真实性问题的计算机管理系统。它是遏制专用发票偷逃税行为，防止国家税收流失的一个重要手段。

1. 系统组成防伪税控系统主要由四部分组成，即税务发行子系统、企业发行子系统、报税子系统和防伪开票子系统。其中，开票子系统处在纳税人端，发行和报税子系统安装在税务部门。

（1）税务发行子系统。按照"下管一级"的原则，逐级对下发行下级的税务发行金税卡、IC 卡、企业发行金税卡、IC 卡和报税金税卡、IC 卡，据以生成不同层次国税机关的管理权限。该系统只在省辖市级及其以上国税机关建立。

（2）企业发行子系统。主要是向所辖税控企业发行防伪开票子系统，登记企业的纳税人识别号、总分厂个数、IC 卡数量、会计期间及最大开票限额等信息。同时，向企业出售电脑版专用发票，将所售发票的份数及起止号码记入税控 IC 卡内。

（3）报税子系统。用以接收企业开票的销项数据，检查核实企业进、销项税额与所申报纳税数额的逻辑关系，防止企业只开票不纳税，起到控制增值税税源的作用。

该系统还承担着为稽核系统采集发票存根联数据的职能。

（4）防伪开票子系统。只在税控企业中建立，用以开具防伪税控专用发票，并在规定的报税期内，按时向其主管国税机关抄税申报，逾期则系统自动锁死，不能继续开票。

2. 业务流程增值税一般纳税人向其主管国税机关提出使用防伪税控系统申请

后,主管国税机关进行初审,并报县(市、区)级国税机关予以审批,制定下达系统使用通知书。税控企业接到通知后,按照规定的时限,参加系统操作技能培训,领购税控IC卡、金税卡等专用设备,并到县(市、区)级国税机关申请发行开票“两卡”,设定最大开票限额和抄税时限。一旦系统安装启用,企业只能通过防伪税控系统开具电脑版专用发票,并在限定的抄税期内用税控IC卡自行抄取开具的销项发票数据,报送县(市、区)级国税机关进行审核;经审核无误的,由县(市、区)级国税机关签章确认,作为税控企业纳税申报的附报资料。其流程图如下:(略)

(四)健全专用发票认证系统增值税专用发票认证系统是税务机关对企业申报抵扣的防伪税控增值税专用发票抵扣联进行真伪识别的手段,通过对税控发票的解密还原认证,起到验票把关的作用,并为稽核系统采集有关专用发票抵扣联数据。

1. 系统组成专用发票认证系统主要由通用设备(包括:计算机、打印机)和专用设备(包括:认证金税卡、认证IC卡、认证扫描仪等)以及认证软件共同组成。

2. 业务流程纳税人取得的防伪税控专用发票抵扣联,在申报抵扣前,必须报经主管国税机关逐票认证。主管国税机关的认证方式主要有两种:一是自动扫描。通过认证扫描仪将打印在发票右上方的电子密文读入系统解密,恢复出购、销双方的税务登记号、销售额、税额、发票号码、发票代码、开票日期等项关键参数,与发票明文一一比对,以判定发票的真伪。二是健盘录入。当认证扫描仪出现故障而无法自动扫描时,认证人员可将税控专票上的电子密文,以手工方式直接输入认证系统,实现发票的防伪认证。

对认证通过的发票信息,及时移交增值税稽核系统进行数据比对。若进、销项发票数据比对相符,则通知企业抵扣进项税款;对认证不符或比对有误的增值税专用发票,除不得抵扣外,还必须当即扣留,于发现当日将发票原件及电子数据移交发票协查系统进行查处。

(五)建立专用发票协查系统增值税专用发票协查系统是税务稽查部门通过计算机广域网络,接收稽核、认证、征管系统传递的有问题发票信息以及已证实虚开的发票信息等,组织查实后及时反馈有关结果的计算机管理系统。

1. 系统结构

(1)委托协查。委托方稽查部门接收到认证系统和稽核系统传递过来的认证不符、密文有误、比对不符、缺联重号、失控作废等发票信息,以及从其他途径取得的协查案源信息,需要委托其他地区协助调查取证的,应及时将有关信息传送相关地区稽查部门进行协查,并根据返回的协查结果进行定案处理。委托方可以是受票地国税机关,也可是开票地国税机关。

(2)受托协查。受托地稽查部门接收到受托协查信息后,要及时登记有关协查信息,报经领导审批后进行调查、取证和处理。协查任务完成后,要及时录入协查结果并回复委托方。其中,对有问题的发票信息,要在30天内回复调查结果;对已证实虚开的发票信息，要于60天内回复处理结果。

(3)统计监控。统计某个地区在一定时限内的协查信息，分析某一协查案源处理的准确性，并于每月30日内上报本级的协查分析情况；同时，对下级稽查部门在一段时期内委托(受托)协查的发出信息、返回信息以及协查结果进行动态监控，据以发现下级协查工作中存在的问题，考核其协查工作效率。它是上级稽查部门实现对所辖下级稽查部门发票协查工作进行逐级监控的有效手段。

(4)综合查询。为各级稽查部门提供协查信息查询功能。

2. 业务流程(略)

三、业务分工和岗位职责

金税工程各有关职能部门的业务分工及职责是：(一)计算机管理部门。主要负责金税工程内部技术维护和运行保障工作。省、市、县(市、区)级国税机关分别设立金税工程技术管理岗位。

1. 县(市、区)级技术管理岗，定员2人。主要职责：(1)负责本级金税网络及相关应用系统的日常运行管理；(2)办理企业开票金税卡、税控IC卡的初始发行、变更发行和注销操作等事宜；(3)定期将稽核系统采集的数据上传省辖市局；(4)定期从省辖市局提取发票比对结果；(5)维护、管理本级稽核数据库和协查数据库。

2. 省辖市级技术管理岗，定员2人。主要职责：(1)负责本级和所属单位金税网络及相关应用系统的日常运行管理和通用设备的维护；(2)发行县级税务发行子系统、企业发行子系统、报税子系统和认证子系统；(3)定期接收各区县(市、区)局上传的发票稽核数据，将发票抵扣联数据与全国失控作废发票数据库进行比对，对发票存根联和抵扣联数据进行清分，并对本地发票进行比对；(4)定期将有关信息(包括：异地发票存根联及抵扣联数据，专用发票存根联、抵扣联采集统计情况，专用发票本级比对情况，一般纳税人档案变更情况，失控发票数据以及协查结果)上传省局；(5)定期从省局提取发票比对结果，并为区县(市、区)局准备本级和上级的发票比对结果；(6)维护、管理本级稽核数据库和协查数据库。

3. 省级技术管理岗，定员2人。主要职责：(1)负责本级和所属单位金税网络及相关应用系统的日常运行管理和通用设备的维护管理；(2)发行省辖市级税务发行子系统、企业发行子系统、报税子系统和认证子系统；(3)定期接收省辖市局上传的发票稽核数据，将发票抵扣联数据与全国失控作废发票数据库进行比对，清分本、异地发票，并对本地发票进行比对；(4)定期将有关数据(包括：异地发票存根联及抵扣联数据，专用发票存根联、抵扣联采集情况，专用发票本级比对情况，一般纳税人档案变更情况，失控发票数据以及协查结果)上传国家税务总局；(5)定期从国家税务总局提取发票比对结果，并为省辖市局准备有关数据；(6)维护、管理本级稽核数据库和协查数据库。

此外，省、市级国税机关技术管理岗位还要负责对下级的应用系统维护、数据传递以及数据备份等项工作进行管理和考核，对于系统运行过程中出现的技术问题要随时进行记录,遇有重大技术问题,要及时向上级报告。

(二)流转税管理部门。各级流转税部门是防伪税控系统、发票认证系统、增值税稽核系统的业务主管部门,设立以下工作岗位。

1.省局稽核检查岗,定员1人。负责稽核系统的组织实施,并对省辖市局稽核系统的运行情况进行业务管理和考核;统计分析发票存根联和抵扣联采集情况、发票本级比对情况以及发票协查情况;保管和向下发放税务用防伪税控专用设备,接收下级国税机关收回的防伪税控专用设备,按规定登记造册并集中销毁;统一联系技术服务单位对出现故障的税务用防伪税控专用设备进行维修。

2.省辖市局稽核检查岗,定员1人。负责组织实施本级稽核系统;统计分析各类稽核和协查情况;统计打印增值税一般纳税人档案信息;保管和向下发放税务用防伪税控专用设备,接收、登记并向省局报送下级征收机关收回的防伪税控专用设备;上报有关税务用防伪税控专用设备的故障信息及维修需求。

3.县(市、区)级国税机关设立发票发售、认证管理、报税管理、数据采集、综合管理和税控设备管理等岗位(若县、市局以下征收机关已设有认证管理、报税管理岗位的,则县、市局不再设立相同岗位),定员2-3人。

(1)发票发售岗。主要负责向税控企业发售专用发票;查询由本岗位售出的专用发票流向;并对发票发售系统有关数据定期进行备份(此岗暂设在征管部门)。

(2)报税管理岗。负责培训和辅导税控企业的报税业务,并督促其按时报税;及时接收和处理企业报税数据;配合征收岗位,对税控企业的纳税申报数据进行核查;按时将税控企业报税数据传送稽核系统,并定期备份有关数据;对已取消防伪税控资格企业的报税情况进行检查处理,并按规定在系统中注销其认定登记信息。

(3)认证管理岗。主要负责对企业取得的防伪税控专用发票抵扣联进行防伪认证,并根据认证情况,向企业下达认证结果通知书及认证清单,督促企业将认证相符的专用发票抵扣联连同认证结果通知书和认证清单一并按月装订成册备查;按时向稽核系统传递认证相符的专用发票抵扣联数据;向协查系统定期传递认证不符以及密文有误的专用发票数据;补录企业丢失的存根联发票数据,并传送稽核系统。

(4)数据采集岗。负责采集专用发票进、销项数据、失控发票数据以及纳税人档案信息。发票存根联数据从报税子系统采集,发票抵扣联数据从认证子系统采集,失控发票数据根据失控发票清单录入,一般纳税人基础档案、非独立核算分支机构、资格注销审批等信息数据,主要是从征管系统采集录入,无法从征管系统取得的,可根据纸质资料手工录入。

(5)综合管理岗。主要负责防伪税控系统、认证系统和稽核系统的日常管理工作,并对进、销项数据的采集、上报情况进行监督;对下级征收机关的发售、报税、认证岗位进行业务管理和考核;统计分析所采集的进、销项发票数据。

(6)税控设备管理岗。主要负责发放和保管税务用防伪税控专用设备,接收、登记并报送下级征收机关收回的防伪税控专用设备，上报有关税务用防伪税控专用设备的故障信息及维修需求；对注销税务登记、终止纳税义务、取消一般纳税人资格、减少分开票机的税控企业，及时核查金税卡内未申报数据和发票开具明细信息，并收缴两卡，上交上级机关集中销毁；做好与技术服务单位的协调管理，监督其“两卡”收发存及技术服务情况。

（三）税务稽查部门。是发票协查系统的业务主管部门，应根据辖区内协查工作需要，按照“一岗多人，一人多岗”原则，设立协查领导、委托管理、受托管理、监控管理和检查管理等岗位，定员2人。

1. 协查领导岗。全面负责本单位的协查工作，审批有关委托发出、受托收到、回复上报等协查信息，并负责与其他部门的协调。

2. 委托管理岗。主要负责人工录入跨区域委托协查信息；接收认证系统、稽核系统及其他计算机系统提供的协查案源信息；发出委托协查信息；负责向认证系统、稽核系统及其他计算机系统反馈协查结果。

3. 受托管理岗。主要负责登记上级及异地传来的协查信息，移交检查岗位进行检查或稽查；根据检查岗位提供的协查结果，录入受托回复信息，发送回复信息。

4. 监控管理岗。主要负责对下级协查工作的监管，具体是分检数据，安排下级协查或本级直接检查；对下级发出催办信息；登记待协查信息；按照案件复查规定，组织对协查案件的复查；负责起草协查分析报告。

5. 检查管理岗。主要负责落实发票协查工作，并将协查结果反馈给受托管理岗位。

（四）部门之间有关业务衔接（略）

四、实施步骤

金税工程是一项覆盖全省、规模宏大的项目，必须分类、分步实施，先开通网络，后运行系统。

（一）联调开通金税工程网络

1.2月底前，全面连通省、市、县（市、区）三级的计算机广域网络。主要工作：

（1）对国家税务总局统一招标下发的设备进行检查验收。

（2）组织开展对省、市、县（市、区）级国税机关网络管理和系统维护人员的计算机知识培训。

（3）严格按照实施方案和有关合同的施工要求，逐地、逐点进行网络设备的安装、测试，并组织有关部门进行联网调试工作。

2.3月份，以省辖市为单位，组织对网络安装、开通情况的检查验收。

3.6月底前，以电话拨号方式实现县（市、区）局与其所属征收分局的数据传输。

（二）如期建成稽核、协查系统

1. 落实各级国税机关的设备安装场地。异址办公的县（市、区）稽查局，于3月底前统计上报需要自行购置的协查设备数量，省局在4月份统一组织招标。

2.组织稽核、协查系统设备到货验收。在合同规定的时限内,督促设备供应商及时将有关稽核、协查系统设备运送到位,由省局信息中心负责组织验收,分发各地。

此项工作在4、5月份进行。

3.组织稽核、协查系统培训。按照国家税务总局统一安排,及时组织两个系统的操作人员以及分管局长、部门领导参加培训。一是系统管理员的培训,主要培训系统硬件管理、数据库等方面的知识;二是应用软件操作员的培训,主要掌握系统操作技能。时间初步安排在5月份。

4.安装调试稽核、协查系统。各级国税机关配合系统集成商安装调试上述两个系统,确保从7月1日起全面正式运行。

(三)完善发票认证系统

1.配置认证系统通用设备。由省局在4月份为全省县(市、区)级国税机关统一配备认证用计算机及打印机各一台。

2.4月底,组织验收国家税务总局统一配发的快速认证扫描仪,5月初,对认证人员进行新认证软件的操作培训。

3.5月份,对县(市、区)局及省辖市属征收分局的认证设备进行全面更新。

4.将认证系统延伸至县以下农村分局,对城区分局所更换下来的老式认证设备,由省辖市局集中配发给新增的认证单位。此项工作应于6月份完成。

(四)全面推行防伪开票子系统

1.2001年,将防伪税控开票系统推行到所有的万元版发票企业和新认定的增值税一般纳税人,力争使系统推行面达到70%。具体是:一季度推行500户,二季度推行4500户,三季度推行5000户,四季度推行3000户。自2002年1月1日起,取消使用手写万元版增值税专用发票。

2.2002年,将所有增值税一般纳税人全部纳入防伪税控系统管理。其中,一季度推行2000户,二季度推行3000户,三季度推行3000户,四季度推行2000户。自2003年1月1日起,取消使用手写版增值税专用发票。

3.健全防伪税控系统技术服务体系,督促省级服务单位及时建立起县级技术维护站。

五、主要措施

(一)领导重视。各地要把金税工程建设列为今年的一项全局性中心工作,作为名符其实的"一把手"工程,经常听取工作汇报,定期检查实施进度,随时研究解决遇到的各种困难和问题。要成立由主要领导任组长、流转税管理、税务稽查、信息中心等部门负责人为成员的金税工程领导小组,下设专门的办事机构,集中人员,集中办公,负责本地区金税工程建设的组织、指导和协调工作。

(二)加大投入。除国家税务总局统一配备以外,省、市、县(市、区)级国税机关都要筹集必要资金加大对金税工程的投入,购置必要设备,保障网络及系统运行所需通信费用。有关配套设备和运行费用,各级国税机关必须按照要求如期配备到位。

(三)充实人员。实施金税工程需要大量的计算机专业人才,各级要千方百计充实人员、充实力量,力争在今明两年录用一批计算机专业人员,同时在现有干部中选调一些基础好的人员进行培训,以及时配齐、补足金税工程各个工作岗位。省局拟于3至6月份培训50名网络运行维护和系统管理人员,以培养和造就一支金税工程运行保障技术队伍。

(四)宣传培训。各地要通过各种新闻媒体,采取多种有效方式,广泛开展宣传,以赢得社会各界的理解、支持和配合,确保金税工程顺利实施。同时,要集中时间,集中精力,组织开展金税工程稽核、协查、认证、税控等系统的业务培训,不仅要培训具体操作人员,而且要培训各级领导和部门负责人,以使全体税务人员都能了解业务规程,熟悉政策规定,掌握操作要领。

(五)加强协作。在金税工程建设过程中,要注意搞好与系统集成商、电信部门、技术服务等单位,以及内部各有关职能部门间的配合,并使之经常化、制度化,切实杜绝推诿、扯皮现象,确保金税工程各项建设任务顺利完成。

安徽省国税系统税收执法责任制实施办法(试行)

皖国税发〔2002〕30号

第一章 总 则

第一条 为规范税收执法行为,强化对税收执法权的监督制约,保障国家税收法律、法规正确实施,维护纳税人合法权益,根据现行税收法律、法规以及国家税务总局、安徽省人民政府相关规定,结合实际,制定本办法。

第二条 本办法所称税收执法责任制,是指在依法确定税务人员税收执法资格、岗位职责和相关工作规程的基础上,对税收执法质量进行评议考核,对执法过错行为予以责任追究的一种监督制约制度。

第三条 全省各级国税机关税收执法人员相关岗位职责、工作规程的确定,评议考核、过错追究的实施,适用本办法。

第四条 推行税收执法责任制,应当坚持积极稳妥、权责一致、奖惩并举的原则,坚持公正、公开,监督检查与改进工作相结合的原则,实行统一领导,分级管理。

第五条 县以上国税机关均应成立由主要负责人为主任,其他负责人为副主任,相关职能部门主要负责人为委员的税收执法责任制委员会。其主要职责:

(一)负责税收执法责任制的制定与实施;

(二)负责对下级国税机关税收执法责任制工作进行指导和督促;

(三)负责本级及所属单位税务人员执法资格与执法能级认证的组织领导;

(四)负责对本级税收执法人员以及下一级税收执法责任制委员会组成人员的税收执法行为进行评议、考核,县国税机关还应负责对所属单位税收执法人员的税收执法行为进行评议、考核;

(五)负责纠正本级国税机关税收执法人员以及下级国税机关的税收执法过错行为,并对相关人员的税收执法过错行为进行责任追究;

(六)负责承办上级国税机关交办的税收执法过错责任追究事项。

第六条 税收执法责任制委员会下设办公室,设在承担税收法制工作的职能部门,负责处理税收执法责任制日常工作。

第二章 岗位职责

第七条 本章所列岗位职责,主要是指与征纳双方权利、义务密切相关的税收执法岗位上的税务人员，依照税收法律、法规和规章所担负的工作职责。

第八条　税务登记工作主要职责：负责为纳税人、扣缴义务人（以下简称纳税人）办理开业、变更、注销等各类登记；负责办理出口企业退税登记以及变更、注销登记；负责税务登记证件的发放、验证和换证工作；负责清理辖区内漏管户以及外出经营活动的税收管理等。

第九条　发票管理工作主要职责：负责增值税专用发票、其他发票的限额、限量管理；负责增值税专用发票、其他发票的审核、发售和缴销；负责按规定为纳税人代开发票等。

第十条　税务认定工作主要职责：负责增值税一般纳税人认定、年审；负责金银首饰消费税纳税人认定、变更和注销；负责出口退（免）税企业分类管理；负责社会福利、物资回收等法定减、免、退税企业认定管理；负责企业所得税纳税人、汇总纳税企业认定管理等。

第十一条　审核审批工作主要职责：负责延期申报、延期缴纳税款的审核、审批；负责出口退（免）税的审核、审批以及开具出口货物专用缴款书和分割单的审核；负责所得税税前扣除项目、弥补亏损的审核、审批；负责法定减、免、退税的审核、审批；负责多征、误征税款退税的审核、审批等。

第十二条　申报受理工作主要职责：负责纳税人纳税申报资料的征期审核；负责纳税人逾期申报的信息传递；负责纳税申报资料的录入、整理；负责纳税人延期申报申请的办理等。

第十三条　稽核评税工作主要职责：负责对纳税人的申报资料进行纳税评估；负责对异常申报户等进行实地稽核；负责对日常稽核结果进行处理等。

第十四条　金税工程工作主要职责：负责防伪税控企业的审批、发行及税控专用设备的缴销管理；负责防伪税控企业的报税管理；负责增值税专用发票的认证管理；负责金税工程的数据采集；负责稽核系统专用发票数据的清分、比对和传输；负责组织专用发票协查并反馈协查结果；负责出口货物专用缴款书电子信息的采集、审核和传输等。

第十五条　税款征收工作主要职责：负责对实行定期定额征收的个体工商户和实行核定征收的纳税人的应纳税款的核定、调整；负责按规定的预算级次征收税款、滞纳金和收缴罚款；负责多征税款的退税和少征税款的追征等。

第十六条　催报催缴工作主要职责：负责逾期申报的催报和逾期缴纳税款的催缴；负责对逾期申报、逾期缴纳税款的纳税人的违法行为进行调查取证等。

第十七条　税务检查工作主要职责：负责对选定的检查对象依法实施检查；负责将应审理的案件移交审理等。

第十八条　税务审理工作主要职责：负责税务案件的审理；负责税务行政处罚听证的组织工作；负责将涉嫌危害税收征管罪的案件移送公安机关等。

第十九条　税务执行工作主要职责：负责税务处理、税务行政处罚等相关执法文书的送达;负责依法采取税收保全或强制执行措施等。

第二十条 税收法制工作主要职责:负责依法审查、受理纳税人、纳税担保人提出的税务行政复议申请和涉税赔偿申请;负责对受理的税务行政复议、税务行政赔偿案件进行审理;负责制作并送达税务行政复议决定和赔偿决定等。

第三章 工作规程

第二十一条 本章所列工作规程,主要是指税收执法工作中具有代表性的,税收执法人员履行岗位职责必须遵守的规定和操作程序。

第二十二条 纳税人申请办理开业或变更税务登记的,负责税务登记的人员应按规定受理,并在审核相关资料,实地调查核实有关情况,按规定程序审批后,在规定时间内核发税务登记证件。对变更税务登记的,应收回原税务登记证件。

纳税人申请办理停业、复业或注销税务登记的,负责税务登记的人员应按规定受理,并审核纳税人提供的资料,实地调查核实有关情况,填写相关文书,按规定程序审批;注销税务登记前,应先按规定缴销发票和清算税款,并收缴涉税证件和防伪税控专用设备。

第二十三条 负责税务登记的人员应督促辖区内纳税人在规定时间内,办理税务登记和验证、换证手续;对非正常户,应按规定办理认定手续。

第二十四条 纳税人申请取得发票领购簿的,负责发票管理的人员应按规定核定领购发票的种类、数量、限额以及购票方式,并按规定程序审批;纳税人申请领购发票的,负责发票管理的人员应按规定发售发票。

第二十五条 纳税人未按规定领购、开具、取得、保管、缴销增值税专用发票、其他发票的,负责发票管理的人员应调查取证,并提请予以税务行政处罚。

第二十六条 纳税人申请认定增值税一般纳税人、金银首饰消费税纳税人、法定减、免、退税或出口退(免)税资格的,负责税务认定的人员应按规定核查,符合条件的,按规定上报审批。

增值税一般纳税人申请年审的,负责税务认定的人员应按规定进行审核并逐户署明意见,上报审批后,书面通知纳税人。

第二十七条 纳税人申请办理出口退(免)税,所得税税前扣除、弥补亏损,享受减、免、退税等优惠的,负责税务审批的人员应按规定进行核查,办理审批手续。

第二十八条 对纳税人报送的纳税申报资料,负责申报受理的人员应按规定进行征期审核,对不符合申报要求的,责令其限期补正。对纳税人逾期未办理纳税申报的,负责催报的人员应按规定催报。

纳税人申请办理延期申报的,负责申报受理的人员应予受理,经调查核实后按规定审批,并依法核定应预缴的税款。

第二十九条　对纳税人的纳税申报资料，负责稽核评税的人员应进行审核、分析，综合评定纳税申报的准确性和真实性。经纳税评估发现纳税人申报明显异常或有偷税嫌疑的，应按规定进行质询或实地稽核。

第三十条　对防伪税控企业报送的报税数据（软盘数据和IC卡数据），负责金税工程报税管理的人员应按规定进行审核。不符合规定的，退回重报或进行发票存根联补录；审核无误的，将发票存根联数据存入报税系统，并按规定时限传递给稽核系统。

对增值税一般纳税人申请认证的专用发票，负责金税工程认证管理的人员应按规定进行防伪认证，加盖相应认证戳记，并打印认证结果通知书和认证清单，交付企业。对认证不符、密文有误的，应当即扣留，并在规定时限内将发票及相关电子信息传递给协查系统。对认证数据应及时存入认证系统，并按时传递给稽核系统。

第三十一条　对依法应实行核定征收的纳税人（包括实行定期定额征收的个体工商户），负责税款征收的人员应按规定的程序和方法，核定其应纳税额。

第三十二条　纳税人申请办理延期缴纳税款的，负责税款征收的人员应予受理；负责税务审批的人员应调查核实，符合条件的，按规定上报审批。

第三十三条　对纳税人逾期未缴税款的，负责催缴的人员应依法催缴，经催缴仍未缴纳的，应提请采取税收强制执行措施或予以税务行政处罚；对纳税人逾期缴纳税款的，负责税款征收的人员应严格按规定加收滞纳金。

第三十四条　实施税务检查时，负责税务检查的人员应按规定出示税务检查证件和税务检查通知书，并对纳税人依法履行纳税义务情况实施检查。

第三十五条　对移送审理的案卷，负责税务审理的人员应按规定进行审理。对依法应予税务行政处罚的，制作税务行政处罚事项告知书，对要求听证或陈述、申辩的，按规定组织听证或接受陈述、申辩。审理结束后，制作税务处理决定书和税务行政处罚决定书。

对涉嫌危害税收征管罪的案件，税务审理环节应按规定制作涉税案件移送意见书，报经批准后移送公安机关。

第三十六条　对税务行政处罚事项告知书、税务处理决定书和税务行政处罚决定书等需履行送达手续的税收执法文书，负责税务执行的人员应依法送达纳税人。

对不按规定履行税务处理、税务行政处罚决定的，负责税务执行的人员应依法采取税收保全或强制执行措施。

第三十七条　纳税人申请税务行政复议的，负责税收法制工作的人员应按规定进行审查，制作受理复议通知书或不予受理复议裁决书。对受理的税务行政复议，负责税收法制工作的人员应在规定期限内审理完毕，制作并下达税务行政复议决定书。

纳税人、纳税担保人提起税务行政赔偿的，负责税收法制工作的人员应按规定进行审查，符合条件的予以受理，并在规定期限内审理，根据审理结果决定是否予以赔偿。

第四章 评议考核

第三十八条 省、市、县国家税务局应定期对税收执法人员的执法质量进行外部评议和内部考核。其中省辖市国家税务局每年不少于1次,县(市)国家税务局每年不少于2次。

第三十九条 外部评议是指纳税人和社会各界对税收执法人员执法行为的基本评价。评议方式包括:召开纳税人座谈会,在办税场所设置意见箱,设立税收执法监督电话等。

第四十条 内部考核是指国税机关对税收执法人员执法质量的基本评价。具体考核按以下程序进行:

(一)实施考核前10日内,税收执法责任制委员会向被考核对象下达税收执法考核通知书;

(二)被考核的税收执法人员依据岗位职责和工作规程,对履行执法职责情况进行认真总结和自评,并于考核时提交自评报告;

(三)税收执法责任制委员会委派考核组对被考核对象进行考核评价;

(四)考核结束后10日内,考核组向税收执法责任制委员会提交考核报告。

第四十一条 根据外部评议情况和内部考核结果,税收执法责任制委员会经集体研究,分别评定被考核对象的执法质量等级。

评定结果应予公示,并书面通知被考核对象。

第四十二条 税收执法人员的执法质量等级,分“优秀”“良好”“合格”“不合格”四个等次。其中“优秀”等次的人员不得超过被考核人员总数的20%。

第四十三条 执法质量等级评定,采取百分制,其中外部评议占25%,内部考核占75%。具体评定办法,由市、县国家税务局制定。

第四十四条 全省各级国税机关对“优秀”和“良好”等次的税收执法人员应给予表彰,并可发给一定数额的奖金。奖金的具体数额由各地自定。

第四十五条 被追究税收执法过错责任的人员,不得被评定为“优秀”“良好”等次。对被评定为“不合格”等次的税收执法人员,应取消其税收执法资格,调离税收执法岗位或待岗。

第四十六条 对税收执法人员的考核结果应作为公务员年度考核的重要依据,可依照《国家公务员暂行条例》规定,记入人事档案。

第四十七条 评议考核工作结束后15日内,下级国税机关税收执法责任制委员会应将本单位评议考核工作开展情况,报上一级国税机关税收执法责任制委员会备案。

第五章　过错追究

第四十八条　税收执法人员违法或不当行使税收执法权，以及未按规定履行执法职责，损害国家利益，侵害纳税人、纳税担保人合法权益的，依照本章规定，承担过错责任。

第四十九条　税收执法过错责任追究的形式，包括行政处理和经济惩戒。

行政处理包括批评教育、责令书面检查、通报批评、责令待岗、降低税收执法能级、取消税收执法资格等；经济惩戒是指扣发一定数额的奖金、岗位津贴。

对有税收执法过错的人员除按上款规定予以追究外，可同时取消当年评选先进或优秀资格。

第五十条　税收执法过错按照以下原则明确责任：

（一）因承办人故意或过失造成税收执法过错的，由承办人承担过错责任；承办人为两人或两人以上的，根据过错责任大小，分别承担主要责任和次要责任；

（二）税收执法过错行为经过批准的，由批准人承担过错责任；因承办人弄虚作假或重大过失，导致过错行为被批准的，由承办人承担过错责任；

（三）税收执法过错行为系行政领导指使或授意的，由指使或授意的行政领导承担过错责任；承办人明知有过错而未进行抵制的，由指使或授意的行政领导承担主要责任，承办人承担次要责任；

（四）因税务行政复议维持原决定造成执法过错或因此在税务行政诉讼中败诉的，由复议人员承担主要责任，原过错行为的承办人承担次要责任；

（五）税收执法过错行为经集体研究决定的，根据决策形式明确责任。实行行政首长负责制的，由行政首长承担主要责任，其他参与人员承担相应责任；实行少数服从多数原则的，由赞成决定的所有人员共同承担责任。

第五十一条　税收执法人员有下列行为之一的，予以批评教育或责令书面检查，并扣发其当月奖金和岗位津贴的10%～20%：

（一）无正当理由，拒绝或未按规定期限为纳税人核发税务登记等各类涉税证件的；

（二）违反规定擅自为个体工商户办理停业手续，或为纳税人办理非正常户认定的；

（三）无正当理由，拒绝向纳税人发售发票的；

（四）未按规定认定金银首饰消费税纳税人或社会福利、物资回收等法定减、免、退税企业资格的；

（五）无正当理由，拒绝受理纳税人纳税申报或未按规定录入纳税申报资料的；

（六）无正当理由不受理纳税人法定减、免、退税申请的；

（七）未按规定为纳税人开具出口货物专用缴款书或分割单的；

（八）未按规定程序、方法和要求进行征期审核的；

(九)未按规定对纳税人采取催报催缴、限期改正措施的;

(十)对辖区内应办未办税务登记的纳税人,发现不及时的;

(十一)进行税务检查时,未出示税务检查证件、税务检查通知书的;

(十二)未按规定使用或送达税收执法文书的;

(十三)未按规定受理税务行政复议的;

(十四)未按规定进行税收会计核算的。

第五十二条　税收执法人员有下列行为之一的,责令书面检查或予以通报批评,并扣发其当月奖金和岗位津贴的20%~40%;情节严重的,同时取消其当年评选先进或优秀资格:

(一)违反规定为纳税人办理税务登记、变更登记或注销登记的;

(二)未按规定对注销税务登记户进行涉税清算的;

(三)未按规定认定或取消增值税一般纳税人资格的;

(四)擅自改变征收方式,或者未按规定核定应纳税款的;

(五)未按规定保管、发售、审核、收缴或缴销发票的;

(六)违反规定为纳税人办理延期申报的;

(七)对稽核发现应移送稽查部门查处的问题未移送的;

(八)延解、积压国家税款的;

(九)不如实统计、上报欠税的;

(十)对税务检查中发现的问题,擅自处理或隐瞒不报的;

(十一)未按规定实施税务行政处罚听证,或未按规定履行告知、送达程序的;

(十二)对涉嫌危害税收征管罪的案件,未按规定移送公安机关的;

(十三)实施税务处理、税务行政处罚,事实不清、证据不足或者适用法律、法规错误的;

(十四)对应予处罚的税务违法行为未按规定予以处罚的;

(十五)未按法定程序采取税收保全或强制执行措施的;

(十六)未按规定作出税务行政复议决定的;

(十七)违反国家赔偿法等相关规定,给赔偿请求人或赔偿国税机关造成经济损失的;

(十八)故意刁难纳税人的。

第五十三条　税收执法人员有下列行为之一的,予以通报批评直至取消税收执法资格,并扣发其当月奖金和岗位津贴的40%~60%;情节严重的,同时取消其当年评选先进或优秀资格:

(一)对地方越权作出的减免税决定,不拒绝执行、不提请纠正或者不按规定上报的;

(二)未按规定为小规模纳税人代开增值税专用发票的;

（三）违反规定核定纳税人增值税专用发票发售数量和限额，或超限量、超限额发售增值税专用发票的；

（四）未按规定认定企业所得税纳税人或汇总纳税企业、总分支机构的；

（五）违反规定为纳税人办理所得税税前扣除、弥补亏损以及各类减、免、退税等优惠项目审批的；

（六）未按规定审查出口退税单证，擅自为出口企业办理出口退税的；

（七）违反规定为纳税人办理延期缴纳税款的；

（八）违反规定开征、多征、预征、停征、少征税款的；

（九）未按规定加收滞纳金的；

（十）收取税款、滞纳金、罚款、工本费，未按规定开具法定凭证的；

（十一）擅自改变税收征收管理范围和税款入库预算级次的；

（十二）设立税款过渡账户的；

（十三）违反规定办理税款提退的；

（十四）未按规定为下级国税机关或企业办理防伪税控系统发行，或者隐匿、丢失、擅自处理已收回应上缴的防伪税控专用设备的；

（十五）擅自更改防伪税控发票发售子系统软件和数据，或将发票发售授权 IC 卡交与他人使用，发售增值税专用发票的；

（十六）未按规定对增值税专用发票抵扣联进行防伪认证而直接加盖“认证相符”章，或擅自修改发票票面信息致使有问题发票得以认证通过的；

（十七）违反规定擅自修改、删除、泄露增值税管理部门采集、接收并审核后的数据和稽核结果，或者稽查部门经协查系统传递的协查信息的；

（十八）泄露操作密码，或擅自允许他人进入金税工程各子系统和出口退税电子化管理系统进行操作的；

（十九）盗用他人密码进行操作，或者擅自改动金税工程各子系统和出口退税电子化管理系统软件或改写数据的；

（二十）未按规定采集出口货物专用缴款书电子信息的；

（二十一）违反协查规定不发函、不回函或者提供虚假回函的；

（二十二）未按规定作出税务行政复议决定，导致在税务行政诉讼中败诉的；

（二十三）因税收执法过错行为导致国税机关承担国家赔偿责任的；

（二十四）因税收执法过错被责令限期改正，无正当理由逾期不改正的。

第五十四条 有下列情形之一的，不追究税收执法过错责任：

（一）因适用法律、法规和规章的规定不明确，导致税收执法过错的；

（二）因执行上级国税机关的书面决定、命令和文件，导致税收执法过错的；

（三）集体研究中，对所作决定申明保留不同意见的；

（四）因不可抗力的原因导致税收执法过错的。

第五十五条 税收执法过错责任人主动承认过错,并及时纠正错误或采取有效措施减少损失、挽回不良影响的,应当从轻或减轻追究过错责任。

税收执法人员执法过错行为情节显著轻微的,可以免予追究过错责任。

第五十六条 有下列情形之一的,应当从重或加重追究责任人的过错责任:

(一)因徇私舞弊、滥用职权造成执法过错的;

(二)因与纳税人相互勾结造成执法过错的;

(三)对过错案件的检举人、控告人或负责过错追究的承办人打击报复的;

(四)采取隐匿、转移、销毁证据等手段阻碍、干扰过错责任追究的;

(五)因执法过错造成重大经济损失或其他恶劣影响的;

(六)同时存在两种或两种以上执法过错的;

(七)同一年度内被追究税收执法过错两次或两次以上的。

第五十七条 税收执法人员有本办法未列举的税收执法过错的,可根据错误事实、情节轻重和造成的后果,比照本章有关条款处理。

第五十八条 税收执法人员执法过错行为应予以行政处分的,人事或监察部门应按照相关规定处理;免予行政处分的,依照本章有关规定追究过错责任。

税收执法人员执法过错行为涉嫌犯罪的,依法移送司法机关追究刑事责任;尚未构成犯罪或免予刑事处罚,且免予行政处分的,依照本章有关规定追究过错责任。

第五十九条 国税机关各部门发现税收执法过错线索,应及时提供给税收执法责任制委员会办公室。

税收执法责任制委员会办公室还应通过评议考核、执法检查、执法监察、审计决定、税务行政复议及税务行政诉讼案件等途径发现税收执法过错线索。

第六十条 税收执法责任制委员会办公室发现或接到税收执法过错案件线索后,应及时进行调查,形成调查报告,并听取被调查人员及其所在单位或部门的意见,于调查结束后5日内,将调查报告提交税收执法责任制委员会。调查报告的内容应包括执法过错事实、案件定性分析、过错责任划分以及与过错行为相关的证据材料等,

第六十一条 税收执法责任制委员会对税收执法责任制委员会办公室提交的调查报告,应进行集体审议,按照少数服从多数的原则,依照本办法提出处理意见,提请局长办公会议集体审议做出处理决定。

对经审议认为事实不清、证据不足的,退回税收执法责任制委员会办公室重新调查、补证。

第六十二条 追究税收执法过错责任,应当制作《税收执法过错责任追究处理意见通知书》,并及时送达过错责任人。《税收执法过错责任追究处理意见通知书》应载明过错责任人、过错事实、追究决定等事项。

第六十三条 税收执法过错责任人对追究决定有异议的,应自收到通知书之日起15日内,以书面形式向税收执法责任制委员会提出申辩,税收执法责任制委员会应在

收到申辩材料之日起30日内作出书面答复。

逾期未提出的，追究决定由相关部门执行，其中经济惩戒由财务管理部门实施，行政处理由人事、监察等部门实施。

第六十四条　与税收执法过错追究有关的材料，税收执法责任制委员会办公室应及时予以立卷、归档。

第六章　附　则

第六十五条　本办法所称税收执法人员，是指取得税收执法资格，在税收执法岗位上代表国税机关行使税收执法权的税务人员。

第六十六条　全省各级国税机关应当按照"以事定岗、以岗定责、权责相当"的原则，对各个税收执法岗位的执法职责进行合理分解，并以《税收执法责任书》分别明确承办人、部门负责人和单位负责人的执法职责。

第六十七条　各省辖市国家税务局应结合实际，对本办法相关内容进行分解、细化和补充，制定具体办法，并报省国家税务局(政策法规处)备案。

第六十八条　本办法实施前发布的相关制度与本办法有不同规定的，适用本办法规定；本办法与国家法律、法规、规章以及国家税务总局规定相抵触的，应当依照国家法律、法规、规章和国家税务总局规定执行。

本办法未尽事宜，相关法律、法规、规章有明确规定的，依照相关法律、法规、规章执行。

第六十九条　本办法由安徽省国家税务局负责解释。

第七十条　本办法自2002年7月1日起执行。

安徽省国家税务局纳税评估管理办法(试行)

皖国税发〔2004〕172 号

第一章 总 则

第一条 为加强税源管理,提高纳税申报质量和税收征管质量,堵塞税收漏洞,制定本办法。

第二条 纳税评估是指税务机关根据纳税人纳税申报资料以及其他相关信息,在税收征管过程中运用科学的方法,树立"寓服务于管理、寓科技于管理、寓法治于管理"的理念,对纳税人纳税申报情况的合法性、真实性、准确性进行审核分析、评定处理的税收管理工作。

第三条 纳税评估包括确定评估对象、审核评析、约谈举证、实地调查、认定处理和成果反映等环节。

第四条 各级国税机关应建立评估工作联系制度,切实加强评估与征收、管理、稽查等部门之间的联络、协调和配合,不断提高纳税评估的工作效能。

第五条 纳税评估采取人机结合的方式进行,要逐步创造条件,充分利用税收综合征管软件和增值税征管信息系统的已有数据,设定分析指标,筛选监控对象,实施纳税评估。

第六条 本办法适用于实行查账征收的增值税、消费税、企业所得税、外商投资企业和外国企业所得税纳税人。

第二章 纳税评估工作职责

第七条 省局、省辖市局征管部门负责制定纳税评估办法和纳税评估的综合考核工作,统一纳税评估的基本程序、方法及纳税评估使用的表证单书。各级计统部门负责定期进行税收经济宏观分析、税源分析和宏观税负分析,为纳税评估提供依据。各个业务管理部门负责所辖税种的纳税评估具体工作的组织、指导、监督、考核。

区、县(市)国税机关负责纳税评估的具体实施。

第八条 纳税评估工作由税源管理部门承担,各税源管理部门应设置相应的评估岗位;审核评析岗位一般由划片管理的税收管理员兼任。纳税评估岗位及其职责具体如下:

(一)综合管理岗

1. 通过纳税评估系统提取纳税评估对象；

2. 人工筛选纳税评估对象；

3. 制作《纳税评估项目建议书》(PG001)、《纳税评估清册》(PG002)，建立纳税评估资料及文书档案。

(二)审核评析岗

1. 根据国家有关政策和掌握的纳税评估资料，对评估对象的生产经营和申报纳税情况进行全面审核分析，找出存在的疑点问题，形成详细的评析意见；

2. 通过约谈举证对审核中发现的疑点问题进行核实；

3. 对审核评析后确定的问题，区别情况提出初步处理意见；

4. 对不接受约谈，或经约谈后仍不能排除疑点的问题，经批准可以派员调查。

(三)评定处理岗

1. 对审核评析结果进行综合评定，形成评估分析结论，分类处理评估结果；

2. 转交全部纳税评估资料。

第三章　确定评估对象

第九条　纳税评估信息主要包括纳税人纳税申报资料和其他相关电子或非电子信息、数据。具体包括：

(一)纳税人纳税申报表及附列资料；

(二)财务会计报表；

(三)其他与评估有关的资料和数据。

第十条　纳税评估对象由区、县(市)国税机关通过计算机提取和人工筛选两种方式产生。

第十一条　计算机提取是指纳税评估部门直接从纳税评估管理软件中提取评估对象的过程。

第十二条　人工筛选是指在计算机确定的纳税评估对象之外，主管国税机关根据上级要求、相关部门建议、日常管理需要等确定纳税评估对象的过程。

第十三条　人工筛选的评估对象经主管国税机关负责人批准后，移送审核评析岗。

第十四条　下列纳税人应列为重点评估对象：

(一)重点税源大户；

(二)特殊和重点行业的纳税人；

(三)税负异常的纳税人；

(四)达到或超过评估预警指标参数值的纳税人；

(五)被评定为纳税信用等级C级、D级的纳税人；

(六)负申报纳税人；

(七)税务机关认为应作为重点评估对象的其他纳税人。

第十五条 增值税、消费税按月进行评估。纳税评估人员应在增值税、消费税纳税申报期结束后5日内完成计算机提取纳税评估对象。

企业所得税、外资企业所得税按季进行评估。纳税评估人员应在企业所得税、外资企业所得税季度申报终了后10日内,完成计算机提取纳税评估对象。

第四章 审核评析

第十六条 审核评析是指审核评析岗对计算机和人工确定的评估对象,通过其纳税申报异常情况的提示和评估资料档案,结合日常管理中掌握的纳税人实际情况,分析、判断纳税人申报纳税存在有关问题的工作过程。

第十七条 对评估对象审核评析应逐户进行,根据《纳税评估审核评析内容》(见附件1)开展针对性分析;纳税评估可以分税种进行,也可以全部税种结合起来组织开展评估。

第十八条 审核评析结束后,审核评析人员应制作《纳税评估分析情况表》(PG003)。对审核评析中发现的疑点问题,应实施约谈举证,确定约谈举证对象。

第五章 约谈举证

第十九条 约谈举证前,应向纳税人发出《纳税评估约谈通知书》(PG004),明确纳税人需要说明的问题及携带的有关资料。参加约谈的人员应是企业财务负责人、单位负责人或与纳税有关的其他人员。

第二十条 进行约谈举证时,应由两名以上国税人员同时参加,约谈过程中形成《约谈举证记录》(PG005),并由当事人双方签字盖章。

第二十一条 对一般性的疑点问题,允许纳税人进行自查,限期报送《纳税评估自查情况表》(PG006),并提供有关的证据资料,包括内部书面证据(各种自制凭证、报表等)和外部凭证(银行对账单、购货发票、合同等)。

对于纳税人出示的证据资料,应在《约谈举证记录》中注明,对于需要留存待审核的资料应填写《举证资料签收单》(PG007)。

第六章 实地调查

第二十二条 对不接受约谈,或经约谈后仍不能排除疑点的问题,审核评析人员应填制《纳税评估实地调查表》(PG008),经分管领导批准,派员深入实地进行调查。

第二十三条 实地调查人员进行调查前,应查阅纳税人纳税评估相关数据和档案;

深入企业调查,应围绕约谈举证需要说明的问题展开。

第二十四条　实施实地调查应事先通知纳税人,实地调查人员不得少于两人。调查人员应按照统一计划安排进行、依法履行有关执法手续。涉及到税务检查行为的,要依法出具税务检查证件和税务检查通知书。

第二十五条　实地调查结束后,调查人员应将疑点问题在《纳税评估实地调查表》予以说明并签字,情况说明应有企业负责人签字和企业签章。《纳税评估实地调查表》由调查人员转交审核评析岗。

第二十六条　审核分析人员根据相关信息、举证资料、调查情况,在《纳税评估工作底稿》(PG009)上形成纳税评估意见,移交评定处理岗。

第七章　评定处理

第二十七条　评定处理是指评定处理人员对审核评析人员的评析结论,根据有关政策规定进行分类处理的工作过程。

第二十八条　对审核评析结果,评定处理人员应区别不同情况按以下原则进行分类处理:

(一)每次纳税评估均应制作《纳税评估情况报告》(PG010),作为考核评估人员工作质量的重要依据;

(二)经审核评析查无问题的,根据《纳税评估情况报告》直接登录纳税评估工作台账;

(三)对于纳税人自查出的问题,或经纳税评估部门评估出的事实清楚、证据确凿,应补交税款但尚不构成偷、逃、骗税问题的,根据《纳税评估情况报告》,由主管国税机关根据具体情况分别处理:

1. 需要更正申报的,制作《申报(缴款)错误更正决定书》(SB030),要求纳税人更正申报;

2. 需要补交税款的,制作《税务处理决定书》送达纳税人;

3. 需要进行处罚的,制作《税务行政处罚事项告知书》《税务行政处罚决定书》,送达纳税人。

(四)对有偷逃骗税、虚开发票嫌疑的纳税人,评定处理人员应填制《纳税评估选案建议书》(PG011)和《资料移交单》(PG012),经主管国税机关负责人批准后,移交稽查部门查处。

第二十九条　《纳税评估情况报告》为主管国税机关内部资料,报告所作结论仅作为建议使用,不发送纳税人,不作为行政复议和行政诉讼的法定依据。

第三十条　评定处理岗应在审核分析岗移交资料后5个工作日内,完成对评估对象的评定处理工作。

第三十一条 稽查部门在接到纳税评估部门传递的有关资料后,应在《资料移交单》上签字接收,并分别情况进行处理:

(一)对被移送纳税人存在涉嫌虚开发票行为的,应在30个工作日内,将处理情况传递至纳税评估部门;

(二)对被移送的其他税收违法案件,按照稽查工作要求实施稽查,并在稽查结束后5日内将《税务稽查报告》及相关稽查资料传递至纳税评估部门。

第三十二条 纳税评估工作结束后1个工作日内,评定处理人员应将全部纳税评估资料按照档案管理要求分户移交综合管理岗,并建立纳税评估清册。

第三十三条 纳税评估部门要对纳税评估工作及时进行总结,完成以下工作:

(一)按月形成《纳税评估工作统计表》(PG013),对当月纳税评估户数、移交稽查检查的户数、审核评析、纳税人自查、稽查部门反馈等情况进行总结;

(二)每季度形成纳税评估工作综合分析报告,对季度内纳税评估工作中发现的问题、指标分析的一般规律、与征收及稽查部门工作衔接、日常征收管理等情况进行综合分析和总结,针对问题提出工作建议。

第三十四条 纳税评估部门应定期(每半年至少一次)召集会议,向征收、管理、稽查、计统等部门通报纳税评估工作开展情况,分析行业税源变化特点,提示税收监管方向,提高协调配合力度。

第八章 纳税评估的考核

第三十五条 纳税评估由省辖市局、县(市)局负责考核。主要指标是纳税评估率,包括单税种评估率和综合评估率两个方面。

单税种评估率=单税种已评估户数/单税种应评估户数×100%;

综合评估率=各税种已评估户数/各税种应评估户数×100%。

第三十六条 主管国税机关应将纳税评估列入岗位责任制考核范围,实行奖惩机制。

第九章 附 则

第三十七条 本办法由安徽省国家税务局负责解释,各省辖市局可依据本办法,结合实际制定具体操作规程。

第三十八条 纳税评估工作参照现行相关制度、规定,实行责任追究。

第三十九条 本办法自2004年12月15日起施行。

安徽省国家税务局纳税信用等级评定管理实施办法(试行)

皖国税发〔2005〕13号

第一章　总　则

第一条　为加强税收信用体系建设,规范纳税信用等级评定管理,提高税收征管质量与效率,促进纳税人依法纳税,根据《中华人民共和国税收征收管理法实施细则》和《国家税务总局纳税信用等级评定管理试行办法》规定,制定本实施办法。

第二条　本办法适用于全省范围内依照税收法律、行政法规的规定,应当在国税部门办理税务登记的纳税人。

第三条　国税机关依据税收法律、行政法规的规定负责纳税人的纳税信用等级评定,设置A、B、C、D四个等级,实施分类管理。

第四条　纳税信用等级的评定,坚持依法、公正、公平、公开的原则,按照统一的内容、标准、方法和程序进行。

第二章　评定内容与标准

第五条　纳税信用等级的评定内容为纳税人遵守税收法律、行政法规以及接受国税机关依据税收法律、行政法规的规定进行管理的情况。具体指标为:

(一)税务登记情况。包括开业登记、扣缴税款登记、税务变更登记、登记证件使用、年检和换证、银行账号报告、纳税认定情况。

(二)纳税申报情况。包括按期纳税申报率、纳税申报准确率、代扣代缴按期申报率、代扣代缴按期申报准确率、报送财务会计报表和其他纳税资料情况。

(三)账簿、凭证管理情况。包括报送财务会计制度或者财务会计处理办法和会计核算软件情况;账簿、凭证的设置、保管,记账核算情况;发票的领用、保管、开具、使用、缴销、取得情况;税控装置及防伪税控系统的安装、保管、使用情况。

(四)税款缴纳情况。包括应纳税款按期入库率、欠缴税款情况、代扣代缴税款按期入库率。

(五)违反税收法律、行政法规行为处理情况。包括涉税违规、违法犯罪记录、税务行政处罚记录、其他税收违法行为记录等情况。

以上各项指标均以国税机关评定当年的前两年(含当年)数据为准,另有规定的除外。

第六条　纳税信用等级评定采用百分制,各项指标累计分值为100分,按《纳税信用等级评定标准》(见附件1)对应的项目进行评分,计算纳税人在考核期内累计得分,取其平均值。

第七条　考评分在95分以上的,为A级。纳税人具有以下情形之一的,不得评为A级:

(一)涉嫌违反税收法律、行政法规有偷税、逃税行为,至评定日仍未结案或已结案但未按照国税机关处理决定改正的;

(二)两年内新发生欠缴税款情形的(不包括经批准的延期缴纳税款);

(三)不能依法报送财务会计制度、财务会计报表和其他纳税资料的;

(四)有税务行政处罚记录的;

(五)不能完整、准确核算应纳税款或者不能完整、准确代扣代缴税款的(不包括因税收政策模糊、界定不明、有疑义,或者因国税机关作纳税调整造成企业核算不准确的情况);

(六)实行"定期定额"征收的纳税人;

(七)同一年度内增值税一般纳税人防伪税控企业发生1次或1次以上逾期抄报税行为或漏报1份或1份以上增值税专用发票的。

第八条　考评分在60分以上95分以下的,为B级。至评定日为止有新发生欠缴税款5万元以上的(自评定日起向前推算两年内发生,至评定日止尚未清缴的),不具备评定为B级纳税人的资格。

第九条　考评分在20分以上60分以下的,为C级。考评分超过60分,但有下列情形之一的纳税人,一律评定为C级:

(一)依法应当办理税务登记而未办理税务登记的;

(二)评定期内同时具备按期纳税申报率在90%以下、纳税申报准确率在70%以下、应纳税款按期入库率在80%以下,或者代扣代缴申报准确率在80%以下、代扣代缴税款入库率在90%以下的;

(三)违反税收法律、行政法规有偷税、逃税行为,且受到税务行政处罚的;

(四)纳入增值税防伪税控系统的纳税人,同一年度内两次不能按期抄报税的;

(五)应税收入、成本及税前扣除费用管理核算混乱,有关凭证、账簿、报表不完整、不真实的;

(六)倒买、倒卖和使用假发票,不按规定使用税控装置开具发票的。

第十条　考评分在 20 分以下的，为 D 级。纳税人有下列情形之一的，不进行计分考评，一律定为 D 级：

（一）具有涉税犯罪嫌疑，已依法移送公安、检察机关，尚未结案的；

（二）有偷税、逃避追缴欠税、骗取出口退税、抗税、虚开增值税专用发票等涉税犯罪行为记录的；

（三）骗取税收优惠政策享受资格、骗取多缴应退回税款的。

第十一条　对办理税务登记不满两年的纳税人，不进行纳税信用等级评定。

第三章　评定组织与程序

第十二条　纳税信用等级由各级国家税务局每两个纳税年度评定一次，评定时间原则上在二季度。

第十三条　各级国家税务局的纳税信用等级评定工作，由征管部门牵头，稽查、税政、法规等部门参与。必要时，也可以邀请行业代表人士或相关审计单位参与，负责调查、审核、评定、协调和监督纳税信用等级评定管理工作。

第十四条　纳税人的主管国税机关应按照本办法要求的内容和标准，向纳税人发放《纳税信用等级评定表》（式样见附件 2），组织纳税人进行自评，以日常纳税评估和税源监控为基础，对纳税人的纳税信用情况进行综合分析考评，必要时，可进行实地检查和验审，初步确定纳税人的纳税信用等级。

第十五条　主管国税机关初步确认纳税人的纳税信用等级后，分别报县（市）国家税务局和省辖市国家税务局进行审核、评定；县（市）国家税务局、省辖市国家税务局评定为 A 类纳税信用等级的，需逐级上报至省国家税务局进行审核确认。整个评定过程不得向纳税人收取任何费用。

第十六条　省国家税务局核定纳税人的纳税信用等级为 A 级的，应在省级新闻媒体上进行公示，征求纳税人及社会各界的意见。自公示之日起 30 日内，没有重大异议的，即可确定为 A 级纳税信用等级。有异议的，由省国家税务局研究后予以确定。

第十七条　省辖市国家税务局、县（市）国家税务局应严格审核申请纳税信用等级 A 级的纳税人提交的有关文件和资料，发现纳税人有弄虚作假行为的，应报省国家税务局取消其 A 级纳税人的评定资格，并在两年内不得将其评定为 A 级纳税人。

第十八条　对评定为 A 级的纳税人，颁发由省国家税务局盖章确认的《纳税信用 A 级证书》和 A 级纳税信用等级牌匾，并将 A 级纳税人名单在省级新闻媒体上予以公告，向社会提供纳税人的纳税信用等级查询。《纳税信用 A 级证书》和 A 级纳税信用等级牌匾由省国家税务局制作。

第十九条　省辖市国家税务局、县(市)国家税务局评定为B、C、D级的纳税人,由主管国税机关向纳税人发放《纳税信用等级认定通知书》(式样见附件3),及时将评定结果书面通知纳税人。

第二十条　纳税人对国税机关作出的纳税信用等级评定有异议的,可以依法申请税务行政复议。

第二十一条　未按规定权限和程序评定完毕,各级国税机关不得擅自将纳税信用等级的评定情况和有关评定资料向社会公布或泄露给他人。

第二十二条　纳税信用等级一经确定,原则上两年内不予变更,但A、B、C级纳税人在评定期内发生本办法第七条、第八条、第九条所列情形的,应降低为相应的纳税信用等级。

第四章　分类管理

第二十三条　纳税人的纳税信用等级评定后,主管国税机关应当根据纳税人的不同等级实施分类管理,以鼓励依法诚信纳税,提高纳税遵从度。

第二十四条　对A级纳税人,主管国税机关依法给予以下鼓励:

(一)两年内,除专案检查、金税协查、群众举报的税务违法违章案件和国家税务总局规定的专项检查外,其他税务检查可以免除;

(二)对税务登记证验证、各项税收年检等采取优先办理办法;

(三)可放宽普通发票的限量限额;

(四)在符合出口货物退(免)税规定的前提下,简化出口退(免)税申报手续;

(五)在符合条件的前提下,优先办理其所享受的各项税收优惠;

(六)各地可以根据当地情况采取激励办税的服务措施。

第二十五条　对B级纳税人,主管国税机关在税务登记、账簿和凭证管理、纳税申报、税款征收、税款退免、税务检查、行政处罚等方面进行常规税收征管的同时,重点应加强日常涉税政策辅导、宣传等纳税服务工作,帮助其改进财务会计管理,提高依法纳税水平,提升纳税信用等级。

第二十六条　对C级纳税人,主管国税机关应加强管理,并可依法采取以下措施:

(一)列入年度检查计划重点检查对象;

(二)对验证、年检等报送资料进行严格审核,并可根据需要进行实地复核;

(三)对发票实行严格限量供应;

(四)各地根据情况依法采取其他严格的管理措施。

第二十七条　对D级纳税人,除可采取上述C类纳税人的监管措施外,主管国税机关还应当将其列为重点监控对象，强化管理，并可实施以下措施：

（一）依照税收法律、行政法规的规定收缴其发票或者停止向其发售发票；

（二）依照税收法律、行政法规的规定停止其出口退（免）税权。

第五章　附　则

第二十八条　本办法所称“以下”均不含本数，所称“以上”“日内”“年内”均含本数。

第二十九条　税务人员徇私舞弊或者滥用职权，致使纳税人纳税信用等级评定结果失真，给纳税人造成损失或者损害日常税收征管工作的，由所属国税机关依法给予行政处分。

第三十条　本办法由安徽省国家税务局负责解释。

第三十一条　本办法自2005年2月1日起施行。

安徽省国税系统稽查检查人员监督制约办法

皖国税发〔2005〕134号

第一章　总　则

第一条　为认真落实《安徽省国税系统廉政工程建设规划》,促进全省国税稽查检查人员规范执法,廉洁自律,树立良好执法形象,提高稽查办案质量,根据《中华人民共和国税收征收管理法》、《税务稽查工作规程》等有关法律和文件规定,结合安徽国税稽查工作实际,制定本办法。

第二条　本办法适用于全省国税稽查检查人员。

第三条　本办法所称监督制约,是指对稽查检查人员的稽查执法过程和执法行为进行约束、评价、监督和处理的一种管理机制。

第四条　各级国税机关通过组织开展勤政廉政、职业道德教育和法纪教育,加强稽查检查人员经常性廉洁自律教育,增强稽查人员的廉政意识和遵纪守法观念,做到严于律己、清正廉洁。

第五条　稽查检查人员应当严格执行税收法律、法规,做到依法稽查、公正执法。在履行职责时,必须以事实为依据、以法律为准绳,秉公执法、文明执法,不得滥用职权,玩忽职守。

第六条　稽查检查人员监督制约应当坚持以预防为主、实事求是、有错必究、过罚相当的原则。

第二章　监督制约的内容

第七条　检查实施程序监督制约的主要内容:

(一)是否按规定下达税务检查通知书和出示税务检查证件;

(二)是否按法定程序、范围和期限调取、退还纳税人、扣缴义务人账簿、记账凭证、报表和其他有关资料;

(三)是否按规定程序和权限审批、使用稽查文书;

(四)是否按法定程序和权限采取税收保全措施;

(五)是否按规定履行税务行政处罚事项告知程序;

(六)是否按规定听取被查纳税人陈述和申辩;

(七)是否依法回避。

第八条　账证检查监督制约的主要内容：

（一）是否对检查期间的纳税申报情况与账面记载情况的一致性、合法合规性进行检查；

（二）是否对检查期间税务处理（处罚）决定事项账务调整情况进行检查；

（三）是否对享受税收优惠政策企业的资质条件、按规定执行优惠政策情况进行检查；

（四）是否对账簿、凭证等会计资料所反映收入、税金、成本、费用的合法合规性进行检查。

第九条　检查质量监督制约的主要内容：

（一）是否有明显线索避而不查或故意隐瞒税收违法问题的行为；

（二）是否有需外调或协查的问题，未提出外调或协查申请的行为；

（三）是否有伪造、涂改、隐匿、销毁有关证据，提供虚假检查情况的行为；

（四）是否有发现纳税人有明显的转移、隐匿其应纳税的商品、货物以及其他财产或者应纳税的收入迹象，不及时采取税收保全措施的行为。

第十条　检查纪律监督制约的主要内容：

（一）是否接受被查纳税人的宴请和各种馈赠；

（二）是否擅自参加被查纳税人邀请的各种庆典以及外出考察、参观等活动；

（三）是否在被查纳税人处报销应由个人支付的各种费用；

（四）是否向被查纳税人压价购买商品、推销商品或赊欠货款；

（五）是否向被查纳税人借钱借物和无偿占用其财物；

（六）是否为家属、亲友及他人的有关纳税事项说情；

（七）是否参加由被查纳税人支付费用的营业性歌厅、舞厅等高消费的娱乐活动；

（八）是否以瞒报检查问题、虚构问题性质等手段获取被查纳税人的其他利益；

（九）是否有为违法纳税人通风报信、泄露检查信息、阻碍案件查处的行为；

（十）是否有徇私枉法、索贿受贿、包庇违法纳税人的行为；

（十一）是否有滥用职权、刁难纳税人的行为。

第三章　监督制约的方式

第十一条　加强选案、审理环节对检查环节的制约。在选案环节，增强选案的准确性和针对性；在审理环节，对检查资料中的疑点问题提出补证或补充调查意见，报稽查局分管副局长审示后处理。

第十二条　稽查局内部各环节之间，稽查局与征收、管理部门之间要实行岗位定期轮换。界定岗位职责，明确工作责任，实行检查的标准化作业。

第十三条　在稽查局配置同级领导副职的纪检监察员，业务上接受所属国税机关纪检监察部门管理和指导,协助稽查局局长负责稽查执法监督检查工作,加强对稽查执法的全面监督和日常监督。

第十四条　实行稽查案件立案制,稽查局实施检查的所有案件都要立案。

第十五条　规范检查文书的使用管理,凡能在综合征管软件稽查模块自动生成的检查文书,不得自行制作和填写。纸质存档检查文书与电子检查文书的签发日期和填写内容原则上一致。

第十六条　规范稽查实施方式,原则上进行调账检查,确需进行实地检查的,须经稽查局局长批准。

第十七条　实行"项目化稽查"。在调查基础上,针对不同税种、不同行业确定相应的必查项目。在实施检查时,应将列明的必查项目查全、查深、查透。

第十八条　实行重要检查事项报告制度,加强对检查过程的监控。稽查检查人员发现有偷税或虚开发票的线索、事实后,应在当日向稽查局局长书面报告。

第十九条　加强对取证资料的监督。稽查检查人员与被查纳税人交接账簿、记账凭证、证据材料等涉税资料时,应以检查组名义提供详细列明所需资料的书面清单,资料提供情况由稽查检查人员和被查纳税人在清单上共同确认,清单归档管理。

第二十条　加强稽查工作底稿记录内容监督。检查情况要在稽查工作底稿上全面如实记录和反映,情况内容要按格式要求认真填写,所附证据资料与稽查工作底稿上描述的问题要相互印证。每一页稽查工作底稿需有直接检查人员签字,且不得由他人代签。

第二十一条　加强对检查质量评估信息的收集。税务稽查报告要详细写明企业的经营地址、范围、方式等基本情况,发票领、用、存情况,以及销售收入、销售成本、存货、税负、往来账、税金缴纳等账面情况,便于审理环节对检查情况进行分析和判断,评估检查效果。

第二十二条　实行首查责任制,实施检查的稽查人员为首查责任人之一,对检查环节确认的事实负有执法责任。在稽查执法检查或评议考核中发现有问题的,稽查检查人员应承担责任。

第二十三条　实行《廉政监督卡制度》,对纳税人实施检查时,书面告知纳税人稽查检查人员和纳税人的权利、义务,稽查廉政要求和工作纪律,廉政举报电话和信件投递地址,自觉接受纳税人的监督。

第二十四条　各级稽查局应通过设立举报箱、公布举报电话、聘请廉政监督员、问卷调查等方式方法畅通信息反馈渠道,自觉接受纳税人和社会各界的监督。

第二十五条　实行稽查执法公开和违法案件公告办法。除按规定不能公开的事项外,稽查执法的范围、依据、程序、纪律规范、税务行政处理(处罚)的主要内容及法律法规依据等事项,都要以适当的方式予以公开,接受外部监督。对重大或者典型的税务违法案件,在处理完毕后,适时通过新闻媒体予以曝光。

第二十六条　实行稽查回访制，每年选取一定数量的被查纳税人，就稽查检查人员执法质量、执法态度、廉洁自律和检查结果履行情况进行回访，加强实地监督。

第二十七条　省、市国税局稽查局对下一级国税局稽查局开展稽查案件复查，加强检查事后监督，及时发现和纠正违法或者不当的具体稽查执法行为。每年所复查的稽查案件不得少于上年稽查案件的2%。下列案件应作为复查的重点：

（一）连续两年稽查无问题，行业税负异常的案件；

（二）涉案企业为重点税源户的案件；

（三）社会反映强烈且检查未发现重大问题的举报案件；

（四）上级部门或有关部门领导交办复查的案件。

第二十八条　充分运用信息化手段，巩固并扩大综合征管软件应用成果，推广应用稽查查账软件，实现稽查检查工作的标准化作业和客观化，加强对稽查运行过程的实时监控和考核管理。

第四章　责任追究

第二十九条　各级国税机关对所属稽查局应定期开展稽查执法监察和考核，对贯彻、执行监督制约规定较差的单位，要及时督促纠正并通报批评；对表现突出的单位，要给予表彰。

第三十条　各级国税机关要及时研究加强监督制约的配套措施，认真对待和妥善解决稽查检查人员工作中的实际困难。

第三十一条　因故意或者过失，导致税收执法行为违法或不当的，对稽查检查人员实行责任追究，给予批评教育、责令书面检查、通报批评、调离稽查岗位等行政处理。

第三十二条　稽查检查人员有下列行为之一的，应当对其进行批评教育：

（一）未按规定程序和权限审批、使用稽查文书的；

（二）未按规定对实施稽查的案件立案的；

（三）未按规定听取被查纳税人陈述和申辩的；

（四）因工作玩忽职守造成明显问题未查处的。

第三十三条　稽查检查人员有下列行为之一的，应当责令作出书面检查：

（一）未经批准进行实地检查的；

（二）未按规定内容和项目化管理要求进行检查的；

（三）未出示税务检查证和检查通知书对被查对象实施稽查的；

（四）未按规定调取、退还纳税人账簿、资料的；

（五）在调取账簿、记账凭证等涉税资料时，未按规定提供详细列明所需资料书面清单的；

（六）未按规定使用稽查工作底稿的；

(七)未按规定进行回避的;

(八)未按规定履行税务行政处罚告知程序的;

(九)参加由被查纳税人支付费用的营业性歌厅、舞厅等高消费的娱乐活动的。

第三十四条 稽查检查人员有下列行为之一的,应当通报批评:

(一)未按规定程序采取税收保全措施的;

(二)对重要检查事项未及时报告的;

(三)发现有明显线索避而不查或故意隐瞒税收违法问题的行为;

(四)发现需外调或协查的问题,未提出外调或协查申请的;

(五)发现纳税人有明显的转移、隐匿其应纳税的商品、货物以及其他财产或者应纳税的收入迹象,不及时采取税收保全措施的;

(六)接受被查纳税人的宴请和各种馈赠的;

(七)参加被查纳税人邀请的各种庆典以及外出考察、参观等活动的。

第三十五条 稽查检查人员有下列行为之一的,应当调离稽查岗位:

(一)伪造、涂改、隐匿、销毁有关证据,提供虚假检查情况的行为;

(二)为违法纳税人通风报信,泄露检查信息,阻碍案件查处的行为;

(三)以瞒报检查问题、虚构问题性质等手段获取被查纳税人的其他利益;

(四)徇私枉法、索贿受贿,包庇违法纳税人的行为;

(五)对查实应予处理的违法、违规行为隐瞒不报或少报,造成国家税款流失的;

(六)在被查纳税人处报销应由个人支付的各种费用的;

(七)向被查纳税人压价购买商品或赊欠货款的;

(八)向被查纳税人借钱借物和无偿占用其财物的。

(九)滥用职权,刁难纳税人的行为。

第三十六条 实行领导执法责任制。稽查检查人员受到行政处理、行政处分或者追究刑事责任的,对其所在科(股)的科(股)长、稽查局分管领导要追究相应的领导责任。

第三十七条 对稽查检查人员部分追究或不追究责任的情形包括:

(一)稽查检查人员违法或不当行为经过批准的,批准人承担主要责任,稽查检查人员承担次要责任;

(二)稽查检查人员违法或不当行为由集体研究决定做出的,稽查检查人员不承担责任;

(三)稽查检查人员因执行上级机关的答复、决定、命令、文件,导致违法或不当行为执法过错的;稽查检查人员不承担责任。

第三十八条 对责任人员的追究决定,由其所在的县级以上国税机关局长办公会议集体作出。批评教育和责令作出书面检

查可以由稽查局负责人作出。

第三十九条　违反本办法规定行为的责任人，除依照有关规定给予行政处理外，并可按有关规定给予适当的经济惩戒。具体数额由各市国家税务局规定。

应当给予行政处分或者应当追究刑事责任的，依照法律、行政法规及规章的规定执行。

第五章　附　则

第四十条　各地可以结合工作实际，根据本办法制定具体的监督制约制度和措施，但不得与本办法相抵触。

第四十一条　本办法未明确事项，按有关法律、法规和规章执行。

第四十二条　本办法由安徽省国家税务局负责解释。

第四十三条　本办法自印发之日起施行。

安徽省涉嫌危害税收征管犯罪案件移送暂行办法

皖国税发〔2004〕180号

第一条　为了规范涉嫌危害税收征管犯罪案件(以下简称涉税犯罪案件)移送工作,有效打击涉税犯罪,根据《中华人民共和国刑法》、《中华人民共和国税收征收管理法》、国务院《行政执法机关移送涉嫌犯罪案件的规定》、最高人民检察院、公安部《关于经济犯罪案件追诉标准的规定》以及公安部、国家税务总局《关于严厉打击涉税犯罪的通知》规定,结合我省实际,制定本办法。

第二条　涉税犯罪案件是指有危害税收征管行为,且达到刑法界定犯罪的标准,应追究其刑事责任的案件。

第三条　涉税犯罪案件的移送处理必须以事实为依据,以法律为准绳,税务、公安两机关应本着各司其职、通力合作的原则,互相支持,互相配合。各级税务机关的稽查部门和公安机关的经侦部门具体承办涉税案件的移送处理。

第四条　税务机关对于达到本办法第五条涉嫌涉税犯罪案件移送范围和标准的涉税案件,均以省、市、县(区)国、地税局名义移送同级公安机关查处;跨地区的案件移送有管辖权的公安机关查处。

第五条　涉税犯罪案件移送的范围和标准:

(一)偷税案件。偷税数额在1万元以上,并且偷税数额占各税种应纳税额的10%以上的;虽未达到上述数额标准,但两年内因偷税受过行政处罚二次以上,又偷税且数额在1万元以上的案件。

(二)抗税案件。以暴力、威胁方法拒不缴纳税款的案件。

(三)逃避追缴欠税案件。纳税人欠缴应纳税款,采取转移或者隐匿财产的手段,致使税务机关无法追缴欠缴的税款,数额在1万元以上的案件。

(四)骗取出口退税案件。以假报出口或者其他欺骗手段,骗取国家出口退税款,数额在5万元以上的案件。

(五)发票类案件。

1. 虚开增值税专用发票或者虚开用于骗取出口退税、抵扣税款的其他发票,虚开的税款数额在1万元以上或者致使国家税款被骗数额在5000元以上的案件;

2. 伪造或者出售伪造的增值税专用发票25份以上或者票面额累计在10万元以上的案件;

3. 非法出售增值税专用发票25份以上或者票面额累计在10万元以上的案件；

4. 非法购买增值税专用发票或者购买伪造的增值税专用发票25份以上或者票面额累计在10万元以上的案件；

5. 非法制造或者出售非法制造用于骗取出口退税、抵扣税款的发票50份以上的案件；

6. 非法制造或者出售非法制造的普通发票50份以上的案件；

7. 非法出售可以用于骗取出口退税、抵扣税款的发票50份以上的案件；

8. 非法出售普通发票50份以上的案件。

（六）其他需要移送的涉嫌涉税犯罪案件。

第六条 税务机关查处涉税犯罪案件工作的职责：

（一）对涉税违法犯罪案件依法作出税务处理；对符合刑法界定的涉嫌犯罪案件，应及时向公安机关移送，不得以行政处罚代替刑事处罚。

（二）税务机关在查处涉税案件时，发现有涉税犯罪嫌疑，应及时向公安机关通报，必要时，经所在单位领导同意商请公安机关提前介入，税务机关、公安可按各自职能分工协作办案。

（三）对公安机关提出协助要求的，税务机关应在调查、取证、认定、帮助解决税收业务疑难等方面给予大力支持。

（四）应及时与公安机关交流有关新的法律、法规和政策规定及涉税违法信息材料。

（五）在涉税案件查处中应由税务机关承担的其他职责。

第七条 公安机关查处涉税犯罪案件工作的职责：

（一）及时受理、审查税务机关移送的案件，公安机关自接受涉嫌涉税犯罪案件之日起3日内，特殊情况下可在7日内，依法进行审查，分别书面告知税务机关是否接受和立案侦查。对需要补充证据材料的，应以书面形式告知原移送机关继续调查补证。

（二）对已立案侦查的移送涉税案件，公安机关在侦办移送的涉税案件时，应定期向原移送机关通报案件侦办进展情况。

（三）对不符合立案条件的，公安机关应在收到移送案卷材料的15日内将案卷材料完整退回原移送税务机关，并说明理由。

（四）公安机关接到涉税违法犯罪举报、控告或是在执法活动中发现涉税犯罪活动线索，经受理初查认为不够追诉标准，属于涉税行政违法案件，应及时向同级税务机关移送。

（五）对税务机关通报或提请提前介入的涉税案件，公安机关应当依法支持配合。

（六）在涉税案件查处中应由公安机关承担的其他职责。

第八条 税务机关在查处涉税案件过程中，凡涉嫌构成犯罪的，经税务局局长审批决定后,在24小时内向公安机关移送。

第九条 税务机关移送涉嫌犯罪的涉税案件时应符合以下要求:

(一)涉嫌犯罪主体明确(具体责任人明确);

(二)以下证据材料齐全,事实清楚、合法有效:

1. 工商执照、税务登记证明材料;

2. 纳税人负责人身份证明复印件;

3. 询问笔录、当事人供词;

4. 稽查底稿,有关账簿、凭证复印件;

5. 税务处理(处罚)决定书;

6. 当期申报纳税资料;

7. 查补税款、滞纳金、罚款的入库情况证明。

第十条 税务机关在移送案件时,应填写《涉税案件移送意见书》(附件1),并附装订成册的卷宗及所有证据原件移送公安机关。移送意见书副本复印后退申请移送单位附在案卷复印件上存档。税务机关应对移送的案卷材料复印一套留存归档,以备查验。

第十一条 税务机关移送涉税案件时应当提供下列资料:

(一)涉税案件移送意见书;

(二)税务稽查报告;

(三)涉案物品清单;

(四)有关检验报告或者鉴定结论;

(五)其他证据材料。

已经作出税务处理的,还应当提供下列资料:

(一)税务处理决定书;

(二)税务行政处罚决定书;

(三)进入执行程序的税务稽查执行报告及相关法律文书。

案卷卷宗应列明目录编号并装订成册。

第十二条 公安机关在接收或退回移送案件材料时,应与税务机关办理案卷交接手续,共同填制《涉税案件移送案卷交接单》(附件2),并由交接双方各自填写《涉税案件移送案卷登记表》(附件3)。

公安机关应填制并以《涉税案件移送审查通知书》(附件4)的形式通知税务机关是否立案。

第十三条 对税务机关已作出税务处理决定,但应缴税款、滞纳金和罚款尚未追缴入库的,应在办理移送手续时予以注明,公安机关应依法协助追缴。

第十四条 公安机关协助税务机关追缴的税款、滞纳金,应由主管税务机关办理缴库手续。

第十五条 税务机关自行受理的举报案件,以及公安机关受理后移送税务机关处理的涉税举报案件,其举报有功人员的奖励由税务机关按照国家税务总局有关规定核实发放。

第十六条 本办法所称期限为工作日,不含节假日。

第十七条 本办法由安徽省国税局、安徽省地方税务局、安徽省公安厅联合解释,执行中如需要修改补充的,由联席会议讨论决定。

第十八条 本办法自文发之日起执行。

编纂始末

2007年6月12日，中共安徽省委副书记、省人民政府省长王金山签发《关于印发〈安徽省志〉（1986—2005）编纂工作方案的通知》，拉开了安徽省第二轮修志的序幕。根据编纂篇目与分工，《安徽省志 · 国家税务志》由安徽省国税局负责编纂。

2007年8月，省国税局启动修志工作，成立了《安徽省志 · 国家税务志》编纂委员会，省局胡道新局长任主任，洪治社副局长负责领导本志书编纂工作，省局办公室负责具体组织实施，设立了志书编辑室。鉴于人事变动，2009年8月，省局刘伯羽副局长负责领导本志书编纂工作；2012年2月，省局谢一湖总会计师负责领导本志书编纂工作。2013年1月，省局龙岳辉局长任编纂委员会主任；2015年12月，省局张德志局长任编纂委员会主任。

2007年7月，省局选送多人参加了由省地方志办组织的志书编纂业务培训学习，10月抽调人员专职负责志稿的资料搜集整理及编写工作。同年底便开始了设置、拟定志书的篇目提纲和编纂工作方案，摸索文稿的编写方法。通过查找、翻阅大量的档案资料，包括安徽国税年鉴、安徽税务杂志及所有能为志书编纂提供参考的书籍材料。同时，走访单位老领导和部分已退休的老职工，请教和咨询省财政厅、省地税局的有关人员，于2012年9月完成了初稿。

为确保志稿中有关工作业务内容的全面、客观和准确性，2012年10月，编辑室人员又根据机关各处室的职能，将志稿的内容分解、打印分发到各单位，同时组织召开了一次机关各部门主要负责人会议，要求各单位根据所开展的工作情况对各自的内容进行确认、修改和补充；收回稿件合成后，又经过了一些调整、修改，于2013年8月形成评议稿。

2013年10月18日，省局组织召开《安徽省志 · 国家税务志》志稿评议会。省地方志办公室主任朱文根、副主任刘成典及相关编纂业务负责人员、省国税局总会计师谢一湖，办公室主任袁先柏、副调研员孙建彬等出席；省政府法制办、省档案局、省财政厅、省地税局等单位的专家、代表，省国税局已退休的老局长马千里等应邀参加了评议会。评议会上，各位领导、专家和代表充分发表了评议意见和建议，并认真细致地提供了各自的书面修改稿件。根据评议意见，编纂人员对志稿进行修改完善，包括根据有关要求对评议稿的整体结构进行了一次大调整，对有关内容又进行了增补与删减，于2014年2月完成志书送审稿报送省地方志办。2014年8月，根据省地方志办三位专家的审阅和修改意见作了进一步修改完善。

2016年9月9日，省地方志办公室、省国税局联合召开《安徽省志·国家税务志》会审会，省地方志办公室主任朱文根、巡视员刘成典，省志处处长吴良琴，人秘处副调研员胡利，省国税局副局长谢一湖、办公室副调研员孙建彬参加。根据会审意见，再次对志书作最终的修改完善。后经省地方志办公室审稿，省人民政府审查验收出版。

本志书经过全体编纂人员的艰苦努力、历时9年完成。志稿系统地记述了安徽国税系统的组建、改革和发展历程，反映和展示了安徽国税人为国家组织收入和地方经济建设所做出的积极贡献，也为社会各界了解和认识安徽国税提供了宝贵的资料。在志稿的编纂过程中，得到了省地方志办的各位领导和原处长张长明、王晖等人员的精心指导，得到了省局机关各处室、各市国税局的支持和帮助；特别是在志书编纂的各个阶段，先后从合肥、阜阳、宿州、蚌埠市国税局抽调张文娟、鲁家灵、朱玉璋、杨敬东、蔡敏、彭程、刘婧参与编写和修改完善，在此一并表示谢意。

《安徽省志·国家税务志》编纂委员会

2016年10月